CULTURA PSICANALÍTICA

Ian Parker

CULTURA PSICANALÍTICA

Discurso psicanalítico na sociedade ocidental

DIRETORES EDITORIAIS:
Carlos da Silva
Marcelo C. Araújo

EDITORES:
Avelino Grassi
Roberto Girola

COORDENADOR DA COLEÇÃO:
Tales A. M. Ab'Saber
Noemi Moritz Kon
Roberto Girola

TRADUÇÃO:
Saulo Krieger

COORDENAÇÃO EDITORIAL:
Elizabeth dos Santos Reis

COPIDESQUE E REVISÃO:
Mônica Guimarães Reis

DIAGRAMAÇÃO:
Alex Luis Siqueira Santos

CAPA:
Sérgio Kon
a partir de Lucio Fontana,
Concetto Spaciale, 1964 (detalhe)

Título original: Psychoanalytic Culture – Psychoanalytic discourse in western society
Sage Publications – Londres, Thousand Oaks e Nova Delhi
© Ian Parker, 1997
ISBN 0 7619 5642 5
ISBN 0 7619 5643 3 (pbk)

Todos os direitos em língua portuguesa reservados à Editora Idéias & Letras.

Dados Internacionais de Catalogação na Publicação (CIP)
(Câmara Brasileira do Livro, SP, Brasil)

Parker, Ian
　　　　Cultura psicanalítica: discurso psicanalítico na sociedade ocidental / Ian Parker; tradução Saulo Krieger. – Aparecida, SP: Idéias & Letras, 2006. (Coleção Psicanálise Século 1)

　　　　Título original: Psychoanalytic culture:
　　　　psychoanalytic discourse in western society
　　　　ISBN 85-98239-58-5

　　　　1. Psicanálise – Linguagem 2. Psicanálise – Teoria – Psicologia 3. Psicanálise e cultura I. Título. II. Série.

06-3511　　　　　　　　　　　　　　　　　　　　　　　　　　　　　　CDD-150.195

Índices para catálogo sistemático:

1. Cultura psicanalítica: Psicologia 150.195
2. Psicanálise e cultura 150.195

Editora Idéias & Letras
Rua Pe. Claro Monteiro, 342 – Centro
12570-000 Aparecida-SP
Tel. (12) 3104-2000 – Fax (12) 3104-2036
Televendas: 0800 16 00 04
vendas@ideiaseletras.com.br
www.ideiaseletras.com.br

Para
Adam e Ben Beechey & Jean e Hugh Ledigo

SUMÁRIO

Prefácio à edição brasileira, 9

Introdução: psicanálise e discurso, 15
Por que a psicanálise existe?, 16
Como estudar fenômenos psicanalíticos?, 22
O discurso psicanalítico de Freud, 27
Condições culturais de possibilidade, 38

Primeira Parte
TEORIAS DE RELAÇÕES DE OBJETO: SELF E SOCIEDADE, 55

1. Grupos, identidade e formas de conhecimento, 61
Freud, o pai e o líder, 64
Para a mãe, relações de objeto e Bion, 75
Cultura, crises e heróis, 81
Psicologia social e identidade, 83

2. Crenças religiosas, caridade e curas fraudulentas, 97
Mito, evolução e Ilustração, 99
Contradiscurso religioso, 107
Objetos divinos de desejo, 115
Espiritualidade e materialidade, 129

3. Irrupção de guerra no espaço interno e externo, 133
A guerra de Freud, 136
A guerra de Klein, 145
Guerras dos mundos, 153
Guerra de ficção científica, 167

Segunda Parte
TEORIAS CRÍTICAS: INDIVIDUALIDADE E CULTURA, 171

4. Individualidade, Ilustração e complexo-Psi, 177
Civilização, 179
Descontentes, 186

Freud e Frankfurt, 188
Mapeando o futuro das ciências psicanalíticas, 196

5. Autoritarismo, ideologia e masculinidade, 213
Reich: energia, 215
Habermas: sentido, 221
Homem, mito e subjetividade cabeluda, 227
Resistência e reação, 246

6. Cultura e natureza após a Ilustração, 249
Culturas de narcisismo, 253
Pós-modernidade e fragmentação cultural, 260
Narcisismo e natureza no movimento *new age*, 264
Psicanálise e pós-modernidade, 282

Terceira Parte
PÓS-TEORIAS: A SUBJETIVIDADE E O SOCIAL, 285

7. Ordens simbólicas, sujeitos e ciberespaço, 289
A lingüística de Lacan, 292
O sujeito de Lacan, 300
Subjetividade cyberpunk e espaço pós-moderno, 308
Lembrança virtual, 315

8. Maneiras de espelhar e imaginar a economia local,
ou de escapar a ela, 325
O espelho e a matriz, 327
Ideologia e interpelação, 332
Espaço semiótico, 338
Troca e débito local, 345

9. Coisas reais, recuperação e terapia, 359
Mentiras sinceras, 363
Discurso terapêutico moderno, 372
Tecnologias discursivas pós-modernas do *self*, 380
Contradições e transformações analíticas, 388

Bibliografia, 393
Índice analítico, 423

PREFÁCIO

À EDIÇÃO BRASILEIRA

Por que tanto se fala em psicanálise, e por que tanto debate em torno dos achados e erros de Freud? Em jornais e revistas, a toda hora podemos encontrar um novo artigo apresentando Freud como uma fraude, para logo então, nas colunas de anúncios e nas matérias assinadas, lermos sobre traumas de infância, repressão, negação e valorização da fala dirigida a outra pessoa e tematizando seus problemas. No mundo de língua inglesa, e hoje mais do que nunca nos mundos de língua francesa, espanhola e portuguesa, milhões de pessoas vivenciam uma *cultura psicanalítica*.

Nem sempre foi assim. A psicanálise tinha de ser reunida para nós, em seus pedaços, de modo que passasse a fazer sentido como algo certo. Há uma série de sensações que tomamos por supostas para que a psicanálise se nos torne verdadeira. Neste livro, em vez de tratar a psicanálise simplesmente como chave para desvendar os segredos do sujeito, exploro o modo como a psicanálise tem se constituído como parte de um sistema particular de fala que se volta para si mesma – de um sistema de auto-referência. A teoria psicanalítica deveria ser tratada aqui como um poderoso arcabouço porque o conhecimento psicanalítico ajuda a estruturar a cultura. Mas como investigar o papel da psicanálise nessa cultura? No livro, adoto quatro princípios metodológicos, com o intuito de captar aspectos da cultura psicanalítica na medida mesma em que é retransmitida por meio do discurso.

O primeiro princípio põe-nos atrelados a debates já de longa data *no âmbito do* movimento psicanalítico e *contra o* movimento psicanalítico, que é o de que a psicanálise deve olhar para as fontes coletivas culturais que estruturam o sentido que fazemos de nós mesmos e os aspectos de nossas vidas que residem fora da consciência de si consciente. A viragem a partir de uma abordagem científica e materialista da mente, e o encetamento, em vez disso, dos reinos da arte e da mitologia como fundação alternativa para a psicanálise isentam-na de qualquer pretensão de ser ciência, em um evidente retorno a Jung. As tentativas, por Freud, de pesquisar na antropologia e propor modelos lamarckistas sobre a aquisição de memórias históricas fizeram-se em parte conduzidas por essa má vontade ante o misticismo junguiano. No entanto, é possível tomar o argumento de Jung, segundo o qual existe alguma forma de "inconsciente coletivo", mas vê-lo como fonte simbólica historicamente constituída em vez de algo residindo em um misterioso reino espiritual. Fontes coletivas então seriam vistas não como flutuando sob o inconsciente pessoal de cada um de nós, mas *no âmbito de* um reino textual "inconsciente". Uma multiplicidade de entendimentos tácitos, de postulados reconhecidos e conseqüências inesperadas que dimensionam nossas vidas à medida que vamos ao encontro de textos e práticas sociais e interagimos com eles.

Há algumas semelhanças entre essa posição e aquela advogada por Volosinov, a qual, embora crítica do discurso freudiano, elaborou muitos supostos psicanalíticos em um sistema de base lingüística. Fenômenos textuais coletivos estariam então mais próximos de um nível transpessoal de sentido a que se refere Foulkes, escrevendo na tradição da análise de grupo, ou ao inconsciente como um aspecto da ordem simbólica descrita por Lacan. O inconsciente é então ele próprio abordado, conforme Lacan argumentava que deveria ser, como "o discurso do Outro" (com o "Outro" sendo aqui o sistema simbólico que mantém a cultura no lugar e determina a localização de cada sujeito falante individual). Essa noção do inconsciente também dá conta da insistente e perpétua inconsistência de sentido na linguagem. Permite-nos desenvolver uma abordagem de postulados tácitos, condições reconhecidas e conseqüências inesperadas, bem como dar conta dos modos contraditórios pelos quais estas se enleiam a estruturas de poder então retransmitidas por meio dos textos.

O segundo princípio diz respeito à contradição intrínseca ao discurso e à psicanálise. Há muitos recursos psicanalíticos diferentes com vocabulários concorrentes, de modo que é preciso reconhecer que não

Prefácio

há uma interpretação correta, ou um correto sistema psicanalítico para o redigir de uma interpretação. É possível que a localização cultural de sistemas psicanalíticos – Lacan na França, Habermas na Alemanha, Zizek na Eslovênia – os tornem especificamente aplicáveis a suas culturas. No entanto, quando traduzidos por sobre fronteiras geográficas, lingüísticas e políticas que demarcam setores da cultura Ocidental, eles como que fisgam alguma coisa em nós. É a natureza do inconsciente (o inconsciente produzido para nós na cultura e agora) ser cindido pelos sentidos contraditórios, e a natureza da consciência contemporânea é tolerar essas contradições, além de suavizá-las. A psicanálise é um empreendimento terapêutico racional, um arcabouço teórico nas ciências humanas para a constatação de contradições. Lutamos, pois, sobre a tensão entre diferentes entendimentos contraditórios. Cada versão da psicanálise exerce um apelo dentro de arenas culturas específicas, e seria um erro propor uma versão como aplicável a todas.

E há que apreender um segundo aspecto dessa contradição intrínseca à cultura psicanalítica, que é o da existência de muitas formas de trabalho psicanalítico simultaneamente. Diferentes indivíduos podem ter recurso a diferentes formas de argumento psicanalítico em diferentes ocasiões para se compreender a si mesmos. Mesmo a resistência ou a tentativa de repudiar certa forma de psicanálise pode ganhar voz a partir de um arcabouço discursivo que é estruturado por outras diferentes suposições psicanalíticas concorrentes. Por exemplo, alguém pode declarar não gostar da psicanálise porque ela não leva a sério o que as pessoas dizem sobre as razões pelas quais fazemos as coisas, mas então a mesma pessoa pode empregar a idéia de que há coisas que sabemos sobre nós mesmos que estão fora da consciência imediata.

O terceiro princípio metodológico implica a elaboração de uma abordagem do que denomino "subjetividade complexa", uma subjetividade em que um sentido de agência se faz enleado em formas culturais. Isso está em contraste com as formas de "subjetividade monótona" na pesquisa behaviorista ou na de "subjetividade descomplicada" na pesquisa humanista. Essa noção de subjetividade vislumbra o modo como o sujeito é sempre "complicado" por seu enredamento em formas culturais dominantes, pertencentes ao autoconhecimento e que permeiam a sociedade circundante. A figura da "subjetividade complexa" leva a sério tanto as intenções e desejos do indivíduo quanto a operação de estruturas e discursos sociais. Parte crucial dessa noção de subjetividade, no entanto, é a de que os elementos culturais a partir dos quais um sentido distinto de individualidade é forjado devem ser freqüentados. Posições construcionistas sociais avançadas na formação do *self* e de uma vida emocional por meio da internacionalização de representações partilhadas de individualidade fazem-se aqui relevantes. E de novo a psicanálise começa a se tornar importante, já que opera como forma de autoconhecimento na cultura ocidental e adentra a subjetividade para tanto mais complicá-la. Formas de cultura são representadas em textos, e assim também na subjetividade dos que podem dar-lhes algum sentido quando os lêem, e precisamos levar a sério o modo como a cultura psicanalítica é transmitida no discurso (direta ou indiretamente, deliberadamente ou não).

Os textos de fundação da tradição de pesquisa em "representações sociais", por exemplo, dão sustentação ao argumento aventado aqui, no que diz respeito à natureza de conhecimento psicológico compartilhado na cultura contemporânea. Estudos de infusão da psicanálise por meio da cultura popular na França, e estudos detalhados sobre a representação social da psicanálise naquela cultura são desenvolvidos em paralelo com o trabalho social na América na década de 1960 e na Grã-Bretanha na de 1970, esboçando a "afinidade cultural" da cultura contemporânea com categorias psicanalíticas. Essas abordagens são pois compatíveis com uma concepção construcionista e social da transmissão cultural de conhecimento psicológico a partir do social para o interior do sujeito.

O quarto princípio metodológico consiste em desenvolver um dispositivo específico analítico para captar as qualidades distintas de diferentes formas de discurso e experiência psicanalíticos socialmente embutidos. O dispositivo analítico do "complexo discursivo" dá conta da natureza dual do discurso psicanalítico. O termo "complexo" é usado aqui de maneira bem deliberada para evocar a peculiaridade da natureza freudiana e pós-freudiana da subjetividade que experimentamos e reproduzimos em descrições de nós próprios dadas a outros na maior parte do tempo. Se fosse o caso de estudarmos noções compor-

Prefácio | 13

tamentais ou cognitivas transmitidas pela linguagem e experimentadas por usuários, talvez desejássemos falar de "repertórios discursivos" ou "formas discursivas". Complexos discursivos apreendem e refletem o discurso psicanalítico popular que transita pela cultura. Por um lado, os conceitos que os textos psicanalíticos empregam são retransmitidos pela cultura como componentes de um discurso, como objetos que são circunscritos pelas definições em escritos acadêmicos e profissionais vigorando na mídia e em conversas do dia-a-dia. Nesse sentido, o discurso constitui lugares para que os sujeitos venham a ser, seja o da criança com problemas em se separar da mãe, o do adolescente assolado por frustrações e ressentimento em relação à autoridade ou o do adulto já mais velho refletindo sobre uma vida e necessidades não satisfeitas.

Assim, o discurso psicanalítico "posiciona" o sujeito que está a empregar o discurso para se compreender a si mesmo ou suas relações conturbadas. Por outro lado, o discurso toca uma forma já existente de subjetividade para os que querem escrever e falar sobre si próprios e sobre outros, seja na forma de autobiografias ou de colunas de aconselhamento, em entrevistas televisivas ou no divã do terapeuta. Ele acena com uma teoria do *self* que muitas vezes o sujeito é convidado a elaborar para si próprio, e assim reconfigura a cada vez algumas das emoções que lhe estão disponíveis. À medida que o discurso evidencia alguns tipos de experiência para o sujeito, ele também fornece uma explicação por aspectos de experiência que ainda não foram explicitamente formulados no discurso. Existe assim uma garantia de autocompreensão que também, simultaneamente, atrela o sujeito aos sistemas de discurso que compreendem as comunidades em que ele vive. Portanto, o complexo discursivo não existe só para o sujeito individual, mas também fornece o meio pelo qual sujeitos podem tornar-se eles próprios um para o outro como detentores de propriedades psicológicas, como mulheres, por exemplo, ou como homens.

As diferentes formas de psicanálise que prevalecem na cultura contemporânea são assim fenômenos coletivos, e esses fenômenos coletivos se manifestarão eles próprios para cada sujeito individual na clínica de diferentes modos idiossincráticos. O psicanalista precisa saber sobre as formas que a psicanálise assume na cultura, e sobre o que o indivíduo traz da cultura para a clínica. Não há uma forma específica de psicanálise na cultura, mas uma rede concorrente de noções contraditórias, e um trabalho clínico no âmbito de um arcabouço teórico particular precisará saber algo sobre a série de noções psicanalíticas que um indivíduo trará para a terapia à guisa de seus próprios quadros teóricos de auto-referência. Essa "subjetividade complexa" é o local em que a psicanálise trabalhará (ou não), pois sem tal forma historicamente constituída de subjetividade não haverá transferência, e não fará nenhum sentido para o analisando haver algo "inconsciente" que seja outro para ele próprio, e desse modo nada para o analista interpretar.

É fácil rechaçar a terapia psicanalítica como sendo uma auto-indulgência, e muitos psicólogos despendem muitos esforços a demonstrar que Freud foi "acientífico" ou corrupto, quando na verdade a questão não é essa. A razão pela qual discussões sobre Freud e os freudianos parecem tão intermináveis e obsessivas é que a psicanálise está muito profundamente entretecida na trama de nossa cultura. Ela está em nosso blablablá sobre as experiências e idéias estranhas de outras pessoas e em nosso blablablá sobre nós mesmos. Falamos psicanaliticamente quando não percebemos que o fazemos, e tal discurso psicanalítico nos faz ser quem somos. A globalização da economia é acompanhada pela globalização de formas da subjetividade. Sei, com base em minhas próprias conversas com colegas e amigos próximos no Brasil, que o mundo da língua portuguesa já desfruta de uma relação mais profunda e intensa com a psicanálise do que o mundo de língua inglesa. Não estou imputando a vocês mais psicanálise, mas sinceramente espero que a análise do discurso psicanalítico contida neste livro seja capaz de nos fazer compreender melhor como a psicanálise funciona em nossas diferentes culturas.

INTRODUÇÃO: PSICANÁLISE E DISCURSO

> *Onde o id era, o ego há de ser. É trabalho da cultura – não diferente da drenagem de Zuider Zee.*
>
> Sigmund Freud (1933a: 112) Novas conferências introdutórias à psicanálise

> *Depende de nós. Tudo o que alguns deles necessita é de uma pausa. Com um pouco de compreensão e orientação talvez possamos algo recuperar desse desperdício.*
>
> William Holden (1948) In R. Maté, dir. The Dark Past, New York: Columbia Pictures

A psicanálise nem bem completa um século de idade e parece querer remontar à pré-história da humanidade ao mesmo tempo em que se estende para o mais profundo interior do *self* na cultura contemporânea. Para muitos, conceitos psicanalíticos e outros conceitos terapêuticos associados à psicanálise estruturam seu modo de compreender a si próprios e as relações sociais. Ainda assim, é preciso perguntar por que a psicanálise assentou raízes no Ocidente e para além dele, e como podemos melhor estudar esse fenômeno peculiar e abrangente. Este livro explora essas questões mediante considerações de toda uma variedade de preocupações culturais e de versões da prática psicanalítica. O argumento central que perpassa minha análise da miríade de práticas culturais, tal como o encontraremos nos capítulos a seguir, é o de que o discurso psicanalítico pode ser encontrado em tais práticas, e as estrutura, a elas bem como a subjetividade dos que delas participam. Em primeiro lugar, contudo, havemos de passar em revista alguns aspectos teóricos e metodológicos gerais que subjazem às sendas em que essas questões sobre a mente moderna serão tratadas no decorrer do livro.

As abordagens mais convencionais do desenvolvimento da psicanálise remontam, é claro, aos escritos e portanto às influências e experiências formadoras de vida, de Sigmund Freud. O ambiente cultural no Império Austro-Húngaro em fins do século XIX, quando Freud iniciou seus escritos, é muitas vezes retratado como tendo desempenhado um papel fundamental, mas esse ambiente em geral não se constitui em mais do que o anteparo para descrições das inovações do trabalho de Freud. Os fatores econômicos que estruturam motivos culturais de crucial importância para a psicanálise são ocasionalmente citados, mas a imagem predominante, e deliberadamente fomentada pelo próprio Freud, é a do homem só lutando para fazer emergir a verdade. Levando em conta tudo isso, seria de se imaginar que viríamos hoje, neste século XX, a ser brindados com perspicazes compreensões de um gênio singular a versar sobre persistentes problemas da condição humana; e seria de se imaginar que só agora viríamos a ter a linguagem para compreender o que impulsiona os indivíduos a amar e a trabalhar. É tempo de termos uma abordagem diferente.

POR QUE A PSICANÁLISE EXISTE?

Um exame sustentado de fenômenos psicanalíticos precisa compreender os modos pelos quais noções específicas de subjetividade, sensualidade e emoção têm sido construídas na cultura ocidental, os modos como essas noções específicas têm sido governadas por aparatos particulares de autoconhecimento e as formas pelas quais representações ocidentais do *self* e prescrições visando à saúde psicológica estão inseridas em redes de poder, e de poder em um contexto global.

A construção do self

Vale a pena enfatizar que enquanto formas ocidentais de teoria psicológica, incluindo a psicanálise, freqüentemente pretendem

Introdução: Psicanálise e discurso

explicar como a mente humana opera em toda e qualquer cultura desde o alvorecer da humanidade, "psicologias nativas" dos tempos atuais parecem ser tão variadas quanto os lugares em que habitam (Heelas e Lock, 1981; Stigler et al., 1990). Diferentes psicologias nativas definem diferentes *selves* para pessoas que habitam, que sofrem ou que sentem alegria. O "*self*" é algo difícil de apreender e definir, e os contornos do *self* são ambíguos e mutáveis. Seus contornos mudaram com o tempo, juntamente com os modos pelos quais as pessoas são convidadas a elaborar uma teoria sobre o que é possuir um *self* (Harré, 1983). Teorias cotidianas sobre o *self* operam como formas de "senso comum". Elas são construídas, mas têm de ser mantidas e verificadas como teorias, de modo que possam ser sentidas como naturais, boas e verdadeiras.

Muitos cristãos, por exemplo, desejam que sua repulsa à homossexualidade seja sacramentada pela Igreja, e desse modo acreditam que a união pelos laços sagrados do matrimônio venha a refletir uma ordem natural de companheirismo. Aos que estão sozinhos só resta "completarem-se" a si próprios encontrando um outro que seja também necessariamente do outro sexo. Mas em primeiro lugar, o que é o "outro" sexo? Laqueur (1990) descreve o modo como o modelo "um sexo/uma só carne" de homem e mulher foi cindido e transformado ao final do século XVII em um modelo "de dois sexos" de gênero que pavimentou e fez uma reescrita dos caminhos do mundo ocidental. A partir das imagens da Renascença, de um Cristo com o peito à mostra e ilustrações dessecativas revelando os órgãos genitais masculinos, enquanto os da mulher encontravam-se voltados para dentro – representações de uma semelhança e simetria essencial entre os gêneros – passamos a uma condição em que definimos nosso gênero por nossos genitais, pedaços de carne que agora nos parecem tão *diferentes*. E então, em segundo lugar, essa fixação de diferenças no corpo é sedimentada em rituais de vinculação religiosa que esquecem um passado em que as Igrejas católica e ortodoxa um dia ratificaram os gêneros sexuais e as relações entre os sexos. Ambas as Igrejas tinham rituais para reconhecer e abençoar o que viríamos a chamar de "casamento *gay*" com relatos de homens e mulheres tomando parte em tais cerimônias no sudeste da Europa até fins do século XVIII (Boswell, 1994).

Os prazeres sensuais que podem ser obtidos com o toque em partes do corpo do outro também parecem tão diretos e imediatos, que é difícil imaginar como haveria de ser diferente. O beijar, por exemplo, como a junção de duas bocas, assume um deleite que, tal como o sentimos, deve ser normal e universal. O beijo começa para muitos de nós como parte do ritual de saudação, podendo então conduzir, como que naturalmente, a um pleno despertar sexual e a um sentido de libertação. Mas não é em todas as culturas que as pessoas se beijam quando se encontram, e o beijo, de acordo com algumas abordagens, pode ter uma história bem diferente; diz-se que os homens na Roma antiga, querendo detectar se suas esposas haviam bebido – uma ofensa capital entre mulheres, na época – o melhor que podiam fazer era sentir o gosto bem no fundo da boca da companheira (Toussaint-Samat, 1992). É como se o movimento para além do estágio oral fosse mais um feito histórico desagradável do que simplesmente um passo necessário de iniciação de toda e qualquer criança na cultura.

Emoções são sentidas tão profundamente em nosso íntimo que talvez não possam ser construídas a partir de recursos culturalmente disponíveis, e no entanto estudos experimentais em psicologia social indicam que a pura e simples injeção de adrenalina pode ser interpretada como raiva ou como euforia, dependendo do contexto social (Schachter e Singer, 1962). Existem muitos estudos descritivos demonstrando que relações e solilóquios em diferentes culturas produzem emoções diferentes das vivenciadas no Ocidente (Harré, 1986). Desse modo, emoções na Inglaterra medieval, como a acedia, uma sensação de desalento por não se ter cumprido com suas obrigações para com Deus, desapareceram (Harré, 1983), e novos estados emocionais regurgitaram como se sempre tivessem estado ali. Uma história lacrimosa na França, por exemplo, um vale de lágrimas que ao final não passasse de um estratagema nas artes da sedução no século XVIII, no XIX seria sentida como um nó na garganta sequioso por uma válvula de escape (Vincent-Buffault, 1991).

Introdução: Psicanálise e discurso | 19

O "complexo-psi"

O desenvolvimento do capitalismo na Europa e na América do Norte proporcionou um terreno fértil para experiências e explicações "psicológicas profundas". A psicanálise forneceu um vocabulário para a experiência do *self*, o qual foi suscitado por um sistema econômico que opera na maior parte do tempo fora do alcance do controle das pessoas, disfarçado e incentivado por um clima cultural de co-modificação e individualização. Ocorre que esse vocabulário psicanalítico também se desenvolveu no contexto de outros modelos mentais igualmente poderosos, mas de todo institucionalizados.

O que se tem hoje é uma intrincada rede de teorias e práticas localizadas que determinam até que ponto podemos fazer e refazer nossas mentes e nosso comportamento e os modos pelos quais "desvios" emocionais devem ser compreendidos e curados. Essa rede tem sua maior densidade no cerne urbano do Ocidente moderno, onde ela dá forma às discussões televisivas de nossos dias e programas de auto-evolução passo a passo, e à medida que se espalha mundo afora, sobrecarrega-o de prescrições sobre como o *self* moderno deve ser investigado e tratado. Essa rede é o "psi-complexo", inclui a psicologia acadêmica e profissional e todas as variedades de psicanálise sedimentadas na clínica e disseminadas pela comunidade mais ampla. Profissionais em diferentes setores do complexo-psi definem como se deve afigurar e ser sentido o funcionamento emocional atípico, bem como o correto funcionamento mental (Ingleby, 1985; Rose, 1985), e como processos familiares e versando sobre guarda de filhos devem ser descritos e confiados a mães e pais (Donzelot, 1977; Riley)

O desenvolvimento do complexo-psi em vários aparatos de supervisão e regulação fornece o contexto para o apreender de idéias psicanalíticas sobre o inconsciente e sobre o ego na cultura ocidental. Também fornece um maquinário para a implementação de certas teorias da mente no Ocidente e, a partir daí, para a imposição dessas teorias ao resto do mundo como formas de dar conta de diferenças culturais e de garantir que outras culturas desenvolvam modos de pensar que sejam tão "civilizados" quanto os nossos. Uma completa história crítica da psicanálise precisaria localizar representações culturais do *self* que apelassem a noções do inconsciente e da fantasia infantil no contexto da *prática* clínica. Talvez haja aspectos daquela prática que de fato sejam úteis a *selves* escolados a falar e pensar sobre seu interior e sobre seu passado em termos psicanalíticos. A história crítica da instituição da psicanálise e sua participação no complexo-psi está além do escopo deste livro, mas retomaremos noções de terapia na cultura no capítulo final.

Imperialismo cultural

Têm sido inúmeras as tentativas de apreender o modo como noções psicanalíticas "pegaram" na cultura ocidental. A psicanálise tem sido descrita como o "triunfo da terapêutica", e como parte integrante do embate moderno com assuntos relativos a identidade e moralidade à medida que âncoras religiosas são abandonadas (Rieff, 1973). Uma discussão tanto mais sardônica travada por iniciativa da filosofia e da antropologia social retrata a psicanálise como um escambo elaborado e eficiente executado por uma nova *intelligenstia* freudiana sob uma aparência acessível, passível de proporcionar apoio pastoral (Gellner, 1985). Abordagens sociológicas têm explorado a "afinidade cultural" entre concepções psicanalíticas da qualidade do *self* e da sociedade americana (Berger, 1965); são abordagens utilizadas para descrever o quadro mais amplo da cultura de língua inglesa do século XX (Bocock, 1976). No âmbito da psicologia social, Moscovici (1976) estudou as "representações sociais" de idéias psicanalíticas encontradas em veículos da mídia impressa de diferentes organizações políticas e religiosas na França em fins da década de 1950, isso para demonstrar em que medida modos científicos de representação se fizeram traduzir em uma conversa cotidiana sobre "complexos" e "deslizes" inconscientes da língua e de seu possível significado.

O imperativo civilizador da psicologia e da psicanálise pode ser visto em várias descrições do desenvolvimento mental em trabalho colonial "intercultural" desde o início do século. Estágios do desenvolvimento cognitivo e moral descritos por Piaget foram utilizados na África para graduar níveis de desenvolvimento cultural (Bulhan,

Introdução: Psicanálise e discurso

1981), e avaliações semelhantes de culturas subdesenvolvidas foram feitas por Vygotsky em toda a União Soviética (Kozulin, 1994). O uso por Freud (1930) da antropologia comprou a idéia hoje desacreditada que se tem a partir daquela disciplina, idéia segundo a qual uma descrição detalhada de outras culturas existentes nos dias que correm, mas não submetidas a um processo de industrialização, poderiam ser tomadas como equivalentes às formas de vida "primitivas" que seriam o passado profundo e negro do Ocidente. A prioridade atribuída a mentalidades do "primeiro mundo" industrializado em regimes de testes e comparação psicológicos também se faz reproduzida no modo como instituições acadêmicas e profissionais legislam no que diz respeito à pesquisa e ao treinamento a partir do centro e para o "segundo" e "terceiro" mundos.

Essa prioridade também se reflete na divisão conceitual e organizacional do mundo pela International Psychoanalytical Association (IPA) em três partes: América do Norte, onde a American Psychoanalytic Association (APA) supervisiona todo o treinamento e de onde com tanta eficácia governa aquele "terceiro" do mundo independentemente da IPA; América Latina, que inclui o México e os países da América do Sul (dificilmente abrangendo quaisquer representações de agrupamentos da América Central); e o resto do mundo, o que efetivamente significa os países da Europa, África e Ásia sob o controle organizacional do Reino Unido.

Esse mapeamento de estruturas institucionais sobre o mundo "real" tem tido suas repercussões no modo como o treinamento nas províncias é realizado (por exemplo, em visitas mensais por analistas *trainees* da África do Sul para Londres, para o centro) e no modo como as tendências oposicionistas têm sido conduzidas (por exemplo, no modo como analistas do Reino Unido desempenharam um papel fundamental na expulsão de lacanianos da IPA na década de 1950). A partir do ponto de vista privilegiado de um analista francês, passando em revista o estágio do movimento após a Segunda Guerra Mundial, o "império" psicanalítico parecia ser estritamente controlado e fechado para a dissidência: "As duas guerras mundiais tiveram o efeito de garantir o triunfo do Ocidente sobre o Oriente e de um recentramento do controle dos negócios do império em uma cena cada vez mais anglófona, ela própria cada vez mais dominada pelo feudo americano" (Roudinesco, 1990, 171).

Nessa medida, é difícil para a psicanálise "nativa" dizer respeito às particularidades culturais de sociedades, digamos, indianas ou japonesas, desenvolvam-se sem que tal implique em um recuo das estruturas ocidentais (Kakar, 1985; Doi, 1990). As repetidas tentativas de fazê-lo, às vezes sob o risco de expulsão da IPA, são testemunho do modo como a psicanálise tem tido de competir com outros modelos do *self*, de emoções e de angústia. Qualquer exame crítico da psicanálise, ainda que simpático, deve reconhecer que *todas* as variedades da psicologia se encontram permeadas de material cultural, material este que tem uma localização histórica e geográfica, e uma posição nas redes de poder.

Nas psicologias dos dias atuais grassam noções psicanalíticas, mas são noções mais *construídas* do que naturais e universais. Construções contemporâneas do *self* encontram-se hoje em débito com a obra de Freud e com o movimento psicanalítico, mas são também mantidas por instituições que definem como a mente e o comportamento devem ser descritos e experimentados. A teoria freudiana "funciona" não por ser verdadeira, mas por estar estruturada na cultura ocidental. Um enfoque na construção social da psicologia em diferentes contextos nos ajuda a cunhar uma distância crítica a partir da psicanálise como um tipo de "verdade, e nós podemos aprofundar esse enfoque com o desenvolvimento de ferramentas analíticas encontradas na linguagem. Este livro nos fará percorrer vários fenômenos culturais que trazem em seu bojo noções psicanalíticas para ilustrar como podemos "ler" a cultura com um olho psicanalítico e com um olhar sobre o modo como a psicanálise opera na cultura. Para fazê-lo, precisamos de uma estrutura teórica e metodológica adequada.

COMO ESTUDAR FENÔMENOS PSICANALÍTICOS?

Quando nos propomos a considerar os muitos lugares que a psicanálise opera na cultura popular, vemos que ela assume uma variedade de formas em nossa fala, em nossa escrita e em nossa prática, e necessi-

Introdução: Psicanálise e discurso

tamos de ferramentas conceituais e analíticas para descobrir como está construída e seu modo de operar.

Discurso

Um modo útil de explorar essa fala, escrita e prática é fazê-lo por meio de uma análise dos padrões de enunciados ou "discursos" que definem diferentes objetos, seja como coisas que estão fora e são independentes de nós ou então dentro, sendo parte de nós. Um dos mais poderosos ardis de linguagem, e como que uma fonte de criatividade humana, é o modo como ele pode construir uma representação de um objeto em dado momento, no que parece então fazer referência àquele objeto como se fosse algo externo, como algo estando "lá" adiante. Seres humanos vivem em um mundo entretecido de linguagem, e os diferentes sistemas simbólicos que compreendem uma comunidade humana são organizados mediante discursos de distinta competência e interconectados, que produzem um sentido do mundo como algo que independe de nós. Esses discursos não só produzem para nós uma imagem do mundo "lá", mas com o crescimento do complexo-psi eles também se nos dão como um incentivo para falar sobre e sentir que há certos objetos "aqui". A série de pulsões, defesas do ego e apresentações de objeto a compor o discurso psicanalítico tem adquirido, para muitos analistas e pacientes, um estatuto ainda mais sólido.

Discursos também dispõem de especificações para certos tipos de objetos extremamente complicados, os *temas* de conversa, as coisas que sentimos serem a fonte de sentido, e, na fala psicanalítica, aquelas coisas, *nós-mesmos*, são sentidas como a origem da angústia e da cura. A capacidade reflexiva do ser humano é vista por analistas de discurso como algo historicamente bastante recente, e isso pode ser entendido como uma função do discurso na qual esse discurso por sua vez se "desdobra" em um corpo e confere o efeito e o poder da consciência (Foucault, 1966). No entanto, devemos deixar claro que quando "posições de sujeito" são dispostas no discurso, especialmente as fundadas em uma instituição como uma prática discursiva, certos poderes são exercidos por alguns falantes e negados por outros (Bhaskar, 1989; Parker, 1992).

Uma coisa é dizer que a psicanálise se mantém em discurso; outra é dar o devido peso aos modos como esta circula e ao poder de que ela desfruta. Não se trata, antes de mais, "simplesmente" de um discurso, e seria um erro pensar que ela só existe como tipo de fala ou de escrita. Um discurso, ou uma rede de discursos contraditórios no caso do complexo-psi subsiste em um "regime de verdade", dificultando para participantes o desafio das "realidades" a que ela faça referência. Regimes de verdade governam o que pode ser falado, e eles também definem o que será visto como sem-sentido ou como loucura. Uma vez que o trabalho discursivo-analítico é não raro realizado em *settings* acadêmicos, é tentador descrever "discursos", como se eles fossem apenas lingüísticos, dando-se tão-só na linguagem. Contudo, o trabalho de Foucault (1969), que tem sido uma inspiração para perspectivas críticas no discurso em psicologia nos últimos anos, chama a atenção para o modo como a fala, a escrita e outras formas de representação se encontram implicadas em "práticas discursivas", podendo ser severas as sanções contra o sem-sentido ou contra a loucura (Parker, 1992; Parker et al., 1995). Em instituições como prisões e escolas, as práticas discursivas são "locais" em que padrões de sentido se assentam em técnicas disciplinares, nos quais somos feitos para agir e ser de determinadas maneiras. Para explorar o modo como a subjetividade psicanalítica "atua" na cultura, precisamos elaborar um pouco mais as abordagens analíticas do discurso.

Complexos discursivos

O recurso metodológico do "complexo discursivo" capta a natureza dual do discurso psicanalítico. O termo "complexo" é utilizado aqui de forma bastante deliberada para evocar a natureza peculiarmente freudiana e pós-freudiana da subjetividade que vivenciamos a maior parte do tempo e que é por nós abordada neste livro (não obstante o fato de Freud ter tomado o termo de empréstimo a Jung). Se fosse o caso de estudar noções comportamentais ou cognitivas ocultas na linguagem e experimentadas por usuários, talvez desejássemos falar de "repertórios discursivos" ou de "modelos discursivos". Por um lado, os

Introdução: Psicanálise e discurso | 25

conceitos empregados pelos textos psicanalíticos perpassam a cultura como componentes de um discurso, como objetos que são circunscritos por definições em escritos acadêmicos e profissionais e utilizados em publicidade (Parker, 1995). Nesse sentido, o discurso constitui os locais para que os sujeitos venham a ser, seja ao modo de uma criança com problemas de se separar da mãe, de uma adolescente cheia de frustração e ressentimento em relação à autoridade, ou como um adulto já mais velho refletindo sobre a vida e sobre necessidades não satisfeitas. O discurso assim posiciona o sujeito que é visado por ou que está empregando o discurso para que entenda a si próprio ou suas tumultuosas relações. Por um lado, o discurso toca uma forma já existente de subjetividade para aqueles que escrevem e falam sobre si mesmos e sobre outros, seja na forma de autobiografia ou na de colunas destinadas a consultas e aconselhamentos, em uma entrevista televisiva ou no divã de um terapeuta. Ele dá sua aquiescência a uma teoria do *self* que o sujeito tenha sido convidado a elaborar para si próprio nessa cultura, e desse modo ele reconfigura a cada vez algumas das emoções que lhe estão disponíveis (Parker, 1997).

Se a psicanálise fornece uma reflexão, uma compressão e uma redução de fenômeno societário ao nível do indivíduo, ela o faz de um modo que também revela algo mais da natureza desses fenômenos. Quando estudamos o modo como complexos discursivos estruturam fenômenos culturais, somos capazes também de melhor compreender o modo como eles atraem e mobilizam seus sujeitos. O complexo discursivo então não existe somente para o sujeito individual, mas também fornece um meio para que se compreenda como a linguagem psicanalítica atua em relação a fenômenos culturais específicos. Podemos então esclarecer o que é sentido como o "compartilhar" da experiência por aqueles envolvidos naqueles fenômenos, o ato de se dar dos sujeitos uns para os outros como tendo propriedades psicológicas semelhantes.

Compreensão conceitual e crítica psicológica

Até aqui tenho feito referência ao discurso psicanalítico como se ele fosse algo singular e unitário. No entanto, a exemplo do que ocorre com todo discurso, e com a natureza humana nele assentada, ele não é nenhuma dessas coisas. Somos feitos de muitas coisas, descrições e imagens, e essas coisas dividem-se de muitas maneiras. O discurso psicanalítico se dá de muitas formas concorrentes, e é construído a partir de uma série de conceitos reunidos de maneira um tanto frouxa e que se entrechocam e se mesclam com outras teorias comportamentais populares e cognitivas do *self*.

A noção de "discurso psicanalítico" desempenhará um papel por vezes dual neste livro, e definirá minhas duas principais tarefas nos capítulos a seguir. Em primeiro lugar, mostram como é possível ler fenômenos culturais contemporâneos com um olhar psicanalítico. Passarei a interpretar uma série de textos fazendo uso de conceitos psicanalíticos e mostrando como esses conceitos nos capacitam a iluminá-los de um modo que nos torne possível *localizá-los*. Aqui sigo o rastro de autores de várias inclinações teóricas, que usam a psicanálise para dar sentido a experiências individuais e fenômenos culturais (por exemplo, Rustin, 1991; Samuels, 1993; Young, 1994; Elliott & Frosh, 1995) e periódicos dedicados àquela tarefa (por exemplo, o *Free Associations* e o *Journal for the Psychoanalysis of Culture and Society*). Estou interessado não tanto no que se passa no pensamento de autores tomados individualmente, e sim mais com redes de discurso que fomentam os sentidos por eles produzidos, e no que aquele sentido revela sobre a cultura e sobre condições de possibilidade para que sejam autores de seu próprio *self* nessa cultura. A psicanálise certamente pode ser usada para que se leiam e se iluminem textos culturais, mas em cada capítulo tornarei a perguntar por que ela pode ser usada de tal forma e por que certas versões do discurso psicanalítico parecem tão apropriadas a certos tópicos.

Minha segunda tarefa, então, será mostrar como fenômenos culturais são estruturados por complexos discursivos, e as leituras também fornecem oportunidades para que se explorem os modos como conceitos-chave do vocabulário psicanalítico emergiram nos escritos de Freud e de seus sucessores. Aqui me vejo um pouco mais cético em relação à psicanálise como peça-chave para desvendar os segredos da cultura, e quero mostrar como o discurso psicanalítico em si mesmo tem sido construído como parte do mecanismo que parece situar-nos

Introdução: Psicanálise e discurso

no aqui e agora. A psicanálise nos incentiva a nos movimentar sob a superfície a fim de ver os modos como o sentido é produzido, mas aqui passaremos a olhar para o modo como o sentido é transformado e reproduzido na cultura em vez de tentar encontrar as fontes dos sentidos nos indivíduos tomados individualmente. Quando o psicólogo criminal do filme *The Dark Past* (citado no início deste capítulo) olha pela janela para os jovens delinqüentes, por exemplo, e transforma a metáfora de Freud sobre a estrutura da mente para distinguir entre a boa juventude, que pode ser salva da má, que está perdida, com isso ele ao mesmo tempo está se pautando por certo modo de estruturar um fenômeno social para o público. A psicanálise, então, circula como uma forma de representação e prática que posiciona sujeitos na medida mesma em que usam refletem sobre o que lhe é possível dizer. Mas de onde vem esse discurso?

O DISCURSO PSICANALÍTICO DE FREUD

É claro que a contribuição de Freud para o desenvolvimento da psicanálise foi de vital importância, e deveríamos prestar alguma atenção nessa contribuição antes de nos voltarmos para as forças culturais e econômicas que permitiram que suas idéias produzissem frutos. De que modo contamos a história de uma vida individual formada por culturas concorrentes e assentada em condições econômicas conflituosas, é algo que sempre receberá certo enquadramento teórico e metodológico.

Em vez de simplesmente traçar a biografia de Freud – de seu nascimento, em 1856, até a morte de seu pai e a primeira vez em que se utilizou do termo "psicanálise", em 1896, para a fundação da International Psychoanalytical Association em 1910, e daí até sua morte no exílio, em 1939 – mais útil será aqui, tendo em vista os principais temas deste livro, focalizar a obra de Freud como localizada em uma série de acontecimentos. Seus escritos, suas atividades profissionais e a mobilização de colegas em favor da causa da psicanálise podem ser considerados como governados por esses acontecimentos e, em certa medida, como sendo constituídos por eles.

Materialidade da mente

O treinamento de Freud como médico clínico serviu para reforçar uma abordagem materialista do corpo e da mente que o marcou desde o início de sua carreira. Uma visita a Manchester em 1875 proporcionou-lhe a oportunidade de uma leitura mais atenta de trabalhos de empiristas ingleses em ciências, uma visão da investigação como que enraizada na descoberta de fatos observáveis e nas conexões entre eles, e na época Freud se opunha fortemente à metafísica especulativa. O positivismo médico que ele absorvera de Ernst Brücke, seu mentor no laboratório fisiológico onde ele trabalhou de 1876 a 1882, mapeou esse quadro empirista da mente em uma crítica incisiva a qualquer estirpe de romantismo. O romantismo na época era popular em teorias biológicas entre pesquisadores que buscavam forças misteriosas na natureza para explicar o desenvolvimento, proporcionando explicações vitalistas para processos biológicos. O primeiro livro de Freud, publicado em 1891, *Sobre a concepção de afasia: um estudo crítico*, abordava problemas referentes à produção da linguagem, dos quais se pensava residirem em lesões cerebrais. Freud redescreveu-os como relações entre sistemas de representação. Esse trabalho pavimentou a via para se pensar a histeria operando como se fosse "a lesão de uma idéia" (Forrester, 1980, 30).

Foi nessa época que Freud veio a conhecer Wilhelm Fliess, que viajou de Berlim em 1887 para uma conferência do próprio Freud sobre neurologia, e por volta de 1894 Fliess era, nas palavras de Freud, "o único Outro" (citação de Gay, 1988, p. 56). Há uma tensão nessa relação com aquele "Outro" desde o início, e as idéias um tanto místicas de Fliess sobre o significado de certos números nos ciclos reprodutivos femininos e masculinos – o que provocou em Freud uma persistente angústia com relação a sua própria morte nas idades de 51, 61 e 62 anos – juntamente com teorias radicais sobre bissexualidade constitutiva e especulações de cunho mais fantástico sobre conexões entre o nariz e os órgãos sexuais (Gilman, 1993). Apesar dessas tentativas de escapar a noções românticas, durante todo o percurso freudiano persiste a dualidade entre forças vitais (nas pulsões) e mecanismos psicológicos (como estruturas mentais), embora as discussões com Fliess

Introdução: Psicanálise e discurso

estabeleçam um contexto para a elaboração de uma abordagem que procurava fundar a psique na biologia.

O *Projeto para uma psicologia científica* (Freud, 1950) foi escrito em 1895, na seqüência de um dos "congressos" íntimos com seu amigo em Berlim, em setembro. O manuscrito ainda incompleto foi enviado a Fliess no início do ano seguinte. A introdução do editor para o *Projeto* na *Edição Standard* observa que este "contém em si mesmo o núcleo de grande parte das posteriores teorias psicológicas de Freud" e que "seu fantasma invisível" "assombra toda a série dos escritos teóricos de Freud, até o seu fim" (Strachey, 1966, p. 290). Ela assentou as bases para uma leitura da psicanálise como psicologia cognitiva, e para a redução da explicação terapêutica e cultural do arcabouço da ciência natural (Pribram e Gill, 1976). O *Projeto*, a que Freud chamou sua "Psicologia para neurologistas", continha especificações para o acúmulo, retenção e descarga de quantidades de excitação, e muitos desses temas, particularmente o da fundação de processos mentais no cérebro, perpassaram uma de suas últimas revisões de uma teoria analítica geral da mente nos 40 anos que se sucederam a *Um esboço de psicanálise* (Freud, 1940a). No entanto, o recorrente problema envolvendo uma abordagem científica estritamente natural da psicanálise é o de que o desejo humano sempre vai além da biologia, e Freud se debatia então com um sentido do *self* como algo armado feito armadilha no corpo e como tentativa de transformação de si mesmo e de sua relação com outros.

Níveis de representação

Em seus estudos sobre a afasia, a consciência, por Freud, de que a mente não apenas era violentamente cindida por diferentes representações, e de que havia a possibilidade de se falar em níveis de representação como que demarcando diferentes regiões do pensamento e variedades do processo mental acabaram por conduzi-lo ao inconsciente. Uma visita a Paris de outubro de 1885 até março de 1886, para estudos com Jean Martin Charcot, na Salpêtrière Clinique, introduziu Freud em um lugar onde o hipnotismo estava eliminando a histeria do corpo das mulheres. Um retrato de Charcot apresentando uma de suas pacientes mulheres a um público de colegas e alunos pendia na parede do consultório de Freud da Bergstrasse 19, em Viena, até 1938, quando então foi orgulhosamente posto na parede sobre o divã do analista no número 20 do Maresfield Gardens, em Hampstead. Freud também visitou o hipnotizador Hippolyte Bernheim – que argumentou contra a asserção de Charcot segundo a qual somente as histéricas seriam suscetíveis à hipnose – em Nancy em 1889, e traduziu trabalhos tanto de Bernheim como de Charcot para o alemão. O argumento de Charcot era o de que a histeria se dava não só em mulheres, mas também em homens, e que o estado hipnótico reproduz de alguma forma a condição histérica, isso juntamente com a alegação de Bernheim, segundo a qual o fenômeno vinha a ser uma linha divisória entre o normal e o anormal, a anormalidade e a feminilidade em forma de chaves que teriam o poder de destravar processos ocultos na mente normal masculina.

Também aqui se tem a evidência adicional de um sistema inconsciente separado do sentido na mente, pois as queixas das histéricas de Charcot não poderiam ser mapeadas dentro dos contornos do corpo. A paralisia histérica e hipnótica não correspondia a dutos nervosos, a áreas fisiologicamente circunscritas de braços ou pernas acometidos. Algo mais estava acontecendo com a paciente, e algo poderia ser produzido ou aliviado na paciente por sugestão, sugestão em algum nível de consciência que não era consciente. Charcot atentava para períodos de choques traumáticos que poderiam ter provocado aqueles estados mentais, e naquela época, em Salpêtrière, pouca atenção se dava à prevalência e às conseqüências do abuso sexual infantil. Era como se houvesse certo acúmulo de experiências sofridas e reprimidas a partir de coisas que então permaneciam como que à espreita, sob a superfície, e um reino da consciência que poderia falar de experiências somente quando o sofrimento houvesse sido empurrado para baixo da superfície. A condição para o discurso cotidiano parecia ser a de que as coisas passíveis de suscitar o trauma fossem impedidas de dele tomar parte.

Freud (1895a) mais tarde elaborou uma abordagem do inconsciente como consistindo de "apresentações de coisas", um nível de representação dividida a partir de uma consciência cotidiana que compreendia "apresentações de palavra" da linguagem. A própria

Introdução: Psicanálise e discurso

capacidade de usar a linguagem, de conscientemente se comunicar com os outros e participar de um discurso comum haveria de ser predicada, na corrente principal da psicanálise, como a existência de um "outro lugar", de uma vida mental inconsciente em que os trabalhos criativos do passado e do presente se encontravam confundidos e combinados de modos distintos, passíveis de provocar distúrbios e excitações.

Sexo, sedução e fantasia

O relato que Freud fizera de maneira entusiasmada sobre a demonstração de Charcot da existência da histeria masculina e da natureza *psicológica* da queixa a seus colegas vienenses em 1886 não teve boa repercussão. Também ali houve uma confusão entre quadros discursivos que buscavam pelo sentido da psicopatologia, com Freud dividido entre diferentes representações culturais e acadêmicas da anormalidade e da sexualidade. O retorno de Freud a Viena foi também uma viagem entre imagens concorrentes de sua infância. A "Teoria da sedução", Freud a descreveu alguns dez anos depois a seus colegas, em abril de 1896, e isso provavelmente se deveu, em parte, a suas leituras de chocantes relatos, na imprensa francesa, da extensão de abusos sexuais na infância, bem como de pesquisas de Salpêtrière quando ele esteve em Paris, mas aquela teoria destoava de histórias sobre crianças manipulativamente mentindo, as quais eram populares na cultura de língua alemã. Abordagens de tormentos psíquicos eram desacreditadas, e exemplos de abuso sexual eram tanto mais eficazmente ocultados graças a essas imagens que se faziam de muitas crianças. Defendeu-se que Freud teria retrocedido de sua "Teoria da sedução" em razão da reação incrédula e hostil que ela teria provocado em Viena (Masson, 1984). No entanto, a teoria em grande medida *mais* provocativa que ele veio a propor depois – a de que somos todos fontes pululantes de fantasia perversa – tampouco poderia ser bem aceita por seus detratores. Quaisquer que fossem as razões de Freud, a mudança de enfoque da "sedução" real para fantasias infantis foi um momento fundador da psicanálise.

Imagens de perversão sexual cruzaram ambas as vias em psicanálise, ao mesmo tempo legitimando e combatendo abusos (Glaser e Frosh, 1993), embora a forte associação entre desenvolvimento maduro e heterossexualidade normativa significasse que os aspectos mais desafiantes do trabalho de Freud fossem não raro calados ou sepultados. Fliess, por exemplo, forneceu a idéia da bissexualidade que constituiria o sentido psicanalítico do fenômeno da histeria masculina, bem como da irrupção de uma distinção essencialista entre os gêneros e o modo pelo qual se convencionou que essa fosse mapeada relativamente à diferença biológica entre os sexos. *Os três ensaios sobre a teoria da sexualidade* de Freud (1905a) esclareceu esse aspecto, sobretudo em uma famosa nota de rodapé acrescentada em 1915, segundo a qual diferenças biológicas entre os sexos precisavam ser distinguidas de diferenças entre identidades de gênero masculino e feminino em sociedade, e novamente distinguidas a partir da diferença entre atividade e passividade. Porém, Freud prossegue insistindo, mesmo nessa nota de rodapé freqüentemente citada por autoras feministas simpáticas à psicanálise, que a "libido" é "masculina", "pois um instinto é sempre ativo, mesmo quando tem em vista um objetivo passivo" (Freud, 1905a, p. 141). Essa é a razão por que Freud afirma, na passagem que traz apensa a referida nota de rodapé, que "a sexualidade das meninas é de caráter completamente masculino" (Ibid.).

O que Freud dá com uma das mãos, tira com a outra. A sexualidade é separada da biologia, e desse modo se torna um prazer plástico a ser desfrutado pelas mulheres tal como o é por homens; encontrando-se, porém, de certo modo atrelada à masculinidade, só podendo ser desfrutada por mulheres como se elas fossem homens. A decomposição dos "impulsos" – em carga ou "pressão", a parte ou processo do corpo como *"fonte"*, o *"objetivo"* sempre considerado como agente erosivo de tensão na origem, e o "objeto" por meio do qual o objetivo é realizado – também exerce um efeito contraditório no desenvolvimento da psicanálise como forma de política social. Agora se faz possível uma abertura para questões de perversidade, e do que Freud chamou de "perversidade polimorfa" da sexualidade infantil, a fim de abordar o modo como a homossexualidade pode ser considerada, juntamente com a heterossexualidade, como uma resposta ao mesmo tempo con-

Introdução: Psicanálise e discurso

fusa e compreensível à confusão e ao trauma do desamparo e da pletora dos desejos infantis. A prática da psicanálise tem freqüentemente lidado com isso, ainda que o faça mais por uma ratificação dos procedimentos de cuidados com a criança e de identidades sexuais na família nuclear "normal" do que pelo questionar se os ataques brutais e a heterossexualidade compulsória que não raro a danificam porventura não podem ser vistos como sintomáticos de uma estrutura "anormal", ainda que culturalmente dominante.

A sexualidade infantil também desempenha um papel ao mesmo tempo subversivo e conservador em debates sobre o inconsciente de pacientes e analistas, pois, envolver toda a vida cotidiana, a sexualidade, nessa medida, põe em questão a própria relação terapêutica. O analista sempre volta a ser confrontado com descrições e questões sobre desejo que reproduzem padrões de relação sexual, e isso no momento mesmo em que elas são discutidas. A "transferência", concebida como retomada de relações a partir de objetos significantes primevos na figura do analista, tornou-se uma das pedras de toque no desenvolvimento da prática psicanalítica, e é vista como estruturando a rota para a cura muito mais do que como um inconveniente bloqueio em canais de comunicação. Talvez em virtude do papel da psicanálise como um incitamento à confissão no âmbito da comunhão analítica, não levou muito tempo para que as fantasias sexuais do analista em relação a seus pacientes – sua "contratransferência" – também fossem consideradas por analistas "relações de objeto", parte necessária do processo (por exemplo, Heimann, 1950). A fantasia, portanto, continua a aparecer no processo de cura, mas ela tem de ser aproveitada com o intuito de tornar aquele processo uma tentativa propriamente criativa e terapêutica.

Civilização e racionalidade

Freud via a psicanálise como ciência, mas também como uma busca terapêutica e cultural. Algumas vezes ficava claro que com isso ele intencionava que ela fosse uma ciência natural – uma das *Naturwissenschaften* – e que a "cura pela fala", morosa e cheia de circunlóquios, pudesse então finalmente ser abreviada com uma medicação que alterasse a base química dos problemas neuróticos ou histéricos. As descrições neuropsicológicas no *Projeto* de 1895 reaparecem em distinções entre processos primários e secundários de pensamento, e entre o correspondente princípio de prazer e o princípio de realidade. A noção de repressão – a "pedra de toque" de Freud na psicanálise – é muitas vezes situada em sua estrutura de ciência natural (Grünbaum, 1984). Em outros aspectos, quando Freud se refere ao pano de fundo cultural e literário em que um psicanalista em treinamento deve se enfronhar. Sendo esse pano de fundo mais útil que um treinamento médico, é fácil aceitar as reivindicações de que Freud via a psicanálise como uma das ciências humanas, as *Geisteswissenschaften*, ciências do espírito nas quais critérios de compreensão e ressonância vivencial são mais importantes do que a geração de hipóteses e os testes empíricos (Bettelheim, 1983). Seja como for, ao exame racional é atribuído alto valor; a racionalidade, como um selo de garantia da psicanálise, há de ser descoberta ao lado do processo secundário, do princípio de realidade e no tipo de civilização "avançada" que tornaria possível a psicanálise.

A psicanálise também se perfila ao lado da razão quando se defronta com debates sobre o papel da religião como sistema de crenças em uma sociedade civilizada. O próprio Freud, na condição de judeu vivendo em Viena, tinha boas razões para suspeitar da cristandade como inimigo potencial e patologicamente perigoso do pensamento racional. O prefeito de Viena, Dr. Karl Lueger, por exemplo, foi um populista que garantiu sua eleição com base em uma plataforma eleitoral de retórica anti-semita. Freud estava determinado a garantir que sua identidade como judeu não se fizesse obstáculo ao desenvolvimento da psicanálise.

Essa determinação é algo que tem sido utilizado contra Freud em argumentos anti-semitas pelos quais sua identidade cultural deve necessariamente ter engendrado uma secreta aderência ao judaísmo, e em caracterizações de Freud como reação à cultura cristã, personificando uma "vingança judaica" (Szasz, 1979). É possível encontrar traços de pensamento místico judeu – particularmente noções cabalísticas de texto e sensualidade – em escritos e na prática psicanalítica (Bakan, 1958), mas também é possível

Introdução: Psicanálise e discurso | 35

encontrar temas católicos emergindo dali, com a trindade composta de id, ego e superego eventualmente citada como exemplo, e vista como derivando talvez de sua experiência primeva com sua enfermeira (Isbister, 1985). O que importa aqui é o modo como a posição marginal de Freud forneceu-lhe simultaneamente uma distância crítica em relação à cultura dominante e a algumas fontes culturais alternativas a fim de forjar um modelo do indivíduo racional que seria capaz a um só tempo de adaptar e desafiar costumes sociais tidos como estabelecidos (Klein, 1985). A psicanálise em geral parece encetar seu percurso ao longo de uma linha tênue de conformidade e crítica revolucionária, e muitos dos mais acalorados debates têm se dado sobre seu caráter "real", em cujo lado devesse cair, como se tivesse mesmo de finalmente cair em um lado ou em outro.

O anti-semitismo cristão repetidas vezes procurou dar conta das escolhas realizadas por Freud, de uma carreira em medicina ao desenvolvimento do movimento psicanalítico. As esperanças depositadas em Carl Jung, por exemplo, como príncipe herdeiro do movimento psicanalítico, também foram condicionadas pelo anti-semitismo. Se Jung, como filho de um pastor suíço, viesse a se tornar a figura principal da International Psychoanalytical Association (IPA), teria então sido possível, esperava ele, quebrar o isolamento de que Freud se ressentia em Viena. Essas esperanças fizeram-se novamente atreladas a uma imagem da psicanálise como empreendimento racional, civilizado, e não deixa de ser irônico que o próprio misticismo de Jung (sempre um incômodo comprometimento) veio a ser finalmente uma das razões de seu rompimento com Freud. Contudo, talvez tenha sido mesmo providencial que Jung não tivesse permanecido na liderança da IPA, pois suas idéias foram sempre diametralmente opostas às da psicanálise. Em vez de uma cuidadosa tentativa de deslindar as complexidades da experiência adulta pela via de um exame do passado do indivíduo, Jung protagonizou a saída fácil para um "inconsciente coletivo". A partir daí, foi um passo bastante curto para temas relativos à salvação religiosa, e apelos a sentimentos raciais e anti-semitas (Samuels, 1993).

Aperfeiçoamento cultural

Freud muitas vezes mapeou o desenvolvimento da racionalidade científica com vistas ao desenvolvimento da cultura, e o desenvolvimento da racionalidade individual, da mesma forma, freqüentemente foi visto como recapitulando um movimento progressivo no processo civilizatório em direção a um melhor funcionamento mental e a uma melhor autocompreensão. Sua caracterização da prática psicanalítica na célebre citação sobre o Zuider Zee, no início deste capítulo, torna esse liame tanto mais explícito, e o auto-aperfeiçoamento se dá paralelamente e se faz modelado a partir de um aperfeiçoamento cultural em uma imagem do ego sendo fortalecido e colonizando o id. Nas várias descrições do aparelho físico em escritos de Freud, o ego orgulhosamente assume o lugar de representante e garante da racionalidade no individual e no princípio de que depende o crescimento cultural.

Se o ego é visto como função de um compromisso com a realidade e como um mediador entre a ordem social e o inconsciente, ou se é assumido como precedendo relações sociais como avaliador e filtro para a linguagem e outros materiais culturais, ele está sempre – com a exceção paradoxal da abordagem de Freud sobre o narcisismo – no "centro" da vida psíquica. O ego emerge pelos vários modelos mentais no desenvolvimento dos trabalhos de Freud como regulador, gerenciador, ponto focal e *locus* racional do *self*. É possível traçar um percurso pelos escritos de Freud passando pelo (i) modelo dinâmico (no qual a energia libidinal flui de um local do aparelho mental para outro, investindo "representantes adicionais" ao longo do percurso), pelo (ii) modelo econômico (em que metáforas hidráulicas se apresentam por si próprias em abordagens do "exaurir" de energia sofrido pelas histéricas), pelo (iii) modelo topográfico (no qual a distinção crucial se dá entre o inconsciente e o consciente como regiões separadas da mente), e por fim (iv) pelo modelo estrutural (tão decantado pelos autores de manuais de psicologia com sua simples compartimentalização da mente em "id", "ego" e "superego"), que coroa o ego como centro racional e herói da "ego-psicologia" anglo-americana (por exemplo, Hartmann, 1939). Cada modelo se mantém nos trabalhos de Freud, mas é o modelo estrutural que costuma ser tomado para exemplificar a versão "estado

Introdução: Psicanálise e discurso 37

final" de sua teoria (Greenberg e Mitchell, 1983). Ali, contra a própria insistência de Freud (1925a) de que o inconsciente encontra seu caminho em *qualquer* percepção, assume-se a possibilidade de conceber o ego como região da personalidade "livre de conflitos", presente desde a racionalidade e guiando o indivíduo através das demandas impostas pelas duas outras agências internas e pelo mundo exterior.

Existe aqui uma parceria de não fácil conciliação entre o ego e o princípio do prazer, e as fases iniciais dos escritos de Freud gravitaram em torno da tensão entre o ego como continente das pulsões individuais de "autopreservação" seguindo fielmente o princípio de realidade e o inconsciente, além dos efeitos de ruptura do princípio do prazer, que também facilitou a reprodução da espécie. Nestas primeiras abordagens é como se a parceria continuasse fundada no sexo. Nas fases posteriores dos escritos de Freud, tendo em suas discussões sobre o narcisismo em 1914 como ponto de inflexão (Freud, 1914a), o sexo auxilia na colagem do ego como local de pulsões para a autopreservação e para o Eros, e essas partes agora mais próximas são confrontadas com uma nova ameaça de algo mais profundo no inconsciente com o "retorno do reprimido", com algo "para além do princípio do prazer", com a morte (Freud, 1920). Eros faz-se então conjugado a Tanatos como um impulso para a autodestruição a esguichar do interior do corpo, de cada célula individual ao ataque da integridade do *self*, para então sorvê-lo de volta a um estado inorgânico.

A civilização é progressivamente ilustrada por Freud como se desenvolvendo no curso de uma diversidade de energias sexuais e agressivas, por meio de uma "sublimação" como um aperfeiçoamento de energias que estariam em seu estado bruto. É como se a aparição da violência em grande escala na Primeira Guerra Mundial fosse interpretada por Freud como expressão do que sempre estivera subjacente ao verniz da cultura. Como o que jazia nos subterrâneos se revelava cada vez mais destruidor, tornou-se tanto mais necessário fortalecer o verniz, laminar muitas camadas de cultura sobre o ego para tornar o prazer sexual, bem como a autopreservação, partes de sua *raison d'être*. Freud certamente se fez isolado pela guerra, e a dificuldade que ele enfrentou para manter uma comunidade internacional de psicanálise à revelia de rivalidades nacionais tornou-se um ponto fulcral de seu vigor uma vez terminado o conflito. O próprio movimento psicanalítico durante muito tempo foi apoquentado por guerras civis de menores proporções, como a cisão que isolou Adler em 1911 e em seguida Jung, pouco antes de a guerra começar. A Primeira Guerra Mundial intensificou a luta entre a vida e a morte na comunidade psicanalítica, e essa luta se tornou central ao modelo do indivíduo descrito em textos psicanalíticos, nos últimos escritos de Freud.

As séries de acontecimentos que pontuaram a vida de Freud também marcaram sua luta teórica e organizacional em favor de uma visão coerente e dinâmica da mente e em favor de uma comunidade de analistas para compreendê-la, e os acontecimentos ainda se fazem presentes, representados no sistema de conceitos que compreendem os debates psicanalíticos nos dias de hoje. Noções da materialidade da mente, do inconsciente, da sexualidade infantil, da racionalidade civilizada e do aperfeiçoamento cultural em psicanálise trazem em seu bojo, não-resolvidas, as muitas questões políticas que as incitaram ou as emolduraram. Tal se deu em parte por Freud ter se engalfinhado em embate com cada um dos temas, refletindo sobre seu sentido e suas conseqüências. Freud foi um observador arguto, discutiu e elaborou muitas de suas observações com outros. Uma análise tão intensamente focada, uma auto-análise e então uma psicanálise condensaram cada tema e os prensaram a serviço de preocupações pessoais, de Freud, de pacientes e de colegas. Embora a "auto-análise" que ele empreendeu em 1896, após a morte de seu pai, seja freqüentemente retratada como uma jornada solitária rumo a sua interioridade, a sua ativa reflexão sobre a família, sobre eventos institucionais e políticos estiveram, na maior parte dos casos, inseridas em uma variedade de redes profissionais, como atividade pública. Nesse sentido, aquelas preocupações individuais profundamente sentidas não deixavam de ser também questões culturais.

CONDIÇÕES CULTURAIS DE POSSIBILIDADE

Os temas que acorreram aos escritos de Freud não se mostravam ali tão misturados no caldo comum da cultura de sua época. Os 44

Introdução: Psicanálise e discurso

anos que se estenderam desde o início do século XX e os 40 a seguir foram marcados por convulsões de caráter intelectual e homicida. Foi um tempo de idéias bastante novas e movimentos de massa a provocar o entrechoque das diferentes culturas da Europa e para além de suas fronteiras. Eles davam forma e impeliam a psicanálise como prática moderna e dinâmica da mente, do modo como somos capazes de compreendê-la e de dar conta de como ela surgiu. Esses temas culturais não raro precedem e precipitam, dão forma ao trabalho de Freud, e atuam como intersecções a ele, passando então a ser emoldurados pelo discurso psicanalítico. Nós os encontraremos eventualmente reaparecendo no curso deste livro com relação a versões particulares da teoria analítica. A seguir, passarei em revista dez temas culturais de importância crucial.

Evolução

A teoria evolucionista, como um primeiro caso em questão, proporcionou uma abordagem "científica" do desenvolvimento da humanidade, mas havia mais do que uma teoria evolucionista e um acúmulo de trabalho antropológico de cunho popular e menores pretensões à cientificidade. Freud admirava a abordagem de Darwin da "seleção" das espécies, na qual as melhores mutações adaptativas sobrevivem e com o tempo se disseminam por toda uma população, mas ele também foi influenciado pelo argumento de Lamarck em favor da herança de qualidades obtidas durante o tempo de vida de um dos progenitores, e tais noções foram empregadas na descrição psicanalítica da transmissão da memória humana no curso da história. O complexo de Édipo, por exemplo, seria por vezes rastreado até acontecimentos na "horda primitiva" da pré-história, como se fossem adquiridos e trazidos na memória geneticamente codificada até o presente. E Freud também, repetidas vezes, tentou localizar o desenvolvimento individual no contexto do desenvolvimento das espécies com apelos ao *dictum* "ontogenia recapitula filogenia".

A abordagem de Freud como "biólogo da mente" (Sulloway, 1979) pauta-se em grande parte em sua preocupação com esse liame causal entre uma teoria geral da psicologia humana e seu lugar na evolução. Enquanto Freud optou por certas leituras conservadoras sobre a emergência da história a partir da natureza, teorias alternativas já eram postas em circulação para que seus colegas as apreendessem e desenvolvessem. Abordagens de uma forma matriarcal primeva de organização social que precedeu o patriarcado de nossos dias, por exemplo, eram mobilizadas como justificativas para críticas e mudanças nas relações entre homens e mulheres, e entre homens.

Marxismo

O incipiente movimento socialista e comunista, que proporcionou abordagens evolucionistas para justificar modos alternativos de organizar a sociedade, naquela época também se encontrava em busca de relações de gênero contemporâneas como sintomas de um sistema econômico que priorizou a escolha individual em detrimento da comunidade tomada como algo mais amplo. Em *A origem da família, da propriedade privada e do Estado*, por exemplo, Engels (1884) rastreou o surgimento da sociedade de classes para a apropriação de excedentes agrícolas por homens, suas tentativas de proteger esse excedente de outros pela força, e seu controle das mulheres para salvaguardar a herança de seu acúmulo pessoal. O "comunismo primitivo" foi visto não tanto como uma era de ouro primeva – embora fosse exatamente isso para muitos autores – como evidência de que as coisas poderiam ser diferentes e que poderiam prefigurar algo melhor do que o capitalismo.

Noções evolucionistas também estiveram presentes em prescrições em favor de mudança, com o marxismo dos partidos socialista e depois social-democrata da Segunda Internacional sendo interpretado como uma abordagem do inevitável declínio do capitalismo e da gradual emergência da sociedade sem classes. Freud era simpático às reivindicações morais dos socialistas, mas pessimista quanto às possibilidades de mudança. Esse pessimismo foi intensificado com a ascendência do "marxismo" soviético e com a Terceira Internacional sob Stalin, e legado a uma segunda geração de psicanalistas radicais na Alemanha

Introdução: Psicanálise e discurso

(como Wilhelm Reich e Erich Fromm), para usar noções marxistas em sua descrição da personalidade autoritária e manter viva a possibilidade de um marxismo anti-autoritário na esfera da psicologia. Autores marxistas posteriores na tradição estruturalista francesa, como Louis Althusser na década de 1960, mostraram-se indispostos ante noções essencialistas e humanistas, e nessa medida conceitos provenientes da psicanálise, como "o inconsciente", foram abordados de maneira cautelosa, suspeitosa, mas tais autores ainda sentiam que Freud havia tateado algo verdadeiro acerca da natureza da subjetividade humana.

O inconsciente

A noção de "inconsciente" desde há muito tem se revelado importante em uma série de abordagens marxistas da repressão em um nível pessoal como algo que perpassa e perpetua a opressão em um nível social. Freud elaborou uma descrição de algo "outro" à experiência do dia-a-dia, adquirindo idéias sobre alienação e falsa consciência que já residiam como postulados subjacentes à política socialista, reunindo idéias sobre atividade mental criativa à parte da consciência imediata que eram prevalecentes na filosofia e na literatura européias (Whyte, 1960). O sentimento de que havia processos cognitivos importantes e determinantes fora do reino da consciência remontava a Marx, Engels e Kant, no século XVIII, e a outros autores ainda anteriores. A presença de aspectos inconscientes de instintos, de emoções e da imaginação pode ser rastreada já até antes de Shakespeare, no século XVI.

A patologia como expressão de motivos e desejos inconscientes já era central na pesquisa sobre hipnotismo de Charcot e Bernheim, e de seus precursores que realizaram trabalhos em magnetismo, o mais importante sendo o trabalho de Anton Mesmer no final do século XVIII. O inconsciente como força vital da natureza foi apreendido no início do século XIX pelo romancista alemão Jean Paul Richter, na frase evocativa e extraordinária, "a África interna" (citada em Whyte, 1960, p. 132) e captado, também ali, como indício de um momento colonial particular. A consciência como problema, como camada superficial e perigosa de engano, perpassou a obra de Friedrich Nietzsche, já no terço final do século XIX. Freud deliberadamente evitou a obra de Nietzsche, em parte em razão da grande semelhança de conceitos entre os dois autores, e foi com imenso desconforto que descobriu a existência de visões convergentes entre o inconsciente, por ele elaborado em sua teoria, e o "es", no *Das Buch von Es*, de Groddeck – isso para ficarmos em um único exemplo.

Linguagem

A linguagem estava se tornando cada vez mais importante nos esforços de vários autores, por volta do início do século XX, em demarcar os limites entre processos conscientes e inconscientes. A linguagem já fora central no trabalho de Freud sobre a afasia, e houve uma insistente inquietação com os modos pelos quais a linguagem ora exclui, ora proporciona lugar para a cura – a "cura pela fala" (Forrester, 1980). Após a morte de Freud, um dos debates mais acalorados deu-se em torno do "retorno a Freud" por Jacques Lacan, na França, tendo como eixo gravitacional um pôr de pernas para o ar a relação entre inconsciente e linguagem – o inconsciente como pré-condição para a linguagem –; a linguagem então passou a ser vista como pré-condição para o inconsciente (Archard, 1984).

O apelo de Lacan ao estruturalismo, no qual o sistema da linguagem é visto como cortando a massa amorfa de pensamentos em conceitos discretos passíveis de serem manipulados por vezes obscurece o recurso, para ele igualmente importante, presente nos escritos de Hegel (1807), no qual "a palavra é o assassino da coisa". O importante aí é o modo como estruturalismo e pós-estruturalismo, como teorias da linguagem, se posicionam ao longo de uma tradição fenomenológica mortificada pelo pensamento do que a linguagem exclui, em uma tradição que remonta a um tempo já bem anterior a Freud. Saussure, o pai do estruturalismo – cujo filho veio a se tornar psicanalista – já em 1907, em Genebra, ministrava conferências sobre a linguagem que mais tarde vieram a ser reconstruídas por seus alunos como o *Curso Geral de Lingüística* (Saussure, 1974). A psicanálise já era, independentemente do trabalho de Saussure e muito antes da ascensão do estruturalismo, uma espécie de semiologia, uma "ciência dos signos".

Sexualidade

Para críticos da psicanálise e muitos de seus entusiastas, todos os signos conduziam à sexualidade. Uma das razões pelas quais a "Edição Standard" das obras de Freud foi produzida em tradução inglesa (Freud, 1953-1974) afigurou-se como uma resposta e um corretivo às abordagens sensacionalistas da psicanálise que estavam aparecendo nos Estados Unidos. Por volta de 1930, o editor do *American Journal of Psychology*, por exemplo, declarou seu horror a uma nova "invasão" de "temas imigrantes", que incluíam a psicanálise como "uma chocante doutrina de prazer em criancinhas" (Bentley, 1937, p. 464). A sexualidade, na época do surgimento da psicanálise, certamente deve ter assumido a forma de um inoportuno segredo reprimido no coração da criatividade e da miséria burguesa. Imagens de crianças eram tanto mais contraditórias do que hoje, pois por mais que as pessoas idealizassem a criança como inocente, suspeitavam que ela estaria tendo conhecimento da sexualidade e sendo culpável por sua própria "sedução".

Há um recorrente melindre a assolar de diferentes lados a imagem cindida da criança como boa ou má, e isso se faz evidente também no modo como alguns psicanalistas sentem calafrios ante os abusos que, segundo sentem, eles próprios sancionam em suas abordagens da sexualidade infantil; daí sua atual insistência em que a criança é essencialmente inocente (A. Miller, 1985). Fantasias sexuais são, em última análise, assumidas como residindo no núcleo de cada sujeito moderno, e a psicanálise é apenas um dos convites para se falar sobre o que reside em nosso interior com o intuito de aliviar nossa culpa quanto ao que pensamos, ou possamos pensar, ou pensamos mesmo sem o saber (Foucault, 1976). A psicanálise ajuda a atrelar a sexualidade à confissão, mas também abre as possibilidades de liberação quando a criança, e assim potencialmente o adulto, poderia ser vista como "naturalmente" polimorficamente perversa e constitucionalmente bissexual.

Feminismo

Mesmo com o inconsciente ainda como território não-descoberto, a sucumbir palmo a palmo ao mapeamento psicanalítico, Freud jamais deixou de se revelar intrigado com a sexualidade feminina, tendo algumas vezes descrito a vida sexual da mulher como *"um continente obscuro"*. Sua questão "o que quer uma mulher?" passou a ser cada vez mais respondida pelas próprias mulheres, e a emergência da liberação feminina e os movimentos feministas introduziram algumas questões capciosas para a psicanálise. O feminismo preparou o terreno para descrições da sexualidade da mulher e para o destino de sua passagem pelo complexo de Édipo. Deixava de ser um bom negócio rivalizar, como Karen Horney (1967) tentara fazer, a suposta inveja do pênis da mulher com a "inveja do útero" que assaltaria os homens. As feministas não estavam tão interessadas em construir a sexualidade dos homens como um espelho da sua própria. Estavam mais interessadas em reconstruir para elas próprias o modo como a sexualidade poderia existir fora do âmbito da reprodução e de anseios por uma família nuclear.

O feminismo também proporcionou às mulheres um espaço para que pensassem as questões da sexualidade fora da psicanálise, para então decidir, por exemplo, se era mesmo o caso de ter Freud como "a mais poderosa força contra-revolucionária na ideologia da política sexual" a partir da década de 1930 até a de 1960 (Millett, 1975, p. 178). A hostilidade à psicanálise no movimento feminista atingiu o auge durante a década de 1960, e mesmo com as releituras de Freud (por Lacan) defendendo ser a psicanálise "não uma recomendação *para* uma sociedade patriarcal, mas uma análise *de* uma" (Mitchell, 1974: xv), persiste uma compreensível suspeita, que se faz tanto mais politizada com a visibilidade da crítica lésbica dentro e fora da prática terapêutica (O'Connor e Ryan, 1993; Maguire, 1995).

Romantismo

A psicanálise teve parte na obsessão e celebração mais ampla da fragmentação mental e corporal na cultura do século XIX. Essa frag-

Introdução: Psicanálise e discurso | 45

mentação continuou até os dias de hoje, já sob o signo do "pós-modernismo", onde é abordada como algo peculiar ao final do século XX. Para cada tentativa de restaurar um sentido de integridade e unidade à experiência, e para toda busca de inocência e pureza no coração do *self*, houve uma correspondente atenção à qualidade alquebrada e caída da humanidade e da natureza. Nesse sentido, os "neo-românticos" e "góticos" pós-modernos repetem motivos culturais do século passado, mas já sem sua profundidade angustiada e sua obscura decadência. Variedades alemãs do romantismo foram particularmente marcadas por tais temas desde os escritos do *Sturm und Drang* do final do século XVII, e essa mescla de tormento lacrimoso e melancólico nos ímpetos e intempéries do mundo sofrido dos poetas foi anunciada e, a partir daí, projetada em cada indivíduo à época da aparição da psicanálise.

O destino da ficção gótica a partir de meados do século XVIII também reflete um encontro com noções protopsicanalíticas e, a partir daí, uma participação mais completa em noções freudianas de subjetividade e alteridade. O horror gótico encapsula uma transição histórica do maravilhoso para o sobrenatural que encontra um paralelo nos encontros freudianos com o romantismo e nas inspirações pela morte; há uma "internalização e um reconhecimento progressivo de medos como que gerados a partir do *self* (Jackson, 1981, p. 24). O movimento romântico do qual a psicanálise deve ser tida como co-participante, apesar dos esforços de Freud em desenvolver uma abordagem científica da subjetividade como uma alternativa ao vitalismo, foi, dentre outras coisas, uma prova da tentativa de se aliar um sentido de desintegração a um notável retorno ao orgânico, à Natureza.

Surrealismo

O movimento surrealista reuniu muitos temas românticos, mas também buscou sistematizar a investigação sobre a mente criativa que reside, pensava-se, sob a superfície da cultura burguesa. Havia um duplo movimento contraditório no Surrealismo, procedente de seu precursor Dadaísta, na década de 1920, e passando por seus herdeiros situacionistas na década de 1960. Dada havia revelado o sem-sentido e a loucura da criatividade inconsciente, e o Situacionismo depois veio a se rebelar contra o sem-sentido mistificador da "sociedade do espetáculo" (Plant, 1993). Por um lado, no Surrealismo houve uma tentativa de se perceber o desejo espontâneo direto, e aqui o movimento repetiu gestos de desespero e desconfiança no modo como a linguagem tem necessariamente de representar o mundo de maneira equívoca – como "o assassino da coisa" – em cujo entorno gravitavam a fenomenologia hegeliana e o existencialismo sartriano. O modo como o princípio da realidade desvirtua e sabota o processo primário ao mesmo tempo em que ajuda o indivíduo a participar de maneira bem-sucedida na sociedade foi freqüentemente dirigido aos escritos de Freud, e o problema tornaria a aparecer nas descrições por Marcuse (1972) de "dessublimação repressiva" sob o capitalismo, por exemplo, ou, em um cenário pior, na abordagem por Lacan (1977) de um reconhecimento desvirtuado no núcleo da identidade em toda a ordem simbólica.

Por outro lado, Surrealistas realizaram uma pesquisa detalhada sobre a "escrita automática" e sonhos a fim de descobrir as vias reais para a subjetividade liberada. André Breton, líder do movimento Surrealista, foi um dos primeiros a adotar as idéias de Freud na França, e o "Segundo Manifesto do Surrealismo", em 1929, declarou que o criticismo freudiano teria sido o único a proporcionar uma base segura para o trabalho do movimento (Rosemont, 1978). Lacan participou do movimento Surrealista em Paris no início da década de 1930, e chega-se a atribuir o método crítico-paranóico da pintura de Salvador Dali a uma afinidade com a obra de Lacan (Macey, 1988).

Modernidade

Diferentes autores de várias tradições filosóficas descrevem mudanças culturais ao final do século XVIII e início do XIX usando uma série de termos, mas todos captam algo da mesma dinâmica reflexiva e autotransformadora. A psicanálise tende a ser vista como parte da "modernidade" ou da "era moderna", motivo pelo qual é avaliada negativamente por autores do estruturalismo e pós-estruturalismo francês, como Foucault (1966). Enquanto Descartes – separando a mente do

Introdução: Psicanálise e discurso

corpo e o racional do irracional – é visto como um dos pólos intelectuais da modernidade, é a Revolução Francesa de 1789 que estampa a racionalidade no coração de práticas modernas de supervisão e controle. O conceito de "ideologia", por exemplo, chega a ser visto como a operação de idéias falsas que podem ser dispersadas por uma análise rigorosa e por uma persuasão política, e o caráter coercitivo desse esforço em definir e implementar uma verdade sobre a sociedade e os indivíduos é descrito em histórias de Foucault do presente, e em abordagens sobre a emergência de novos "regimes de verdade". O marxismo, por exemplo, proporcionando ilustração e libertação, é visto compondo um par com a promessa, por Freud, de que a miséria histérica pode ser aliviada pelo sujeito que olha para dentro, chegando assim realmente a um conhecimento de si.

Freud também é visto como desempenhando um papel crucial em descrições paralelas, sobretudo por historiadores alemães, da "Ilustração", embora aqui a avaliação tenda a ser positiva, com o marxismo também sendo um referencial para a realização de algo de valor pela cultura ocidental. Tem-se aí algo que possibilita uma reflexão crítica sobre o modo como as pessoas, individual e coletivamente, dão sentido e sobre as estruturas sociais que restringem toda liberdade humana. É claro que a psicanálise é uma expressão de crenças no valor do sentido pessoal, do progresso cultural e da racionalidade científica. Se essas idéias podem ser escarnecidas como "grandes narrativas" antiquadas, modernas, ultrapassadas por autores franceses pós-modernos (por exemplo, Lyotard, 1979), elas são vigorosamente defendidas pela segunda e terceira gerações da teoria crítica alemã (Habermas, 1971; Honneth, 1995). A teoria crítica apropria-se das idéias de Freud e as transforma na medida mesma em que as radicaliza, embora haja algumas transformações ainda mais radicais protagonizadas por autores franceses que parecem fazer a psicanálise pós-moderna.

Narcisismo

Há um preço a ser pago pela existência da ilustração, com cada indivíduo perdendo a conexão com outras pessoas e com seu próprio desejo, ao mesmo tempo que adquire a capacidade de refletir criticamente sobre si mesmo e de avaliar racionalmente diferentes rumos de ações. Mesmo no âmbito da tradição da teoria crítica alemã, a psicanálise é vista tanto como solução como parte do problema nesse processo de maestria sobre a natureza, e separação dela (Adorno e Horkheimer, 1944). Os impulsos subversivos da psicanálise, refletidos na adoção das idéias de Freud pelo Surrealismo, por exemplo, foram tomados como indo de encontro à ordem estabelecida das coisas pelos "psicólogos do ego" anglo-americanos, que nutriam ojeriza pela reificação da mente e pela adaptação da pessoa à sociedade (por exemplo, Hartmann, 1939). Freud trabalhou com a pulverização sintomática do capitalismo florescente no final do século XIX, quando as doenças da época conheceram uma erupção em desordens histéricas. Psicanalistas posteriores, incluindo os psicólogos do ego americanos, teorizaram esse processo como problemas do desenvolvimento e funcionamento do ego, observando um aumento nas desordens narcísicas e de personalidade *"borderline"* (por exemplo, Kernberg, 1975).

E novamente, análises paralelas da doença na cultura contemporânea foram elaboradas tanto por autores "pós-modernos" como por outros, "pós-ilustração". Estes, trabalhando na trilha da obra de Foucault (1976), por um lado contemplarão o *fim* da psicanálise, uma vez que aquelas práticas modernas de disciplina e confissão que ajudaram a proporcionar suas condições de possibilidade também parecem se dissolver. Uma descrição bem diferente, e mais pessimista, encontra-se, por outro lado, em autores que usam conceitos psicanalíticos para nos auxiliar a entender como a Ilustração disseminou uma nova "cultura do narcisismo" (Lasch, 1978). O narcisismo é tanto mais como menos a auto-absorção que seu nome sugere; ele é obsessivo em sua atenção ao *self* às expensas das relações e desesperante em seu sentido de que nada a sua volta pode ser fonte de força e valor. No lugar da plenitude do crescimento pessoal no alvorecer da psicanálise, somos defrontados com um escancaramento do vazio do *self*, e isso acontece no momento mesmo em que a psicanálise, mais do que nunca, tem operado uma saturação da cultura.

Embora a psicanálise tenha assumido seu lugar no centro da cultura, ela se desenvolveu pelas bordas, e paradoxalmente se fez mais forte

Introdução: Psicanálise e discurso | 49

como fonte de auto-reflexão *crítica* justamente por esse motivo. Viena foi um dos principais cadinhos da cultura moderna, e um ponto fulcral para reflexões modernistas sobre os valores e sobre as incertezas da Europa do final do século XIX (Mitchell, 1974). Freud se encontrava às margens do caleidoscópio de inovações culturais e de movimentos sociais, mas seu texto teve um sentido particular, mas um sentido que ele jamais desejou para seu legado, qual seja, um sentido que o insere no contexto dessa miscelânea contraditória. O sentido que a psicanálise tem hoje ainda se encontra intimamente atrelado a tal miríade de formas culturais, e mesmo a prática clínica mais rígida encontra-se atrelada a coisas que indivíduos pensam e sentem. Freud comprimiu esses temas culturais ainda mais, à medida que os identificava e explorava nas mentes e vidas de seus pacientes. Cada um de seus pacientes tinha de manejar a tensão entre a auto-absorção e o envolvimento em relações sociais, cada um deles lutava com o impulso para ser ao mesmo tempo espontâneo e seriamente reflexivo. Cada estudo de caso mostra os traços de representações culturais da sexualidade bem como as concepções freudianas da feminilidade, e em cada caso encontramos uma tensão entre a cura pela fala e uma consciência de coisas que não podem ser convertidas em linguagem. Os relatos de Freud são estruturados por tentativas de encontrar causa, sentido e possibilidades de mudança. O contexto cultural satura as tentativas psicanalíticas de descrever e aliviar a miséria histérica e a infelicidade comum.

Pré-condições econômicas

Formas culturais específicas sem dúvida tiveram sua importância na moldagem de certas descrições e experiências da subjetividade na Europa e depois nos Estados Unidos no final do século XIX e no início do século XX, mas precisamos perseguir ainda um pouco essa revisão de condições culturais a fim de abordar o papel de fatores econômicos mais amplos, e o modo como esses fatores se fazem exercer nas forças e relações de produção. Descrições do processo civilizatório na cultura ocidental e a produção de uma nova "economia de instintos" (Elias, 1994) ou da individualização da experiência em novos modos de confissão (Foucault, 1976) podem então ser localizadas na tensão entre forças motrizes históricas de desenvolvimento industrial e os vários conjuntos de relações sociais entre pessoas que podem atuar ou como propulsoras dessas forças, ou como obstáculos a elas. Três fatores aparecem aqui como de particular importância.

IMPORTÂNCIA E LUGAR   A Europa Central do século XIX era um lugar em que o passo do desenvolvimento econômico estava acelerado, e era como se o próprio tempo estivesse correndo a uma velocidade cada vez maior, e onde as pessoas eram arrancadas de localidades geográficas que até então lhes haviam proporcionado razoável fonte de identidade. O *Manifesto Comunista* de 1848 descreveu o desenvolvimento do capitalismo como um vórtice de mudança: "Tudo o que é sólido desmancha no ar" (Marx e Engels, 1848, p. 37). A frase notável tornou-se emblemática do modo como nossa sensibilidade ostensivamente "pós-moderna" inaugurou-se no início da modernidade capitalista (Berman, 1982). Noções de progresso, e a abertura de horizontes para o futuro faziam-se passíveis de ser encontradas em um nível societário e em experiências pessoais do passado e de um presente sempre em mutação. Essa civilização foi marcada por uma realização tecnológica e por esperanças no futuro, ao mesmo tempo em que um descontentamento proliferava entre indivíduos, refletindo sobre as incertezas de seu próprio desenvolvimento e trajetória.

Tempo e espaço, até então estabelecidos e governados pelos deuses, passaram a ser rompidos por imperativos de rápida fragmentação e progresso: "Todas as relações fixas, anquilosadas, com seu séquito de antigos e veneráveis preconceitos e opiniões, são varridas, e todas as recém-formadas se tornam antiquadas antes mesmo de se ossificarem" (Marx e Engels, 1848, p. 36). Podemos descobrir cada uma dessas dimensões de incerteza – tempo e espaço – no modo como a identidade social sob o capitalismo sofre rupturas e é reconstruída (Harvey, 1989). A psicanálise expressa esses distúrbios em narrativas e locais de identidade, e reconstrói, a partir de fragmentos de antigas imagens do *self*, uma nova subjetividade que traz em seu bojo um sentido de ambivalência e ansiedade. Teve-se aí uma espécie subjetividade psicanalítica *antes* de Freud tê-la captado nas livres associações e autodescrições de seus pacientes.

Comodidade e identidade   No momento mesmo em que a modernidade provoca a ruptura de todas as "relações anquilosadas", a economia de mercado aburguesante parece resolver problemas de identidade, voltando sua atenção aos objetos que perpassam as relações entre as pessoas, em vez de o fazerem na natureza humana tomada em si mesma. Essa nova economia se constrói em torno da forma da comodidade – algo que pode ser separado do labor humano – e tal forma se torna o modelo não só para os objetos que um *self* humano pode criar na jornada de trabalho, mas também para o tipo de *self* que se vende a si próprio para outro por certo período de tempo, disso só escapando por um tempo suficiente para que se recupere e se reproduza a fim de dar continuidade ao trabalho. Trabalho e lazer encontram-se apartados, e cada *self*, separado dos demais. Assim como a dinâmica da inovação posta em jogo pelo capitalismo possui uma face tão excitante quanto ameaçadora, a mudança do foco da atenção economicamente conduzida da essência humana para as relações sociais faz-se, a um só tempo, útil e mistificadora, ilustradora e obscurecedora. Todo *self* deve participar da ordem social para sobreviver, mas isso ocorre tão-somente sob a condição de que cada um deles se venda a si próprio perante os demais. Novamente, todas as incertezas da condição pós-moderna revelam-se como estando conosco desde o nascimento do moderno, e o *self* moderno está dividido entre a esperança de que as coisas possam mudar para melhor e o medo de que tudo se ponha a perder por uma mudança acachapante (Frosh, 1991).

Por um lado, esse é um clima econômico em que faz algum sentido dizer, com Marx (1845, p. 423), que a essência humana não é algo previamente dado, sendo, isto sim, "o conjunto das relações sociais". Por outro lado, a circulação de mercadorias – produtos, quantias em dinheiro e trabalhadores – confere a seu mundo social a aparência de ser apenas um mundo de coisas, objetos a serem buscados e vendidos. Para os seres humanos, isso põe em jogo uma tensão; entre seu estatuto de mercadoria em sistema mecânico de produção e consumo, por um lado, e sua experiência de envolvimento criativo e aproveitamento dos frutos daquele sistema, por outro. Há um segundo aspecto a compor o enigma da identidade, o qual se encontra no modo como olhamos para objetos externos como sendo as únicas coisas reais do mundo, e definimos o *self* em relação a essas coisas. A psicanálise, é claro, move-se na tentativa de localizar a subjetividade em relação aos outros como "objetos", uma via para o autoconhecimento atendo-se na luta para incorporar tais objeto sem um sentido do *self*, e na transferência de relação para outros (em psicoterapia psicanalítica). Outros devem então ser experimentados como separados, mas é tão-só mediante relação com eles que uma separação saudável pode ser realizada.

INCERTEZA E CARACTERÍSTICAS DO SI MESMO   Esse sistema econômico insiste em que indivíduos estão livres para vender sua força de trabalho para quem quer que ofereça um preço mais alto. É claro que há aqui uma medida necessária de coerção econômica, uma vez que os trabalhadores têm de dedicar seu tempo para outrem em outro lugar a fim de ganhar dinheiro para viver. Contudo, o postulado ideológico orientador que funda essa relação de poder entre mestre e escravos-remunerados é o de uma firmação do contrato como que entre indivíduos soberanos. Dá-se a aparência de venda e compra serem expressões de livre escolha. Novamente, a atribuição de ação ao indivíduo, com uma visão da pessoa como capaz de sensação idiossincrática e reflexão racional, é a um só tempo progressiva e reacionária. Essa imagem do *self* é bastante localizada e tardia no estágio da história humana, sendo uma realização válida. Ao mesmo tempo, existe uma noção idealizada de um *self* independente e autocontido, não-dividido e unitário sendo aqui produzido, a qual nem sempre é útil.

Para cada momento em que o *self* se sente seguro, há um momento de incerteza sobre quais possam ser as fundações do *self*. Para cada história de sucesso do individualismo possessivo, existem tentativas agônicas de encontrar o que foi perdido, e de definir onde aquele centro intangível do *self* pode ser encontrado. O capitalismo então posiciona questões aos que lhe estão sujeitos, sobre de onde vieram e para onde vão, sobre qual sua natureza em relação aos outros e sobre como eles podem refletir sobre aqueles problemas na condição de indivíduos, e resolvê-los. Essas questões estruturam o modo como as pessoas são convidadas a pensar a si próprias, e, embora não possam ser respondidas enquanto tais, reiteradamente suscitam enigmas de identidade, aos quais as pessoas lutam para responder. O capitalismo constrói um

Introdução: Psicanálise e discurso

lugar para que as pessoas vivenciem sua angústia econômica como um problema *psicológico*, no qual olhem para si mesmas como se fossem *elas* a causa de doenças sociais.

O esforço psicanalítico é uma redução quintessencial de fenômenos econômicos públicos para o espaço privado da mente individual. Os espíritos do capitalismo são redescobertos vez por outra nas excentricidades da psique humana, e a angústia pessoal na maior parte das descrições de psicopatologias tende a ser vista mais como causa do que como efeito de alienação, co-modificação e reificação (Parker et al., 1995). A psicanálise reflete, comprime e reduz fenômenos sociais ao nível do indivíduo. Freud lê processos culturais de deslocamento e fragmentação nos textos de queixas de seus pacientes sobre relações familiares e sexuais e buscava suas fontes em um nível mais profundo. Ao mesmo tempo, na comunidade analítica paira sempre uma suspeita de que os aspectos essenciais da vida psíquica inconsciente são na verdade fenômenos coletivos simbólicos (Jacoby, 1977; Samuels, 1993; Wolfenstein, 1993). Este livro é parte de uma tentativa interna e externa à psicanálise de fundar a abordagem do inconsciente e da cura pela fala por Freud na cultura e de entender como essa abordagem assenta suas raízes. O exame de conceitos no discurso psicanalítico em cada um dos capítulos e a análise de fenômenos culturais que são estruturados por esse discurso devem ajudar-nos a compreender por que a psicanálise deve ser levada a sério e por que ela parece verdadeira a tantos de nós neste um século após ter se iniciado.

Primeira Parte

TEORIAS DE RELAÇÕES DE OBJETO: SELF E SOCIEDADE

Sim, "normais" que são excêntricos, infelizes e mal-ajustados também necessitam terapia. Suas necessidades com o tempo serão reconhecidas, já que são realmente as necessidades de toda a nossa civilização, de modo que a psicoterapia de grupo com esses "normais" na verdade é importante para toda a nossa estrutura social.
J. W. Klapman (1948, p. 23) Group Psychotherapy: Theory and Practice

A teoria clínica psicanalítica no mundo de língua inglesa foi intensamente influenciada por conceitos introduzidos bastante tardiamente por Freud em seus escritos. Um exemplo importante se tem na afirmação de que o próprio ego pode ser "cindido" por um trauma psíquico, e que isso permitiria um vôo da realidade que poderia ocorrer em pacientes que de outro modo não seriam tidos como psicóticos (Freud, 1940b). Esse tipo de defesa foi antecipado por Freud (1923a) em sua descrição de "negação" – em que há uma recusa e uma incapacidade de perceber algo traumático – e posteriormente em sua abordagem do "fetichismo" – na qual a ausência de um pênis em um corpo de mulher é sentida como traumática, sendo, desse modo, negada (Freud, 1927a). Essa modificação do modelo estrutural (de id, ego e superego) em psicanálise veio dar sustentação à idéia de que o ego, como aparelho interno de auto-representação, poderia ser fragmentado, e que esse tipo de distribuição psicótica de "identidade" pode manter, na vida adulta, investimentos em toda uma variedade de diferentes objetos da tenra infância.

Tendeu-se a ver o texto de Freud como se estivesse sempre em um curso de desenvolvimento lógico rumo a uma versão de "estado final", um aparelho teórico sistemático no qual a descrição dos conflitos edípicos, do narcisismo e da pulsão de morte poderiam encaixar-se com precisão. É claro que, no curso do processo, a ambigüidade e o caráter de "tentativa e erro" da especulação psicanalítica, presentes no original alemão, se fizeram comprimir em especificações técnicas precisas de normalidade e anormalidade em diferentes idades e estágios. Para psicanalistas da Grã-Bretanha e dos Estados Unidos, uma vantagem de se ver Freud dessa maneira estava em que ela sustentava suas pretensões de um comprometimento com um estudo e com um tratamento da mente propriamente científico. A tradução autorizada da *Standard Edition*, que distorceu os escritos de Freud para mais facilmente os adaptar à forma de um discurso natural-científico e médico, reforçou essa versão de "estado final" da teoria.

A "teoria de relações de objeto", um dos termos para essa vertente de trabalho intelectual, idealizou abordagens de comportamento individual e de grupo que trilhavam a via segura e confortável do humanismo burguês e do empirismo: do humanismo burguês porque uma versão da psicanálise teria sido forjada ali a partir de uma preocupação com o equilíbrio de percepções e preferências no seio do *self* no contexto de uma divisão, tomada como "ponto pacífico", entre indivíduo e sociedade; do empirismo, porque sua atenção aos conflitos percebidos no interior do sujeito foi tida como passível de ser estudada mediante observações diretas do comportamento infantil.

A elaboração de modelos de mecanismos cognitivos internos juntamente com uma observação detalhada de crianças nos Estados Unidos (por exemplo, Stern, 1985) e na Grã-Bretanha (por exemplo, Miller et al., 1989) tem ajudado as relações de objeto em psicanálise mais atraentes para psicólogos anglo-americanos que durante muito tempo aliaram a uma preocupação empirista com aspectos que podem efetivamente ser vistos como uma tentativa de mapear algo dentro da cabeça que possa explicar o comporta-

Primeira Parte: Teorias de relações de objeto: self e sociedade

mento humano. É preciso dizer que a tradição das relações de objeto também deve estar envolvida com o desenvolvimento moral e com a defesa da ética em um mundo hostil, e quanto a isso essa mesma tradição insistiu em pensar algumas preocupações do humanismo burguês, tais como a manutenção do *self* contra relações opressivas no mundo social *e* sua elaboração com outras partes de uma comunidade.

Não há uma teoria única de "relações de objeto", e além das diferenças no apreender das abordagens de relações de objeto em diferentes países (incluindo a tradução das teorias para o francês, para o português e para o espanhol, por exemplo), há discordâncias dentro da comunidade psicanalítica quanto aos teóricos que devem ser incluídos. Alguns autores americanos comprazem-se em reunir Melanie Klein e Donald Winnicott, da Grã-Bretanha, com Margaret Mahler e Harry Stack Sullivan como professando as mesmas relações de objeto (por exemplo, Greenberg e Mitchell, 1983), porque esses autores mantêm seu foco na relação da criança com "objetos" (isto é, outras pessoas ou partes de pessoas). Há quem veja Klein como estando por demais preocupada com processos internos de cisão que operam independentemente de relações com objetos parentais que para ela sejam considerados como um teorizador adequado de relações de objeto (por exemplo, Frosh, 1987), e certamente há algo de mais cruel e irremediavelmente destrutivo relacionado ao tema de Klein, algo que não há de satisfazer quem quer que esteja preocupado com uma visão otimista e humanista da pessoa.

Não obstante, a psicanálise de Klein desenvolveu-se lado a lado e em tensão com os escritos de teóricos de relações de objeto, estendendo-se até o ponto de viragem de algumas especulações sobre a experiência infantil que encontramos nos trabalhos de Winnicott e Wilfred Bion. O campo teórico de relações de objeto é ele próprio fragmentado, mas podemos rastrear alguns temas comuns a Winnicott, Bion e Klein e encontrar representações do *self* por esses analistas em seus trânsitos pelo âmbito mais amplo da cultura. Em primeiro lugar há uma preocupação com a estrutura – como matriz interna e externa de relações com âncoras, ela contém e sustenta o ego em desenvolvimento – e encontramos essa ampliação de maneira mais profícua nos escritos de Bion, em sua abordagem de grupos e "agrupamentos" da natureza humana. Bion foi uma influência kleiniana de caráter crucial para o desenvolvimento da psicoterapia de grupo psicanalítica na Grã-Bretanha, e veremos, no capítulo 1, que a noção de continente e a tensão entre o líder e o grupo desempenharam um papel importante na apreensão e na transformação dos escritos de Freud sobre a "psicologia das massas". Bion também descreve imagens de estado mental e continência que encontramos em discursos e práticas institucionais. Em segundo lugar, há uma atenção voltada aos modos pelos quais os sistemas de crenças funcionam para a manutenção das estruturas, e ao papel da crença como um espaço de pensamento positivo, potencial, "transicional" para o pensamento bem como para um sistema que trancafia as pessoas em repetidos padrões individuais e grupais, e essa questão é explorada no trabalho de Winnicott. Aqui se tem uma tensão entre o modo como esses processos podem ser entendidos e reproduzidos como formas de patologia ou compreendidos e sustentados como atividade e fortalecimeno do *self*. A criança winnicottiana também é a um só tempo concebida como local e como fonte de cuidados, e, conforme demonstrará o capítulo 2, nossos discursos sobre caridade encontram-se atrelados a alguns dos temas que Winnicott delineia e celebra.

Em terceiro lugar, há uma análise da estrutura e da crença como formas de ação. As estruturas de mentalidade de grupo descritas por Bion, por exemplo, e os espaços transicionais descritos por Winnicott, não são estáticos, mas estão em constante mutação, constituindo-se em locais de conflito e desenvolvimento. Klein neles introduz um impulso energético particular, no qual os instintos puxam e repuxam para dentro e para fora, dilaceram, retorcem o ego e seus objetos em muitas direções contraditórias de uma só vez. A obra kleiniana, então, tem a atividade da explicação em tensão com uma tentativa de evitar que certos processos saiam do controle. Certamente aqui a continência opera na inferência de diferentes linhas de força, de modo que

Primeira Parte: Teorias de relações de objeto: self e sociedade

há uma atenção particular voltada à violência – interna, externa, interpessoal e social. A criança kleiniana está em guerra, e encontraremos, no capítulo 3, o *self* kleiniano e as imagens da sociedade por ele projetadas inscritas nos textos de guerra em formas de discurso psicanalítico.

1
GRUPOS, IDENTIDADE E FORMAS DE CONHECIMENTO

> *Entre as características especiais de multidões, há diversas – como impulsividade, irritabilidade, incapacidade de raciocinar, ausência de juízo e espírito crítico, exagero de sentimentos e outras – que são quase sempre observadas em seres pertencentes a formas inferiores de evolução – em mulheres, selvagens e crianças, por exemplo.*
> Gustave Le Bon (1896, p. 36) The Crowd: A Study of the Popular Mind

Somos todos membros de grupos – de muitos grupos. Nossa identidade se constrói a partir de nosso envolvimento, voluntário ou não, com grupos que nos impulsionam, simultaneamente, em diferentes direções. A estrutura desses grupos constitui nosso sentido de *self*, e teorias psicanalíticas de identidade de grupo podem nos ajudar a entender esse núcleo de "psicologia social". A maior parte da psicologia social acadêmica se ocupa com o que fazemos em grupo, mas suas categorias são insuficientes para compreender nossa *experiência* de ser parte de uma massa mais ampla (Turner et al., 1987). Uma abordagem psicanalítica efetivamente desconstrói posições tradicionais em psicologia social como uma disciplina acadêmica; entre grupos primários (onde nos relacionamos frente a frente com os outros membros) e secundários (onde nos relacionamos apenas indiretamente, quando muito), e entre grupos de referência (os que buscam orientação) e grupos de associados (aqueles em que simplesmente acontece de sermos participantes). Para a psicanálise, os aspectos substitutivos e fantásticos de vivenciar outros em grupos primários atuam tão poderosamente quanto nos grupos secundários, e a deferência, a um só tempo incômoda e irresistível, que sentimos em relação a nossos grupos de referência, opera tão poderosamente em relação aos grupos de pessoas que desejamos evitar como em relação aos de pessoas que escolhemos. Freud, e a psicanálise de um modo geral, vê todas as percepções como mediadas por *representações* de relações, e essas representações constroem categorias de grupo como as formas mais profundamente centrípetas de relações com que nos deparamos. Um grupo secundário é sempre, antes de mais nada, um grupo primário, e um grupo de associados é sempre, antes de mais, um grupo de referência.

No seio da estrutura do grupo está a família, e aquela unidade social determina o desenvolvimento de outros tipos de grupo. Em sociedades ocidentais, tal família é o mais das vezes a forma de família nuclear dominante, e o grupo de referência imaginário que está em ação ali conterá representações do pai trabalhador, da mãe em casa e dos irmãos e irmãs que emulam e duplicam os atributos e poderes de seus pais. Essa constelação de objetos nos cerca em nosso próprio lar, se tivermos uma família desse tipo, e na mídia, quer vivamos de fato, ou não, em um lar com tais características. É essa constelação de representações emocionalmente carregadas que organiza nossas percepções de outros. Dizer que essa é a forma familiar dominante não equivale a dizer que é a mais disseminada (Gittins, 1993). Ela é dominante como uma imagem, e essa imagem estrutura nossas percepções de nossos grupos familiares "incompletos" ou "quebrados". As relações no âmbito da família são construídas como se a família fosse, ou pudesse ser, ou devesse ser, uma estrutura nuclear. Aquela estrutura está então já sempre lá, em grupos secundários, mesmo que jamais a tenhamos vivenciado diretamente em um grupo primário quando crianças, e está sempre lá como ponto de referência, ainda que jamais tivermos sido membros de uma família.

Formas de uma estrutura de grupo operam mediante uma série de arenas sociais desde as salas de aula, na escola, passando por grupos de trabalho, até festas e multidões, e Freud (1921) procurou mostrar que os padrões de ação em organizações formais como Igrejas e exércitos também poderiam, uma vez desenvolvido um "entendimento" dos laços libidinais inconscientes envolvidos, lançar luz a outras formas

1. Grupos, identidade e formas de conhecimento

aparentemente caóticas de ação de massa. A compreensão "psicanalítica", no entanto, também *recria* uma estrutura de grupo quanto à profundidade e energia, e precisamos ter em mente que essa é uma luz poderosamente artificial. Essa concepção psicanalítica das coisas aparentemente pode limitar o que gostaríamos de pensar como nossa atividade livre e espontânea em grupos, mas grupos jamais são simples contenedores de pessoas pululando aqui e ali. Fingir que não há estrutura em funcionamento pode redundar em distribuir o poder e conduzir a uma "tirania da estruturalidade" na qual aqueles que controlam o grupo fazem-no muito secretamente e sem contestação (Freeman, 1970). Estrutura sempre há, e ela inclui a estrutura de grupos familiares imaginários.

A teoria psicanalítica de grupos alterou-se no curso dos anos, passando de uma abordagem de comportamento de massa desorganizado, comportamento este compreendido como amparado por estruturas invisíveis e poderosas (Freud, 1921), para estudos de instituições prenhes de regras e estritamente organizadas contendo desejos caóticos e inconscientes (Trist e Murray, 1990). Se considerarmos como isso mudou e *situarmos* essas abordagens em um contexto cultural, podemos também situar a psicologia social como disciplina que reiteradamente se arvora a compreender grupos, mas continuamente falha em compreendê-los. O desenvolvimento da teoria psicanalítica pode ajudar-nos a compreender um intrigante paradoxo em psicologia social. A psicologia de grupo inadvertidamente reproduz, na forma por ela assumida em psicologia social européia, representações ideológicas de *individualidade*, das coisas que o indivíduo pode conhecer e de como ele as pode conhecer. Podemos utilizar a teoria psicanalítica para explorar ansiedades sobre distinções disciplinares entre psicologia social e campos e relações vizinhas nessas instituições que têm ajudado a condicionar esses problemas conceituais na disciplina. Iniciaremos, então, com a formalização, por Freud, do caos aparente antes de passar a visualizar a fantasia, e a atuar sobre ela em organizações formais, bem como sobre o modo como conhecimento e identidade são fabricados e destruídos em grupos, em representações de grupos na cinematografia, para por fim fazê-lo em representações de relações em instituições acadêmicas.

FREUD, O PAI, E O LÍDER

A *Psicologia dos grupos e análise do ego* (1921) de Freud inclui um debate sobre amplas aglomerações de pessoas. Há problemas com a tradução direta da palavra alemã de Freud *"Massenpsychologie"* em "psicologia de grupos", pois os fenômenos pelos quais ele se interessa aqui de forma alguma se fizeram restritos a pequenos grupos organizados, como sugere o título em inglês (Bettelheim, 1983). O termo "psicologia das massas" já é um pouco melhor, uma vez que dá conta do comportamento da multidão, mas ainda assim é o caso de se levar em conta que Freud também incluiu grupos organizados em sua abordagem. A Igreja cristã e o exército são dois exemplos de peso abordados pelo autor, que também faz referências a raças, nações, castas, profissões e instituições (Freud, 1921, p. 96). Freud discute uma série de comportamentos de massa, organizados ou não, e declarou que o objetivo de seu livro estaria na compreensão da vida mental de uma pessoa, na qual "alguém mais encontra-se invariavelmente envolvido" (Ibid., p. 95).

Billig (1976) indica a existência de três níveis de explanação nos escritos de Freud: processos individuais, nos quais Freud descreve o conflito como derivando do entrechoque de impulsos; processos interpessoais, vistos como sendo a causa em que se enraízam; e o processo social propriamente dito, no qual fatores culturais e sociais e propriedades de grupos são estudados. Muito embora Freud eventualmente reduza eventos ao biológico, e dessa maneira a um nível individual, em *Psicologia das massas e análise do ego* ele desfere ataques flagrantes a essas tentativas. No entanto, não obtém êxito algum em produzir uma abordagem de cunho completamente social, já que os três tipos de explanação por ele considerados ainda se restringem a instintos, desenvolvimento e evolução. Cada um desses *explananda* veio a imbuir o modo como as pessoas na cultura ocidental pensam suas relações com outros em grupos.

Instintos

As variedades mais simples de explicação em psicologia acadêmica e popular, e uma variedade em que toda explanação mais aprofundada

1. Grupos, identidade e formas de conhecimento 65

efetivamente se detém, é a teoria dos instintos. Tudo o que se requer aqui é uma descrição do fenômeno, a partir daí tendo-se a asserção de que, de algum modo, ele está inserido no organismo. Variedades anglo-americanas de psicologia psicanalítica não raro se introduzem como que de assalto nesse tipo por demais conveniente de explicação. Freud desenvolveu suas próprias teorias de "instintos", mas essas teorias mais diziam respeito a inter-relações complexas e mutáveis entre fisiologia e psique do que à expressão direta dos funcionamentos da questão biológica sobre a mente. É por isso que Freud preferiu fazer referência a "pulsões", essa uma tradução mais precisa para o termo alemão *"Triebe"* do que "instinto" (Bettelheim, 1983). Abordagens psicanalíticas da ação social contribuíram para explanações reducionistas, mas se constituem também no oposto a teorias tradicionais sobre o instinto em que Freud e seus seguidores *prolongam* o processo de explicação. A psicanálise eventualmente parece ser a variedade mais complexa de explanação que poderíamos encontrar, e isso em grande parte porque a experiência humana é necessariamente o que de mais complexo poderíamos tentar entender, e é continuamente mutável, de modo que nossas explanações jamais encontrariam um fim. Freud (1921) lançou ataques a teorias dos instintos quando elas eram utilizadas diretamente para "explicar" o comportamento das massas. Dois autores que ele destacou, em ampla medida por querer extrair os melhores elementos de sua própria abordagem, são Gustave Le Bon e William McDougall. Um terceiro autor na tradição do instinto, Wilfred Trotter, é discutido quando ele se volta para explicações evolucionistas.

LE BON　　　Gustave Le Bon é figura particularmente importante, e seus escritos tanto refletem imagens culturais populares de multidões, como contribuem para elas (Reicher, 1982). Ele também exerceu um profundo impacto sobre a incipiente psicologia social americana. Le Bon foi motorista de ambulância durante o levante da Comuna de Paris, em 1871, quando os rebeldes ameaçaram a autoridade do Estado francês e a propriedade da classe dominante francesa, da qual Le Bon fazia parte. Não surpreende, então, que Le Bon tenha sido visto como flagrante ameaça ao comportamento da massa, passando a ministrar seminários para políticos franceses sobre a ameaça dos revoltosos e sobre como poderiam ser controlados. Suas teorias foram imortalizadas em *The Crowd: A Study of the Popular Mind* (1986), que veio a se tornar um *best-seller* entre os psicólogos sociais dos Estados Unidos e constituiu o modo como eles pensavam a ação coletiva como uma ameaça à racionalidade individual.

Le Bon descreve uma "mente coletiva" em ação nas pessoas enquanto elas tentam se reunir e vê multidões de todos os tipos, de todos os tipos de grupo com que Freud se ocupa, como consistindo de indivíduos como se eles fossem células em um organismo. Para Le Bon (1896, p. 28) existe "um substrato inconsciente criado na mente, sobretudo por influências hereditárias". Ele identifica três características desse substrato inconsciente, e Freud concorda em muito com a descrição de Le Bon a esse respeito.

Em primeiro lugar, Le Bon argumenta que instintos são liberados em uma multidão de modo a desenvolver um sentido de poder invencível, de modo que mesmo um "indivíduo culto" se torna um "bárbaro". A mente do grupo é impulsiva, mutável e irritável; ela pensa por imagens, ela sabe sem ter dúvida ou incerteza, e idéias contraditórias coexistem lado a lado; ela alucina e comanda ilusões. Palavras têm um poder irracional mágico, e a multidão é guiada pela fantasia. Freud discorda, nesse ponto, com a concepção de Le Bon do inconsciente como uma "mente racial" (que está mais próxima da concepção, um tanto estática e mística de Jung, do inconsciente coletivo, do que da noção de Freud, de um inconsciente dinâmico consistindo de idéias reprimidas). Em segundo lugar, a multidão está sujeita a um contágio que opera como um tipo de hipnose. Freud observou que nessa abordagem Le Bon negligencia o papel do hipnotizador, e essa queixa será desenvolvida como o mais pesado ônus de seu argumento contra Le Bon. Em terceiro lugar, juntamente com o contágio hipnótico, existe a influência "magnética" da sugestão que, diz Le Bon, "ganha em força por reciprocidade". Mas quais são as dinâmicas que capacitam essa reciprocidade a tomar forma?

Freud concordou com Le Bon que fatores inconscientes são cruciais, é claro, e também concordou que o inconsciente manifesta retomadas históricas, vestígios evolucionistas. Chega mesmo a aceitar o argumento de Le Bon, segundo o qual a pessoa na multidão "desce vários degraus na escala da civilização" (Freud, 1921, p. 103). Seu principal

1. Grupos, identidade e formas de conhecimento 67

ponto de discórdia estava na insuficiência da abordagem de Le Bon, e há dois pontos que são por ele enfocados. Ele defendeu que Le Bon se concentra em grupos "caracterizados por vida curta" (Ibid., p.111). O argumento de Freud aqui na verdade não é inteiramente correto, pois Le Bon tem pruridos em dizer que suas descrições se aplicam a organizações e assembléias parlamentares. Freud então assevera que Le Bon negligencia o modo como "gênios criativos" não apenas surgem individualmente, mas também, por vezes, coletivamente. Esse argumento é semelhante à visão bem-conhecida de Wilhelm Wundt, no tempo da psicologia social alemã, de que "processos mentais elevados" se encontram mais presentes na linguagem e na cultura do *Volk* do que em mentes individuais (Haeberlin, 1980; Danziger, 1990).

McDOUGALL   O segundo teórico dos instintos em que Freud se deteve foi William McDougall, um dos fundadores da psicologia social e autor de um dos primeiros manuais para a disciplina (McDougall, 1908). A abordagem de McDougall (1920) vai além da de Le Bon, argumenta Freud, pois ele discute grupos estáveis. O concentrar-se em "mobilizações", como Le Bon o faz, negligencia estruturas duradouras: "Grupos do primeiro entabulam com os do segundo o mesmo tipo de relação que se tem entre um mar que forma uma ondulação capelar, tratando-se porém de um mar alto, longe da costa, e uma onda que quebra na praia" (Freud, 1921, p. 112). McDougall descreve os modos como a organização das massas estrutura suas propensões dadas por instinto, e o papel da emoção, intensificação e "indução" da emoção em que "a percepção dos signos" de um estado afetivo é automaticamente calculada para suscitar o mesmo afeto na pessoa que o percebe" (citado em Freud, 1921, p. 112). A organização estável também facilita a mensuração das punições aos que transgridem as regras do grupo. Esses aspectos da abordagem de McDougall serão trazidos para a própria versão de Freud da psicologia de grupo. McDougall então segue argumentando que existem cinco condições para se alçar a vida mental coletiva a um nível mais elevado: continuidade de existência; uma "idéia" definida a ligar o grupo; interação com outros grupos; a existência de tradições e costumes que o grupo compartilha; a diferenciação de papéis específicos para membros constituintes.

Freud mostrou-se insatisfeito com a abordagem de McDougall, porque o reino coletivo aqui parece ter assumido um estatuto de coisa, e ele continuou a oferecer sua própria explanação que enfatiza fatores que atuam em algum lugar entre o social e o individual. Criticou Le Bon partindo de uma perspectiva social e McDougall de uma perspectiva individual, e o delicado equilíbrio retórico a que esse ato conduz é uma posição mediana em que "existe uma redução de fenômenos sociais complexos, que pode formar a base de uma psicologia 'de massa', para uma psicologia individual ou interpessoal, na qual a família se torna o protótipo do grupo social" (Billig, 1976, p. 24). Contudo, as repercussões que se podem ter daí vão mais longe, pois Freud intentou então explicar de que modo vivenciamos a nós mesmos como células em um corpo coletivo e como somos capazes de "equipar o grupo com os atributos do indivíduo" (Freud, 1921, p. 115). Isso o conduziu a uma *dupla redução* de fenômenos sociais na qual o que se passa no indivíduo torna-se a explicação para o comportamento de grupo, e o grupo pode ser tratado como um nível auto-suficiente à medida que funciona como um gigante individual. A família como protótipo da atividade de massa é explorada um tanto mais quando Freud se voltou para uma abordagem desenvolvimental.

Desenvolvimento

Freud queria tomar seriamente, e explicar, alguns dos fenômenos para os quais Le Bon e McDougall chamaram a atenção, tais como o contágio em grupos: "alguma coisa existe em nós que, quando nos tornamos conscientes de signos de uma emoção em outra pessoa, isso tende a nos fazer incorrer na mesma emoção" (Freud, 1921, p. 117). Ele o fez utilizando o conceito de "libido", mas devemos ter em mente que Freud usou esse conceito de diferentes formas em diferentes passagens de seus escritos. A libido é por vezes abordada como energia, como "instinto" ou pulsão. Por vezes é usada como palavra para amor no sentido mais amplo do termo, como "Eros", e eventualmente lhe é conferido um sentido explanatório mais amplo como um amor que "constitui a essência da mente de grupo" (Ibid., p. 120).

1. Grupos, identidade e formas de conhecimento

Freud chama a atenção para a estrutura de dois grupos que parecem existir desde sempre, a Igreja cristã e o exército, a fim de chegar a uma abordagem adequada do modo como a libido se encontra estruturada. Em ambos esses grupos há um líder, ou então, não havendo líder, existe pelo menos uma "idéia condutora", havendo dois tipos de ligações; uma relação que une cada indivíduo com o líder, e uma relação a unir os membros entre si. Isso significa que com relação a Cristo ou ao capitão "todos têm igual participação em seu amor" (Ibid., p. 123). Sempre há pânico quando a estrutura do grupo se rompe, e o [próprio] pânico dá seqüência ao rompimento porque a "desintegração do grupo" significa o "desaparecimento de laços emocionais" que unem o grupo, havendo perseguição quando alguém tenta deixar o grupo, juntamente com uma contínua intolerância a *outsiders*. Freud então explorou a natureza dos laços libidinais no grupo fazendo atentar para três outros processos ou mecanismos.

O primeiro é o *narcisismo*, no qual tentamos recuperar, e com ele intentamos regressar ao fantasiado ponto de fusão com a mãe. O ego ideal (herdeiro do narcisismo) é regulado pelo desenvolvimento do super-ego (o herdeiro do complexo de Édipo), mas não podemos deixar de amar aqueles que substituem nossos primeiros objetos de amor, e reagimos com ressentimento aos que ameaçam romper esse primeiro e mais intenso amor. Existe um "sedimento de sentimentos de aversão e hostilidade, o qual só escapa da percepção como um resultado de repressão" (ibid, p. 130), e desse modo temos de levar em conta a "ambivalência de sentimento" (ibid, p. 131) em relações de grupo. Disso se tem uma manifestação no modo como temos de ativamente fazer voltar para fora nosso amor narcisista direcionado a nós e transformá-lo em um amor que une as pessoas: "O amor a si mesmo conhece apenas uma barreira – o amor pelos outros, o amor por objetos" (Ibid., p. 132).

O segundo processo é a *identificação*, que se segue, no rastro do desenvolvimento, do narcisismo e da ruptura para o narcisismo provocado pela experiência de separação dos outros. Aqui Freud percorre três permutações de relações em uma família para mostrar como processos de grupo seguem padrões de formação de sintomas: a criança pode identificar-se com a mãe para obter o amor do pai ("o completo mecanismo da estrutura de um sintoma histérico", Ibid., p. 136); a criança pode identificar-se com o pai amado para ganhar o pai como objeto de amor ("escolha de objeto tornada identificação" – o ego assume as características do objeto", Ibid.); ou a criança pode identificar-se com um dos irmãos para ter o amor do pai ("a marca de um ponto de coincidência entre os dois egos que deve continuar reprimida", Ibid.). Cada padrão de relação com o pai é um padrão de relação com um líder em um grupo.

O terceiro processo que Freud descreve juntamente com o narcisismo e a identificação é a *idealização*, na qual construímos nosso ego ideal. O líder do grupo é um objeto poderosamente investido, no qual "o objeto serve como substituto para algum ego ideal por nós não-atingido" (Ibid., p. 143). Em um ponto extremo, o ego se subordina a um objeto supervalorizado, de modo que "o objeto, por assim dizer, consome o ego" (Ibid.). Essa relação, diz Freud, é uma relação hipnótica e se dá como se o hipnotizador tivesse passado para o lugar do ego ideal. Com isso ele chega à "fórmula para a constituição libidinal de grupos" (Ibid., p. 147). O grupo é "um número de indivíduos que inserem um e o mesmo objeto no lugar de seu ego ideal e conseqüentemente se identificam a si mesmos nesse seu ego" (Ibid.).

Evolução

Freud então complementou sua abordagem sobre o desenvolvimento com uma abordagem evolucionista. Recorreu a parte do material antropológico que utilizou em suas abordagens sobre a religião (tema que debateremos no capítulo 2). A principal figura de retórica de que ele se apropriou para esclarecer o papel da evolução na estrutura dos grupos é Wilfred Trotter. O livro de Trotter (1919) *Instincts of the Herd in Peace and War* reduz o comportamento de grupo a um nível individual, como fazem Le Bon e McDougall, mas Trotter defende que o "instinto de horda" seria um atributo positivo de pessoas em grupos, e manifesta o caráter gregário da natureza humana. Novamente, no entanto, é o negligenciar do papel do líder que recebe as atenções de Freud. Crianças se mostram temerosas somente quan-

1. Grupos, identidade e formas de conhecimento

do estão sós, mas enquanto Trotter diria que o "instinto de rebanho" é responsável por esse medo, Freud já argumenta que o medo emana da criança competindo, com uma ciumenta rivalidade de irmãos, pelas atenções dos pais, por meio de uma identificação com eles: "Desse modo cresce no bando de crianças um sentimento comunal ou de grupo, o qual tem seu desenvolvimento suplementar na escola. A primeira demanda feita por essa formação-reação se dá pela justiça, por um tratamento igual para todos" (Freud, 1921, p. 151). Um dos meios de garantir que outros possam ter o que desejamos para nós mesmos é advogar o princípio segundo o qual deveríamos todos ser iguais, ter o mesmo tanto, e então, se necessário, não ter nada. Freud também corrigiu a caracterização de Trotter do ser humano como "animal de rebanho" afirmando que melhor seria dizer que o ser humano é um "animal de horda, uma criatura individual em uma horda conduzida por um chefe" (Ibid., p. 153).

A partir daí, Freud desenvolveu esse argumento enveredando por uma obra antropológica sobre "hordas primevas". Os acontecimentos na horda primeva, depois transpostos para os tempos atuais como "herança arcaica", formam a pedra fundamental para as percepções dos pais pela criança, e do pai como líder, de modo que "a psicologia de grupos é a mais antiga psicologia humana" (Ibid., p. 155). O pai primevo na horda é a um só tempo temido e amado pelos filhos (e aqui Freud caracteristicamente resvala de explicações de psicologia humana para uma psicologia dos homens), e esse pai primeiro reaparece na relação hipnótica entre um líder e seguidores em um grupo: "O pai primevo é o ideal do grupo, que governa o ego no lugar do ego ideal" (Ibid., p. 160). De maneira bastante deliberada, Freud adota então uma teoria lamarckista da evolução na qual ele supõe que seja possível transmitir à prole características adquiridas durante o tempo o seu tempo de vida. A suposição crucial de que parte Freud é a de que o líder é vital para qualquer abordagem da psicologia de grupo. A relação entre membros da horda primeva e o "pai primevo" se faz repetir no comportamento de massa, e fornece a estrutura que lhe subjaz. Em *A civilização e seus descontentes* (1930), Freud argumenta que grupos sem líderes são grupos psicologicamente empobrecidos.

Estruturas de grupo e estruturas sociais

Há diversos problemas na abordagem de Freud. A evidência antropológica é posta em cheque por pesquisadores de nossos dias, e persistir em uma linha segundo a qual a história da horda primeva seria algo como "a história foi bem assim", como ele sugeriu que ela deveria ser tomada (Freud, 1921, p. 154), teria repercussões severas para seu argumento segundo o qual essa história é herdada como parte da constituição biológica dos seres humanos. Poderíamos dizer que um mito potente da "horda primeva" opera na cultura, e desse modo estrutura nosso inconsciente à medida que nos desenvolvemos como indivíduos, mas com isso também estaríamos dizendo que a psicologia humana não é *necessariamente* desse tipo, e que o ser humano no fundo não é um "animal de horda" de espécie alguma. A abordagem de Freud também resvala do falar sobre seres humanos para falar sobre homens ("os irmãos"), e ele revela fraquezas nas observações que faz à descrição por Le Bon da regressão em multidões para estágios mais baixos de evolução (citação no início deste capítulo) nos quais mulheres (ao lado de selvagens e crianças) são tratadas como inferiores. Le Bon havia observado que muitos dos participantes na Comuna de Paris eram mulheres, e isso o deixou horrorizado. Se a resposta está em evolução, como abordar a experiência de mulheres em grupos? Novamente, um reelaborar desse aspecto em termos de mitos poderosos da horda nos permitiria situar a questão sobre como a psicologia de homens e mulheres se transformou no curso da história, mas uma tentativa de explicar a psicologia de grupo como um processo evolucionário e de desenvolvimento redundaria em sabotar gravemente a tentativa de Freud de explicar a psicologia de grupo.

Talvez fosse o caso de enfatizar mais o que de fato acontece nas relações da criança com os pais, sua história de desenvolvimento, fazendo incluir uma abordagem do tratamento diferencial de meninos e meninas e as teorias sobre as próprias crianças, as quais elas adquirem de sua cultura. Embora se tenha argumentado que por Freud negligenciar "diferenças de sexo" em sua abordagem desenvolvimental, e por não especificar o modo como a menina negocia o complexo de Édipo, ele não possa explicar como as mulheres se relacionam com líderes

1. Grupos, identidade e formas de conhecimento

do mesmo sexo e do sexo oposto (Billig, 1976), essa não chega a ser bem uma questão para a psicanálise, porque são as qualidades estruturais daquela relação – *self*, outro desejado e o outro ameaçador – que afetam as percepções posteriores de um líder. Nossa tarefa seria a de examinar como homens e mulheres são constituídos como membros de grupos de modo diferente em vários contextos culturais.

A abordagem por Freud da psicologia de grupo deve também ser vista no contexto dos acontecimentos políticos contemporâneos. Na época de suas visitas à França, em fins do século XIX (de 1885 a 1886 e depois em 1889), a imprensa mostrava-se freqüentemente assustada com as mobilizações revolucionárias, e há numerosos exemplos de assassinatos de líderes de Estado e de fim de regimes. Em Viena, Freud dispunha do poderoso exemplo de "filhos matando pais" em nome da justiça em 1916, quando Friedrich, o filho mais radical do líder socialista Victor Adler, assassinou o primeiro ministro de Francisco José, o Conde Stürgkh: "Friedrich Adler (em vez de Victor Adler) atirou no *Premier* Stürgkh (em vez de o fazer no Imperador Francisco José). Psicologicamente falando, era exatamente o parricídio em nome da fraternidade que Freud considerava como estando no cerne de toda revolução" (Van Ginneken, 1984, p. 403). Na seqüência da Revolução de Outubro na Rússia, em 1917, houve levantes em muitas cidades da Europa Central e Oriental (com comunas surgindo em Berlim e Budapeste em 1919). As memórias desses acontecimentos eram bastante recentes, de forma alguma faziam parte de uma herança arcaica, e estavam frescas na mente de Freud. Juntamente com o padrão da família nuclear ao qual Freud recorreu em sua abordagem sobre o desenvolvimento, achavam-se então padrões particulares de "psicologia de massa", e ele naturalizou esses padrões ao mesmo tempo em que procurou evitar uma explicação direta do instinto que vincularia o comportamento e a experiência humana muito estreitamente a um leito rochoso de caráter biológico.

As descrições oferecidas por Freud eram pensadas como se aplicando à *massa*, e a multidões como tais bem como a pequenos grupos, e um problema adicional aqui diz respeito aos efeitos de se descrever eventos de massa como regressão, seja ela de caráter evolutivo ou desenvolvimental. Alguns recentes autores em psicologia social sobre multidões argumentariam que Freud proporciona uma teoria melhor que a de Le Bon, mas que a imagem da multidão como caótica e sujeita a contágio mascara as atividades *racionais* das multidões (Reicher, 1982). É claro que pode ser mais útil em alguns contextos enfatizar aspectos irracionais do comportamento da multidão e os modos como as pessoas nem sempre são responsáveis por suas ações, e têm havido aguerridos debates sobre o papel psicológico que o conhecimento psicológico tem desempenhado em processos políticos sob o regime do *apartheid* na África do Sul (Colman, 1991a). As conseqüências políticas de imagens de multidões como racionais ou irracionais serão afetadas pelas circunstâncias em que as multidões se formam e agem (Colman, 1991b; Reicher, 1991). Alguns autores chamaram a atenção para a experiência geral bem própria das multidões por parte de seres humanos em uma sociedade de massa, experiência segundo a qual indivíduos são tratados como se estivessem em meio a uma multidão, mesmo estando sozinhos. O trabalho de Moscovici (1986) sobre "a idade da multidão", por exemplo, atrai a atenção para as "representações sociais" compartilhadas por uma população e para os modos como essas representações estruturam a subjetividade. O "a história foi bem assim", sobre a horda primeva, é transmitido por esses tipos de representações, ou, eu seria tentado a dizer, por meio de discursos e de complexos discursivos.

A teoria da psicologia social de "representações sociais" foi parte de uma tentativa, sustentada pela disciplina, de desenvolver explicações completamente *sociais* de identidade e de conhecimento compartilhado. Ela é, de muitos modos, compatível com o quadro estrutural utilizado neste livro. Revela-se falha, no entanto, em evitar o recente retorno de interesse para o comportamento e a cognição *individual*. Para compreender o motivo de ser assim, será instrutivo ver como as representações psicanalíticas do grupo afetaram a psicologia social, e como um sentimento de pânico se infiltrou na disciplina no último quarto de século, fazendo com que os psicólogos sociais se encolhessem como grupo e protegessem suas fronteiras contra formas alienígenas de conhecimento. Em primeiro lugar, contudo, precisamos visualizar desenvolvimentos em teoria de grupos em psicanálise, com enfoque na identidade individual como produto de experiências ameaçadoras em

1. Grupos, identidade e formas de conhecimento | 75

grupos. Esses desenvolvimentos ceifam e disseminam representações de grupos que funcionam muito mais poderosamente hoje do que nas abordagens de Freud.

PARA A MÃE, RELAÇÕES DE OBJETO E BION

A asserção de Freud (1921, p. 95) de que "alguém mais está invariavelmente envolvido" no que parecem ser atividades mentais privadas individuais é uma pedra de toque das teorias de relações de objeto. A tradição de pesquisa no Tavistock Institute of Human Relations no Reino Unido, ou das pesquisas que gravitam em torno desse instituto, inclui a utilização da teoria de relações de objeto, e isso reflete uma mudança de ênfase da relação infantil com o pai para a relação com a mãe na Psicanálise Britânica de um modo geral. Foi esse o caso, mais tarde, nas três tendências reconhecidas na Sociedade Psicanalítica da Grã-Bretanha (os seguidores de Anna Freud no grupo B, hoje o "grupo dos freudianos contemporâneos", os kleinianos no grupo A, hoje o "grupo de Klein", e os Independentes no grupo intermediário, hoje denominado "Grupo Independente"). Há também uma correspondente passagem da visualização do indivíduo racional como correndo certo risco quando no seio de grupos para a fala de que desejos irracionais estão contidos em grupos. Isso não significa que grupos sejam hoje necessariamente vistos como "coisas boas", mas que a organização do grupo é vista como improvável, tal aperfeiçoamento rendendo benefícios para o indivíduo.

De alguns modos, a mudança de ênfase na psicologia de grupo de relações de objeto da Grã-Bretanha se apropria dos próprios enunciados de Freud sobre a importância do narcisismo em grupos a sugerir com alguma ênfase que eventos anteriores ao complexo de Édipo possuem uma conexão importante com o comportamento de grupo, e apropria-se também do reconhecimento, por Freud, como exemplo em sua consideração do trabalho de McDougall, de que grupos adequadamente estruturados são úteis e necessários ao desenvolvimento humano. Enquanto Freud ofereceu uma abordagem teórica da psicologia de grupo, os partidários da tradição da Tavistock buscaram desenvolver uma abordagem que foi parte de sua prática em organizações. Variedades de pesquisa de campo foram utilizadas juntamente com a teoria psicanalítica, e a tradição da Tavistock também teve sua atenção voltada ao trabalho prático. Para Wilfred Bion (1961, 1970), o "trabalho de grupo" também foi a unidade fundamental de análise em psicoterapia (Bléandonu, 1994). Essa atenção ao trabalho como atividade chave em experiências de grupo (e também individuais) é algo útil, ao mesmo tempo em que o próprio núcleo da pesquisa da Tavistock olhava tudo a sua volta a partir de um ponto de vista que era mais de administradores do que de força de trabalho (problema que atinge também grande parte da pesquisa sociopsicológica na Grã-Bretanha e nos Estados Unidos).

Freud fornece uma abordagem histórica do desenvolvimento da psicologia individual em um texto complementar e posterior ao *Psicologia das massas e análise do ego* (Freud, 1921, p. 167-178), no qual o grupo é visto como base "primitiva" da psicologia humana, com a individualidade surgindo com o passar do tempo na pré-história à medida que o poeta viajante, que é um depositário de mitos da cultura humana nascente, identifica-se às explorações de uma figura de herói cada vez mais diferenciada. Seus ouvintes então se identificam com o poeta, e nessa medida também se diferenciam do grupo. Em sua abordagem a identidade separada individual é um fenômeno secundário e relativamente recente. Tem-se aí uma abordagem do surgimento do individual a partir do grupo, a qual Bion leva mais longe.

O conhecimento de Bion

O trabalho de Bion sobre a coesão de grupo e a defesa do indivíduo pode ser compreendido sobre o pano de fundo de problemas de identidade de grupo em um tempo de guerra, e sobre o treinamento de indivíduos para conduzir seus pares. As idéias de Bion foram desenvolvidas em uma poderosa instituição: a do treinamento e da reabilitação militar na Grã-Bretanha durante a Segunda Guerra Mundial. Psiquiatras da Tavistock Clinic (originalmente fundada em 1920 como "Tavistock Institute of Medical Psychology"), incluindo Bion, formaram o Diretório de Psiquiatria do Exército em 1941, e a partir daí

1. Grupos, identidade e formas de conhecimento

diversas inovações em prática psicanalítica foram desenvolvidas, incluindo a "psiquiatria de comando", a "psiquiatria social", a "comunidade terapêutica" e a "psiquiatria cultural para a análise da mentalidade inimiga" (Trist e Murray, 1990, p. 4). A força da organização e do moral de suas tropas estiveram no foco dos experimentos realizados no Northfield Military Hospital em Birmingham, com início em 1942, e teve-se aí a origem do Grupo de Análise no Reino Unido (Pines, 1985). Ao mesmo tempo em que proporcionava uma importante elaboração teórica da psicologia psicanalítica de grupo, o trabalho de Bion se deu em um clima institucional no qual o indivíduo era um ponto fulcral como fonte de forças contra formas de mentalidade "grupal".

Para Bion, o conhecimento é produzido mediante processos de digestão, abstração e construção nos quais o material psíquico em estado bruto, sensações desprovidas de sentido, percepções e palavras, são elaborados em uma forma que auxiliará a pessoa a compreender o lado exterior e o lado interior, e a relação entre ambos (Grinberg et al., 1975). O que Bion chama de "função alfa" do pensar converte em sentido o sem-sentido – um verdadeiro charco de assim chamados "elementos beta" – mas aí não se tem um processo fácil, e a tarefa de compor conexões revela um estado de saturação. A presença de outros no mundo externo e o caráter fragmentado do mundo interno originam bloqueios e frustrações ao desenvolvimento do conhecimento, e contradições em nosso modo de compreender o mundo. Bion usa o termo ligação *["link"]* para captar os modos em que relações com outros ou partes do *self* estruturam o conhecimento.

Para Bion, o conhecimento não é uma posse, mas um processo, e não é uma propriedade individual, mas uma função de uma *relação*. No processo de pensar, tentamos dar continência ao processo da aquisição de conhecimento e olhar para um "outro" conter a nós mesmos. Para Bion, o conhecimento é produzido em uma relação entre conteúdo e contido. O conhecimento sobre si mesmo, que foi denominado "a função psicanalítica da personalidade" (Ibid., p. 37), sempre se faz constituído no âmbito de um grupo. Essa forma de conhecimento é a "ligação K". Bion está empregando uma noção de conhecimento como algo mutável, dinâmico e provisório, e "aprender com a experiência" é envolver-se em um processo de contínua reflexão e transformação:

É necessário distinguir entre a "aquisição de conhecimento" como resultado de uma *modificação* de dor e frustração na ligação-K (em cujo caso o conhecimento adquirido será empregado para posteriores descobertas) e a "posse de conhecimento", utilizada para uma fuga da experiência causadora de dor e frustração.

(Grinberg, 1985, p. 183)

É um erro imaginar que podemos "ter" conhecimento como algo fixado e permanente (Bion, 1962). Quer estejamos dando e recebendo sensações e sentido uns aos outros em um grupo de duas pessoas na tenra infância, ou a muitos outros em um grupo mais amplo na vida posterior, o pensamento é completado e construído como forma de conhecimento formada como o conteúdo no interior de uma forma de continente. Uma mudança catastrófica ocorre quando a relação entre continente e conteúdo entra em colapso (rui) e quando as fronteiras são destruídas. Caos e dor na catástrofe produzem uma tentativa de não saber, uma figura epistemológica em que o conhecimento é evacuado, despejado, excretado, esquecido. É o que Bion chama de "menos K".

Menos K é tanto o oposto do conhecimento como um substituto para ele. A ininterrupta liberação de menos K pode ser vista como forma de psicopatologia em que a atividade de conhecer se volta contra si mesma. Bion viu menos K, ou a "ligação menos K", como área psicótica da personalidade, e essa ligação menos K é carregada de inveja e ganância, de um espoliar e destruir do próprio continente que ele tenta salvar (Grinberg, 1985). Pois, a exemplo de outros processos psicóticos, a aparente fragmentação e desordem desfigura uma desesperada tentativa de reconstruir uma forma de ordem, e menos K é uma forma que pode ser altamente funcional em instituições. Menos K, bem como ser massa de não-conhecimento, é também uma injunção "não saber" e a celebração de uma estupidez deliberada e estudada, a perdição e ruína do conhecimento. Evitar saber é também evitar a responsabilidade, e desse modo a evacuação de conhecimento pode operar como uma eficiente defesa compartilhada contra informações ou idéias que são ameaçadoras.

1. Grupos, identidade e formas de conhecimento 79

Estudos realizados em enfermarias de hospitais por Menzies-Lyth (1959) ilustraram os modos como procedimentos burocráticos e sem-sentido funcionam como defesas compartilhadas contra a ansiedade. A presença da morte, por exemplo, pode ser ocultada das enfermeiras quando os pacientes são tratados como coleções de sintomas ou partes do corpo (como "o fígado do leito 10") em vez de verdadeiros seres humanos adoentados. Grande parte do discurso que estrutura a vida na enfermaria, e em particular o contínuo transmitir de informações completamente inúteis de enfermeira a enfermeira, de equipe a equipe, pode ser algo entendido como *menos K* (Bell, 1996). Sempre que esti-vermos submetidos a alguém despejando coisas que ele "saiba", que ele não queira saber e que de nada nos servirá saber, estamos em presença de menos K.

Se Bion estiver certo, tentativas de definir estritas fronteiras entre grupos devem ser tidas como resposta à ansiedade, ao medo de uma catástrofe impeditiva. Isso fornece um contexto adicional para o de-senvolvimento de preocupações com identidade de grupo, e a emer-gência do indivíduo no grupo pode ser vista como defesa. Em vez de a individualidade ser vista como corroída por grupos, o trabalho de Bion nos leva a considerar a figura do indivíduo como um *produto* de estados grupais em dificuldades.

Homem bioniano / de Bion

Uma fantasia que une um grupo enquanto grupo com uma tarefa, um grupo comportando-se racionalmente, é a de ele ser simplesmen-te um "grupo de trabalho". O grupo de trabalho é um tipo de estado mental. O grupo de trabalho é uma fantasia importante e produtiva, mas uma fantasia, não obstante. Contra o desejo de que haja somen-te um grupo de trabalho encontram-se forças inconscientes coletivas que Bion (1961) chama "estados de postulado básico", e ele identifica três delas: "dependência", "ataque-fuga" e "acasalamento". A operação desses enunciados básicos também ocorre em um nível institucional; quando somos dependentes do líder como um indivíduo que salvará o grupo, quando atacamos ou fugimos de outros indivíduos que ameaçam o grupo, ou quando esperamos uma dupla em um grupo para produzir uma idéia mágica, a qual resolverá os problemas do grupo. Todo postulado básico nos ajuda a nos constituir enquanto indivíduos como defesa contra o grupo; como líder ou como alguém destacado pelo líder para uma atenção especial, um observador distanciado da loucura do grupo enquanto este luta ou escapa, ou como o salvador do grupo na dupla que produzirá a solução.

Há aqui um aspecto teórico fundamental, no trabalho de Bion, pelo qual ele insiste que o ser humano é um animal grupal, e esse aspecto é submetido por analistas que se utilizam de Bion para descrever o modo como o indivíduo emerge como produto da fantasia do grupo (Wolfenstein, 1990). O trabalho dos teóricos de relações de objetos na psicanálise ajuda a abrir caminho para a reconceitualização da relação entre experiência individual e comportamento de grupo. Tal reconceitualização vai além da dicotomia do individual *versus* níveis de grupo de explanação e para a ficção de que ao se olhar para um nível interpessoal de explicação em algum lugar entre eles resolveria aquela dicotomia. Wolfenstein (1990), por exemplo, usando o trabalho de Bion, argumenta que uma compreensão de psicologia de grupo poderia também ajudar a compreender como se dá que os indivíduos se sintam alienados em grupos ao mesmo tempo em que se façam submergir em grupos. Freud (1921) argumenta que a psicologia de grupo é o modo mais fundamental de psicologia humana, e é esse o aspecto desenvolvido por Bion:

> o indivíduo é, e sempre será, um membro de um grupo, mesmo se sua associação a esse grupo consistir em comportar-se de tal forma a se dar uma idéia de que ele não pertence ao grupo de forma alguma. O indivíduo é um animal grupal em guerra, tanto com o grupo como com esses aspectos de sua personalidade que constituem sua "agrupacidade".
> (Bion, 1961, p. 168, em citação de Wolfenstein, 1990, p. 160)

Assim como Bion, Wolfenstein olha para a relação da criança com a mãe para explicar experiências em grupos: "A fundação ontogenética da psicologia de grupo é a união relativamente indiferenciada da

1. Grupos, identidade e formas de conhecimento

mãe com a criança" (Wolfenstein, 1990, p. 174). Grupos provocam fantasias, e a idéia de ser um "indivíduo" que possa ser responsável e livre de frustração e medo projetada em um grupo (e possivelmente vivenciada por ele como se fosse uma mobilização indiferenciada) é a uma forma de defesa. Em uma cultura que patologiza a ação coletiva (Reicher, 1982), tal defesa é tanto mais provável. O membro de um grupo pode retirar-se para sua "individualidade" como válvula de escape, ou então um indivíduo "especial" pode ser formado como "líder" (ou como alguém específico dentro ou fora, a ser atacado), e dessa maneira: "'o indivíduo' é um elemento em uma fantasia de grupo" (Wolfenstein, 1990, p. 174). Tais fantasias não só são importantes para pequenos grupos, mas, como no caso dos escritos de Freud sobre grupos, essas idéias são vistas como aplicáveis a organizações de todos os tipos. Existe, argumenta Wolfenstein, uma poderosa fantasia em ação em grupos de todos os tipos, fantasia segundo a qual coisas como indivíduos existem independentemente da sociedade, e que poderiam ser separados dela: "'o indivíduo' (um *self* concebido fora da sociedade e essencialmente constituído de dentro para fora) é uma fantasia de grupo" (Wolfenstein, 1990, p. 154).

Essa abordagem teórica do modo como o indivíduo irrompe da experiência é útil, mas também precisamos *situar* versões biônicas de teorias de relações de objeto para compreender por que funcionam desse modo nessa cultura. Bion cristalizou um modo particular de falar sobre o que ele chama "o objeto psicanalítico", e é preciso lê-lo juntamente com o argumento de que discursos constituem os objetos de que falam (Foucault, 1969; Parker, 1992).

CULTURA, CRISES E HERÓIS

A psicanálise tem permeado a imaginação popular do Ocidente mediante toda uma variedade de meios, um dos mais poderosos sendo o cinema (Sekoff, 1989), e imagens de guerra, coesão e conflito interno em grupos têm sido importantes cenários culturais para a transmissão das idéias de Bion, e meios para essa transmissão. O gênero-chave aqui é o cinema catástrofe.

No cinema catástrofe, um pequeno grupo de pessoas enfrenta a morte, geralmente como resultado de forças naturais fora de controle ou resultantes de uma falha em algum suporte tecnológico. As personagens precisam resolver as tensões interpessoais no grupo para sobreviver; precisam atuar em conjunto e, de maneira característica, as vidas e as fraquezas de cada indivíduo se entrelaçam à medida que a trama de desenvolve. O cinema catástrofe é na verdade um fenômeno de vida bastante curta, Há antecipações do gênero nos cenários de desastres aéreos, nos quais um grupo de sobreviventes luta contra forças da natureza, contra seres tribais ou animais selvagens. Isso começou a partir do final da década de 1930, quando Bion deu início a seu Quadro de Seleção de Guerra usando grupos de tarefas. Um primeiro exemplo é *Five Came Back*, em 1939, e a seqüência que continuou esporadicamente atravessando os anos 1950 e 1960, com *Back from Eternity*, in 1955 e *As areias do Kalahari* e *O vôo da Fênix*, ambas produções de 1965. A preocupação com os efeitos de desastres aéreos é sintomática, talvez, de um subtexto inconscientemente militar presente nesses filmes, e a forte liderança costuma ser um ingrediente crucial para o êxito do grupo em alcançar a civilização.

O apogeu do cinema catástrofe se deu na década de 1970. Uma listagem de "filmes catástrofe" publicada em 1991, (Milne, 1991) inclui *Krakatoa – O inferno de Java* (1968) e *Aeroporto* (1969), mas os outros 15 filmes listados, à parte *A última viagem* (1960), sobre a explosão de um luxuoso cruzador, são da década de 1970. Diga-se de passagem, *Krakatoa* situa-se a oeste de Java, e não a leste, como consta no título original em inglês (*Krakatoa – East of Java* (1968). O primeiro filme do ciclo foi *O destino do Poseidon*, sobre um transatlântico emborcado por uma onda gigantesca. É interessante notar que esses filmes apareceram no mesmo ano que dois dos primeiros textos em que se faz referência a uma "crise" na psicologia social: *The Context of Social Psychology: A Critical Assessment*, de Israel e Tajfel (1972), e o *The Explanation of Social Behaviour* (1972), de Harré e Secord. Em 1974, o sucesso de *O destino do Poseidon* deu origem a diversos filmes abordando explosões em navios, cidades arrasadas, arranha-céus em chamas e aeronaves com passageiros – *Juggernaut, Terremoto, Inferno na Torre* e *Aeroporto 1975*, lançado precisamente em 1974. Esses filmes apareceram no mes-

1. Grupos, identidade e formas de conhecimento

mo ano de publicação de dois textos cruciais sobre "crises" em psicologia social: o *Reconstructing Social Psychology* (1974) de Armistead e o *The Rules of Disorder* (1974) de Marsh, Rosser e Harré.

Os filmes sobre desastres aéreos prosseguiram com *Aeroporto 77* até perder força com *Aeroporto 79: O Concorde*. Um dos últimos filmes do gênero, *Meteoro* (1979), relacionou os temas da guerra fria e da ficção científica, mas dessa vez a série perdeu o rumo. Seria necessária uma análise mais ampla, abrangendo mais o escopo cultural e político a fim de explicar exatamente por que o cinema catástrofe morreu em 1979. Foi o ano em que Margaret Thatcher assumiu o poder na Grã-Bretanha, e talvez seja possível argumentar que a incubação gradual da identidade individual em pequenos grupos na tela tenha se dado pela erupção de um indivíduo carismático na cena política. O que importa para nós é que a aparente forma social, o grupo, na verdade contém e traz em seu seio uma forma de identidade individual.

É preciso lembrar que a quintessência do cinema catástrofe traz consigo todo um séquito de estrelas, e a qualidade individual distinta de cada pessoa se faz exercer na luta conjunta que é travada, e em sua luta conjunta contra a irracionalidade no grupo. Novamente, o indivíduo emerge como uma fantasia do grupo na identificação do espectador com o projetado na tela. Essa é uma forma de narrativa em que o espectador é deixado a assistir um grupo fragmentado, talvez com indivíduos remanescentes se engalfinhando, em uma repetição do modo como as personagens do filme são deixadas a olhar uma forma física quebrada, de um avião, navio ou edifício. E o próprio grupo é deixado como uma carcaça sem-sentido, como continente físico que se dissolveu em torno da referida forma física, impingindo no público uma sensação de não ter aprendido com a experiência, sendo deixado com o *menos K*.

PSICOLOGIA SOCIAL E IDENTIDADE

Se nos voltarmos para a psicologia social para ver o que se diz sobre essas questões, encontramos um paradoxo. Pois embora ela seja uma disciplina que tenha o comportamento de grupo como um de seus tópicos mais importantes, mostra-se pouco disposta ou incapaz de apresentar sua própria estrutura como uma disciplina, e suas próprias formas de pensamento e de organização. Podemos agora dar um melhor contorno ao paradoxo traçando os modos como a psicologia social acadêmica exemplifica e reproduz muitos dos fenômenos de grupo descritos por autores da psicanálise precisamente em virtude de negarem um caráter de realidade à possibilidade daqueles fenômenos. O restante deste capítulo passará a ilustrar a abordagem de grupos por Bion, o modo como ele se utiliza de tal abordagem para explicar como a psicologia social se esforça para compreender grupos, como falha em seu intento, e, por último, o modo como ele situa essa versão da teoria psicanalítica como uma questão cultural.

A disciplina da psicologia social originou-se nos Estados Unidos, tendo havido nos primeiros anos do século uma preocupação com a eficiência de indivíduos racionais em trabalho conjunto e em contraposição à ameaça, sempre à espreita, de um espírito de grupo irracional (Parker, 1989). Embora houvesse alguma oposição a esse individualismo, foi somente na década de 1960 que uma tradição alternativa se desenvolveu, na Europa, revelando-se suficientemente forte para resistir a ela. Pensou-se então que uma reavaliação completa dos objetos de estudo e objetivos de pesquisa da disciplina no final da década de 1960 e início da de 1970, durante a chamada "crise" na disciplina teriam realizado uma dupla viragem a partir dos postulados americanos e reducionistas que até então haviam predominado (Israel e Tajfel, 1972; Tajfel, 1972). Uma mudança necessária e progressiva de atenção da pesquisa americana (Moscovici, 1972; Doise, 1978) deveria ser acompanhada por uma rejeição do indivíduo como foco de pesquisa (Billig, 1976; Tajfel, 1979). A ultrapassada psicologia social americana, que reduziu a explicação ao nível do individual, seria substituída por uma nova psicologia social européia, com enfoque no grupo.

Durante algum tempo essa mudança pareceu funcionar. Na Europa, a ênfase em grupos como a fonte de identidade social e do caráter do *self* individual foi exemplificada pelo trabalho de Henri Tajfel, e seus colaboradores, sobre grupos mínimos (Tajfel, 1970; Tajfel et al., 1971) e a tradição européia, que relaciona esse enfoque

1. Grupos, identidade e formas de conhecimento

grupal com o trabalho sobre representações sociais e processos ideológicos (Doise, 1978; Farr e Moscovici, 1984), é institucionalizada no *European Journal of Social Psychology*, dentre outros. O *British Journal of Social Psychology* recebeu forte influência dessa tradição, em parte porque Tajfel esteve sediado em Bristol, enquanto os trabalhos mais importantes e o quadro intelectual para a teoria da identidade social se acumulavam (Billig, 1976; Turner et al., 1987; Condor, 1989), e enquanto a tradição descobria um eco na América do Norte, onde pareceu proporcionar uma alternativa à pesquisa reducionista (Brewer, 1979; Wilder, 1981).

No entanto, após duas décadas de pesquisas de grupo, a psicologia social européia acena para a possibilidade de abraçar, ainda uma vez, a psicologia *individual* como núcleo da pesquisa em comportamento de grupo. Comparando-se a disseminação de artigos no *European Journal of Social Psychology* entre as décadas de 1980 e 1990, por exemplo, evidencia-se uma notável mudança de ênfase. A imagem do indivíduo adquire cada vez mais importância dentro das próprias estruturas grupais que faziam objeções ao reducionismo em psicologia social. Tomando-se alguns exemplos de 1992 a 1993, encontram-se modelos cognitivos de mudança de estereótipo em substituição a noções de identidade de grupo (Hewstone et al., 1992) e ao estatuto de grupo minoritário representado como anteparo para a ação individual (Ellemers et al. 1992); o anteparo "poder-redução da distância" é utilizado para o estudo de propostas individuais de poder (Bruins e Wilke, 1993), a categorização social "egocêntrica" sendo utilizada como conceito explanatório em viés intragrupal (Simon, 1993), e mesmo a classe é conceitualizada como se fosse simplesmente uma coleção de processos cognitivos individuais (Evans, 1993). É possível atribuir essa mudança de ênfase a transformações políticas mais amplas no cenário cultural da Europa ocidental nos últimos 20 anos, com um interesse maior no individual como *locus* de ação em detrimento do coletivo. Mesmo assim, o modo particular como a imagem do indivíduo torna a emergir em estudos de grupo que se mostraram tão ávidos em suas objeções à explanação individualista é ainda um enigma. Um modo de resolver esse enigma é atentar para angústias relativas ao conhecimento em psicologia social e supostos básicos em instituições acadêmicas.

Construcionismo social e menos K

Ao mesmo tempo em que provocadores de uma "viragem para o grupo" na tradição européia, os debates durante aquele período de crise na psicologia social também podem ser vistos como estimulando uma "viragem lingüística" (Parker, 1989). O "novo paradigma" das psicologias sociais do início da década de 1970 (por exemplo, Harré e Secord, 1972; Gauld e Shotter, 1977) tem sido transformado, nos últimos anos, por uma "viragem para o discurso" de caráter mais completo. O misto de interacionismo simbólico (Mead, 1934) e dramaturgia (Goffman, 1959) em psicologia social "etogênica" (Harré, 1979, 1983) e abordagens hermenêuticas (Shotter, 1975, 1984) pavimentaram o caminho, por meio da emergência da análise do discurso (Parker, 1992; Burman e Parker, 1993), para uma concepção da realidade social e da identidade individual como constituídas pela linguagem. O fio comum a esses desenvolvimentos, um dos quais dá sustentáculo a este livro, e que foi puxado até o limite no recente escrito sobre psicologia "pósmoderna" (Gergen, 1991; Kvale, 1992), é a idéia de que fenômenos psicológicos são socialmente construídos. Esse ponto de viragem, uma revolução no conhecimento, é um cenário significativo para debates sobre identidade individual e social. As apostas são muito altas quando tais reivindicações são feitas sobre mudanças de paradigma, pois uma revolução científica é uma transformação em epistemologia, em modos de conhecer (Kuhn, 1970). Uma vez que a possibilidade de ruptura epistemológica foi suscitada, pareceu a muitos que a disciplina da psicologia social jamais seria a mesma.

A idéia de que a psicologia social também poderia conhecer sua "viragem lingüística" não caiu do céu simplesmente, tenha-se isso bem claro. Mudanças em conhecimento estão ancoradas em práticas discursivas, e houve algo na natureza da instituição e nas forças culturais e políticas que pressionou a instituição durante a década de 1960, e dessas forças políticas precisamos dar conta aqui. Uma abordagem social construcionista precisa fazer frente a essas forças para compreender como o conhecimento acadêmico é ele próprio socialmente construído em pontos particulares da história. É significativo que as idéias chaves nessa revolução de paradigma tenham vazado a partir de outras

1. Grupos, identidade e formas de conhecimento 87

disciplinas; interacionismo simbólico e etnometodologia a partir da sociologia, um enfoque na linguagem ordinária e em jogos de linguagem a partir da filosofia, da semiótica e da desconstrução a partir da teoria literária. É também digno de nota que a cada celebração da interdisciplinaridade, renovada ansiedade tenha sido suscitada quanto à integridade da psicologia social entre seus praticantes (Eiser, 1980; Zajonc, 1989). O próprio campo de estudos da psicologia social como ciência esteve sob ameaça à medida que as fronteiras do grupo – do grupo de psicólogos sociais que se diferenciavam a partir de colegas que faziam em grande parte o mesmo trabalho ou um trabalho mais interessante em disciplinas vizinhas – parecia ter se dissolvido.

Um modo de abordar a ascensão do estudo de grupos mínimos e da teoria da identidade social na década de 1970 seria ressaltar o papel do grupo em teoria como emblema do grupo de pesquisa em psicologia social, e o remarcar de fronteiras como remodelação da identidade acadêmica em um tempo de incerteza. O foco na diferenciação a partir de outros, do marcar a identidade em relação com grupos de fora, e a função de associações de grupo como propriedade natural e universal da cognição humana podem ser interpretados como um garante para a diferenciação particular e como separação da *psicologia social* como grupo, bem como sua comparação com grupos adjacentes de pesquisadores. Novamente, à medida que representações sociais abrem as fronteiras entre a psicologia e a sociologia (Farr e Moscovici, 1984), tanto mais esforços são canalizados para o cercar de cada agrupamento de representações sociais com a tergiversação permitida pelo grupo. A recepção de representações sociais na Grã-Bretanha, por exemplo, tem sido marcada por uma tentativa de integrá-la com as estruturas de Identidade Social (Hewstone et al., 1982). Seria possível argumentar que representações sociais só podem ser conceitualizadas por psicólogos sociais experimentais quando forem sustentadas por fronteiras de grupo delimitadas com segurança. A esse respeito, Moscovici e Tajfel fazem equivaler um novo continente para a pesquisa de grupo.

O construcionismo social, um novo relativismo, não é necessariamente radical enquanto tal, mas nessa disciplina ele agora se faz bastante subversivo (Curt, 1994). Ele não pode ser contido pelo grupo dominante que se encontra estreitamente atrelado ao positivismo e sente sua identidade sob ameaça, sendo atacado pelo grupo como uma forma de sem-sentido, como não-ciência ou como um objeto bizarro chamado "desconstrucionismo", por exemplo (Secord, 1991). Uma vez que o construcionismo social tem sido associado à teoria pós-estruturalista e mesmo à psicanálise (Parker e Shotter, 1990), o medo pode ter sido o de que o registro de uma idéia permitisse um afluir de noções mais extremas. A revivescência do interesse pela psicanálise em instituições acadêmicas na Grã-Bretanha tem sido mais uma particular fonte adicional de tensão, e muito embora essa revivescência tenha se dado, até agora, sobretudo em disciplinas vizinhas, psicólogos experimentais sociais descobriram aí um desenvolvimento incômodo, e vez por outra tentaram estancá-lo (Stanton, 1990).

Por vezes é difícil imaginar o que exatamente os tradicionalistas pensam que aconteceria se essa revolução epistemológica trilhasse seu curso. Parece como se toda uma hoste de perigos estivesse associada ao êxito de idéias relativistas, e que o aumento de tais idéias finalmente haveria de produzir uma crise de grandes proporções, terminando por conduzir à desintegração da disciplina. A conseqüência, se difícil de formular, é a de que algo horrível poderia acontecer. A constituição social de objetos de pesquisa lança em questão o aparato experimental por completo, e concepções sociais construcionistas de conhecimento ameaçam o acúmulo de dados e o cuidadoso testar empírico de teorias. A mensagem importante que parece perpassar tais ansiedades e queixas é a de que uma ausência seria melhor do que esse tipo de conhecimento. Muito da psicologia social positivista faz-se pois tão apartada da vida real que por vezes parece como que se leitores de jornais e manuais estivessem sujeitos a menos K, com pesquisadores da disciplina preferindo continuar a fazer circular um sem-sentido em vezes de se envolver em críticas construcionistas sociais acerca do que estão fazendo.

A crise como ponto de viragem na história da disciplina, como viragem para o grupo ou como viragem para a linguagem, se faz composta, então, pelas ansiedades entre psicólogos sociais de que as fronteiras do grupo disciplinar possam estar sob ameaça. Até aqui se tem sugerido que tal ansiedade sobre a natureza da identidade acadêmica pode ter sido um dos fatores no desenvolvimento de um interesse em

1. Grupos, identidade e formas de conhecimento | 89

pesquisa em grupos como fonte de identidade social, mas esse argumento pode ser ainda mais comprimido se os modos de organização do conhecimento em tempos de crise fossem explorados, observando-se o medo correspondente de que a crise em psicologia social seja parte de uma irrupção mais geral para o trabalho intelectual. Aqui se faz necessário considerar o contexto institucional para a geração de conhecimento.

Postulados básicos em instituições acadêmicas

O interesse em "comparação social" em psicologia social acadêmica na condição de base para a identidade de grupo pode ser compreendido como o reflexo de ansiedades sobre a decomposição de diferenciação em relação a outros grupos disciplinares. O trabalho de Bion também pode lançar luz às vias em que o *indivíduo* emerge como uma defesa contra a decomposição do grupo em tempos de crise. A figura do "indivíduo" emerge do grupo em tempos de ameaça como uma defesa contra o grupo, e formas particulares de comportamento de grupo provocam respostas individuais, sem falar na formação de identidade individual dentro e contra o grupo. Agora podemos elaborar a abordagem de Bion da produção de menos K em grupos de trabalho fazendo referência especial a instituições acadêmicas. Ironicamente, o exemplo apresentado aqui também pertence ao contexto em que a maior parte da pesquisa de grupo é realizada, sendo ressaltada a importância da dinâmica psicossexual no trabalho acadêmico. Tem-se aí um contexto particular para o redesenhar das fronteiras do grupo como uma resposta à ansiedade, ao medo de uma catástrofe impeditiva.

A distinção entre o continente e o conteúdo parece, ao menos para alguns autores, estar se esfacelando em algumas universidades britânicas como arenas em que o conhecimento é reproduzido e transmitido de tutor a estudante. A ansiedade particular está em fronteiras profissionais serem rompidas à medida que a equipe masculina dorme com estudantes mulheres. Não obstante a relação ocasional bem-sucedida e não espoliativa nesse contexto, o padrão geral de comportamento é possibilitado e provocado por um misto de desigualdade sexual e poder acadêmico. Não há dúvida de que tal comportamento se constitui em abuso de poder, e as questões que isso suscita para as mulheres, sobre sua posição em instituições onde o ensino é predominantemente exercido por homens, em relação ao assédio sexual, têm sido debatidas abertamente no movimento feminista, desde a década de 1960 (Paludi e Barickman, 1993).

Hoje há uma preocupação crescente, e tal preocupação convoca grande número de professores e alunos a abordar o problema. Artigos sobre o assunto apareceram recentemente nos periódicos das duas principais associações de conferencistas do Reino Unido (AUT e Natfhe) dando seqüência a debates em conferências nacionais (Barbour, 1993; Kirsch, 1993), nos principais jornais semanais voltados à educação superior (Brookman, 1993) e nos cadernos jornalísticos de fim-de-semana (Martin e Flanagan, 1993; Smith, 1993). Ao que tudo indica, a Grã-Bretanha não é um caso à parte nessa questão, e, a esse respeito, o debate que provém da América do Norte também tem aparecido recentemente na imprensa britânica (Kerrigan, 1993). O problema é relatado de maneira explícita no abuso de poder em relações terapêuticas (Rutter, 1992), havendo preocupações paralelas em terapia quanto à extensão da exploração sexual em relações terapêuticas (Russell, 1993). Preocupações semelhantes têm se manifestado entre médicos (Gwyther, 1993), advogados (Dyer, 1993), seguidores de gurus (Finnigan, 1995) e instrutores de volante (Prynn, 1996).

Um exemplo de caso composto

Nas faculdades de psicologia na Grã-Bretanha, a maior parte do corpo docente é constituída de homens, e do corpo discente, de mulheres (Burman, 1990), e o rompimento das fronteiras profissionais salientou-se como um problema em diversos departamentos de psicologia. Seria o caso de observar que o foco em acontecimentos recentes não significa implicar que o fenômeno seja mais prevalecente agora, e o foco particular em departamentos de psicologia aqui não se dá por ser um problema pior do que em outros departamentos. A ansiedade é particularmente importante agora porque, em uma extensão cada

1. Grupos, identidade e formas de conhecimento

vez maior desde a década de 1960, tem sido identificado e então novamente experimentado por alunos e pela equipe no âmbito de uma linguagem, no âmbito de um discurso recém-veiculado que o denomina "exploração sexual". Departamentos de psicologia são o caso visado aqui também porque a pesquisa acadêmica em psicologia versa sobre o próprio fenômeno, sobre a ação humana de que os acadêmicos tomam parte. O nomear de um departamento em particular seria inútil aqui, mas um quadro composto de eventos paralelos recentes em diferentes departamentos durante um período de cinco anos servirá para realçar um padrão. Esse departamento composto será descrito no singular, como se fosse um caso único, e o referido padrão pode ser compreendido usando-se a descrição de Bion (1961), segundo a qual grupos de trabalho e de "estados de postulados básicos", o que então será relacionado a sua abordagem do conhecimento e seu oposto, o menos K.

Nesse exemplo, o departamento de psicologia onde tal se configurava como problema tentou fazer frente a essa questão como um trabalho de grupo. A tarefa estava clara, mas o processo em que deveria ser realizada não estava. Estados de postulados rapidamente tomaram a seu encargo a tarefa, como formas de defesa. Estados de postulado básico não se fazem seguir nitidamente um ao outro como regra, mas o fazem nesse exemplo de caso. Dependência se tem onde membros do grupo olham para uma figura poderosa que venha em seu resgate, quando então qualquer sentido de responsabilidade desaparece. Nesse caso, o grupo olhava para o chefe do departamento para que ele resolvesse o problema, e esse estado de dependência, no qual nada acontecia, perdurou durante um ano. A vantagem do postulado básico de dependência é a de que uma pessoa particular se encarrega de enfrentar a questão, mas a desvantagem é que a ansiedade cresce à medida que se torna aparente que uma pessoa não pode executar o que é uma tarefa do grupo. O estado de ansiedade aumentou nesse caso até o ponto que o grupo desenvolveu a idéia de que estaria havendo uma "caça às bruxas" contra certos membros. Em vez de serem tratados como problemas estruturais de relações homem-mulher e de relações entre equipe de professores e alunos, o problema revelou-se como passível de ser compreendido como de culpabilidade individual, isto é, nesse caso, de indivíduos sendo vitimizados.

É aí que o grupo passou para o segundo postulado básico vôo-luta. O vôo a partir da tarefa foi reforçado pelas noções de que certos membros do grupo estavam simplesmente com a intenção de perseguir outros, e a luta emergiu como um contra-assalto agressivo contrário à política do pensamento "politicamente correto" que desejava negar à equipe de professores e aos alunos o direito de entabularem relações amigáveis. Esse segundo postulado básico paralisou o grupo de trabalho por mais um ano. A ansiedade que acompanhava terminou por resultar em uma segunda fase desse estado de postulado básico. O problema tomou novo fôlego por ataques à equipe, versando sobre um possível intercâmbio sexual entre seus membros, e afirmou-se que esse era o pior dos problemas. Embora isso pudesse ser facilmente transcrito como divergência a partir da tarefa original, a função dessa idéia, de que certa equipe de professores pudesse estar relacionada a outra, pôde conduzir a uma "solução" falseada – o pareamento, como terceiro postulado básico.

A partir da idéia de que certa equipe estivesse emparelhada, e tal sendo apresentado como um perigo maior do que as relações entre a equipe de professores e as alunas, a idéia aventou que cada membro do corpo docente deveria estar ligado a outro, um amigo crítico ou "camarada" que com ele debateria de maneira sensata sobre questões éticas de qualquer tipo, incluindo preocupações relacionadas a desvios na conduta profissional. Então, todo o debate estaria confinado ao aconselhamento individual, e a tarefa do grupo, jamais enfrentada, passou a ser vista como desnecessária. Esse último estado de postulado básico de emparelhamento mostrava-se assim eficaz no sabotar da tentativa do grupo de lidar com o problema.

Essa solução evitava a catástrofe que todos temiam. Esse procedimento sinuoso garantia a integridade do trabalho de grupo, mas a tentativa de relacionar o que estava acontecendo como um processo de aprendizado, de produzir conhecimento, tinha de ser abandonada. Em vez disso, a relação entre a consciência do problema em meio ao grupo de professores como continente e as ansiedades dos alunos como conteúdo foi tornada sem-sentido, como "menos K". O que havia sido originalmente apresentado ao grupo como forma de conhecimento havia se transformado em seu oposto, e o grupo, ele próprio, havia se decomposto em elementos individuais separados.

O indivíduo como fantasia de grupo

Um aspecto importante desse exemplo é o de que o grupo imaginou ser apenas um grupo de trabalho. A fantasia de ser apenas esse tipo de grupo e de que desse modo não haveria dinâmica inconsciente em ação a que se pudesse fazer frente, tinha dois efeitos. Em primeiro lugar, os estados de postulado básico eram passíveis de se dar sem verificação, e a tarefa do grupo estaria fadada à frustração. Em segundo lugar, argumentos de livre escolha racionalista eram mobilizados para fazer frente à equipe envolvida em abusos de poder porque infantilizariam os alunos, tratando-os como incapazes de estabelecer relações com quem desejassem. Não é fato desprovido de significação ser esse departamento um departamento de psicologia, e isso segundo dois aspectos. Em primeiro lugar, os argumentos em favor de um grupo externo facilitador, indicando que o abuso por alguém que estivesse no poder fosse especialmente traumático, foi amenizado como "por demais psicodinâmico" e assim como pura e simples "psicologia ruim". Em segundo lugar, um compromisso com explanações cognitivas de atividade individual em grupos sancionou um retrocesso por parte de membros até o ponto em que emoções acabavam indo ao encontro da experiência individual; ou na dependência em relação ao chefe do departamento como um indivíduo poderoso que solucionaria o problema, ou em ataques àqueles tidos como causadores de problemas particulares puritanos e individuais, ou em emparelhamento com algum outro indivíduo do qual, sentiam eles, se pudesse esperar um comportamento racional. Aqui é possível ver o modo como um indivíduo emerge do grupo por vezes como ameaça, na medida mesma em que se assoma como defesa contra o grupo, e como formas particulares de comportamento grupal provocam respostas individuais, bem como a formação de identidade individual no interior do grupo e contra ele.

No exemplo do caso composto discutido aqui, o indivíduo emerge da catástrofe impeditiva apresentada à equipe acadêmica à medida que as fronteiras entre a equipe e as alunas parece se esvair. É uma defesa contra o grupo enquanto massa caótica, e o trabalho do grupo é acompanhado pela produção de soluções individuais para cada membro da equipe a fim de ajudá-los a lidar com elas. A questão pode surgir na forma de até que ponto se tem aí um problema local e específico e até que ponto um problema geral. Não se está a sugerir que se trata de um processo do grupo, processo esse que se desenrola em cada departamento. Contudo, mesmo não sendo um problema que ocupe cada departamento que esteja a conduzir uma pesquisa em processos grupais e uma pesquisa de obtenção de dados [feeding] nos jornais acadêmicos, a preocupação cultural compartilhada nessas questões compõe o modo como cada pesquisador deverá conceituar as relações entre o self e o outro, e no modo como podem erigir fronteiras grupais em seu entorno como forma de proteção. O ponto aqui é que tal forma de proteção dá origem ao individual, e não a um sentido de solidariedade de grupo ou de ação coletiva.

O grupo psicanalítico em discurso

Descrevi alguns processos de grupo em instituições acadêmicas para ilustrar a contribuição de Bion à psicologia de grupo, e usei a abordagem de Bion dos estados de postulados básicos e de menos K para explicar por que a psicologia social se parece tão fixada no indivíduo como explanandum de processos grupais. O discurso psicanalítico que Bion traçou em seus escritos, porém, não foi simplesmente, a bem dizer, "vomitado". A versão da psicanálise por ele elaborada circula pela cultura e constitui o modo de ele entender como os grupos atuam em desastres na tela de cinema e em crises no mundo acadêmico. Esse discurso, pois, constitui o modo como psicólogos sociais em crise falam sobre e vivenciam suas relações um com o outro, e com seus alunos. Essa análise é plausível (se o for) em razão de o fenômeno ser constituído por meio de recursos culturais compartilhados que expliquem o modo como nós próprios nos compreendemos em grupos.

Usando o trabalho de Bion, é possível ver como formas particulares de comportamento de grupo provocam respostas individuais, além da formação de identidade individual no âmbito do grupo e contra ele. Tais imagens cercam pesquisadores em pleno curso de suas pesquisas sobre identidade de grupo, mas fornecem um modelo de experiência de grupo que ao final será sempre sabotado por indivíduos que se pro-

1. Grupos, identidade e formas de conhecimento

tegem contra o mesmo grupo que desejam salvar. As imagens constituem o comportamento de pesquisadores em psicologia social com os que por eles são ensinados em instituições acadêmicas, e também aqui, respostas *individuais* são o resultado da atividade grupal. As pressões culturais e institucionais compõem uma disciplina que enfrentou sua própria crise de identidade. Uma resposta à crise foi uma viragem para o grupo, mas nesse contexto cultural e institucional foi uma viragem que se mostrou falha, que terminou em catástrofe, que foi um desastre para as concepções sociais do comportamento psicológico.

Também é possível que se veja como concepções psicanalíticas de grupo e de identidade individual que saturam a cultura que recebe a intervenção daqueles psicólogos sociais que atuam tramando seu próprio desenvolvimento teórico. A estrutura do grupo, então, é menos algo a subjazer oculto na mente de um indivíduo ou a flutuar em um reino misterioso e pronta a afligir indivíduos quando se reúnem. Muito mais se têm estruturas de grupo trazidas nas imagens culturais que temos de grupos, e nos sistemas de discurso e instituições que definem quem somos e como devem ser compreendidas nossas relações com outros. Voltamos nosso olhar a uma das poderosas crenças presentes no bojo dessas estruturas no capítulo a seguir, e poderemos então, a partir daí, desenvolver alguns arcabouços analíticos alternativos para compreender como funcionam aqueles sistemas de discurso.

2
CRENÇAS RELIGIOSAS, CARIDADE E CURAS FRAUDULENTAS

> *Bebês necessitam crescer na consciência da relação, da reciprocidade e, portanto, do sacrifício. Deus é o Amante que nos atrai para nós mesmos, cujo Amor provoca uma demanda de nós mesmos por uma resposta, por um compromisso.*
> Heather Ward (1996, p. 9) Myers-Briggs e a preocupação com técnicas, Myers-Briggs: Some Critical Reflections

Estruturas de grupo seriam incapazes de operar sem sistemas de crença para atrelar pessoas a lugares, e para ajudá-las a sentir que o que elas acreditam não é algo inquestionável. A psicanálise proporciona alguma compreensão abrangente do modo como as pessoas são recrutadas para sistemas de crenças, e do modo como esses sistemas as penetram e as fecham em algo maior e mais profundo do que elas podem compreender. Contudo, há também um risco para os que desejam usar a explicação psicanalítica desse modo. Um crítico da psicologia de grupo de Freud observou que "a psicanálise proporciona a possibilidade de que fatos importantes jazam ocultos sob a superfície da realidade do dia-a-dia. No entanto, ele defende que 'verdades ocultas' devam ser investigadas rigorosamente se se quiser evitar o passo, aliás bastante curto, que separa a teoria do misticismo" (Billig, 1976, p. 7). Em parte alguma isso é mais verdadeiro do que quando a psicanálise simultaneamente explica e abraça a religião. Ao mesmo tempo em que nos utilizamos da psicanálise, devemos então ser capazes de compreender como esta emerge e funciona ela própria como algo profundo e de grandes dimensões.

Idéias religiosas são contraditórias. Da mesma forma que sistemas de crenças que mantêm comunidades unidas, também elas mantêm unidos grupos com interesses disparatados, e há uma tênue linha divisória entre uma *ilusão* grupal que confere sentido ao grupo, ou lhe proporciona um sentido de comunidade, e uma desilusão de grupo que mistifica os membros do grupo ou o conduz a uma erupção em comunalismo sectariano. Crenças religiosas são freqüentemente mitos que atam grupos subordinados (a classe trabalhadora, mulheres, minorias culturais) a grupos dominantes (a burguesia, homem, brancos). Desse modo, o misticismo pode ser visto como esteio para a ideologia, com os membros do grupo subordinado se tornando vítimas de falsa consciência. A irracionalidade da religião aqui não se resume ao problema de o indivíduo ser incapaz de ver as coisas como são, mas é também o problema da incapacidade de seu grupo em lhe ajudar a compreender quais são seus reais interesses. A religião aqui obscurece as estruturas reais de poder que distribuem direitos de se ter bens materiais e direitos de expressão. Idéias religiosas podem mascarar interesses.

Quando sistemas de crenças unem uma comunidade com os mesmos interesses, contudo, a história pode bem ser diferente. A ilusão de grupo pode corresponder à realidade no sentido de que o grupo é capaz de captar e representar para ele, de maneira simbólica, as variedades de opressão por ele sofridas e as diferentes rotas para emancipação que lhe estão disponíveis. Como Freud (1927b, p. 213) observa, uma ilusão não precisa necessariamente ser incorreta, pois ela pode expressar um desejo e *ainda* assim corresponder ao modo como o mundo é. Pode não haver outro modo de expressar a identidade do grupo a não ser em termos religiosos, e a religião atuará aqui não só como abordagem que informa seus membros sobre questões materiais, mas também como abordagem que lhes capacita a compreender e modificar condições sociais. A força extraída de sua existência espiritual pode ser um modo de combater a pobreza no mundo "real". Um grupo subordinado que se volta para uma explicação religiosa, e é capaz de identificar as fontes do mal, também pode estar compreendendo melhor e expressando melhor as possibilidades de emancipação. Nessa medida, as idéias religiosas também podem revelar interesses.

Este capítulo trata dos diferentes modos como a psicanálise desvela a religião como mistificação, os modos pelos quais ela eventualmen-

2. Crenças religiosas, caridade e curas fraudulentas 99

te conspira nessa mistificação, como alguns argumentos teológicos desvelam a psicanálise e, ainda, o modo como a crença psicanalítica pode ser contextualizada e estudada. Após traçar a mordaz análise por Freud de crenças religiosas e as modificações da posição psicanalítica em seus escritos e nos de outros analistas, encetaremos a via em que as crenças religiosas estruturam padrões de cuidado na cultura ocidental. O recurso metodológico do complexo discursivo será descrito mais adiante neste capítulo e utilizado para explorar discursos de caridade na cultura inglesa.

MITO, EVOLUÇÃO E ILUSTRAÇÃO

Juntamente com essa abordagem desenvolvimental da estrutura de grupos em *Psicologia de grupos e análise do ego* (1921), Freud discute, como vimos no capítulo precedente, uma abordagem evolucionista. O *post-scriptum* do referido livro trata do modo como o "indivíduo" se fez separado da massa como parte de um processo progressivo histórico. O poeta viajou mundo afora e recontou as atividades de uma figura de "herói" que, com o tempo e procedendo a um recontar, tornou-se mais individuado. O poeta contando esse tipo de história identificou-se ao herói: "O mito é então o passo mediante o qual o indivíduo emerge da psicologia de grupo" (Ibid., p. 170). Essa abordagem da emergência do indivíduo é também uma narrativa do progresso da história e civilização humanas. Contudo, se os seres sociais se tornam mais *indivíduos*, há nesse progresso um preço a pagar.

Um dos custos dessa individuação progressiva de seres humanos, e da separação de um em relação ao outro, é o aparecimento da *neurose* como um problema particular que pode afligir a pessoa e se tornar uma fonte de infelicidade para ela, e uma infelicidade experimentada como angústia privada. A evolução cultural de uma sociedade humana consistindo de pessoas separadas uma da outra, e desse modo padecendo sempre de algum grau de neurose como resultado, será exercida então na evolução da aflição de um indivíduo no curso de sua vida; assim, "uma neurose deve tornar sua vítima associal e deve removê-la *[sic]* das formações usuais de grupo. De uma neurose pode-se dizer que ela exerce o mesmo efeito desintegrador do estado de amor" (Ibid., p. 176). O membro de um grupo pode proporcionar um resultado terapêutico à companhia de outros, mas, em um nível fundamental da humanidade na cultura ocidental "avançada", ele simplesmente está atrasado para desfazer o modo como aprendemos a ser. O dano foi feito no modo como a cultura preparou pessoas para viver sozinhas em todas as suas pequenas infelicidades.

Ao mesmo tempo em que as pessoas se apartam para sofrer em silêncio, persiste, no entanto, outra poderosa necessidade de vinculálas a outros, de falar, compartilhar e encontrar alívio. A associação a um grupo proporciona uma fonte de identidade, e uma oportunidade de dar e receber cuidados, mas um grupo só pode funcionar desse modo quando tem em si uma razão de ser, algum sistema de crenças a envolver e sustentar seus membros. As crenças que ligam pessoas a muitos dos grupos a que pertencem são não raro crenças religiosas de algum tipo, e nessa medida operam de modo contraditório. Elas são simultaneamente expressões de angústia, de nossa dor tornada privada, e respostas a essa angústia: elas são tanto "tortas"* como "curas", são distorções de necessidades das pessoas de estarem próximas, mas desse modo fazem-se efetivamente provedoras dessa proximidade. A ênfase em seus escritos encontra-se no lado "torto" dessa fórmula. Há diversas razões para sua oposição à religião. Uma delas está em sua visão geral do desenvolvimento da civilização e da racionalidade.

A evolução da cultura humana

Freud (1912-1913) esboçou um esquema evolucionário para o desenvolvimento da humanidade, o qual segue uma seqüência de estágios. O primeiro é o *animismo*, reproduzido em qualquer desenvolvimento individual como um estágio da onipotência infantil. A criança, nesse ponto, é incapaz de distinguir partes do mundo dotadas de seu agenciamento a partir de partes que são meros objetos, e elas são incapazes de distinguir palavras do mundo. Falar algo é fazê-lo acontecer. O segundo estágio é o do *pensar religioso*, que encontramos na criança a atribuir ao adulto o poder de mudar o mundo. A criança procura aí

2. Crenças religiosas, caridade e curas fraudulentas

usar encantamentos e outra linguagem mágica para invocar figuras de autoridade, e sua submissão abjeta a essas figuras é uma expressão de seus sentimentos de desamparo em face do poder maior. Finalmente, chegamos ao terceiro estágio de *ciência*, alcançado por cada criança tomada individualmente na sociedade civilizada à medida que ela se adapta à lógica do princípio de realidade. Esse é o estado de uma cultura tecnologicamente "avançada" que excede o animismo e o mito religioso. A Ilustração ocidental, e a psicanálise como expressão que disso é um sinal exemplar, pertence ao terceiro estágio. O esquema evolucionário em três estágios subjaz ao uso por Freud de trabalho antropológico sobre acontecimentos na pré-história humana, descrições antropológicas que também mapeiam sua explanação da estrutura de grupos em geral. A visão em três estágios do desenvolvimento da civilização também explica nosso acumular de um entendimento do passado como um modo de lidar de maneira mais racional – mais "civilizada" – com o presente. "Um entendimento inconsciente... de todos os costumes, cerimônias e dogmas deixados para trás pela relação original com o pai pode ter tornado possível para gerações posteriores tomar posse de sua herança emocional" (Freud, 1912-1913, p. 222).

O principal fardo da abordagem por Freud das origens da religião reside em uma abordagem filogenética, e isso se deixa esboçar em uma série de ensaios publicados primeiramente em 1912 e 1913, e de maneira conjunta, formando um livro, em 1913, sob o título *Totem e tabu: alguns pontos de concordância entre a vida mental dos selvagens e dos neuróticos*. Não por acaso, 1913 também foi o ano em que Jung finalmente se separou da International Psychoanalytic Association, pois seu interesse por contos antropológicos foi utilizado para dar uma abordagem muito diferente das fontes e funções da mitologia das que eram preferidas por Freud. Freud argumentava que Jung estaria dando uma abordagem analítica do desenvolvimento da "psicologia do povo", e caracterizou seu esforço ali em termos que deliberadamente davam continuidade a William Wundt, que escreveu sobre processos altamente mentais como sendo uma propriedade de uma mente coletiva, uma *Völkseele*. Wundt, irônica e erroneamente, é lembrado hoje por psicólogos como o fundador de sua disciplina experimental que via de regra reduz fenômenos a mentes individuais (Danziger, 1990). Freud argumentou que mudanças na cultura podem ser entendidas como se fossem mudanças em um indivíduo; existe certo tipo de "mente coletiva, na qual processos mentais ocorrem, tal como o fazem na mente do indivíduo" (Freud, 1912-1913, p. 220). Também argumentava que ele estaria desenterrando uma história real baseada em evidências antropológicas em vez de simplesmente proporcionar outra abordagem mítica que especula, como faz Jung, sobre o que pode e o que não pode estar no "inconsciente coletivo". Freud também argumentou que temos de adotar uma concepção lamarckiana de evolução para dar conta do modo como revivemos, em nosso desenvolvimento individual (ontogenia), o desenvolvimento cultural da humanidade (filogenia). A fórmula cuvieriana "ontogenia recapitula a filogenia" faz-se aqui estendida a partir da biologia para explicar a transmissão e a reaparição de fenômenos culturais arcaicos.

Freud debateu material antropológico na horda primeva e os resíduos simbólicos de conflitos na horda. Sua abordagem recorre de maneira ostensiva e seletiva, e também o faz um tanto acriticamente, à antropologia de seu tempo (Hirst e Woolley, 1982), e bem seria o caso de observar que seu uso de exemplos contemporâneos de outras culturas exóticas ilustra que o que ele argumenta ter acontecido uma vez é um dispositivo que encontra forte oposição nos antropólogos de nossos dias (Hobart, 1993). Ele inclui material sobre a horda primeva (o qual ele também utilizou em abordagens sobre a psicologia de grupo), sobre o desenvolvimento de clãs, e, como sugere o título *Totem e Tabu*, o papel de tabus que se organizavam em torno de ícones totêmicos.

Totens   A horda primeva é, argumentava Freud, o bloco básico de construção da mais primitiva sociedade humana. As hordas eram grupos organizados controlados por um elemento mais velho, e do sexo masculino, que evitava que os homens jovens tivessem acesso às fêmeas. Havia então uma exogamia forçada, e nela o acasalamento deveria dar-se fora da horda. Os machos jovens por si próprios se conduziam para o acasalamento e para a constituição de uma horda. Se algum desses machos fosse capaz de estabelecer uma nova horda, ele então seria o líder, até ser deposto. A exogamia imposta à força passava a receber um conjunto de sentidos culturais à medida que as

2. Crenças religiosas, caridade e curas fraudulentas

hordas se tornavam entidades a um só tempo *simbólicas* e físicas, e assim preparavam o desenvolvimento da cultura humana como um sistema de representação e auto-representação. Desse modo, as hordas se transformavam em clãs.

Nos clãs, um objeto vinha a "corporificar" ou representar a identidade do grupo. A representação simbólica de exogamia forçada – uma representação material que vinha garantir e afastar o exercício da força bruta e aplacar o ciúme do líder – era também, nessa medida, o signo do caráter distinto do clã. Esse signo do clã era um objeto visto com supersticioso respeito, sendo também marca coletiva de identidade; [esse] era o totem do clã. Muito freqüentemente o totem era um animal, e o clã desenvolveria uma história para explicar o poder sobrenatural do totem, e no totem eles descreveriam como haviam descendido do animal. Freud deu exemplos do poder do totem no clã; o de que não se poderia caçar, matar ou comer o totem, o de que muitas vezes não se poderia tocá-lo, nem mesmo olhar para ele, e eventualmente não se lhe poderia chamar pelo nome. O medo, respeito e reverência em relação ao totem forçaram a exogamia, e o incesto foi proibido, pois ter uma relação dentro do clã seria travar algum tipo de contato simbólico com o totem. Uma função adicional e crucial do totem estava na continência, por ele, da ansiedade da horda; o medo ante o chefe da hora, a rivalidade em relação a ele e o ódio que lhe era devotado faziam-se transferidos, deslocados, para o totem. Assim, o poder do líder do clã era aumentado por uma associação com o totem, e o totem era o repositório para sentimentos mistos acalentados pelo líder. Tanto o líder como o totem eram objetos de sentimentos poderosos, inibidos e ambivalentes: sentimentos de amor e de ódio. Com os totens vieram os tabus.

TABUS   Os tabus eram as proibições de os homens matarem o totem, e desse modo também o líder, e de homens fazerem sexo com as mulheres do clã, porque as mulheres eram propriedade do líder. A *ambivalência* do tabu é, argumentava Freud, sua propriedade crucial, pois trazia em seu bojo o duplo sentido de ser a um só tempo sacra e conspurcada. Esse duplo sentido já havia sido observado por Wundt na condição de propriedade essencial e de explicação de seu poder.

Essa ambivalência é dinâmica, pois um tabu expressa uma rejeição de um desejo. Há aqui a repressão de um desejo, e desse modo a tentativa de escapar e de cercar o objeto de amor e ódio é escorada por uma fixação magnética no tabu. Ela é fascinante e temida por significar algo desejado. Exemplos de tabus descritos por Freud são os que exigem que a crueldade para com inimigos seja temperada por atos de apaziguamento, o de que deveria haver restrições ao morticínio após a vitória, e de que o vitorioso deveria obrigatoriamente executar rituais de purificação e outras cerimônias de rememoração. Outros tabus podem dizer respeito a legisladores que não devem ser tocados. Freud também discutiu tabus relacionados à morte (tais como viúvas de Palawan ou sendo confinadas em suas cabanas ou com a obrigação de bater em árvores com uma varinha para advertir os outros de sua presença; os Masais mudando o nome do morto, para não proferi-los se tivesse de fazer referência a eles; índios norte-americanos mudando os nomes dos pais mortos, e os Guaicurus mudando os nomes de cada membro do clã após a morte do chefe). O poder das palavras é aqui observado por Freud como manifestação de animismo "pré-religioso", e ele também chamou a atenção para a operação de projeção – o imputar ao outro o que não se poderia suportar em si mesmo – no medo dos mortos: "Com isso, o sobrevivente nega que ele algum dia acalentou quaisquer sentimentos hostis contra o ente querido morto; a alma do morto então os acalenta em vez de qualquer outra coisa" (Freud, 1912-1913, p. 117).

Tabus se tornaram expedientes para manter o grupo unido e centrado nos totens do clã. Então, aqueles tabus totêmicos manifestaram a ambivalência que era sentida em relação a um ícone reverenciado e temido no sacrifício periódico e no alimentar-se comunal dos animais totêmicos. Exemplos contemporâneos citados por Freud a esta altura são o Clã do Urso em Ottawa, e o Aino, no Japão, que se alimentam de ursos, e o Zuni, no Novo México, que reverencia e consome tartarugas. O alimentar-se do animal totêmico é seguido por um luto. Freud argumentava que se pode explicar essa seqüência de matar, comer e fazer o luto vendo-o como uma repetição de eventos que um dia ocorreram na horda primeva.

2. Crenças religiosas, caridade e curas fraudulentas

Assassinato na horda

Os irmãos que eram conduzidos para fora da horda primeva eram reunidos, assim conta a história, e matavam o pai. O pai, como figura temida e invejada, era então devorado a fim de que se realizasse a identificação com ele e se adquirisse parte de sua força, mas para os irmãos eram diversas as complicações. Eles tinham de se reunir, e desse modo o acesso às mulheres não era disponibilizado a qualquer um deles tomado individualmente. Que se tinha aí um ato necessariamente coletivo, isso significava que o desejo que o abastecia não poderia ser realizado. Um segundo problema para os irmãos estava na devoção ao pai, e no desejo reprimido que sentiam por ele, desejo esse que irrompia em culpa após seu assassinato. Havia tal culpa em se ter matado, uma culpa de "o pai real ter se tornado mais forte do que o vivente havia sido" (Freud, 1912-1913, p. 204). Com o intuito de se lidar com a culpa e revogar simbolicamente o crime, o medo do pai era deslocado para o totem, e seu assassínio, proibido. Renunciava-se aos frutos do ato, e a exogamia era forçada pela injunção de não se "tocar" o totem. A refeição totêmica era então experimentada tanto como repetição do ato como tentativa de expiá-lo.

Os acontecimentos na horda primeva haviam deixado resíduos simbólicos em mitologias que não apenas atavam a humanidade, mas também a atavam a seres poderosos e onipresentes. Para Freud, eles também operavam como fonte histórica dos sentimentos homicidas da criança para com o pai no complexo de Édipo, com aquelas lembranças distantes transmitidas e revividas sempre novamente. A natureza obsessiva de práticas religiosas contemporâneas é escorada por uma tentativa de lidar com essa herança arcaica. O processo de assassinato, de alimentação e luto é encontrado na mitologia cristã dos dias de hoje. É encontrado na noção de pecado original, na qual cada devoto teria traído o pai, e o pecado é perpetrado contra o pai na "ação originalmente culposa" (Ibid., p. 216). Ele é revivido no estender-se daquela ação ao sacrifício de outra vida, no qual outro perece em favor dos pecados originais do cristão. Faz-se expressar na preocupação com o desejo de renúncia, às vezes chegando ao ponto de um completo celibato. O cristianismo defende a ambivalência dos filhos na horda primeva em sua relação com o chefe na identificação do crente com o Cristo, o filho, como algo desafiador e como o caminho pelo qual "ele próprio se tornou Deus, para além do pai, ou, dito mais precisamente, no lugar do pai" (Ibid., p. 217), e todos os cristãos tornam a vivenciar a refeição totêmica na Eucaristia, na qual os filhos consomem o corpo e o sangue do filho e do pai que assim é incorporado em seu corpo e mente.

Psicopatologia da vida cotidiana

Há também outra razão, mais específica, pela qual nos devemos acautelar quanto à religião, de acordo com Freud, e essa é encontrada na notável semelhança entre práticas religiosas e a psicopatologia contemporânea, particularmente as obsessões. Como Freud observou em seu escrito "Ações obsessivas e práticas religiosas" (1907), há algumas diferenças significativas entre obsessões e práticas religiosas. Tem-se maior variabilidade individual em obsessões, e elas costumam ser privadas. Essas diferenças refletem a arrepiante privatização da angústia no curso da história. As semelhanças observadas por Freud são as de que não há pruridos de consciência se a prática é negligenciada, havendo algum isolamento de outras ações bem como um tabu na interrupção. Podemos observar a consciência com que a prática se faz realizar em ambos os casos, e a minúcia das práticas é plena de significação. Em ambos há uma sensação de culpa na tentação de não executar a prática, e há a fantasia de ser tentado. A fantasia de ser tentado é, para Freud, uma das chaves, já que essa fantasia indica um desejo reprimido.

Freud argumentou que a culpa na fantasia que acompanha a repressão do desejo – desejo que, é claro, tem um significado oculto e não-reconhecido – é aliviada pela prática, mas ocorre que a prática funciona de duas maneiras. A prática funciona como defesa contra algo e como expressão velada daquele algo. Essa dupla função, uma dupla função que encontramos também no trabalho do sonho e nas piadas, está no proporcionar de um prazer ilícito que se tem na realização da prática. Existem exemplos disso em estudos de caso de Freud sobre práticas obsessivas, um dos quais ele incluiu em seu artigo de 1907 sobre a mulher que repetidas vezes estendia uma toalha de mesa

2. Crenças religiosas, caridade e curas fraudulentas

manchada na presença de sua empregada e com isso revelava uma mancha que representava, para ela, outra mancha de sua noite de núpcias que se fez visível no lugar errado do lençol. As semelhanças, e uma subjacente necessidade de função, levaram Freud a argumentar que podemos compreender "neuroses obsessivas como uma contrapartida patológica da formação de uma religião" (Freud, 1907, p. 40). Desse modo, a neurose é "religiosidade individual", e a religião "neurose universal obsessiva".

CONTRADISCURSO RELIGIOSO

Freud parece mais conciliador em "O futuro de uma ilusão" (1927b), obra em que a "ilusão" não é vista como mero erro, mas como tentativa de satisfação de um desejo, e, nessa medida, para servir a algumas funções razoavelmente saudáveis. Essas funções incluem exorcizar os terrores da natureza, reconciliar pessoas com a crueldade do destino e também uma compensação por sofrimentos e privações da vida mental: "um depósito de idéias é criado, nascido da necessidade do homem de tornar tolerável seu desamparo e de constituí-lo a partir do material de memórias do desamparo de sua própria infância e da infância da raça humana" (Ibid., p. 198).

Cristandade e espiritualidade

Embora Freud fosse crítico ferrenho da religião e aderisse a uma explanação racionalista e evolucionista da perniciosa febre de espiritualidade que assolava a mente das pessoas, ele ainda estava suficientemente aberto a convidar seu amigo Oscar Pfister, colega analista e pastor cristão, a responder a "O futuro de uma ilusão". Em sua resposta, *A ilusão do futuro*, Pfister argumentou, a partir de um quadro estrutural freudiano, que a religião cristã dificilmente então seria substituída, e que ela exercia funções positivas na manutenção da sociedade civilizada (Gay, 1988). Freud claramente não se mostrou hostil aos indivíduos pelo simples fato de eles crerem. No entanto, mostrou-se hostil a pessoas que usavam idéias religiosas de maneira deliberadamente mística. *Totem e tabu* foi, em parte, uma resposta a Jung, e ali se tem ironia precisamente na explicação, dada por Freud, para a formação do complexo de Édipo em acontecimentos na horda primeva com olhos postos em conceitos junguianos de crucial importância, e fazendo-o mais de uma forma literal do que metafórica. Foi sob a influência de Jung que Freud passou a fazer referência a esses conflitos como parte de um "complexo" (Forrester, 1980), e foi então, muitos anos após sua descrição desses tipos de conflitos na infância, que o termo "complexo de Édipo" começou a aparecer em seus escritos (Freud, 1910).

A reação racionalista de Freud à religião pode na verdade ter sido exacerbada por sua aversão ao misticismo de Jung, e o trabalho de Jung ainda se apresenta, não raro, como um contraponto explícito ao trabalho de Freud, no que diz respeito à espiritualidade. Teólogos desejosos de adaptar a psicanálise a seu próprio sistema de crenças muitas vezes acabam apoiando versões junguianas de análise contra as de Freud (Philp, 1956, é um exemplo). Isso se deve em parte ao fato de que o próprio Jung era religioso, e ele também parecia ver a aceitação da religião como parte necessária da "cura" analítica, eventualmente argumentando que, de todos os seus pacientes "não tem havido um cujo problema em última instância não fosse o de encontrar uma perspectiva religiosa na vida" (citado em Masson, 1988, p. 156). Jung se mostra disposto a conceder que o Cristianismo não é perfeito, e de que há alguma "relatividade de deuses" de caráter cultural, mas argumenta que a aceitação de tal relativismo tem seus limites, não devendo ser confundida com "um erro estúpido como o ateísmo" (Jung, 1983, p. 242). Enquanto Freud descreveu a si mesmo como um materialista, Jung sempre se opôs ao "erro materialista" (Ibid., p. 244) e à "neurose urbana do ateísmo" (Ibid., p. 245).

Há algo profunda e deliberadamente místico no pensamento junguiano, e sua explanação para a transmissão da crença através de gerações é tão dúbia quanto a de Freud. Enquanto Freud recorria a abordagens lamarckistas da hereditariedade, por pensar que isso forneceria apoio a uma abordagem materialista, Jung introduzia um reino do "inconsciente coletivo" a pairar livre de qualquer cultura ou processo histórico particulares. Alguns "pós-junguianos" argumentaram que os

2. Crenças religiosas, caridade e curas fraudulentas 109

conteúdos do inconsciente coletivo – os "arquétipos" – poderiam ser transmitidos pelo DNA (Samuels, 1985), tendo-se aí um argumento um tanto desesperado que vai de encontro ao espírito que conduz o trabalho de Jung.

Neurose e psicose

Nos últimos tempos têm havido respostas dadas por teólogos de inclinação psicanalítica, desejosos de opor caracterizações da religião como uma espécie de neurose obsessiva: "a afinidade com a religião é muito maior do que as analogias com a patologia psicológica reconhecidas por Freud" (Westphal, 1990, p. 132). Um aspecto freqüentemente asseverado por eles é o de que a religião não precisa estar "errada" ou "incorreta", mesmo se adotarmos uma visão de mundo estritamente psicanalítica. Freud operou uma distinção entre ilusão e alucinação. Ilusão é o produto de um desejo, e esse desejo pode ter alguma base na realidade. Essa realidade só pode vir a ser pelo mais remoto acaso, como no exemplo de Freud (1927b) de uma jovem sonhando com um príncipe vindo desposá-la e tendo sorte suficiente para achar que tal acontece. Um engano, por outro lado, é um desejo que contradiz a realidade, e que expressa crenças sobre o mundo e sobre o que pode acontecer – já essas crenças são impossíveis. A religião, então, pode ao mesmo tempo ser uma ilusão e ser *verdadeira*. Outro aspecto que teólogos fizeram observar é que concepções *anti*-religiosas podem ser tão passíveis de uma explicação psicanalítica quanto as visões religiosas. As concepções anti-religiosas são passíveis de ser compreendidas como a expressão de um desejo de não haver deidade. Um exemplo pode ser o que se tem denominado de "resposta adolescente" à religião, na qual "seria muito mais interessante se não houvesse alguém de quem somos dependentes e ante quem somos responsáveis" (Westphal, 1990, p. 119).

ILUSÃO   Teólogos que se utilizam da psicanálise mostram-se muito satisfeitos em conceder algum terreno à psicanálise, sendo seu objetivo final o de reabilitar a religião. Dois tipos de circunstâncias têm sido identificados onde abordagens psicanalíticas se fazem aceitáveis a fiéis religiosos. Uma delas versa sobre para onde a crença religiosa pode ser conduzida por um desejo, e aí se terá, com efeito, uma ilusão, e um exemplo aqui pode estar na "crença da criança ou do teologicamente *naïve*" (Meissner, 1990, p. 110). Outro exemplo pode dizer respeito a indivíduos que são conduzidos por desejos relativos a relações infantis: "o crente *naïve*, cuja representação de Deus é determinada em grande medida pelos derivativos transferenciais de figuras parentais" (Ibid., p. 111). Então, o teólogo aceitará que pode bem haver casos em que o crente se volta para Deus por razões erradas.

Meissner (1990), por exemplo, ocupa-se da relação entre o que é objetivo, geralmente aceite como sendo uma realidade independente da pessoa, e do que é subjetivo, enquanto meramente uma realidade para o indivíduo. Abordagens psicanalíticas padronizadas, alinhadas a abordagens dominantes do *self* na cultura ocidental, geralmente cindem a realidade em duas metades, um conhecimento coletivo e público de caráter objetivo e uma crença individual privada e subjetiva. Meissner subverteu essa oposição, convertendo-a em seu oposto. A crença religiosa, ele afirma, reside no lado *objetivo* da equação. Crenças religiosas estão na "dimensão objetiva ou extrapsíquica" (Ibid., p. 98), e ali se podem encontrar "evidências ou realidades objetivas demonstráveis" (Ibid., p. 100). É preciso, então, procurar distinguir o "autêntico impulso religioso" (Ibid., p. 108) a partir de uma ilusão inautêntica, ou de meramente uma realidade subjetiva. Por detrás da ilusão pode haver na verdade uma "revelação com o pressuposto de uma presença divina e de uma ação por detrás dela" (Ibid., p. 109). Isso significa que a distinção entre a realidade objetiva de Deus, debatida, por exemplo, por "teólogos científicos" e percepções subjetivas de objetos religiosos enceta um ir além da instância do "teologicamente *naïve*" para o verdadeiro: "a fé em última instância renuncia à imperfeição e à finitude da confiança básica com o intuito de ir além dela e, por meio disso, tornar a apreendê-la mais profundamente. Esse é o momento criativo da fé" (Ibid., p. 113).

ALUCINAÇÃO   Outro grupo de circunstâncias, mais sérias do que o simples desejo *naïve* ou ilusório, diz respeito a crenças psi-

2. Crenças religiosas, caridade e curas fraudulentas | 111

copatológicas, e é aí que adentramos os reinos do engano, da neurose à psicose. Um dos casos de Freud (1911a), o de Judge Schreber, a partir do qual Freud analisou a abordagem autobiográfica de Judge, pode servir de bom exemplo. Schreber fantasiava sobre ser perseguido e sexualmente abusado por seu médico, o Dr. Flechsig, e isso acabou assumindo a configuração de uma completa fantasia paranóide de ser penetrado pelos "raios de Deus" e, com isso, transformado em mulher, para que pudesse redimir o mundo. Schreber jamais esteve no divã de Freud, mas o caso ainda funciona como um primeiro exemplo tentativa, na literatura psicanalítica, de apreender a psicose. Freud rastreou os enganos e concluiu que o fundamental seria o desejo de Schreber ser transformado em mulher, e que esse desejo poderia então ser representado em fantasia ou fisicamente como transformação do sexo, ou pela adoção de um papel no intercurso sexual como transformação de gênero. Freud também usou o caso para desenvolver sua própria teoria da paranóia, na qual o desejo homossexual profundamente reprimido é o que está na raiz. Esse desejo é transformado por mecanismos de defesa de projeção, formação reativa e negação (e tornaremos a encontrar essa abordagem em teorias sobre paranóia de guerra no capítulo 3). A desilusão proporciona a Schreber legitimidade moral para seu desejo homossexual, liberdade para amar em vez de odiar seu pai, e ainda lhe confere um nada insignificante *status* de redentor da humanidade.

Westphal (1990) argumenta que é possível redimir os elementos religiosos até mesmo da desilusão paranóide de Schreber. Para Schreber há um patente problema de relacionamento com o pai, e a relação com o Dr. Flechsig repete essa relação (e a psicose de Schreber deve realmente ser compreendida, como os anti-psiquiatras vieram a apontar mais tarde, como conseqüência do que seu pai realmente lhe fez, e não só do que ele fantasiou [Schatzman, 1973]). Deus funciona como representação no âmbito do engano, mas como representação do pai e do médico. O problema não reside na crença religiosa como tal, argumenta Westphal, pois aquela crença religiosa não é a fonte da psicose. Também é necessário, ele argumenta, chamar a atenção para a distinção feita por Schreber entre o "Deus superior" e "os reinos posteriores de Deus". Os problemas de Schreber parecem gravitar em torno de sua relação com esses componentes demoníacos inferiores da fantasia de Deus, e há uma homologia entre a distinção feita por Schreber e a diferença entre forças teológicas reais de bem e de mal. Schreber tem como certa, então, "a verdade da crença religiosa" (Westphal, 1990, p. 118). É claro que Westphal também tem como certa aqui essa "verdade". Há um postulado subjacente nessas respostas teológicas a Freud, segundo o qual é possível inserir entre parênteses a realidade de Deus a partir dos vários caminhos pelos quais o indivíduo aceita aquela realidade ou os defende contra ele. Para esses autores, a verdade que tomam como certa é a realidade de sua deidade como Deus cristão.

Judaísmo e cabala

Os problemas com Jung e com outros argumentos universais em seu favor, que devem ser vistos como conhecimento *situado*, são ressaltados pelo foco na cristandade em grande parte do debate psicanalítico sobre as funções psicológicas da crença religiosa. O próprio Freud esteve bastante envolvido com a religião cristã, já que esta dele se acercou como forma cultural dominante e como poderosa influência em sua própria infância (Isbister, 1985). Embora freqüentes vezes tenha-se argumentado que Freud se opunha à religião a partir de um ponto de vista ateísta estritamente científico (Sulloway, 1979) e que sua forte identidade judaica, pouco tenha influenciado seu trabalho clínico (Gay, 1988), o quadro torna-se mais complicado se atentarmos para viéses alternativos do pensamento religioso judaico no desenvolvimento da psicanálise em geral. Freud, muito compreensivelmente, esboçou uma ambivalência para com a religião, e essa ambivalência nós a vemos não só em sua abordagem do desenvolvimento do monoteísmo em geral e da Cristandade em particular, mas também em sua própria identidade em relação ao judaísmo. A noção de religião como "cura torta" não é, está claro, apenas negativa, pois há ainda válidos aspectos curativos e culturais.

Bakan (1958) argumenta que "Freud, consciente ou inconscientemente, secularizou o misticismo judaico" (Ibid., p. 25). Esse argumento é um pólo em debate sobre o papel do judaísmo na psicanálise (Klein, 1985), e o modo como Freud expressou e reprimiu, revelou e ocultou

2. Crenças religiosas, caridade e curas fraudulentas

sua identidade de judeu na prática clínica (Billig, no prelo). Há implicações na abordagem por Bakan dos modos pelos quais o misticismo poderia ser visto não só como mistificação, mas também como *revelação*. Bakan faz atentar para o surgimento de uma tradição no pensamento religioso, chamado cabala, que não raro entrou em conflito com o judaísmo dominante. A cabala moderna data do século XIII e centra-se na figura de Abulafia, que nasceu na Espanha em 1240 e advogou um método interpretativo que envolvia malabarismos com letras, cada uma das quais era pensada como tendo um significado místico, e um método de rapidamente "pular" de um conceito para outro e conduzir à leitura de um texto. Bakan observa que esse método revela algumas notáveis semelhanças com a "associação livre" da psicanálise. A doutrina cabalística tornou-se importante como movimento messiânico no século XVII em torno de Sabbatai Zevi. Ele se autoproclamou o Messias em 1648, tendo sido a um só tempo um ponto de resistência e celebração durante os *pogroms* na Polônia, nos quais, somente naquele ano, 300 mil judeus foram assassinados.

O movimento cabalista foi capaz de ver esses acontecimentos como confirmação da profecia de que a era messiânica começaria em 1648, e celebrou a revelação e a sensualidade mística – expressas de maneira explícita, por exemplo, em um dos textos chaves da Cabala, o *Zohar* – contra líderes comunitários que preferiam ver a tradição judaica como escolarmente baseada na Torá. Enquanto a transmissão da Lei se dá pela escrita em estudos sobre a Torá, a Cabala emite seus tentáculos subterrâneos, como a tradição *oral* subversiva, o que torna a ser expresso na obra de Freud:

> Ele foi motivado, consciente ou inconscientemente, a ocultar os estratos mais profundos de seu pensamento e... esses estratos mais profundos eram cabalísticos em sua fonte e conteúdo... Para a tradição cabalística, os ensinamentos secretos devem ser transmitidos pela via oral e a uma pessoa por vez, e ainda assim só para mentes selecionadas e por meio de sugestões. Era o que Freud fazia no exercício real da psicanálise.
>
> (Bakan, 1958, p. 35)

Freud chegou a algumas de suas idéias mais importantes por meio de seu colega e tão-somente "outro", Wilhelm Fliess. "Fliess, em sua linha de pensamento mais evidente, combinava três elementos cabalísticos importantes: a noção de bissexualidade, o amplo uso da numerologia e a doutrina da predestinação do tempo da morte – a doutrina das "porções de vida" (Ibid., p. 62). Algumas dessas idéias haveriam de ser encontradas mais tarde na psicanálise, mas as idéias particulares são menos importantes do que sua forma, e do que o modo como coexistem com a corrente principal do pensamento religioso judaico, tomando, em relação a ela, uma direção contrária. Para Bakan:

> O tema da interpretação cabalística era a Torá... Com o desenvolvimento social de modos cabalísticos de pensar... a idéia gradualmente assumiu que o Messias era a Torá... Mais tarde a pessoa de Zaddik, o Homem Sagrado, o centro de grupos chassídicos, veio a ser visto como uma Torá... Podemos dizer que Freud deu um passo a mais nessa transição... Não só é Zaddik uma Torá, mas cada pessoa é uma Torá!
> (Bakan, 1958, p. 246)

As implicações disso nem são tanto a de haver um núcleo religioso cabalístico oculto na psicanálise, mas a idéia de que somos todos textos a ser interpretados, e esses textos podem ser lidos tendo em vista um subtexto religioso. A psicanálise é uma forma de pensamento que, nessa medida, poderia permitir leituras religiosas. Devemos também estar conscientes de que o próprio Freud explicitamente repudiou argumentos de que ele estaria recorrendo ao pensamento religioso, fosse este em sua vertente principal ou na que lhe faz oposição (Oxaal, 1988). Contudo, a possível justeza do argumento de Bakan suscita diversas conseqüências. Uma delas é que seria possível ser religioso *e* psicanalítico. Outra conseqüência importante é a de que tal compromisso religioso com psicanalistas poderia ter uma forma democrática e humanista, pois, se cada pessoa é uma Torá, um texto, então a verdade de cada pessoa merece ser lida e respeitada. Desse modo, a Cabala sobreviveu como subtexto no judaísmo, como alternativa oculta e mais democrática ao ensinamento talmúdico, e desse modo se faz possível

2. Crenças religiosas, caridade e curas fraudulentas | 115

conceber uma espiritualidade positiva e que se reveste de poderes ao emitir seus tentáculos por sob todas as variedades de religiões organizadas, e contra essas variedades. Assim, apesar da hostilidade de Freud à religião como "neurose obsessiva universal", idéias psicanalíticas fazem-se encravadas em sistemas de iconografia e ética religiosa.

OBJETOS DIVINOS DE DESEJO

Embora seja tentador construir uma abordagem de alcance universal para descrever o modo como a crença religiosa atua, isso não é lá muito útil se quisermos compreender como essa crença realmente opera em culturas particulares. O que está em jogo aqui é como a iconografia religiosa estrutura o modo de representarmos o que estamos fazendo e sentindo nessa cultura particular, e como a estamos sentindo (por exemplo, Höpfl, 1996). Também pretendo mostrar como certas noções psicanalíticas são entremeadas de idéias religiosas de modo a nos auxiliar a estruturar o modo como sentimos as relações e o *self*, e desse modo, nesta parte do capítulo 1, devo centrar-me nos modos específicos pelos quais a religião e a psicanálise operam na cultura inglesa, para então aproximar o foco de uma abordagem voltada às representações de como pessoas são incentivadas a ajudar outras, menos afortunadas do que elas. Apesar de a psicanálise recorrer a tradições religiosas subalternas, como a cabala, os sistemas místicos dominantes que [a um tempo] cercam e reelaboram grande parte da psicanálise hoje, no Ocidente, ainda são muitas vezes variações do Cristianismo. A crença cristã é um dos sistemas religiosos mais poderosos no Reino Unido, e jaz como peso morto nas mentes dos que vivem hoje como uma espécie de superego prototípico, ou como um "acima do eu". E de novo é possível encontrar aí tanto lados negativos como positivos.

Debates recentes sobre a introdução do vernáculo em livros de orações contemplaram o Arcebispo de York, defendendo que "é importante ter como objetos de adoração algumas coisas que não podemos compreender" (*The Guardian*, 11 de julho de 1994, p. 3), e essas noções são claramente endossadas por alguns dentre seus seguidores: "O que você quer dizer com eu acreditar? Você está se referindo ao que eu penso? Não temos de pensar em tais coisas; elas são dadas, depositadas para nós. São parte das poucas coisas na vida que não requerem pensamento algum" (Mrs Bradley, extraído de "Do people in Godley believe in the virgin birth?", *Guardian on Saturday*, 19 de dezembro de 1992, p. 59). Aqui a religião é utilizada como injunção para não saber. Idéias religiosas são o impensado que define e limita as questões que podem ser postas e que evitam reflexão.

Por outro lado, a maior parte das organizações de caridade no Reino Unido é de natureza religiosa, e na maior parte dos casos inspirada e abastecida por formas de cristandade. Muitos dos principais programas de ajuda humanitária de além-mar da Grã-Bretanha, como Oxfam, são cristãos em origem, e ainda se estruturam por códigos de moral cristã (Black, 1992). Esses códigos são então refletidos e desenvolvidos para acomodar movimentos políticos, e mesmo apoiar – por exemplo – tendências em teologia da libertação na América Latina. Restrições à atividade política de instituições de caridade têm dificultado esse tipo de apoio, mas grupos como o Christian Aid têm procurado ampliar o sentido de "caridade" para incluir o trabalho de capacitação no Terceiro Mundo (Burnell, 1991). É claro que "capacitação" e "auxílio" são conceitos em si mesmo difíceis quando os auxiliadores sempre se mostram desejosos de ter muito mais recursos do que possuem aqueles a quem querem ajudar.

A caridade é um tipo particular de resposta à pobreza, a qual traz consigo certos postulados sobre quem é responsável (Harper, 1996), e também tende a trazer em seu bojo uma instância moral em que "os necessitados devem ser alvos de comiseração pela situação em que se encontram, entregues à própria sorte" (Radley e Kennedy, 1992, p. 126). No âmbito das tentativas de auxiliar no "desenvolvimento" do Terceiro Mundo, e grande parte da caridade tendo esse trabalho como seu ponto de referência, a ajuda pode ser, na verdade, a exemplo de Marianne Gronemeyer (1992, p. 53) escrevendo a partir dos argumentos da tradição da teologia da libertação "um meio de manter o bocado na boca de subordinados sem lhes deixar sentir o poder que lhes está guiando". Essa complicada relação de caridade e poder também estrutura o modo como as pessoas se tornam sujeitos provedores de auxílio no Primeiro Mundo, sobretudo no caso em questão, do Reino Unido.

2. Crenças religiosas, caridade e curas fraudulentas 117

Ela parece de particular importância quando consideramos o apelo e a função da caridade para se levar em conta os discursos e formas de poder que mobilizam sujeitos, e seu débito simbólico para com a cristandade. Isso significa que necessitamos uma abordagem que possa situar explicações da espiritualidade em um contexto cultural.

COMPLEXOS DISCURSIVOS   Um modo de reelaborar temas psicanalíticos como construções sociais coletivas em vez de o fazer como verdades psíquicas inevitáveis e profundamente individuais tem-se pela utilização da noção do "complexo discursivo". Um complexo discursivo é um conjunto de enunciados sobre um objeto psíquico organizado em torno de preocupações psicanalíticas tais que o objeto simultaneamente se pareça a um item em um vocabulário psicanalítico e o sujeito seja definido como um sujeito psicodinâmico. O discurso reproduz e transforma o mundo social em textos, e um complexo discursivo simultaneamente reproduz e transforma o mundo psíquico do sujeito tal como abordado, reconhecido e transformado por textos de acordo com princípios psicodinâmicos. O complexo discursivo, portanto, é um dispositivo analítico que reúne o estudo do discurso à medida que ele pertence ao posicionar de sujeitos e ao estudo de processos psicodinâmicos tais como constituídos na linguagem e estruturados como formas culturais coletivas. Mas esse conjugar de análise do discurso com psicanálise na verdade só há de nos proporcionar um arcabouço de um dispositivo para ajudar-nos a ler um texto. É ainda uma noção um tanto abstrata, e para preenchê-la é preciso elaborar uma estrutura analítica apropriada e específica para o fenômeno em questão.

Em psicoterapia psicanalítica, desenvolve-se uma história dinâmica particular que faz sentido no mundo da vida do paciente. É por isso que em psicanálise de fato não há algo como um "caso" a partir do qual outros casos possam ser extrapolados. Mas temos, sim, muitas estruturas disponíveis que elaboram diferentes histórias psicanalíticas sobre a natureza da sensualidade e sobre o inconsciente, e essas são úteis como modelos para nos ajudar a pensar por meio de uma interpretação. Em uma pesquisa do discurso analítico sobre a natureza da sensualidade vemos aqueles modelos como formas culturais, e eles habitam a conversa, a escrita e o imaginário que se enfeixam em torno de certos fenômenos sociais. Nós os "descobrimos" à medida que descobrimos os escritos de analistas cujas idéias ou vertem para a imaginação social contemporânea, ou cristalizam conceitos já advindos de outros lugares, ou ambos. A história que contamos em nossa análise, então, deixa-se conduzir tanto por nossa compreensão teórica do fenômeno como pelos padrões que se encontram realmente ali, no texto que está sendo analisado. Discursos e complexos discursivos jamais estão realmente lá, ou somente ali, naquele único texto. A análise que apresentarei na próxima seção é um movimento para diante e para trás, da perplexidade acerca do modo como as imagens de caridade atuam visando a explorar a forma interna do pensamento religioso, do cristianismo em particular, passando então, com um movimento lateral, para escritos da tradição de relações de objeto winnicottianas. Mas, por que Winnicott?

Winnicott e o *self* inglês

Um dos mais ingleses dentre sistemas teóricos e práticas psicanalíticas é o produzido por D. W. Winnicott a partir da tradição de relações de objeto. O modo de ele explicar como a caridade e a dependência funcionam entre mãe e filho recorre a culturas de preocupação com o outro, e as remete depuradas de volta em culturas de preocupação com o outro e concepções de concessão caritativa. Diversos escritores também têm recorrido aos escritos de Winnicott para avaliar a crença melancólica na religião por Freud e para apoiar o argumento segundo o qual a crença religiosa pode ser válida como fonte de conforto, ou mesmo de "verdade". A interação entre a autêntica fé cristã e a ilusão tem sido interrogada usando-se o trabalho de Winnicott para distinguir o "impulso religioso autêntico" da ilusão inautêntica (Meissner, 1990, p. 108).

Há algo da atmosfera da fantasia do aconchego das relações familiares inglesas na teoria winnicottiana das relações de objeto, e a forma cultural entre a teoria e sua cultura torna possível para um autor simpático a Winnicott argumentar tratar-se de uma "psicanálise da linguagem ordinária" (Phillips, 1988). O próprio Winnicott foi muito influente sobre a forma de abordagens da "linguagem ordinária" de

2. Crenças religiosas, caridade e curas fraudulentas

relações familiares na Inglaterra por meio de transmissões da BBC direcionadas ao público e tematizando a maternagem durante a década de 1940 (Winnicott, 1957) e por meio de palestras dirigidas a parteiras, às secretarias de bem-estar da criança e aos trabalhadores voltados ao social na década de 1950 (Winnicott, 1965). Suas descrições do estado da mãe como "preocupação materna fundamental" com seu filho, a descoberta pela criança de seu "verdadeiro *self*" em relação com a mãe, e o papel de objetos "transicionais" no apartamento gradual da criança em relação a sua mãe, à medida que se torna uma criança independente, fizeram-se ostensivamente infiltrados no imaginário inglês.

A psicanálise tradicionalmente gravita em torno da fantasia infantil, mas a teoria winnicottiana atua enfatizando o que a mãe realmente faz para seu filho e como é difícil escapar à dependência da mãe, já que a independência se dá a um custo terrível, e os modos pelos quais a criança crescida pode infantilizar a mãe e outros em uma estratégia equivocada com vistas a ganhar autonomia. Nessa história, a mãe é a fonte do *self* da criança, e o pai é uma figura distante, ao fundo, operando como pouco mais do que um envoltório protetor para a dupla mãe-filho. Podemos assim repisar o dito de Freud sobre o ego e o id e o trabalho da cultura como "onde o id da criança está, ali o ego da mãe também tem de estar" (Phillips, 1988, p. 100). A história desenvolvimental versa aqui sobre a provisão de amor e elementos de um auto *e* potencial sufocamento e sobre a ruína de algo original e essencialmente bom. Winnicott não tinha tempo para a teoria de Freud da pulsão de morte, e para ele é muito mais a mãe que auxilia na ruptura da dependência "pré-ambivalente" da criança por meio de sua violência: "A mãe odeia o bebê antes de o bebê odiar a mãe, e antes de o bebê saber que a mãe o odeia" (Winnicott, 1947, p. 200). É o que a mãe faz para a criança que a capacita ao amor ou a faz odiar. A própria pulsão destruidora da criança, quanto ao que diz respeito a Winnicott, é algo que expressa seu amor impiedoso, sendo porém o que a mãe experimenta como odioso.

É vital que a mãe seja aqui para a criança como que um ponto seguro a partir do qual a criança pode explorar o mundo a sua volta, e Winnicott colaborou com Bowlby na pesquisa sobre "44 ladrões juvenis", que visava enfatizar a importância do prematuro e seguro atrelar ao bem-estar posterior e civilizado (Bowlby, 1944). A mãe tem de ser um objeto "real", de modo que a criança a utiliza como ponto de partida para sua compreensão do mundo e de seus pólos. A experiência, pela criança, do que é real é mediada por "objetos transicionais".

Os objetos transicionais são as posses originais "não-eu" que a criança eventualmente adota no primeiro ano de vida, de modo que possa ser confortada por eles por se encontrar imersa em seu próprio mundo interior, podendo utilizá-los para aprender a negociar seu caminho em torno de objetos pouco familiares. Ele tem de se mover a partir de seu universo separado onde alucina objetos em ser e continuamente os deseja, e aprende a participar em um universo de objetos duradouros no mundo externo a fim de se desenvolver até se tornar adulto. Fenômenos transicionais são tão parte do reino da ilusão como do mundo "real". E, novamente, aqueles que cuidam de crianças têm uma responsabilidade especial em fazer com que seja assim: "Esse estágio inicial de desenvolvimento é tornado possível pela capacidade especial da mãe em operar uma adaptação das necessidades da criança, com isso possibilitando à criança a ilusão de que ela, a criança, realmente existe" (Winnicott, 1953, p. 16). À medida que a criança tenta apreender o que é objetivo no mundo, ela alucina objetos em ser. A mãe está entre esses objetos, e quando o filho destrói o objeto em fantasia mas descobre que a mãe *ainda* está lá, ele desenvolve uma compreensão da diferença entre subjetividade e objetividade: "é o impulso destrutivo que cria a qualidade da 'externalidade' (Winnicott, 1969, p. 110). Objetos transicionais residem entre as duas esferas, do subjetivo e do objetivo, como pontes, elos entre o dentro e o fora, entre o dormir e o despertar. A versão winnicottiana do discurso psicanalítico contém imagens da mãe e do filho, da poderosa e do sem-poder, que ressoam com as preocupações mais amplas, na cultura inglesa, acerca de religião e de formas de cuidado para com outros.

Relações de objeto na cultura cristã

A família de Winnicott radicara-se em Plymouth, era natural de Wesley, e ele freqüentou uma igreja metodista quando estava em Cambridge, até se converter ao anglicanismo, a Igreja Oficial da

2. Crenças religiosas, caridade e curas fraudulentas

Inglaterra. Não era especialmente devoto, não estava interessado em usar a psicanálise a serviço da religião, mas naqueles últimos anos seu trabalho vinha sendo utilizado por teólogos cristãos ansiosos por refutar a caracterização freudiana do pensamento religioso como psicopatologia. A vantagem do trabalho de Winnicott para alguns teólogos está em ele ser voltado para a "experiência ilusória" como parte necessária do apreender, pela criança, do que está dentro e do que está fora, do que é real e do que não o é (Meissner, 1990). A imagem de Deus, ou o sentido de Deus pode ser pensado como um "objeto transicional".

A comunhão, por exemplo, é vista então como "ação simbólica concreta", e os objetos na comunhão servem de ponto entre o abstrato (Deus) e o concreto (coisas que podem ser tocadas). Para Winnicott, "ilusão não é uma obstrução da realidade que está sendo experimentada, mas um meio de se ter acesso a ela" (Ibid., p. 106). Assim, "somente no reino transicional é possível articular a doutrina em termos do sentido metafórico, simbólico, espiritual e relativo às crenças que ela pretende" (Ibid., p. 114). A verdade de Deus é tratada nesses escritos como uma realidade objetiva, mas como realidade que um indivíduo não pode esperar apreender diretamente em si mesma. Objetos internos operam como representações dessa "verdade", e objetos transicionais no sacramento mediam entre o sentido interno de Deus e a verdade externa desse Ser. Quando se tenta negar a Deus, destruí-lo em fantasia, ele ainda estará sustentando o sujeito, como um poder a que se pode retornar. Como signo fluorescente, tal como a igreja perto de mim o tem, "o amor de Deus jamais o deixará". O ponto aqui não está em ser ou não correta essa abordagem winnicottiana, mas na representação do *self* por ela defendida, e na imagem do *self* como um ser ele próprio provedor de cuidados e alvo de cuidados em relação a outros. Por isso a elaboração por Winnicott do discurso psicanalítico é poderosa em estruturar o modo como as imagens da caridade circulam entre os ingleses.

Caridade na publicidade

Passemos agora a três textos específicos sobre a caridade. Fiz um verdadeiro "arrastão" em todos os diários ingleses de veiculação nacional em 7 de junho de 1993, no que se revelou um dia sem nenhuma chamada a Oxfam, nada que se relacionasse factualmente ao Terceiro Mundo ou a ajudas para além-mar. Foi uma surpresa, e é importante notar isso como uma ausência, pois as ausências em tal dia particular ainda assim condicionarão nossa leitura do que apareceu naquele dia. Houve ao todo apenas três anúncios de caridade. Novamente uma surpresa, e uma surpresa por causa de minha expectativa de que um anúncio de caridade aparecesse em quase todas as páginas de cada jornal. Um anúncio pôde ser encontrado no *The Times* e dois no *Daily Express* – uma terceira surpresa, pois eu esperava que esses jornais fossem lidos por pessoas que não dariam nada a ninguém. O anúncio no *The Times* era do "King George's Fund for Sailors" (Figura 1); no Daily Expressa um dos anúncios era do "Royal National Lifeboat Institution" (Figura 2) e o outro, da "The Mental Health Foundation" (Figura 3). Que complexos discursivos podem estar em ação aqui? Manterei meu foco na ansiedade e na identificação.

2. Crenças religiosas, caridade e curas fraudulentas

Worse things happen ashore

(Figura 1)

18 DAILY EXPRESS Monday June 7 1993
His most important piece of life-saving equipment is the one at the bottom of the page.
Without the lifeboat service, in the last year alone 1,372 lives would have been lost at sea.
And yet the simple fact of the matter is that without your support, there would be no lifeboat service.
That is the harsh reality that we must face each and every day. Because just as thousands of people rely entirely upon us for their survival, we must rely entirely upon you for ours.
Today, as in 1824 when we first started saving lives at sea, we are still completely dependent upon voluntary contributions. No Government funding. No levy from private or commercial mariners.
Just no end of goodwill and boundless generosity from members of the public, people just like you, keeps us going.
As anyone who has been watching the current television series "Lifeboat" will appreciate, our voluntary crews (men and women from all walks of life) do a truly remarkable job.
When duty calls, they are prepared to face almost any hazard. That includes of course, some of the most atrocious weather conditions you could imagine, very often in near or complete darkness.
Such is their courage and dedication, that they do not hesitate to put their own lives at risk so that they may save the lives of complete strangers.
But before they can tackle daunting conditions such as 30 foot waves, sub zero temperatures and force 9 gales, we must first face the equally daunting task of raising over £120,000 every single day to run the service.
To keep just one lifeboat running at full speed for example, takes £1 for every 1½ minutes.
Life jacket £150.00
Jacket £70.43
Safetyline £9.22
Trousers £60.38
Boots £12.20
(And remember that, on average, a lifeboat is called out every 1¾ hours, each and every day of the year.)
As you can see, to supply just one lifeboatman with the specialist equipment and clothing he needs to carry out his job safely and effectively costs over £300.
That, in turn, means we need thirty four new Shoreline members to kit out just one member of our crew.
And when you consider that there are over 5,000 lifeboatmen and women in 210 lifeboat stations throughout Great Britain, The Channel Islands and the Republic of Ireland, the task is quite simply immense.
In addition to our day-to-day operational costs, we also need to update our fleet.
Over the next five years for example, we will replace older, slower boats with new craft, designed to maintain higher speeds even in the very worst of sea and weather.
Obviously, these new designs will enable us to reduce the time taken to reach a casualty but at an overall cost of £50 million, our need has never been greater.
That said, the need for the lifeboat service has never been greater either.
Last year for example, was the busiest in our 169 year history, with launches up 10% over 1991.
5,445 launches were made, resulting in the successful rescues of 1,372 men, women and children and bringing the total of lives saved since 1824 up to a staggering 123,000.
Please give our brave crews the support they so desperately need and deserve by filling in the coupon below.
It really is their most important lifeline.
To: The Director, Royal National Lifeboat Institution, West Quay Road, Poole, Dorset BH15 1HZ. I wish to join the R.N.L.I. My first annual donation is
Address
Postcode
Royal National Lifeboat Institution
This space has been very kindly donated by RAC Motoring Services Ltd.

(Figura 2)

2. Crenças religiosas, caridade e curas fraudulentas

(Figura 3)

ANSIEDADE   O pedido de dinheiro no corpo-a-corpo nas ruas, ou para um leitor diante de um anúncio de jornal põe em jogo uma tensão entre o doador e o que recebe. A ansiedade no doador é mobilizada à medida que o anúncio se dirige a ele como um tipo particular de sujeito e demanda reconhecimento e resposta. A noção de ansiedade muda no curso dos escritos de Freud, passando da condição de resultado de um acúmulo de tensão sexual que não foi efetivamente processada (Freud, 1895a) à de um sinal que funcione como símbolo de perigo, de modo que o ego pode defender-se contra ameaças internas ou externas (Freud, 1926). É esse segundo sentido de ansiedade que se encontra na abordagem de Winnicott; ele combina os sentidos cotidianos de ansiedade no sentido de incômodo a uma abordagem do que a criança sentirá se a mãe for invasiva, a ansiedade então se tornando um sinal de aniquilação impeditiva (Winnicott, 1953).

Tão logo começamos a ler o anúncio do King George's Fund (Figura 1), somos advertidos de que o "desastre no mar" na foto não é algo de que possamos ficar distanciados. Vemos um navio afundando, mas dizemos que "piores coisas" que essa acontecem em terra firme, onde nós estamos. Somos conduzidos a um cenário em que um desastre pode ser evitado, e no qual todo perigo que vem do mar é compensado por riscos ainda maiores que estão a nossa volta, e os problemas do passado, das "duas Guerras Mundiais" chegam mais perto de nós "nos dias que correm". O anúncio da Lifeboat (Figura 2) evoca o sentido de se impedir um desastre por meio do texto escrito no crescendo de tarefas relativas à caridade na medida mesma em que se vem ao apoio daqueles que estão fazendo frente às condições climáticas "mais atrozes", ao "pior" do mar e das condições climáticas, à escuridão "quase total ou completa" e "temperaturas abaixo de zero", e o anúncio nos diz que ela, a organização, está enfrentando uma tarefa "tão simplesmente imensa", e que nela a necessidade "não poderia ser maior".

Também se pode notar que tanto nos anúncios da Lifeboat como no da Mental Health somos postos diante daqueles que necessitam de ajuda com os olhos fixados em nós. O anúncio da Lifeboat traz uma criança angustiada implorando-nos para que a ajude, com o salva-vidas segurando-a nos braços como se estivesse a passá-la para nós. O bebê no anúncio da Mental Health (Figura 3) nos observa em uma

2. Crenças religiosas, caridade e curas fraudulentas

atitude que é mais de curiosidade, mas o texto redimensiona a expressão desse olhar, de modo que também essa mensagem nos chega como advertência. Aqui, todos somos navegantes. Existe uma "grande chance" de essa criança vir a sofrer de alguma "doença mental", e "um em cada quatro adultos neste país" será afetado. Serão afetados algum dia, de modo que o anúncio alcança e inclui o leitor naquela probabilidade que é a de uma em quatro, em um aspecto que é tornado mais explícito quando somos convidados a contribuir em uma caderneta de poupança para o bem-estar de "sua" – a de quem lê – família. O expediente de se impedir um desastre, e o anúncio como sinal de ansiedade é assim construído em cada um desses três textos.

Gronemeyer (1992, p. 54) observa que a ajuda moderna "provavelmente se conduz muito mais por um cálculo cuidadoso da própria vantagem que se irá obter do que por uma consideração interessada na necessidade do outro". A tarefa crucial de quem anuncia caridade, no entanto, é a de neutralizar esse cálculo, e garantir que mesmo uma consideração a respeito não permite aos leitores decidir que estão seguros a ponto de não ter de contribuir. O sentido de que alguma coisa pode sair muito errada mobiliza os leitores a se proteger, mas o ardil do anúncio está em fazer com que os leitores sejam impelidos a proteger outros. As crianças são emblemas particularmente indefesos na publicidade humanitária, e também funcionam como lembretes do desamparo de todos os que recebem a caridade no "Terceiro Mundo" (Burman, 1995).

IDENTIFICAÇÃO   Há uma progressiva mudança nos escritos de Freud quanto à visualização do *self* como constituído a partir de uma variedade de identificações com outros significantes na infância. Em *Totem e tabu* (1912-1913), Freud descreve esse processo de identificação como ocorrendo por meio de uma incorporação oral, e o ego mais tarde será visto como consistindo de pedaços de pais introjetados e dispostos por meio das tentativas de amor edípico e de ódio (Freud, 1924). Esse ímpeto tem sua continuidade na tradição das relações de objeto, e Winnicott (1969) descreve o modo como uma criança recebe um *self* pela mãe e pode até mesmo fabricar um "falso *self*" a partir de pedaços da mãe pelo tempo necessário para assumir sua posição de materná-la. É esse processo que lhe confere "paz de espírito".

A "identificação" nesses anúncios é sugerida pelo tropo retórico de "pessoas como você". A identificação incentiva um passar do esvaziamento do *self* de parte repassando parte do *self* de um indivíduo para outro. O anúncio da Lifeboat descreve os modos pelos quais "pessoas como você" possibilitam as atividades da organização e como salvam vidas de "completos estranhos". O leitor é um completo estranho, mas a mensagem chega-lhe estando ele na condição de um completo estranho que ajuda outros completos estranhos em uma identificação com a organização. O anúncio da Lifeboat se coloca da seguinte forma: "Porque assim como milhares de pessoas depositam em nós toda a sua confiança para sobreviverem, também nós temos de depositar nossa confiança em você". Recurso semelhante é usado no anúncio do King George's Fund, no qual se lê: "Todas essas ações dependem muito de nós – assim como nós dependemos de você". O anúncio do Mental Health percorre sumariamente uma série de identificações para chegar ao leitor, e isso desde o cabeçalho, passando por um ponto principal em cada parágrafo: "Será que não vale seu futuro proteger..." a "Este bebê, ou qualquer bebê" a "na verdade, um em cada quatro adultos" até "um passo crucial para o futuro bemestar de sua família".

Essa identificação tem um caráter dual. Em primeiro lugar, há lembretes de dependência, vulnerabilidade e passividade. A criança é um signo poderoso de cada uma dessas coisas. A criança que se traz no colo do anúncio da Mental Health, encontra-se razoavelmente serena, mas a criança do anúncio do Lifeboat está angustiada, e o homem que a tem nos braços também contempla desesperançado o leitor. Um deslocamento semiótico da criança para o navio afundando ocorre no anúncio do King George's Fund. Em segundo lugar, existe a promessa de autonomia, controle e atividade. O anúncio da Lifeboat é particularmente interessante a esse respeito, pois temos uma díade mãe-criança winnicottiana em apelo dirigido ao pai como envoltório protetor, mas assumimos a posição do pai enquanto nos identificamos simultaneamente com o homem que ali é apresentado também como uma espécie de mãe.

2. Crenças religiosas, caridade e curas fraudulentas

Se lemos isso no contexto dos anúncios de caridade tomados de um modo geral – e é importante estarmos cônscios de que esses três anúncios nos pedem uma ajuda para fazer com que causas locais sejam situadas na cadeia significativa mais ampla do anúncio de caridade – podemos então compreender como um discurso normativo e normalizador confere um enquadre ao auxílio moderno: "Seu impulso essencial em nossos dias é o de sobrepujar um déficit, precisamente *o* importante déficit. Ele conduz uma luta contra o atraso" (Gronemeyer, 1992, p. 59).

Escolhas relacionadas ao posicionar e à freqüência de anúncios negociam uma linha tênue entre o altruísmo dos leitores e sua suscetibilidade de serem amolados. Há uma poderosa ambivalência entre leitores de jornais como esses quanto ao dar dinheiro sem com isso obter retorno algum. É desconfortável sermos lembrados de nossa ambivalente sensação de desamparo e amor pelos outros e ódio pelos que se põem em falta para conosco. O processo de identificação entre o leitor do anúncio e os que necessitam de ajuda tem sua premissa na possibilidade de evitar aquela ambivalência e fazer voltar os objetos de caridade para um estado de pré-ambivalente dependência, no qual já não precisamos odiá-los tanto por nos tomarem de assalto em nossas casas durante o café da manhã.

ESPIRITUALIDADE E MATERIALIDADE

Alguns defenderiam que esse tipo de publicidade expressa uma distorção autêntica que é parte da reificação de relações na cultura contemporânea ocidental. A caridade é um perfume nos esgotos do capitalismo, e a "ajuda" ao Terceiro Mundo atrela o colonizado com tanto mais força nas relações de dependência em relação aos detentores do poder (Hayter, 1971). No que diz respeito aos anúncios de caridade que se iniciam em casa, a "caridade" é revelada como parte de um maquinário comercial que reduz os que a recebem à condição de objetos impotentes. Também são captados como objetos do olhar do doador em textos que são mecanicamente reproduzidos e que circulam fora de seu controle: "Quem quer que deseje ajudar é 'voluntário' tornado sujeito ao olhar perquiridor de quem pede ajuda. Em nossos dias, esse olhar tem assumido o lugar do olhar provido de compaixão" (Gronemeyer, 1992, p. 54). O "que está à parte" ou precisamente por causa do que está à parte é importante que se compreenda como tais textos funcionam quando encontram os leitores que são transformados em *sujeitos* e, a partir daí, em objetos poderosos de outro tipo. A relação entre os leitores como doadores e os objetos nos textos de caridade é infundida com ansiedade e fixada por processos de identificação. Esses padrões de sentido reconfiguram representações de caridade de modo que o leitor é simultaneamente posicionado no reino da ética religiosa e no da caridade psicodinâmica. Esse reino constitui-se, dentre outras coisas, pelas versões do discurso psicanalítico que Winnicott coletou e popularizou, e isso significa que quando estamos sujeitos à publicidade de caridade somos também, em algum sentido, sujeitos winnicottianos.

Essa análise suscita considerações éticas de caráter mais amplo sobre nossa sensibilidade às conseqüências políticas decorrentes de se atacar ou defender idéias religiosas em diferentes contextos culturais. Essas considerações também têm levado alguns analistas a reconsiderar a posição psicanalítica padrão. Freud pretendeu a psicanálise como crítica materialista de todas as formas de teologia, mas além disso ela não raro tem sido incorporada à Igreja quando padres recorrem ao discurso psicoterapêutico para chegar mais fundo na alma dos penitentes. Isso é reforçado pelo argumento aventado por alguns analistas, segundo o qual hoje eles estariam simplesmente ocupando o domínio do padre ao prestarem sua assistência ante o quadro doentio da alma moderna (Fromm, 1967). A crítica por Foucault (1976) da psicanálise como continuação e intensificação da confissão católica faz atentar para isso, mesmo com a argumentação, por parte de alguns autores, de que essa abordagem seria incompatível com o Cristianismo, precisamente por nos conduzir a uma concepção possível de caridade e doação sem expectativa de retorno (Fox, 1995). A abordagem por Foucault do "poder pastoral" pode então ser vista como recomendação também para uma descrição da cristandade.

Autores como Kovel (1988), que se identificaram a si mesmos não com uma, mas com duas tradições materialistas de pensamento hostil à religião, psicanálise e marxismo, têm hoje mudado sua posição sob o impacto de eventos em movimentos de libertação que, mais do que

2. Crenças religiosas, caridade e curas fraudulentas

serem enfraquecidos pela religião, pareceram ganhar força com ela. A noção de religião como "cura torta" é uma noção dialética, na qual o relevo tanto é obtido como é frustrado. Kovel observa que a bem conhecida fórmula que proclama ser a religião "o *ópio* do povo" (Marx, 1844, p. 244) é também dialética, e isso tanto mais se interpretarmos a invectiva de Marx da seguinte forma: "O sofrimento *religioso* é a um só e mesmo tempo a expressão do sofrimento real e um protesto contra o sofrimento real. A religião é a visão de uma criatura oprimida, o coração de um mundo sem coração e a alma de condições desalmadas" (Ibid.): a droga confere consolo e talvez algum poder. Kovel também escreve tendo como base o pano de fundo de nossa experiência com o socialismo stalinista "científico", que foi um pesadelo para uma cultura tanto quanto a mais opressiva psicologia científica o é para o indivíduo. Sociedades que tentaram apagar a espiritualidade não só fracassaram, mas hoje as encontramos em colapso e constatamos as piores formas de misticismo irrompendo como resultado daquele fracasso. Para Kovel,

> a experiência mística é a auto-reflexão sobre o espírito. É fazer o espírito densamente presente, o auto-espírito como deidade: Deus está dentro de você; você é Deus; os budistas têm a compreensão de que todos os seres já são budas, exceto os que não o saibam.
> (Kovel, 1988, p. 327)

Kovel defende que a espiritualidade não é o mesmo que a religião organizada. Ela pode operar como expressão de transcendência a permitir que o desejo se aproprie de novos objetos, desse modo possibilitando ao indivíduo realizar novas relações sociais. Isso implica, pois, tanto a transformação de nossa consciência de nós mesmos como a reprodução de relações de poder entre nós mesmos e outrem. Embora Kovel proporcione exemplos de reformulações progressivas de espiritualidade a partir de religiões como o budismo, ele defende que quando as pessoas estão munidas de poder elas são capazes de reelaborar até mesmo as mais conservadoras instituições religiosas. E talvez seja possível, como indica a experiência dos teólogos da libertação na América Latina, que algo progressivo venha a emergir da própria Igreja Católica, esta que, evidentemente, era o objeto de escárnio de Freud e exemplo favorito da sedimentação de religiosidade psicopatológica. Nessa perspectiva, não é a transformação individual que realiza a destruição da neurose religiosa, como Freud pensava, mas sim a transformação social que realiza a transcendência espiritual de nossa necessidade de neurose. Nem uma psicanálise da religião, nem uma análise de discurso de textos da caridade devem ser vistas como respostas suficientes para a questão. Marx faz observação precisa a respeito em uma passagem que segue a frase sobre a religião ser um ópio:

> a abolição da religião como a felicidade *ilusória* do povo é a demanda por sua felicidade real. Convocá-lo a abrir mão de suas ilusões sobre sua condição é *convocá-lo a desistir de uma condição que requeira ilusões.*
> (Marx, 1844, p. 244)

Há, pois, uma tensão nos escritos de Freud, e essa tensão se estende até quase o ponto de viragem dos escritos de alguns psicanalistas posteriores; ela se dá entre querer salvar a crítica racionalista da mistificação *e* valorizar formas alternativas de crenças que as pessoas possam tomar como úteis. Essas crenças, que mantêm as pessoas unidas em grupos, tornam-se nocivas ou úteis quando postas em prática. No capítulo a seguir nossa atenção se fará voltada para as fantasias liberadas em culturas defrontadas com "outros" que lhes suscitam temor e para a ação que tais fantasias podem ocasionar.

3
IRRUPÇÃO DE GUERRA
NO ESPAÇO INTERNO E EXTERNO

Lorde Goddard, o último juiz a sentenciar Derek Bentley à forca, em 1952, obteve gratificação sexual sentenciando homens jovens à morte [...] "Seu escrevente, Arthur Smith, contou-me que ele costumava ter um par de calças de reserva para o juiz Goddard, pois ele sabia que seu superior sempre haveria de ejacular ao sentenciar jovens ao açoite ou à forca", escreve Mr. Parris, o único dentre os conselheiros que presenciou o caso e vive até hoje.
The Guardian (10 de junho de 1991)

Descrições psicanalíticas de estrutura de grupo (vistas como operando por meio de identificação com o líder ou por ações ou efeitos recíprocos entre estados de postulados básicos) e descrições de estados de crenças religiosas que mantêm grupos unidos (vistos como operando mediante algumas patologias obsessivas ou mediante um compartilhar de espaços transicionais de devoção) também nos incitam para modos particulares de entender o conflito entre grupos e a irrupção de violência na medida mesma em que grupos defendem seu próprio sistema de crenças contra as de seus rivais. Freud, e os que o seguem nas tradições de relações de objeto, tenderam a ver tal violento conflito como um tipo de *continuum* de guerra. A guerra que irrompe em um nível internacional é interpretável por ser vista como expressão de uma guerra grassando na mente do indivíduo. Assim, "a psicanálise de guerra se dá em continuidade com a psicanálise de tempos de paz" (Richards, 1986, p. 24). A violência que irrompe de dentro do indivíduo pode conduzi-lo a conflitos entre pessoas, e esses conflitos podem crescer em extensão, passando à guerra civil e à guerra entre nações. Assim como abordagens freudianas de identidade de grupo e práticas religiosas podem ser rastreadas até os meandros intrincados de identificação e obsessão, a dinâmica de guerra pode ser reduzida a variedades de ações homicidas devidamente permitidas. O Estado pode sancionar a guerra, mas com isso ele atrai reservas de violência que estão prontas e dispostas a entornar de cada cidadão.

Alguns psicólogos sociais (por exemplo Billig, 1976) desenvolveram argumentação contrária à explanação psicanalítica, por ela sempre parecer reduzir a violência na sociedade à agressão profunda no inconsciente de cada indivíduo. Psicanalistas (Kovel, 1983, é um exemplo) também têm desafiado esse gênero de tendência reducionista, argumentando haver algo de qualitativamente diferente quanto à natureza do conflito no âmbito do Estado, seja no modo como o Estado provoca e gerencia a violência que existe dentro das fronteiras de uma nação ou em como o Estado mobiliza a violência de sua população contra outros Estados. Contudo, é possível ir um pouco além nessa crítica do reducionismo em psicanálise, se olharmos para os modos como as abordagens psicanalíticas elas próprias advieram condições de extrema violência, e para os modos como imagens e metáforas de violência vieram a se encaixar em teorias freudianas e em alguns tipos de teorias pós-freudianas. A explicação por Freud da violência foi elaborada no contexto da carnificina da Primeira Guerra Mundial, e algumas das representações extremas da criança em guerra permanente – nos escritos de Melanie Klein – foram tecidas enquanto a Segunda Guerra Mundial fermentava, irrompia e projetavam imagens de crueldade que ultrapassavam o que muitos imaginavam ser possível na Europa do século XX.

Representações freudianas de violência interpessoal como repetição de impulsos destrutivos na constituição humana fluíam por meio de imagens culturais da guerra, e essas representações desempenharam seu papel no emoldurar da abordagem que as pessoas podiam fazer da guerra. Isso não quer dizer que o discurso psicanalítico tenha se tornado o modo de explicação dominante para a guerra, mas tão-somente expressa que as representações do *self* em conflito consigo mesmo e com outros manifestavam uma concordância com apelos dominantes no Ocidente versando sobre uma

3. Irrupção de guerra no espaço interno e externo

agressividade inata e sobre o sentido de que haveria algo de errado com a natureza humana. Freud não esteve na origem de tudo o que hoje conhecemos como "discurso freudiano", e muitas pessoas reproduzem tal discurso sobre si próprias, sobre sua violência e sobre como é importante compreendê-la e elaborá-la sem de forma alguma saber que se trata de um discurso psicanalítico. Poucas pessoas fora do mundo psicanalítico ouviram falar de Klein, mas também ela cristalizou e deu forma à cultura, absorveu-a e devolveu a ela, como que em expectoração, certo tipo de discurso sobre o *self* que reside em seu âmbito. Representações kleinianas fazem sentido para uma geração de psicanalistas que hoje estão trabalhando em uma tradição de relações de objeto, e apesar da história, mais confortável, de Winnicott, sobre a criança amedrontada e a mãe com um amor implacável, a criança de Klein, com seu ódio irascível, assentou raízes na circulação demótica da psicanálise no treinamento de cuidados para com a criança, na enfermagem voltada à criança, nas provisões e também no modo como as pessoas falam sobre o bem-estar e o estado de guerra, e em como pensam esses estados (Riley, 1983; Rose, 1993a).

O presente capítulo rastreia o caminho que conduz de Freud, da Primeira Guerra Mundial e pulsão de morte até Klein, com a Segunda Guerra Mundial e instintos de morte. O capítulo passará a se voltar para as maneiras como imagens kleinianas da morte no espaço interno da criança ajudam a estruturar complexos discursivos na fala de pessoas preocupadas com a morte em um espaço mais externo e com seu investimento nele. O explorar do discurso psicanalítico em abordagens de visões e contatos com óvnis e alienígenas servirá para ilustrar princípios-chaves da teoria kleiniana *e* para mostrar como o sistema teórico a permeia, conferindo assim um sabor psicanalítico peculiar a preocupações contemporâneas com alienígenas. Enquanto guerras "reais" certamente têm irrompido pelo planeta desde a Segunda Guerra Mundial, o fascínio exercido por ataques extraterrestres ajuda a constituir uma população como que pronta para outra grande guerra, e a transmissão da fala sobre conspiração e vigilância é uma das cenas ideológicas que visam estruturar e preparar grupos no Ocidente para a ação.

A GUERRA DE FREUD

Os próprios comentários de Freud sobre o tópico da violência após o início da Primeira Guerra prepararam o terreno para uma reelaboração do primeiro modelo de pulsões duais que havia estruturado os primeiros anos da psicanálise. Aquele primeiro modelo fora organizado em torno de uma polaridade entre instintos sexuais e instintos do ego, e a agressão aos outros passou a ser vista como resultado de o ego avaliar a si mesmo. Embora nos *Três ensaios sobre a teoria da sexualidade* (1905a) Freud tenha sugerido que a agressividade possa ser um dos "instintos componentes" do instinto sexual, a possibilidade de a agressão ser instintual é posta de lado; ela é vista como um manifestar dos "instintos de autopreservação" (Freud, 1909a), e em *Instintos e suas vicissitudes* ele defendeu que "o ódio como relação com objetos é anterior ao amor. Ele deriva do repúdio primordial do ego narcisista pelo mundo externo com sua depuração de estímulos" (Freud, 1915a, p. 137). No mesmo ano, em seu artigo "Pensamentos para tempos de guerra e paz", ele escreve sobre o modo como "a história primeva da humanidade é repleta de assassinatos" (Freud, 1915b, p. 81), e a cruel mensagem aqui é a de que tal morticínio tem suas raízes em nossas tentativas de lidar com a destruição em torno de nós, e em impulsos destrutivos em um recôndito profundo. Passaremos em revista primeiramente a primeira abordagem, por Freud, das pulsões duais de ameaça de morte oriundas de nossas imagens do que reside fora de nós (com enfoque em temas de ambivalência e paranóia, e sugestões sobre como enfrentá-las), para então nos voltarmos para a segunda abordagem psicanalítica da dualidade de pulsões de ameaças de morte oriundas do interior (com enfoque no impulso de morte e na agressão inata, e discussões sobre a melhor forma de aperfeiçoá-las).

Ameaça e defesa

Freud descreveu certos processos que podem suscitar violência interpessoal e daí a guerra como o resultado da elaboração desenvolvimental insuficiente por meio da qual se forma o ego. Embora a abor-

3. Irrupção de guerra no espaço interno e externo

dagem de Freud seja deliberada e completamente reducionista, tem sido possível para alguns analistas reparar essas explicações e tentar re-situá-la na cultura contemporânea como processos sociais.

AMBIVALÊNCIA A noção de ambivalência pode ser utilizada para dar conta de sensações simultâneas de afeto pelo inimigo e de identificação com ele, e nessa medida o ódio pode coexistir com a empatia, e desse modo abrir caminho para a possibilidade do perdão. A ruminação por Freud (1915b) sobre a guerra também descreve a tortuosa rota pela qual a ambivalência atua reforçando fantasias inconscientes sobre a natureza e o poder de um "outro" que não pode ser visto e sobre ameaças que não podem ser avaliadas racionalmente. Freud argumenta que as torções e viragens na percepção da violência, defesas contra ela e a tentativa de antecipadamente esvaziá-la pelo ataque violento ao inimigo não raro percorre os quatro passos.

Em primeiro lugar, o assassino de inimigos evoca uma identificação com aqueles assassinados sendo como o *self*, o que faz haver alguma sensação de empatia. Contudo, em segundo lugar, isso evoca medo quanto sua própria mortalidade, já que não se pode enfrentar a aniquilação fantasiada que se deseja no outro, e a idéia que isso provoca é a de que a sua própria vida chegará a um fim. Esse medo conduz, em terceiro lugar, a uma fantasia de caráter defensivo na qual se é consolado pela noção de que o espírito continuará a viver após o corpo ter perecido. Uma implicação disso, obviamente, é a de que também o espírito do inimigo viverá para sempre. Esse sentido da continuação da vida após a morte é abastecido por nossa experiência daqueles que amamos sempre "vivendo" em nossa memória. A quarta e última força, então, é a de que nosso ódio e medo projetado no inimigo – como realmente morto, ou fantasiado em um estado em que "estará morto" – reforça a percepção do inimigo como sobrenaturalmente poderoso e persecutório. O medo mais poderoso e odiado do "outro" ricocheteia, então, no criar em nós uma experiência de inimizade e uma fantasia de morte iminente, que tanto se aproxima da paranóia como a alimenta.

PARANÓIA O debate de Freud (1911a) sobre as ilusões do juiz Schreber situam-se na base do mecanismo psíquico da paranóia. A paranóia resulta da experiência de ameaças de dentro, e o mecanismo de defesa da projeção é ativado a um grau extraordinário por causa da dinâmica interna complexa. Outra seqüência lógica típica é desencadeada por meio desse mecanismo. A abordagem também antecipa a discussão de Freud (1914a) sobre o estágio do narcisismo, no qual um objeto de amor interno é construído com base no *self*. Esse objeto de amor interno é um agenciamento mental que Freud (1921) mais tarde denominará de "ego ideal" ao discutir a psicologia de grupo, e esse agenciamento, então, passa a ser visto como herança do narcisismo (enquanto o "superego" mais tarde chegará a ser visto como herdeiro do complexo de Édipo). O estado narcisista se esvanece em nosso desejo por outros que são do mesmo sexo que nós – um desejo homossexual que "normalmente" é reprimido como pré-condição para o surgimento de um menino ou de uma menina à saída do complexo de Édipo – e esse tipo de desejo pelo mesmo sexo faz-se assim assumido por muitos analistas como assumindo uma forma narcisista. Tem-se como conseqüência disso que a apresentação interna do amor pelo outro como nós mesmos é projetada; ou seja, esse amor é vivenciado como sendo fora do corpo que faz as vezes de desejante e que quer ser desejado. Essa manobra, no entanto, ainda não será a solução do problema, pois seria difícil aceitar esse desejo, mesmo que provenha de fora, por causa da sanção profundamente internalizada contra a homossexualidade. O sentido de que alguém do mesmo sexo que o nosso pode nos amar ou ser amado por nós é impensável para muitas pessoas "normais", e assim ocorre um "efeito reverso do afeto", de modo que o amante externo é *odiado* e vivenciado como *odiante*.

Até aqui temos sido tragados por uma espiral psicopatológica, mas podemos também fazer o discurso psicanalítico voltar-se contra si mesmo a esse ponto a fim de desconstruir a homofobia que perpassa grande parte da teoria e da prática psicanalítica. Embora Freud tenha repetidas vezes descrito a escolha de objeto homossexual como se fosse uma detenção anormal de desenvolvimento no estágio narcisista, sendo ainda tratado como perversão por analistas contemporâneos (por exemplo, Chasseguet-Smirgel, 1985a), uma das lições da abordagem por Freud sobre a paranóia é certamente a de o problema estar na repressão de desejo homossexual ubíquo. Sendo esses sentimentos de amor transformados em ódio, e uma vez que esses sentimentos que tentamos ejetar, ainda podemos senti-los colados em nós, contam-se pois ilusões de que o "outro" sabe o que está se passando dentro, seguindo-se então um inquebrantável e misterioso sentimento de perseguição. Chegamos, então, à principal característica da paranóia: a convicção de que estamos sendo observados e de que outros conhecem nossos mais recônditos pensamentos.

Paranóia societal   Essa abordagem nos ajuda a compreender o modo como um inimigo poderoso muitas vezes é também fascinante, e até mesmo amado, podendo até ser possível redimensionar tal narrativa sobre a negação e a inversão, de modo que o que está sendo descrito é tanto um processo social distorcido como um enraizado no desenvolvimento falho do indivíduo. Certas condições e padrões culturais de autoridade podem constituir a paranóia como uma experiência amedrontadora de perseguição real e provocar na vítima tamanha dependência, a ponto de o opressor entrar em seu mundo da vida como um tipo de objeto de amor. Vemos isso bem descrito e explorado em representações ficcionais de perseguição, por exemplo, no modo como Winston Smith a um só tempo odeia e ama O'Brian no *1984* (Easthope, 1984), de George Orwell. Essa imagem de perseguidor e perseguido engalfinhados em um impasse de amor e ódio também chama a atenção para o modo como esse padrão tanto pode atrelar homens entre si como o pode fazer com homens e mulheres. Defendeu-se, por exemplo que há elos estreitos entre a masculinidade contemporânea, a homofobia e a militarização, porque a masculinidade é uma forma de identidade de gênero que tem seu ponto de partida em uma separação precária da mãe, separação que é tanto mais reforçada por ataques a homens *gays* que evocam aquela proximidade primeva (Easthope, 1986). Exércitos operam como grupos de homens que expressam o desejo e a ameaça inconsciente como sintoma e "cura torta" dessa homofobia. O exército é atado por laços homoeróticos inconscientes, mas a ansiedade que essa proximidade com outros homens provoca só pode ser combatida com uma destruição tanto mais viciosa de "outros" que são percebidos como ameaças mais evidentes à masculinidade. Em tempo de paz, portanto, para afirmar sua própria masculinidade, soldados desejarão atacar homens que se revelam como *gays*, e em tempos de guerra representações do inimigo estarão empapadas por ambivalência sexual, como se deixou evidenciar na Guerra do Golfo (Levidow, 1995).

PARANÓIA NUCLEAR   Em tais estados mentais a pessoa está profundamente atrelada ao perseguidor, e a existência de uma arma que pode aniquilar a todos, e que é manipulada pelo Estado para manter uma tensão entre medo e confiança, é também um fenômeno qualitativamente diferente da paranóia do dia-a-dia. Kovel (1983, p. 106) argumenta que a "estratégia nuclear... inclui a paranóia", e que ela produz tanto um ódio ativo ao inimigo como uma aquiescência passiva à autoridade em casa. No tempo da grande ameaça nuclear, quando a União Soviética era retratada como o "império do mal" era "o meio cultural perfeito para o bacilo da paranóia" (ibid, p. 110). A imagem fantasiosa do outro estava atrelada ao fascínio e ao medo. Hoje o foco está em mutação. Ora está voltado para ditaduras do Terceiro Mundo, às quais não se pode confiar tecnologia nuclear, e ora a atenção se volta para terroristas em seu próprio território, os quais podem roubar um dispositivo nuclear e destruir a todos nós. Sempre que o enfoque muda, ele é continuamente mobilizado por imagens do inimigo e do que o inimigo conhece, sendo produzido e energizado por meio de nosso discurso a respeito do outro.

GRUPOS DE AFINIDADE   Kovel (1983) proporciona algumas sugestões sobre como esse processo pode ser desafiado, e tenta aplicar a psicanálise não somente à psicodinâmica da guerra num âmbito intrapessoal e interpessoal, mas também no âmbito social. Ele tenta explicar o controle paranóico dos Estados sobre os indivíduos em uma cultura "nuclear", bem como explorar possíveis modos de resistir a esse controle. Uma solução reside no modo como as pessoas podem organizar-se para desafiar o poder desfrutado pela ideologia paranóide quando isoladas de outras pessoas. Grupos de afinidade são vistos por Kovel como uma solução, e esses grupos consistiriam de pessoas compartilhando um objetivo específico – livrar-se da Bomba. A dissolução da paranóia se daria pela identificação com outros membros do grupo.

3. Irrupção de guerra no espaço interno e externo

Essa construção de laços emocionais com outros do mesmo sexo ou do "outro" sexo também serviria como desafio às raízes homofóbicas da paranóia. O desejo seria assim recanalizado mais para unir pessoas do que para separá-las.

Esse processo não operaria, então, por meio do desenvolvimento da "razão" ou da racionalidade abstrata em oposição e na repressão de sentimentos mais irracionais ou "desarrazoados". Para Kovel, a razão contemporânea é uma razão burocrática que produz tecnologia nuclear, e por essa tecnologia nuclear as pessoas são reduzidas a números e a "fatores" de destruição". Em vez de tal triunfo da razão, a associação com outros seria "o trabalho de Eros" (Ibid., p. 223), e a "Alteridade" não mais se faz atrelada a projeções paranóides: também ela acompanha o *self* e lhe concede poderes na medida mesma em que o *self* se associa a outros" (Ibid., p. 224). Processos psicodinâmicos localizam-se, assim, em padrões específicos de racionalidade na sociedade moderna e no contexto de tipos particulares de destruição. As estratégias apresentadas por Kovel destinam-se a transformar nossa relação com cada outro, e com ameaças de morte que surgem do nada.

A morte a partir de dentro

A mudança teórica de Freud para sua Segunda teoria das pulsões após a Primeira Guerra Mundial abriu caminho para descrições de forças mais profundamente irracionais e destrutivas. Essas forças não são produzidas mediante uma falência de desenvolvimento ou da formação plena do ego. Muito mais elas fervilham como uma ameaça sempre presente vinda do interior da consciência e, então, vinda mais de baixo, de dentro do corpo. Aqui é muito mais difícil reelaborar a abordagem de Freud como uma história social, e a tendência, para autores posteriores da psicanálise, tem sido a de absorver tal conteúdo com o intuito de encaixar descrições de violência de maneira tanto mais firme em um modelo instintual do comportamento humano.

TANATOS   A noção de pulsão de morte foi introduzida por Freud após a Primeira Guerra Mundial. Existem diversas razões pelas quais Freud pode ter sido levado a propor a existência de uma pulsão de morte. Duas razões freqüentemente citadas, porém indefensáveis, são as de que ele estava sofrendo de câncer na mandíbula (o qual só veio a ser diagnosticado uns quatro anos depois) ou a de que ele estaria consternado com a morte de sua filha Sophie, de gripe, em 1920 (o que aconteceu depois de ele terminar o manuscrito). A preocupação de Freud com a morte pode ser relevante, e ele é relatado como pensando na morte todos os dias (Fromm, 1974). Boas razões para fazê-lo com a lógica interna da teoria psicanalítica incluiriam sua tentativa de resolver o "paradoxo da regressão" no qual algumas forças poderiam ser posicionadas de modo a atrair a libido de volta para um *objetivo* anterior bem como para objetos anteriores, e o "paradoxo evolução/involução" que fundamentaria a tendência a recapitular antigas reações para novos eventos em processos biológicos materiais (Sulloway, 1979). O novo dualismo entre Amor (Eros) e Morte (Tanatos) também reavaliou a psicanálise como teoria estruturada em torno de uma polaridade, algo ameaçado pelo trabalho de Freud (1914a) sobre narcisismo como abordagem monista que perderia o sentido de contradição interna em processos psicodinâmicos (Fromm, 1974; Sulloway, 1979). Freud (1920) também descreveu seus esforços para abordar a tendência, da parte dos sonhos, não só de um engajamento na satisfação de desejos por coisas prazerosas, mas também para nos fazer voltar aos tempos do medo. A Primeira Guerra Mundial também fornece mais que um surto para essas transformações teóricas, tendo sido uma grave explosão de violência na Europa após anos de estabilidade.

Mais tarde Freud argumentou que tal violência seria uma projeção exterior da pulsão de morte, e em *Para além do princípio do prazer* (Freud, 1920), ele viu tal coisa como um contrabalançar à pulsão de vida: "Para além do instinto de preservar a substância vivente e associá-la a unidades ainda maiores, deve existir outro, um instinto contrário buscando dissolver aquelas unidades e reuni-las de volta no estado primordial e inorgânico. Isso equivale a dizer que, tanto quanto Eros, havia um instinto de morte" (*Ibid.*, p. 299). Em artigos posteriores isso é elaborado de modo que a violência para com os outros possa ser considerada como a canalização dos impulsos destrutivos para o mundo externo por meio de "um órgão especial": "Esse órgão especial se

3. Irrupção de guerra no espaço interno e externo

pareceria com o aparelho muscular. E o instinto de morte com isso parece expressar-se a si mesmo – embora provavelmente apenas em parte – como um instinto de destruição direcionado contra o mundo externo e contra outros organismos" (Freud, 1923b, p. 381).

A *Standard Edition* transforma o *Todestrieb* de Freud de uma "pulsão de morte" *["death drive"]* em um "instinto de morte" *["death instinct"]*, e essa interpretação é o modo como o conceito de Freud tem sido mais vulgarizado por psicólogos que pensam ser ele o equivalente a suas próprias descrições de agressividade inata (Richards, 1989). Não obstante as tentativas de retradução e de o redimensionar teoricamente para resgatar o que ele originalmente significa, a abordagem de Freud versa aqui sobre uma reelaboração muito mais difícil como processo social, e mesmo autores psicanaliticamente mais radicais como Marcuse (1955), que tentaram localizar Eros e Tanatos no desenvolvimento da civilização, ainda pressupuseram a existência daquelas duas figuras de Amor e Morte como enormes forças metafísicas que tiveram e teriam sempre uma força de história e sociedade *[sic]*.

Agressividade   A noção por Freud da pulsão de morte também se insere de modo por demais conveniente nos motivos ideológicos populares de violência instintual, e a noção de que é impossível construir uma sociedade pacífica por causa de impulsos agressivos sempre terminará por irromper. Explicações biológicas para a violência fazem-se aqui integradas à psicanálise no trabalho de autores influenciados pela etiologia. Figuras-chaves na tradição independente da British Psycho-Analytical Society, como John Bowlby (1973), por exemplo, apoiaram-se nos escritos de Konrad Lorenz (1966). Nesse tipo de abordagem, as "causas" atribuídas por historiadores às guerras do passado recente na verdade não são causas de modo algum, e sim meros desencadeadores que as evidenciaram" (Stevens, 1985, p. 2) O apelo a instintos agressivos pode então ser elaborado de diversas maneiras. A hostilidade de grupos organizados, então, por exemplo, é vista como "característica inerente à espécie", com o problema reduzindo-se à condição de "ativar o complexo neuropsíquico inato responsável pelo coordenar de experiência agressiva e comportamento" (Ibid., p. 3).

Stevens (1986) também recorre ao trabalho de Alfred Adler (1930), que rompeu com Freud em 1911 e passou a elaborar uma abordagem alternativa das pulsões baseada no "princípio do poder", argumentando que o estado de guerra surge da especialização de funções em grupos humanos nos quais impulsos agressivos são vantajosos do ponto de vista evolutivo: "Germes de doenças são os mais importantes microparasitas humanos com que temos de lidar... Nossos únicos macroparasitas significativos são outros homens que, por uma especialização em violência, são capazes de garantir um sustento sem eles próprios produzirem alimentos e outros artigos por eles consumidos" (McNeil, citado em Stevens, 1986, p. 6). Essa mescla de explanações interconectadas, cujo leque vai do misticismo à etologia, abarcam mesmo a argumentação de Jung de que "arquétipos" são semelhantes a "mecanismos inatos de liberação", e desse modo explicam fenômenos como sendo um diversificado vincular, caça e assassinato masculino, onde um processo de "pseudoespeciação" (conceito extraído ainda de outro analista, Erik Eriksen) sanciona o assassinato de outros que são assim representados como suficientemente diferentes de nós. Distinções intra ou extragrupo também são explicadas dessa forma, como de fato alguma coisa e tudo poderia ser, pois então é "natural" construir uma imagem do outro com o intuito de apoiar a própria identidade de grupo.

Consciência e sublimação   De todas as coisas que se podem esperar desse quadro cruel da agressividade humana inata é que possamos refletir sobre o que nos está conduzindo e tentar canalizá-lo para direções menos nocivas: "Se desejamos evitar uma guerra nuclear, é preciso então que nos confrontemos com um conjunto de imperativos arquetípicos de grande antigüidade filogenética" (Stevens, 1986, p. 14), e nessa medida o grau em que podemos ser otimistas "depende do que possui poder maior – a consciência ou os arquétipos" (Ibid., p. 15). As sugestões do próprio Freud já são um pouco mais confortadoras.

No debate de Freud com Einstein, eles concordaram quanto à necessidade de um corpo especial para supervisionar conflitos. Einstein (1933, p. 347) sugeriu que isso pode ajudar-nos a lidar com a "volúpia pelo ódio e pela destruição" nas pessoas. Freud (1933b, p. 352) argumentou que a violência poderia ser superada "pela transferência de poder para uma unida-

3. Irrupção de guerra no espaço interno e externo

de maior, mantida em seu todo por laços emocionais entre seus membros". Dado que a pulsão de morte não poderia ser desvirtuada, a questão versava sobre como canalizá-la e sobre como fornecer um meio de a sublimar em uma forma organizacional: "A condição ideal de coisas seria, é claro, a de uma comunidade de homens que tivessem subordinado sua vida instintual à ditadura da razão" (Ibid., p. 359). Essa solução repousa em uma crença na habilidade de corpos delegados para representar interesses sem serem afetados pelos impulsos e em uma crença no poder da razão, do caráter positivo progressivo do princípio de realidade.

A sublimação, que no original alemão inclui sentido de "melhoria" (Bettelheim, 1983), seria assim um meio de canalizar os impulsos. Outro meio que Freud levava em conta era o de que o impulso de morte poderia estar contido na mobilização de forças alternativas. Aqui, em uma proposta que Kovel mais tarde viria a acolher, Freud (1933b, p. 359) argumentava que, para se opor à pulsão de morte seria o caso de "acionar Eros, seu antagonista, contra ele", já que "qualquer coisa que incentive o fortalecimento de laços emocionais entre homens deve operar contra a guerra". Essa solução reside em uma crença na contradição entre a pulsão de morte e Eros e em uma crença de que a construção de "laços emocionais entre homens" reduziria a ameaça de guerra. Se a abordagem de Freud é um tanto quanto triste, a de Klein não é muito mais esperançosa.

A GUERRA DE KLEIN

Há um problema na tradução do termo *Todestrieb*, de Freud, mas para alguns psicanalistas britânicos não havia qualquer problema em fazer referência ao termo como sendo um "instinto". A noção do instinto de morte é levada a sério por kleinianos que veriam o movimento entre mecanismos de defesa infantis contra forças destrutivas como a chave do desenvolvimento (Segal, 1987, 1995). Embora Klein descreva o ego rudimentar e o superego como estruturando relações edípicas em uma fase anterior à que lhe imputa Freud, sua descrição consiste menos em uma revisão de uma abordagem desenvolvimental e mais no abandono de noções psicanalíticas tradicionais de história e tempo pessoais. Não há tanto uma regressão a uma fase, e sim mais um readotar de uma *posição*: "o que ela está observando, descrevendo e teorizando é a própria ausência de história e de tempo histórico" (Mitchell, 1986, p. 29). Klein não está tão interessada no inconsciente como um sistema de pensamento seguindo leis particulares. Ela pensa mais um inconsciente como uma espécie de *continente* em que as representações do *self* e outros entram em colisão, e ela está menos interessada no trabalho do sonho do que nos *conteúdos* do sonho (Mitchell, 1986). O grandioso *self* narcisista que oculta um vazio oco, um dentro como espaço escassamente abastecido é um fenômeno comum que tem sido mais bem observado por aqueles que diagnosticam a sociedade em seu processo de transformação em uma "cultura do narcisismo" (Lasch, 1978). (Esse diagnóstico será discutido no capítulo 6). Klein não teoriza os distúrbios narcisistas, mas seu modelo da mente parece adequarse a esse sentido da mente, o qual está contido pela cultura contemporânea: a mente como continente de objetos.

O horror de ser uma criança chama à baila toda uma variedade de posições e defesas que permanecerão na vida adulta. As primeiras ansiedades psicóticas da criança colam-na psiquicamente ao primeiro objeto, o seio da mãe por meio da operação de certos mecanismos de defesa de crucial importância. Nessa primeira posição esquizo-paranóide, as defesas a um só tempo controlam e reforçam a ansiedade: a *Cisão*, a "separação de amor e ódio" e do "seio mau" em relação ao "seio bom" é um processo que despedaça o ego, bem como o objeto; a *Projeção* lança o instinto de morte para fora do objeto, ricocheteando, porém, para um perseguir da criança; a *Introjeção*, a tomada do objeto bom, é "uma précondição para o desenvolvimento normal", mas provoca ansiedades de dependência nas quais o ego é apenas uma "casca" para o objeto; e a *Identificação Projetiva*, "a entrada forçosa no objeto" conecta o ego ao objeto por meio de "fantasias" aterradoras de retribuição e de aprisionamento e perseguição no âmbito do objeto (Klein, 1946). O atingir da posição depressiva, a produção da "síntese entre os aspectos amados e odiados do objeto completo" (Ibid., p. 178) se faz acompanhada por luto, culpa e reparação. A posição paranóide-esquizóide e a posição depressiva não são estágios de desenvolvimento, mas posições que evitamos e revisitamos, e das quais não há como escapar.

3. Irrupção de guerra no espaço interno e externo

Klein trouxe para a psicanálise contemporânea o segundo sistema pulsional dual que Freud tentou esboçar em *Além do princípio do prazer* (1920), um modelo em que a libido deixa de lutar com os instintos do ego, mas no qual não há mais uma competição mortal entre o impulso de "vida" sexual imóvel e o impulso de morte. Para Klein esse é realmente o instinto de morte, um "impulso destruidor" projetado para fora em formas orais, anais e fálicas de agressividade, no devorar, incendiar e cortar o objeto, mas que repetidamente retorna como "ansiedade odiada e persecutória" (Klein, 1946, p. 180). As fantasias de matar, comer e de fazer o luto que são expressas nesses rituais específicos da Cristandade, e que são descritas por Freud como fenômenos patológicos são fantasias que se assemelham àquelas descritas por Klein como operando em cada criança (particularmente no modo como atividades físicas de comer são utilizadas como modelo para processos psíquicos de incorporação). Para Klein não é necessário retornar a eventos na horda primeva para abordá-las. Esses processos são realizados em cada grupo que habitamos, e o trabalho de Klein tem se mostrado atraente para alguns pesquisadores que anseiam por compreender conflitos no ambiente de trabalho.

Guerra de classe

O trabalho de Klein foi utilizado na década de 1950 com o intuito de ligar fenômenos individuais e grupais no trabalho. O ponto inicial do estudo de Elliott Jaques (1951, 1953) do conflito industrial foi a hipótese de que "um dos elementos de coesão primários atrelando indivíduos a associações institucionalizadas humanas é o da defesa contra a ansiedade emanando do nível desenvolvimental psicótico" (Jacques, 1953, p. 420-421). Abordagens kleinianas de projeção, introjeção e identificação foram utilizadas para ampliar a abordagem de Freud da psicologia de grupo. A explicação de Freud (1921) do laço que atava membros a um líder residiu na identificação e na inserção do líder no lugar dos ideais de ego de cada um dos membros, mas Jacques argumentou haver um sentido em que os membros de um grupo introduzem partes de si mesmos no líder e as identificam àquela parte de si mesmas que ali reconhecem. Esse é o processo descrito por Klein como identificação projetiva, e suas raízes se encontram na primeira infância, quando a criança projeta partes de si mesma na mãe e se identifica com essas partes. O ego, construído a partir dessas identificações, reconstrói-se a partir das partes fantasmáticas que um dia fizeram parte do mundo interno da criança fora do ego no inconsciente. O risco é o de que a projeção possa ser levada a tal ponto em que *tudo* o que é bom é sentido como estando fora, havendo um sentido de perda. O pânico em grupos, tal como descrito por Freud, que, segundo ele, segue-se ao afrouxamento dos laços libidinais, pode incluir um pânico pela perda das partes boas projetadas no líder, se este se perder.

Em organizações, que sempre consistem de diferentes subagrupamentos, um importante aspecto de experiência de grupo diz respeito às relações entre os grupos de que se é membro e de *outros* grupos (e esses pequenos grupos também se constituem de subgrupos). Aqui, a projeção de partes ruins a partir de um grupo minoritário em um grupo dominante pode provocar uma perseguição "real", que, porque então se torna "real" fora é capaz de racionalizar e com isso ignorar a dolorosa consciência do conflito na realidade psíquica:

> Um dos fatores operacionais... está no consenso no grupo minoritário, no nível da fantasia, para fazer frente ao escárnio e ao sofrimento [to seek contempt and suffering]. Ou seja, há uma cooperação (ou conluio) inconsciente no nível da fantasia entre perseguidores e perseguidos.
> (Jaques, 1953, p. 428)

O estudo de caso de Jaques dizia respeito a um departamento em uma empresa de engenharia de eletricidade. Havia cerca de 60 membros no departamento, e se constituíam, quanto à terapêutica, do que a análise de grupo chamaria hoje um "grupo amplo" (Kreeger, 1975). Conflitos irromperam entre representantes de trabalhadores (os administradores de lojas) e gerenciamento em tentativas de passar da condição de pagamentos por parte de trabalho a métodos de pagamento por taxa fixa. A disputa se realizava mais quanto à administração dos pagamentos do que quanto ao princípio do movimento (a respeito do qual todos concordavam). Havia conflitos entre os trabalhadores e os administradores de lojas e entre os administradores de lojas e a direção.

3. Irrupção de guerra no espaço interno e externo 149

Essas duas formas de conflito eram mais pronunciadas do que os conflitos entre os trabalhadores e a direção. Jacques explicou esse processo usando noções de defesa contra a ansiedade paranóide e depressiva, e suas preocupações relacionavam-se menos à identificação projetiva como forma de alienação na sociedade capitalista (cf. Hinshelwood, 1983, 1985, 1996) e mais ao modo pelo qual a alienação pode tornar-se palatável em um novo contrato entre trabalhadores e a direção.

Em primeiro lugar, os trabalhadores dividiram a direção em boa e má direção (os bons diretores sendo aqueles com quem se mantinha contato direto), e os impulsos destrutivos eram projetados nos administradores de lojas (que estavam em contato direito com o "mau" gerenciamento). O administrador de loja, então, carrega a hostilidade sobre a força de trabalho. Uma vez que os administradores de lojas manifestaram comportamento hostil para com a direção, os trabalhadores se mostraram capazes de lidar com sua cisão paranóide da direção entre bem e mal (e desse modo poderiam trabalhar com o bem). O conluio entre facções em oposição também pode ser abordado. Os administradores de lojas se mostraram capazes de conter a hostilidade e o ímpeto destruidor que sentiam como voltado à direção pelo vivenciar desses impulsos não como sua propriedade particular, mas como expressão do desejo de seus membros. O gerenciamento estava na extremidade receptora dessas projeções, mas tinha seu próprio investimento nesse processo. Para seus integrantes, a culpa no manejo de autoridade contra os trabalhadores, com todas as ansiedades e fantasias associadas de poder que sobrevêm com tal autoridade, poderia ser amenizada pelo idealizar dos administradores de lojas como representantes dos trabalhadores. Desse modo, os processos inconscientes em cada grupo complementaram um ao outro e reforçaram-se:

> um processo circular foi acionado. Quanto mais os representantes dos trabalhos atacavam os diretores, mais os diretores os idealizavam a fim de aplacá-los. Quanto maiores as concessões feitas pela diretoria aos trabalhadores, maior a culpa e o medo de uma ansiedade depressiva nos trabalhadores, e portanto maior o retrocesso de atitudes paranóides como forma de evitar a ansiedade depressiva.
>
> (Jaques, 1953, p. 434)

Estruturas de guerra

Talvez pudéssemos olhar para a experiência da violência e da violência simbólica na cultura desde a morte de Freud para compreender os modos pelos quais imagens da vida e de destruição se fizeram incrustadas nas concepções do *self* que as pessoas hoje entretecem e nelas habitam. Assim como uma fala sobre uma pulsão de morte pôde tornar-se plausível após a Primeira Guerra Mundial, a bizarra e pessimista abordagem da mente da criança por Klein como dividida entre "gratificação" e "aniquilação onipotente" parece verdadeira após a Segunda Guerra Mundial. O discurso popular sobre agressividade e projeção inata, a circulação de massa da psicanálise pré-guerra na consciência cotidiana também provocam uma espiral mais profunda que desce a fantasias ainda mais devastadoras sobre o que a criança terá de ser e, nessa medida, do que nós realmente temos de ser. Mesmo sua preferência de grafia por "fantasy" como "phantasy" serve para enfatizar que o que preocupa os kleinianos são representações que habitam o *inconsciente* (daí a grafia com "ph", freqüentemente adotada neste capítulo). Quando Klein fala de "inveja, voracidade, ódio e sentimentos de perseguição em relação ao objeto primevo, o seio da mãe, como em ampla medida inatos" (Klein, 1956, p. 227), podemos lê-la como descrevendo *signos* potentes, palavras e frases poderosamente catexizadas no discurso da cultura ocidental, a mesma cultura que com base neles era obtida – mesmo se ela pensasse simplesmente vê-los em suas crianças, em seus pacientes crianças (Grosskurth, 1986).

O erigir de tabus na fala sobre sexualidade e violência, esse que foi incentivado pela popularização da psicanálise, não foi simplesmente um processo de revelar o que sempre esteve ali. Esse tipo de discurso é, como Foucault (1976) apontou, *produtivo*. Falar sobre o conhecimento inato do pênis, da vagina e do útero, como faz Klein, é atribuir à criança o que agora todos sabemos, e sabê-lo tão bem no discurso relativo ao sexo que agora nos cerca, que não podemos imaginar ser possível não conhecê-lo. E uma vez que o discurso sobre o sexo é um dos que nos incitam a continuamente saber mais, talvez não surpreenda o projetar de nosso desejo obsessivo em conhecer a criança, como se fosse realmente "o instinto epistemofílico e o desejo de tomar posse" (Klein, 1928, p. 72).

3. Irrupção de guerra no espaço interno e externo 151

O trabalho de Bion sobre grupos e a aplicação de idéias kleinianas em terapia de grupo foram perseguidos como um resultado direto da guerra, e psicanalistas foram atraídos pela tarefa de dar prosseguimento à guerra de maneira mais eficaz. Vimos no capítulo 1 como psiquiatras da Clínica Tavistock se mostraram preocupados com o apoio moral no exército e com a análise da "mentalidade inimiga" durante a Segunda Guerra Mundial. Logo depois da guerra, a "ala militar" da Clínica Tavistock foi transformada (na "Operation Phoenix") e um *Tavistock Institute of Human Relations* como órgão separado foi constituído em 1947 com permissão da Fundação Rockfeller (Trist e Murray, 1990). A análise da mentalidade inimiga então se voltou para o caráter nacional russo, com um estudo bastante vigoroso baseado em intensivas entrevistas realizadas em 1952 com dissidentes do regime soviético (Dicks, 1960). A própria psicanálise como instituição foi cooptada por formas de guerra na condição de realização de fantasias inconscientes. O inimigo era visto não só como elemento estranho ao estado nação, mas havia uma ameaça que sempre pairava sobre a ordem social mesmo em casa. Ao mesmo tempo em que davam continuidade a uma guerra fria para o Estado, os psicanalistas da Tavistock direcionavam suas energias para entender e abordar o conflito na indústria, e também esse foi o contexto para a "pesquisa de ação" terapêutica realizada por Jaques (1951).

Defesa civil

Essas descrições da psicodinâmica da guerra interna trazem conseqüências para o modo de se pensar em respostas para o planejamento da defesa civil quando surge a guerra como que envolta em brumas. A ameaça de uma guerra nuclear até fins da década de 1980 condensou esses tipos de ameaças e provocou alguma discussão útil sobre como ameaça e defesa deveriam ser avaliadas. Planos de governo para situações de guerra tendem a alimentar o problema e suscitar crítica e oposição, e isso é tanto mais importante à medida que a bomba nuclear se torna o repositório de sentimentos destrutivos. Usando um quadro estrutural kleiniano, Richards (1984a) argumentou que há uma fantasia de caráter dual que nos encerra em dificuldades no que diz respeito à morte. Por um lado, a Bomba se torna o repositório de sentimentos de ódio e destruição, esses que a ela também identificamos e essa identificação produz sentimentos de culpa. Conseqüência disso é a regressão para uma negação onipotente do poder da Bomba. Por outro lado, o incrível poder da Bomba é compensado por uma crença não menos onipotente na capacidade de abrigos que nos possam proteger, e em poderes quase mágicos de sobrevivência e de regeneração.

Seria tentador concluir daí que esse planejamento de defesa civil devesse ser rejeitado como fora de controle, mas isso seria incorrer em uma imagem especular do primeiro problema e em fantasias do governo em preparação para a guerra. Uma recusa do plano em sobreviver poderia ser interpretada como negação e como expressão de intenso conflito interno entre o medo e o ódio contra a aniquilação nuclear (um pavor traumático no pensamento do *self* sendo extinguido) e um desejo de aniquilação (um desejo de terminar o conflito e dar um ponto final à luta pela sobrevivência). Qualquer símbolo de completa destruição evocaria esse conflito entre medo e desejo, e a conseqüência seria não mais a cisão em "bem" e "mal" projetada no mundo exterior (e a divisão entre o "mundo livre" e o "império do mal"), mas também uma oscilação entre dois extremos e posições igualmente desesperançadas, nas quais passamos rapidamente da fé onipotente em nossa capacidade de fazer parar a Bomba até a desesperadora impotência, para então retornar a nossa fé onipotente. Esse tipo de cisão é composta por imagens do governo como parte de um Estado de Bem-Estar que está encarregado da proteção dos cidadãos. O Estado é percebido como um substituto dos pais que nos alimentam e tomam conta de nós. A descoberta de que o Estado não pretendia nos proteger, mas tão-somente reservar lugar nos abrigos para seus administradores é por demais traumática: é como se descobríssemos que nossos pais gostariam de nos matar – uma velha e poderosa fantasia, pois sim, um tema recorrente e comum nos contos de fadas (Bettelheim, 1976). Esses níveis cada vez mais profundos de ameaça nos conduziram a estratégias mais elaboradas de negação, e Richards (1984a) argumenta que existe assim um imperativo do não saber, e nessa medida uma recusa de se pôr em prática planos para qualquer defesa. Para Richards, todos esses fatores

3. Irrupção de guerra no espaço interno e externo

153

são expressos em uma recusa mesmo em se discutir uma alternativa civil de provisão de defesa.

Nessas abordagens kleinianas do potencial de guerra sempre presente temos também algumas prescrições para o modo como lidar quando a cisão paranóide-esquizóide nos absorve em espirais de violência. Podemos também utilizar conceitos kleinianos para entender a dinâmica *cultural* que mantém esse impulso de guerra em movimento e rastrear o caminho em que os conceitos kleinianos eles próprios estruturam ansiedades sobre ameaças que circulam pela cultura levando consigo representações de guerra.

GUERRAS DOS MUNDOS

Passemos agora aos encontros com alienígenas. O uso do trabalho de Klein servirá não só para iluminar algumas das dinâmicas nesses textos, mas também para mostrar como as abordagens são sintomáticas da emergência de um sentido kleiniano de nós mesmos como algo que vem se dar como se fosse verdadeiro. As descrições do *self* e outras que são elaboradas em discursos sobre óvnis cristalizam fantasias públicas populares. Esse é um dispositivo que tem um público maciço. Por exemplo, um dos maiores sucessos do cinema de 1996, e o sucesso mais rentável de toda a história do cinema (faturando US$100 milhões de dólares em seis dias e meio) foi o *Independence Day*, exibido nos EUA a partir de 4 de julho. Em sua esteira seguiram rapidamente vários outros filmes sobre invasão alienígena (Como *Star Trek: Primeiro Contado e Marte Ataca!*). Enquanto isso, a série televisiva *Arquivo-X* atraiu milhões de telespectadores para o universo mixórdico da ficção científica paranormal dos agentes Mulder e Scully.

Esse é um universo simbólico na perpétua iminência da destruição como resultado de assaltos de forças ocultas do espaço externo e interno, com o indivíduo correndo o risco de ser abduzido por alienígenas vindos das estrelas e tendo seu destino ocultado por agentes nos porões do Estado. Podemos rastrear esse universo com um enfoque em complexos discursivos de desamparo, de romance familiar, de identificação projetiva e testes de realidade. Diferentemente do que vimos no capítulo anterior, essa análise haverá de ocupar grande parte do texto. Cito com base na série de livros, revistas e jornais da comunidade óvni, contando com a ajuda de entrevistas e debates (que não citarei diretamente aqui) sobre esses temas junto ao público que assiste a algumas das muitas conferências dessa comunidade. Esses complexos transformam o discurso que organiza o mundo de alienígenas no mundo de Klein, mas a possibilidade mesma de ler esses textos dessa maneira é uma evidência de uma subjetividade kleiniana circulando no meio deles.

Desamparo

Crianças são dependentes de outros que podem dar um ponto final ao intolerável sentimento de tensão que as necessidades biológicas produzem. A base biológica para a impotência de seres humanos, então, tanto é embutida em sua relação primeira com pessoas que tomam conta, como é mediada por essa relação, e seu desamparo também põe em jogo uma estrutura para situações traumáticas e para a produção de ansiedade (Freud, 1926). Há um tema recorrente de subordinação e submissão na literatura "contactada" ("contactados" são os que entraram em contato com alienígenas"). A descrição de Strieber (1987, p. 24) de seu primeiro encontro com alienígenas, em seu *best-seller Communion* apresenta-o "em um estado de aparente paralisia" e de confusão com seu estado de imobilidade, perguntando-se, antes de qualquer outra coisa, se aquilo não seria um sonho: "Talvez seja por isso que eu tenha continuado sentado na cama, sem ação. Ou talvez minha mente já estivesse sob alguma espécie de controle" (Ibid., p. 22). Quando o alienígena lhe pergunta, com um sotaque do meio-oeste americano, o que poderia fazer para que ele parasse de gritar, Strieber diz:

> minha resposta foi inesperada. Ouvi minha própria voz dizendo: "Você poderia deixar que eu o cheirasse". Eu estava embaraçado; não é uma pergunta que se espera, e ela me aborreceu. Mas fez muito sentido para mim, como depois vim a perceber. O que estava a minha direita respondeu: "Tudo bem,

3. Irrupção de guerra no espaço interno e externo

posso fazê-lo", com um tom de voz semelhante, falando muito rapidamente, e pôs a mão contra meu rosto, segurando minha cabeça com sua outra mão. O odor era diferente e me deu exatamente o que eu precisava: uma âncora na realidade. (Ibid., p. 28-29)

Embora nesse caso o alienígena seja homem, o que acontece muitas vezes é os contatados se encontrarem com figuras que eles percebem como sendo do sexo oposto. A certa altura, Strieber comenta que "não sei o porquê, mas tive a nítida impressão de que era uma mulher, de modo que passei a tratá-la no feminino" (Ibid., p. 25). Em alguns casos o gênero do alienígena é importante para as fantasias postas em prática no contato, como no caso de Antônio Villas-Boas, abduzido no Brasil e seduzido por uma alienígena loira de olhos azuis (Valle, 1988, p. 139). A relação o mais das vezes modifica-se rapidamente e se converte em uma maternagem envolvente e persecutória. A polaridade que subjaz às abordagens da relação entre alienígena e abduzido é a de homem-mulher, mestre-escravo e ativo-passivo. Essas polaridades também cedem espaço para o abduzido, como defesa contra o desamparo, e são convertidas em fantasias de onipotência.

Ao mesmo tempo em que o alienígena é poderoso, também ele está desamparado: "São indivíduos frágeis e limitados, distantes do lar" (Strieber, 1986, p. 290). Strieber é visitado por uma figura de aproximadamente "um metro de altura, não muito mais do que isso... de qualquer modo, é menor e mais luminosa do que meu filho" (Ibid., p. 22). Alguns grupos contatados nos EUA são hoje grandes protetores de alienígenas, e preferem usar uma denominação mais simpática aos óvnis: "Ufolk" (Hough e Randles, 1992). Existem debates pormenorizados sobre a diferença entre os "grays" e os "reticulans", que estão "entre os mais benevolentes extraterrestres em visita a este planeta" (Stevens, 1992, p. 17).

A interferência alienígena não raro envolve um imaginário sexual de caráter violento:

dois daqueles atarracados abriram minhas pernas. O que me lembro depois disso foi de ter visto um objeto enorme e extremamente feio, cinza e escamoso, com uma espécie de rede de arames na extremidade. Media ao menos 30 cm de comprimento, era estreito e de estrutura triangular. Eles introduziram aquela coisa em meu reto. Ela parecia fervilhar dentro de mim, como se tivesse vida própria. Ao que parece, tinha por finalidade obter amostras possivelmente de matéria fecal, mas ao mesmo tempo eu tinha a impressão de estar sendo estuprada, e pela primeira vez tive medo.

(Strieber, 1987, p. 30)

Hoje há debates na literatura de contatos alienígenas versando sobre o significado do abuso real pelos pais daqueles que mais tarde contam terem sido abusados por alienígenas (por exemplo, Basterfield, 1991; Brookesmith, 1995). O medo como defesa é o que se tem expresso na maioria das vezes em ficção científica em formas deslocadas de racismo – o alienígena na condição de "outro" – e embora a mensagem em algumas abordagens seja a de um encontro de mundos, a fantasia de conhecimento é muitas vezes a de uma guerra dos mundos na qual a coisa a ser conhecida deve ser completamente desmantelada e dominada.

As fantasias polarizadas de desamparo e onipotência recebem o amparo das de masculinidade e feminilidade, de mestre e escravo e de atividade e passividade, e essas passam a receber uma dinâmica adicional mediante as polaridades da ficção científica entre tecnologia e natureza. Um dos membros participantes em um grupo de discussão de contatados diz o seguinte:

quando me deparei pensando naquilo, já sozinho, comigo mesmo, senti um pouco de raiva, e comecei a pensar, que diabos estão pensando que são, podendo fazer conosco o que bem desejam, como se não fôssemos coisa alguma. Aquilo realmente me incomodou, e foi aí que eu apaguei.

(Strieber, 1987, p. 258)

Não ser "nada" é ser aniquilado, feminizado, escravizado, pacificado e tratado como natureza. Mas a tecnologia vivenciada de forma tão

3. Irrupção de guerra no espaço interno e externo

persecutória é também uma forma de tecnologia que pode fazer algo especial com base em algo que "não é nada".

Romance familiar

Entre as fantasias de Édipo, lançamos ataques a nossos próprios pais e tentamos encontrar pessoas melhores que nos sirvam de molde, e dentre essas pessoas algumas das que exercem maior atração são as encontradas nos "romances familiares", nos quais podemos imaginar que realmente somos o produto biológico de outro casal superior (Freud, 1909b). A idéia de que nossos pais na verdade vieram do espaço sideral é uma das mais extremas, mas também, nos dias que correm, uma das formas mais disseminadas do romance familiar. Enquanto prazer e resolução do romance familiar, a idéia de que somos o produto de uma classe de seres melhores do que nossos pais certa vez se fez confiar à criança por meio de contos de fadas (Bettelheim, 1976), hoje ela própria, por sua vez, já aparece em narrativas de ficção científica. Em alguns casos, a fantasia é deslocada para o pensamento de que Deus realmente foi um homem do espaço (Däniken, 1976).

A Claude Vorilhon, contatado na França, foi dito que os seres humanos haviam sido criados por cientistas de uma civilização avançada em "um fantástico experimento científico" (Letourneau, 1992, p. 25). A noção de que os responsáveis pela interface e abdução são, em certos aspectos, nossos verdadeiros pais, compõe a ansiedade e o sentido de violação e violência interna trazida por essas narrativas. Isso também traz à baila ansiedades sobre reuniões com eles e suas intenções de uma vez nos submeter ao terror da separação. Uma questão freqüentemente colocada por grupos contatados e peritos em óvnis é a seguinte:

> os ocupantes dos óvnis querem diminuir a distância entre a nossa raça e a deles a fim de finalmente aterrissar e se associar a nós em nosso planeta?... Ou então esses alienígenas desejam meramente enriquecer seu próprio cabedal, para então partir de forma tão misteriosa quanto chegaram?
> (Budd Hopkins, citado em Vallee, 1988, p. 131)

O "Grupo de Investigação Direta sobre Fenômenos Alienígenas", com sede em Bolton, Reino Unido, acredita que a espécie humana está sendo submetida a um vasto experimento por 99 diferentes formas de alienígenas que eles catalogaram, e acreditam também que as fêmeas humanas estão sendo usadas como parte de um programa de reprodução alienígena. Fantasias de exclusão e de inveja posicionam os alienígenas como machos, como pais que estão dentro da "nave mãe", dentro do alienígena envolvente e, de um modo geral, persecutório, que é a mãe. As fantasias se dão sobre o modo como os alienígenas podem vir a estar dentro da parte feminina de nós mesmos, de nossa "espécie".

A um grupo contatado em Stanford, USA, chamado "Metamorfose Individual Humana" foi dito que eles estavam chegando a um período histórico em que poderiam ultrapassar a natureza humana e deixar fisicamente o planeta. Os líderes do grupo conhecido como "Os Dois", eram nascidos nos Estados Unidos, e nem bem haviam chegado aos 30 e poucos anos, casados, que

> de súbito foram tomados pela sensação de que havia um motivo para estarem aqui. As circunstâncias terminaram por reuni-los. Isso foi alguns anos antes de se aperceberem que procediam de um nível diferente, acima do nível humano, um nível físico que procedia do espaço sideral.
> (Vallee, 1979, p. 73)

O grupo contatado que concorreu a eleições na Califórnia pela "Plataforma do Espaço" argumentou que a constituição americana e a Carta Magna "encontravam-se salpicadas por Pessoas-Pires – de maneira invisível, mas absolutamente por eles, e podiam provar que era assim" (*Ibid.*, p. 112). O impulso para conhecer esse sistema invisível, como a penetração dos segredos do outro alienígena, generalizado, da mãe alienígena, provê fantasias adicionais sobre o que mais há para se conhecer.

Os temas comuns no decorrer da história e da cultura da visitação por seres superiores, e de visões de suas naves ou carruagens espaciais suscitam questões sobre os conteúdos de um inconsciente coletivo e universal, e Strieber discute-os, incluindo uma referência aos comen-

3. Irrupção de guerra no espaço interno e externo

tários de Jung (1959) sobre o tópico. Mas para ponderar a respeito quando se tomam os próprios fenômenos como verdadeiros convida a reflexões sobre uma questão de origem parental: "Quem sabe eu e você sejamos larvas, e os 'visitantes' sejam seres humanos em sua forma amadurecida" (Strieber, 1987, p. 224). Nas sessões de regressão hipnótica Strieber lembra as vozes alienígenas dizendo a ele "Você é nosso escolhido" (*Ibid.*, p. 83). "Ser especial" aqui inclui tanto a revelação de conhecimento à pessoa que está sendo abduzida como o confiar de segredos do invasor. A abdução é realizada a fim de que seres humanos, ou esse ser humano em particular, possam ser estudados. Um pesquisador comentou que "esses casos têm se tornado tão comuns, a ponto de serem um dos elementos definidores de abduções. Deposita-se uma ênfase peculiar nas funções reprodutiva e neurológica, com o aparente negligenciar de todo o resto" (Bullard, 1991, p. 47). Em uma abordagem, uma mulher chamada Kathy recordou, em estado de hipnose, que os seres a tocaram e a mantiveram em "um estado quase anestesiado" enquanto a operavam e removiam seu óvulo (Vallee, 1988, p. 9). Betty Hill relatou, também em estado de hipnose, que quando ela fora abduzida juntamente com o marido, em 1961, uma longa agulha foi inserida em sua vagina como parte de um "teste médico simulado" (*Ibid.*, p. 122). Bruce Cornet relatou um encontro com os "tans", quando foi apanhado, despido e lançado sobre uma mesa fria, e ali instrumentos foram anexados em sua genitália e retiraram uma amostra de seu esperma!" (Cornet, 1995, p. 65).

Em alguns casos, o contatado é posto em isolamento, e será responsável pelo conhecimento ou habilidades recebidos pelos alienígenas. Esse foi o caso de Uri Geller, que caminhou em direção a um óvni em um deserto nas proximidades de Tel Aviv e recebeu seus poderes naquele local (Vallee, 1979, p. 133). Em uma história típica dos encarregados com uma missão por alienígenas, um dos amigos de Geller, Jim Hurtak, descreveu o impulso magnético de um óvni, seu contato com "a inteligência mais elevada", seu corpo sendo penetrado por um facho de luz e a apresentação que lhe foi feita de códigos científicos em um manuscrito chamado "As chaves biocomputadorizadas para a zona do tempo de nossa consciência, a mim revelados pelo Mestre Controlador de Mensagens Metatron e Opthanim" (*Ibid.*). George King foi escolhido em Londres, em março de 1954, enquanto lavava louça, mas o primeiro contato não passou de uma voz que lhe dizia: "Prepare-se. Você está para se tornar a voz do Parlamento Interplanetário" (Evans, 1973, p. 150). King foi ao encontro da Aetherius Society, que tem milhares de membros em diferentes países que acreditam que o Reino é o "canal terrestre fundamental" para uma civilização avançada com base em Vênus, e aquele parlamento se reunia em Saturno. Agora a Sociedade retransmitia, por meio de King, os decretos de "Setor Marte 6" (Shaw, 1994).

Juntamente com as fantasias destrutivas – do alienígena dirigido para as partes internas do corpo, e do *self* dirigido ao alienígena e desejando obliterá-lo – são fantasias reparadoras. Essas tais ansiedades depressivas de destruir e ser destruído, porém, assumem uma viragem lingüística nas abordagens narcisistas e onipotentes dos que são selecionados por alienígenas para mudar o mundo. Claude Vorilhon foi contatado por uma nave espacial perto de Clermont-Ferrand, e lhe foi dito que ele havia sido especialmente escolhido. A forma de vida alienígena comunicou-lhe que tal se dava "por muitas razões. Em primeiro lugar, precisamos de alguém que tenha vivido em um país onde novas idéias são bem-recebidas. A França é o país onde nasceu a democracia, e sua imagem para toda a Terra é a de ser o país da liberdade" (Vallee, 1979, p. 142). Ser isolado é uma fantasia de onipotência narcísica, mas ser isolado para ser alvo de atenções é algo que traz consigo a subordinação a uma inteligência mais elevada. Embora isso repita a submissão ao alienígena, também provoca a defesa de ter sido "escolhido", do "sentido de onipotência com a finalidade de controlar e manipular objetos" (Klein, 1935, p. 133).

Identificação projetiva

Freud (1911a) descreve a projeção patológica de material de dentro do *self* para o exterior, geralmente para outras pessoas, como parte dos mecanismos de paranóia, e Klein (1946) segue a lógica bizarra desse processo para mostrar como o interior que é expelido e localizado em outros ainda está atrelado ao *self*. O que é projetado é também identificado com o isso, de modo que tudo o que é lançado para fora

3. Irrupção de guerra no espaço interno e externo

retorna, e a violência da expulsão e da penetração do corpo da mãe, como caso paradigmático, rivaliza com a violência da invasão do *self* por ocasião do retorno dos objetos maus.

Strieber inclui transcrições de sessões de regressão hipnótica, e essas produzem memórias adicionais da experiência do encontro:

> ela estava me chamando, sem dúvida. Em certo sentido, achei que eu poderia amar aquele ser – quase como posso amar minha própria *anima*. Eu concebia em relação a ela os mesmos sentimentos de terror e fascinação que tenho em relação a alguém que vi a me perscrutar dos recônditos profundos de meu inconsciente.
>
> (Strieber, 1987, p. 105)

A imagem confortadora da *"anima"* se faz rapidamente desvirtuada em uma fantasia de penetração, e a confusão entre o dentro e o fora é experimentada como aterrorizante, como algo que parece insolúvel: "Seu olhar parecia capaz de me adentrar profundamente, e foi aí que olhei bem dentro de seus olhos e pela primeira vez senti uma sensação de profundo incômodo. Era como se cada detalhe vulnerável de meu *self* fosse conhecido por aquele ser" (*Ibid.*, p. 106). Simultaneamente conhecer e ser conhecido é operar como identificação projetiva na qual o "instinto epistemofílico" é projetado no alienígena e volta para o ego à medida que o alienígena tenta saber o que a vítima conhece.

Em um dos grupos contatados há uma discussão sobre "a intrusão sexual experimentada por alguns dos homens, envolvendo a extração de sêmen com uma sonda, ou sorvendo-o com uma espécie de dispositivo a vácuo (*Ibid.*, p. 273). A penetração no corpo e o extrair das entranhas com um instrumento, fantasia que preocupa a criança e que é direcionada contra a mãe (Klein, 1955), faz-se também, em muitos casos, uma penetração na mente. O apreender físico do alienígena e a remoção à força de pedaços do corpo pelo alienígena é a expressão sintomática e o modelo entre os contatados para a incorporação e para o modelar mental. Dois dos mais celebrados contatados durante muitos anos nos EUA foram Barney e Betty Hill. Enquanto Betty Hill contava que os alienígenas falavam-lhe em inglês "com sotaque" – isso nas proximidades da Pease Air Force Base, em New Hampshire – seu marido Barney relatou que:

> Eu não ouvia uma voz real. Mas em minha mente, eu sabia o que ele estava dizendo. Não era como se eu estivesse falando comigo mesmo de olhos abertos, e estivesse sentado diante daquele quarto. Era mais como se as palavras estivessem ali, como parte de mim, e ele estava fora da real criação das palavras.
> (Vallee, 1988, p. 121)

A inserção de objetos e de pensamentos é também a intrusão de sentimentos: "Eles também podem criar palavras no centro de suas cabeças. Ocasionalmente há quem sinta emoções poderosas provindo deles" (Strieber, 1987, p. 250). Em um grupo contatado, parte de uma discussão acontece da seguinte forma: "Fred: 'Sinto como que se estivesse esmurrando um deles. Sempre havia um junto ao qual se podia sentir conforto, segurança'. Jenny: 'Ele era como que parte de mim. Como se fosse em mim'. Mary: 'O tempo inteiro há uma pequena parte dele em mim'" (*Ibid.*, p. 262).

Os olhos são importantes para a interpenetração do *self* e do outro, com as criaturas sendo relatadas de várias maneiras pelos contatados pelo mundo afora como tendo olhos que são:

> Com fendas horizontais; grandes e sensíveis; sem pupilas e sem pálpebras; enormes; grandes, redondos e ameaçadoramente vermelhos; vermelho-alaranjados; enormes, circulares, proeminentes, verde-amarelados; salientes, com pequenas irises; como olhos humanos; como de sapos, pequenos, brilhantes como brasas ardentes, como olhos de gato; ou então encravados na testa.
> (Vallee, 1988, p. 297)

Os olhos são pontos de contato e portas de entrada: "Seu olhar parecia capaz de me adentrar profundamente... Na verdade, eu podia sentir a presença daquela pessoa dentro de mim – presença que era tão incômoda quanto curiosamente sensual" (Streber, 1987, p. 106). Essa invasão conecta com algo que está dentro, como alguma coisa que

3. Irrupção de guerra no espaço interno e externo

pode ser "curiosamente sensual", mas sendo também algo que irrompe as fronteiras entre o interno e o externo.

Contatados podem ser atraídos para conspirações que também incluem especificações de forças inimigas que precisam ser derrotadas. O *Cosmic Voice*, periódico da Aetherius Society, relatou que uma tentativa da parte de criaturas-peixes altamente inteligentes, no planeta de Garouche, de "aniquilar toda a vida humanóide sobre a Terra" só teria sido impedida por marcianos (Evans, 1973, p. 158). Por vezes as abordagens são de submissão a um objeto bom que é amado, bem como odiado, e por vezes há objetos bons e maus. Mas a fantasia de destruir o objeto mau também é, com muita freqüência, combinada à fantasia de se fundir ao bom. Tem-se o exemplo de Claude Vorilhon que, em Clermont-Ferrand, recebeu a seguinte mensagem:

> Você deve eliminar eleições e votos de humanidade. Os homens são as células úteis de um grande corpo chamado "Humanidade". Uma célula no pé não tem de dizer se a mãe deve ou não apanhar um objeto. O cérebro decide, e se o objeto é bom, a célula no pé se mostrará útil para isso... Um governo mundial e um novo sistema monetário deverão ser criados. Um único idioma servirá para unificar o planeta.
> (Vallee, 1979, p. 143)

Um dos contatados em um grupo de apoio diz: "Eles são nós e nós somos eles, de modo que se você os chama 'eles', mas diz 'eles estão olhando para nós, eles estão fazendo isso para nós', esse modo de dizer está errado. Eles são nós e nós somos eles" (Strieber, 1987, p. 253). Embora sejam alienígenas do espaço sideral, uma vez que entram no espaço interno, os terrores de perseguição e aprisionamento, deles em nós e de nós neles, multiplicam-se.

Teste de realidade

A discussão, por Freud (1911b), do processo pelo qual deslindamos do mundo externo percepções originárias do mundo interno, chegando assim a algum sentido do que a realidade social é, produz mais problemas do que soluções em psicanálise. A tradição de relações de objeto ocupa-se disso descrevendo uma espécie particular de elo mental de elementos (no trabalho de Bion) ou pelo tornar a mãe responsável por ser "real" em face da alucinação infantil do que é e do que não é (no trabalho de Winnicott). Abordagens kleinianas de fantasia e realidade também gravitam em torno do elaborar de elos, mas de modo que é difícil ver como a criança escapa do mundo do pesadelo que ela constrói em torno de si mesma.

Parece ser da natureza da pesquisa de óvnis a proliferação de teorias conspiratórias. Em algumas abordagens, objetividade e subjetividade se sucedem a uma velocidade alucinante; tanto que o teste de realidade deixa de ser a base para elas, e jamais pode ser o oposto da verdade: "Minha vida consciente nada mais era do que um disfarce para outra realidade" (Strieber, 1987, p. 113). Essa abordagem não se adequará a um modelo "teste de realidade" freudiano de desenvolvimento do ego, pois a "realidade" continuamente testada corre o risco de se desintegrar. Mais tarde Strieber dirá "posso discernir uma agenda visível de contato no que está acontecendo. Nos últimos 40 anos, ou aproximadamente isso, seu envolvimento conosco não só tem se aprofundado, mas tem se disseminado rapidamente pela sociedade" (*Ibid.*, p. 290). As conexões entre coisas, entre símbolos, são modos de lidar com a ansiedade aqui, não de lidar com o que tomamos como sendo a realidade.

Freqüentemente, a interferência por parte de alienígenas só pode ser inferida a partir de atos característicos que não têm seres humanos como alvos, e aqui pode-se entender a abdução ou destruição de animais. O tema do corte do objeto, o tema da agressão fálica está relacionado a fantasias de tecnologia masculinizada, fantasias essas projetadas em alienígenas e então substituídas por imagens de corte de animais, e não de nós. Mutilações de gado, com órgãos específicos cortados e o sangue drenado do animal têm sido amplamente relatadas nos Estados Unidos, pelo menos no âmbito da literatura sobre óvnis, e atribuídas a alienígenas: "No período de 18 meses que antecederam janeiro de 1977, houve 700 mutilações em 15 Estados do oeste americano. Mais

3. Irrupção de guerra no espaço interno e externo 165

de 180 casos ocorreram no Colorado somente em 1975 (Vallee, 1979, p. 164). Quanto mais mundana a resposta parece ser, mais sinistra a conspiração: "Quadrados ou círculos perfeitos foram tirados do couro. Em um dos casos, um escalpelo fora deixado para trás; era um artigo comum de excedente militar" (*Ibid.,* p. 176).

A cisão esquizo-paranóide que estrutura tais tentativas de dar algum sentido a eventos tão estranhos abastece e obstrui a construção de liames entre diferentes símbolos. Há um sentido tanto de que há conexões, conspirações, como também de tentativas de ocultar as conexões. A ansiedade que provoca o desenvolvimento do símbolo nesse reino faz-se, então, intensificada pela ansiedade que a fantasia e realidade não podem ser desenredadas.

Um autor propõe que mutilações do gado bovino teriam sido realizadas por "agências secretas do governo americano" e que essa seria "dentre todas as teorias, na verdade, a mais digna de crédito, mesmo carecendo de uma lógica perceptível" (Amendola, 1992, p. 17-20). Juntamente com a influência oculta dos alienígenas tem-se uma abordagem de conspirações ocultas por aqueles que ocupam o poder, os quais se recusam a reconhecer que os alienígenas se encontram entre nós. Um caso típico é a reprodução de documentos oficiais no artigo "Covert Operations of the US National Security Agency" ["Operações Secretas da Agência de Segurança Nacional dos Estados Unidos"] em *Nexus: New Times* (1995, 3(3), p. 17-20). Há um problema na "recusa a se levar a sério a questão. Muitas pessoas da maior reputação têm sido tragadas por essa instância" (Strieber, 1987, p. 234). É tema recorrente na literatura sobre os óvnis um acobertar pelo governo americano e pela Força Aérea dos Estados Unidos. No passado, algumas das explicações para todo esse segredo e para toda essa operação de ocultamento versavam sobre a suspeita, por governos do Ocidente, de uma conexão com a União Soviética, onde durante muito tempo houve grande interesse de pesquisa pelos óvnis (Ostrander e Schroeder, 1970).

O teste de realidade é um processo deliberadamente buscado no mundo de contatos com alienígenas, havendo pedidos de uma "pesquisa sensata" na comunidade óvni (Randles, 1992a, p. 3). E um dos modos de garantir uma "pesquisa sensata" é proporcionado pelos vínculos construídos com cientistas naturais interessados em óvnis. E então, quando essas pessoas iniciam seu debate sobre abduções e contato telepático, por exemplo, algum tipo de "conhecimento" pode ser apresentado como amparo a uma investigação sensata. Um exemplo se tem na entrevista com o "Dr. Bruce Cornet, geólogo, cientista, buscando um modo de explicar o conhecimento que tem sido posto dentro dele" (Cornet, 1995, p. 57). "Ao que tudo indica, [uma] equipe de psicólogos extraterrestres", disse o Dr. James Harder, professor de engenharia na Universidade da Califórnia, em Berkeley, "está atuando entre nós, matando e dissecando o gado de criação, raptando seres humanos jovens e saudáveis" (Ribera, 1992, p. 19). Essas avaliações da probabilidade de invasão alienígena também têm sido recentemente relacionadas a debates sobre "falsas lembranças" em psicoterapia, com argumentos de que alguns pesquisadores de óvnis têm sido por demais zelosos ao questionar vítimas, e que eles podem ter "implantado" lembranças de abdução alienígena (Schnabel, 1994; Brookesmith, 1995).

A comunidade óvni também se vê demonizada pelas tentativas das autoridades de aniquilar seu trabalho. Juntamente com os pedidos por uma investigação racional íntima de fenômenos alienígenas, há uma consciência de que, nos termos de um investigador, "isso é o que um agente governamental faria" (Randles, 1992a, p. 3), e tem havido pedidos de que "alegações sérias de espiões em nosso meio sejam adequadamente ventiladas" (Randles, 1992b, p. 11). Aparições por parte daqueles que se apresentam como peritos simpáticos aos óvnis, os quais então desacreditam a pesquisa sobre os óvnis, estão sujeitas a um cuidadoso escrutínio (por exemplo, Banyard, 1992; Roberts, 1992), e comentários sobre os *Arquivos-X* não raro têm se mostrado hostis às séries porque isso "trivializa seu [sic] tema e lança uma luz paranóide e irreverente sobre toda a comunidade" (Carter, 1996, p. 44). Há uma compreensível frustração nos que usam as redes de abdução alienígena para seus próprios fins. Strieber (1987, p. 13) argumentou que a abordagem por ele apresentada em *Communion* "é a história da tentativa de um homem em lidar com um ataque estilhaçante do desconhecido. É uma história verdadeira, e tão verdadeira que sei como descrevêla". Ele escrevera diversos livros que marcaram presença entre os mais vendidos versando sobre temas relativos ao horror e ao desconhecido, indiferentemente, e alguns céticos passaram a suspeitar que sua atitude

3. Irrupção de guerra no espaço interno e externo 167

seria simplesmente um jogada de *marketing*, suspeita essa que veio a se confirmar com a confissão de Strieber (Schnabel, 1994).

As teorias conspiratórias parecem proliferar no seio da comunidade óvni. Tanto que as próprias histórias de visitas alienígenas acabam sendo vistas como conspiratórias. Jacques Vallee, um dos principais pesquisadores do fenômeno, por exemplo, argumenta que os óvnis são reais, mas não no sentido imaginado pelos contatados: "Os óvnis se parecem mais a um desenvolvimento de uma operação de manipulação mundial em larga escala do que uma visita por seres espaciais" (Vallee, 1979, p. 21). Sua concepção original envolveu uma especulação sobre uma "força estranha" e sobre um "maquinário de população de massa" que, argumentava ele, era o resultado do uso de "tecnologia psicotrônica" aqui na Terra. Havia "dispositivos físicos a afetar a consciência humana" (*Ibid.*, p. 20-21). Esse argumento fracassou em especificar quem estava a operar essa tecnologia, tanto que hoje ele está sendo revisto, e Vallee fala de um "sistema de controle espiritual... [no qual] ... regras de mitologia no âmbito de nossa realidade social sobre a qual tendências políticas e intelectuais não exercem qualquer poder" (*Ibid.*, p. 277). O simbolismo é "a fundação de toda a fantasia e sublimação" (Klein, 1930, 97), mas o giro paranóide aqui é o de que símbolos não possam ser manipulados, pois, como parte de um "sistema de controle", *eles nos manipulam*.

GUERRA DE FICÇÃO CIENTÍFICA

De um modo ou de outro, a completa variação de relatos faz com que o texto de encontros alienígenas assuma a feição de teste projetivo de dimensões gigantescas. As explicações de visões e rastros de óvnis têm sido bastante variadas, incluindo aquela segundo a qual eles são trazidos "pelo vento que move as estrelas; por sonhos despertos; por garças ou guindastes; por crocodilos apaixonados; por diminutos meteoritos; por cilindros de eletricidade; pela urina de ovelhas; por efeitos da pressão atmosférica; por dissonância cognitiva" (Vallee, 1988, p. 297). Quando as narrativas são examinadas, contudo, parece haver um conjunto subjacente de padrões, e as lendas urbanas de abdução por alienígenas tanto expressam algo de nossas ansiedades a nosso próprio respeito e sobre outros como reforçam essas ansiedades. Também alimentam outras narrativas, fazendo-o de maneira mais significativa em narrativas de guerra. Pois a guerra oculta contra os alienígenas do espaço sideral é, tanto quanto uma projeção da guerra infantil no espaço interno, uma substituição de outros tipos de guerra – guerra no Terceiro Mundo, guerra com o Terceiro Mundo, guerra no Oriente Médio, ou guerra nuclear. Se ela opera em sua forma deslocada sem ser reconhecida pelo que é, pode sempre ser reinserida no domínio político mais amplo de maneiras ainda mais perigosas. Uma questão suscitada pelas fantasias de abdução alienígena versa sobre como seu sistema de enganos funciona no corpo político, ou então em sobre como ele é sintomático?

Os temas paranóides dos *Arquivos-X* conheceram uma prévia há 30 anos na série de televisão *Os invasores*, exibida pela primeira vez nos Estados Unidos em 1966 e cancelada no ano seguinte sem um episódio final (Halliwell, 1980). Naquela série o herói David Vincent não consegue convencer ninguém de que os alienígenas que ele viu da janela do Bud's Diner certa noite já estão aqui na Terra, pois cada vez que ele localiza o quartel-general dos tais alienígenas eles passam para outro lugar, e ele não encontra ninguém onde pensava que estivessem. E pior: os que parecem mais simpáticos a Vicent em muitos episódios acabam sendo os próprios alienígenas, e Vincent sempre escapa após tê-los reconhecido. A alegação de que são persuasores disfarçados já há muitos anos tem sido parte integrante da cultura ocidental (por exemplo, Packard, 1957), mas é fenômeno recente que a preocupação com as forças ocultas tenha passado por um processo de amplificação.

Houve uma revista que, em sua primeira edição, incluiu uma lista de controle para que os leitores identificassem alienígenas em ação: trajes atípicos ou peças de roupa em flagrante desarmonia, dieta estranha ou hábitos alimentares pouco usuais, constantes interrogações sobre hábitos de seus colaboradores, segredos acerca de seu estilo de vida pessoal e sobre sua moradia, solilóquios constantes e mudanças de humor ou no estado físico quando perto de equipamentos de alta tecnologia (*Encounters*, outubro de 1995). Mais incômodos eram os *trailers* de *Independence Day*, os quais apresentavam uma contagem

3. Irrupção de guerra no espaço interno e externo

regressiva de três dias para a ameaça e defesa: no Dia Um, eles chegam; no Dia Dois, atacam; no Dia Três, revidamos. Alienígenas são outros de um tipo particular, e nossa relação com eles põe em jogo processos de cisão – muitos contatados são ao mesmo tempo amados e perseguidos por seus alienígenas. A repetição dessas imagens, e fantasias paranóides a elas associadas podem ser conectadas a imagens do estado de guerra potencial que o desenvolvimento de armas de destruição em massa provocou, no que Kovel (1983) chama de "estado de terror nuclear" baseado em fantasias paranóides do outro. Essa é a estrutura de guerra com alienígenas, a qual por sua vez se alimenta de outra estrutura, a das guerras de hoje entre o Ocidente e seus outros, e das guerras por procuração travadas no Terceiro Mundo – incansáveis e impiedosas.

Tal descrição da paranóia não precisa nos levar a deixar de dar um crédito *real* a conspirações. Pessoas vivendo sob condições realmente ditatoriais também podem ser capazes de explorar as fantasias de perseguição que tornam suas vidas tão intoleráveis, que isso as inibe de revidar. Por exemplo, na Argentina, durante a guerra suja da década de 1970, psicanalistas que se encontravam nas "listas da morte" tinham de avaliar o momento de dar passos práticos e empreender operações de ocultamento e fuga e, ao mesmo tempo, lidar com as fantasias de perseguição provocadas pelos militares, em uma concomitância que tornava difícil a referida avaliação (Langer, 1989). (A Argentina também se configura em um caso especial por ser uma sociedade civil que vive escaldada em violência, ao mesmo tempo em que é uma cultura saturada de discurso psicanalítico.) Então, a questão em condições como essas não versa sobre o modo como optamos entre análises políticas e análises de discurso, mas em como nos pomos em busca de um e de outro. Da mesma forma, no caso dos ataques extraterrestres há, sem dúvida, um encobrir governamental e tentativas de marginalizar e patologizar os que desafiam segredos de Estado. É possível que tais segredos ou sejam o resultado de um medo, da parte dos militares, de que os alienígenas estejam abduzindo pessoas ou certo conhecimento (bem como o próprio medo) de que isso esteja acontecendo. E de novo, sobre realmente ser o caso de os óvnis estarem nos visitando ou não, não é questão que há de nos preocupar aqui, e tampouco será objeto das análises desenvolvidas neste capítulo, que há de manter seu foco na circulação de fantasias sob a forma kleiniana do discurso psicanalítico que emoldura nossa compreensão do que está acontecendo (e aqui havemos de retomar a compreensão que temos a respeito da fantasia, pois nossa preocupação é com a reprodução de noções do *self* no discurso cotidiano). Esse discurso ajuda a obscurecer a compreensão que temos dele, mas ao menos ele nos relata uma história sobre desamparo, sobre fantasias de filiação, sobre identificação projetiva e testes de realidade em tempos de guerra e, como seríamos levados a crer, em tempos de "paz" no mundo ocidental. Na Parte II, nosso enfoque estará voltado para os descontentes que esse aparente estado de paz provoca.

Segunda Parte

TEORIAS CRÍTICAS: INDIVIDUALIDADE E CULTURA

> *Os olhos do anjo da história estão siderados, sua boca está aberta, suas asas, abertas. Seu rosto está voltado para o passado. Onde percebemos uma cadeia de eventos, ele vê uma só catástrofe a amontoar escombros sobre escombros e arremessá-los bem diante de seus pés. O anjo gostaria de ficar, despertar os mortos e reunir o que já está esmigalhado. Mas eis que uma tempestade sopra do Paraíso; ela impele suas asas com tal violência, que o anjo não pode mais fechá-las. Essa tempestade irresistivelmente o impulsiona para o futuro, para o qual ele tem voltadas as costas, enquanto a pilha de ruínas a sua frente cresce em direção ao céu. Essa tempestade é o que chamamos progresso.*
>
> Walter Benjamin ([1939] 1973, p. 259) Teses em filosofia da história

A psicanálise foi concebida por Freud como teoria clínica e técnica de autocompreensão, mas ele não tardou a convertê-la em teoria social e ferramenta para crítica da cultura. Esse aspecto da psicanálise, crucial em seu apelo junto aos que lêem Freud no original alemão, foi filtrado no processo de tradução para o inglês (Bettelheim, 1983). Nas mãos da Escola de Frankfurt, a teoria social psicanalítica foi também uma chave para o desentrave das formas de cultura que haviam constituído as pessoas como indivíduos isolados. Essa alienação miserável e perigosa de indivíduos entre si e em relação à cultura tinha de ser compreendida como parte de um processo histórico dialético. Desse modo, a psicanálise poderia ser recrutada junto à *Teoria Crítica*. A resposta da Escola de Frankfurt às descrições, por Freud, de estruturas básicas em grupos – que eram ainda freqüentemente assumidas para refletir categorias biológicas essenciais – esteve então em questionar a própria noção de "essência" humana pressuposta por essas descrições. A tradição alemã em teoria social psicanalítica, tendo no Instituto de Pesquisa Social sua sede institucional, proporcionava uma abordagem de uma "segunda natureza" historicamente produzida, a qual aparece não menos real a indivíduos do que as pulsões biológicas. Na sociedade moderna parece-nos natural a condição de mestres e possuidores de nossos próprios *selves* e necessidades, mas essa natureza é produzida pelo desenvolvimento da sociedade de classes e intensificada pelo capitalismo. Um rigoroso programa de pesquisa foi requerido para uma compreensão desse fenômeno.

A iniciativa para fundar o *Institut für Sozialforschung* (Instituto de Pesquisas Sociais) veio de Felix Weil (cujo pai foi o provedor dos recursos financeiros iniciais) e Friedrich Pollock. O nome original, *Institut für Marxismus*, foi rejeitado por razões diplomáticas, a fim de facilitar a filiação da Universidade de Frankfurt. Seus fundadores e primeiros participantes eram todos simpatizantes do marxismo, e sempre alguma forma de humanismo marxista tendendo para a fenomenologia subjaz a toda a Teoria Crítica, seja nos elementos de cabala que, aqui e ali, impregnam a teoria de Walter Benjamin, juntamente com esperanças de que o anjo da história possa sinalizar o lampejo de liberação a qualquer momento histórico, seja na pesquisa de Jürgen Habermas, membro da segunda geração da Escola e realizador de uma pesquisa mais cautelosa, tendo em vista uma comunicação livre e transparente. O Instituto foi oficialmente fundado em 3 de fevereiro de 1923. O primeiro diretor, Carl Grünberg, cujo período à frente da Escola fez-se marcado por versões estritamente econômicas do marxismo, foi sucedido por Max Horkheimer (escolhido em 1929 e oficialmente empossado em 1931). Horkheimer tinha uma visão sociológica mais aberta da tarefa do Instituto, e tenso sido responsável pela produção de idéias psicanalíticas. Para Horkheimer, a "filosofia social" de que se tinha necessidade não deveria adotar uma visão de mundo científica, mas teria, isto sim,

Segunda Parte: Teorias críticas: individualidade e cultura

de usar diferentes disciplinas para propor teorias que poderiam então estar conectadas ao trabalho empírico. Horkheimer argumentava que a primeira tarefa deve ser um estudo de atitudes de trabalhadores e empregados em relação a questões sociais, com a utilização de estatísticas públicas e questionários complementados por interpretações dos dados com base em uma variedade de pontos de vista disciplinares (Roiser e Willig, 1996).

Theodor Wiesengrund-Adorno veio a se juntar à escola no final da década de 1920, e um novo periódico surgiu em 1931 – o *Zeitschrift für Sozialforschung* – e incluiu em sua primeira edição artigos e resenhas de Pollock, Horkheimer, Adorno, Erich Fromm, Kurt Lewin e Wilhelm Reich. Herbert Marcuse, então aluno de Heidegger, aderiu em 1932. Os fundadores eram em sua maior parte judeus, muito embora, de modo geral, assimilados (e surpreende que, na pesquisa incipiente, havia pouca ênfase no anti-semitismo, o que foi visto mais como um sintoma da degeneração da "civilização" ocidental). Nem todas as figuras preeminentes do Instituto escaparam em 1933, quando os nazistas ascenderam ao poder. Um escritório foi aberto em Genebra, enquanto os fundos foram transferidos para a Holanda, a fim de evitar que fossem expropriados. O *Zeitschrift* passou então a ser publicado em Paris, e mais tarde, com importantes membros da Escola já nos Estados Unidos, tomou-se a decisão de continuar a publicação utilizando-se a língua alemã. O Instituto foi novamente fundado em Nova York, vinculado à Columbia University, em 1936. Tornou-se conhecido como "Escola de Frankfurt" ao retornar à Alemanha após a guerra.

A tradição de pesquisa da Escola de Frankfurt foi dominada por Marx Horkheimer e Theodor Adorno, com seu trabalho sobre a Ilustração no Ocidente (Adorno e Horkheimer, 1944), mas só se deu a conhecer a muitos psicólogos sociais por meio do trabalho empírico, já posterior, sobre a "personalidade autoritária" (Adorno et al., 1950). Duas importantes vertentes do trabalho, as quais posteriormente vieram a se separar da célula principal do Instituto, forneceram o estofo psicanalítico mais importante e, com isso, as balizas do debate que os outros pesquisadores utilizaram e sobre as quais argumentaram. Essas vertentes de trabalho foram elaboradas por Erich Fromm e Herbert Marcuse. O capítulo 4 passa em revista o modo como esses autores usaram a psicanálise para compreender o poderoso impulso psicologizante da moderna cultura da Ilustração, e segue na exploração do modo como versões peculiares do discurso psicanalítico por eles empregadas podem ajudar-nos a compreender como funciona o aparato disciplinar de trabalhos em psicologia moderna. A psicologia nos faz sentir o que somos e o que desejamos em nosso núcleo é algo que não pode ser modificado. A abordagem crítica de Fromm e Marcuse passou então a estimular questionamentos sobre a realidade de necessidades humanas em "primeira natureza" e sobre até que ponto essas necessidades são biológicas ou existenciais.

É claro que esse tipo de crítica redunda em que uma interpretação psicanalítica da cultura não deve se contentar em descrever o desenvolvimento de diferentes sistemas de crenças. Certas crenças operam como formas de *ideologia*, e os que estão imersos nessas formas eram vistos como padecendo de "falsa consciência". A crítica à ideologia e o despir de falsas consciências serviram de amparo ao trabalho do Instituto na tradição do marxismo humanista da Europa Ocidental (Lukács, 1923). As mais devastadoras formas de falsa consciência foram vivenciadas por aqueles que pensavam que o nazismo seria capaz de proporcionar uma solução final para a degeneração do capitalismo, e analistas politicamente ativos trabalhando com a primeira geração (Reich sendo o mais importante) e teóricos acadêmicos na segunda geração da Teoria Crítica (tendo Habermas como a figura central) mantiveram seu foco na ascensão de ideologias autoritárias. O capítulo 5 descreve o trabalho de Reich e de Habermas, e volta-se então para o modo como motivos autoritários encontram-se hoje vindo à tona entre homens que tentam eles próprios encontrar seu núcleo duro.

Uma questão que perpassa os escritos da Escola de Frankfurt após a Segunda Guerra Mundial versa sobre se estamos hoje vivendo uma cultura da Ilustração, ou se algo pior nos acometeu, com o possível surgimento de uma era de narcisismo. Essa questão põe em paralelo debates sobre a modernidade e a condição pós-moderna. O capítulo 6 examina esses debates, e os modos como o discurso psicanalítico é implicado na moderna cultura da Ilustração e seu sucessor narcísico pós-moderno. Então encetamos a via de respostas "new age" a crises na cultura contemporânea como sintoma desses tempos de incerteza.

Segunda Parte: Teorias críticas: individualidade e cultura

Baudrillard é parte dessa tradição como exemplar e sintoma de sua decadência e excesso (muito embora ele seja freqüentemente assimilado a outros teóricos franceses, por compartilharem das mesmas preocupações). A um só tempo, celebra e sabota a tentativa, pela Escola de Frankfurt, de ir, para além da ação, a uma *praxis*, a um consumado e progressivo liame entre teoria e prática.

Não há simplesmente soluções técnicas para crises culturais, sendo não mais que um erro a tentativa de romantizar a natureza como alternativa à tecnologia. Entre os 5% de páginas mais visitadas da internet em 1996 encontra-se a "Decapitate an Angel" (http://www.halcyon. com/maelstrm/angel.html), onde é possível "clicar" na cabeça do anjo e vê-la reaparecer aos pés da figura angelical, já com as vestes manchadas de sangue. Para a Teoria Crítica da Escola de Frankfurt, *Vorsprung Durch Technik* ("Progresso por meio da tecnologia"), afigurou-se como um beco sem saída, e, a não ser que o capitalismo fosse destruído, a cultura humana entraria no colapso do barbarismo. A disseminação da cultura do consumo [consumer] no Ocidente traz em seu cerne um vírus letal de cinismo e autodestruição, e um desafio bem-sucedido.

4
INDIVIDUALIDADE, ILUSTRAÇÃO
E COMPLEXO-PSI

> *Vamos ao encontro de três pessoas problemáticas e atormentadas... não são casos mentais, não se preocupe (já que os insanos não podem ser ajudados pelos psicanalistas), mas pessoas assoladas pelos mesmos tipos de distúrbios emocionais que podem estar assolando você ou nós... Se um leigo/alienada [outsider] tem o privilégio de ser ouvido em uma análise real, o principal efeito que esta exercerá sobre ele seria o tédio, a despeito de todos os esforços. Por isso, por um efeito de grande intensidade e por um valor de entretenimento, planejamos encurtar cada análise em de três a cinco sessões para discussão de temas, de acordo com a gravidade dos problemas particulares do paciente... Ao final de cada análise, um novo paciente... com novos problemas... será introduzido. (Quem sabe você não possa finalmente encontrar VOCÊ!)*
>
> Editores (1955: i) Id bits. Psychoanalysis, 1 (1). New York: Tiny Tot Comics Inc.

A psicanálise é uma poderosa forma de autoconhecimento na cultura ocidental, mas ela faz as próprias coisas por ela iluminadas. Ao ler textos psicanalíticos ou de auto-ajuda, o indivíduo se molda ao tipo de assunto descrito naqueles textos para que suas prescrições façam sentido. O discurso psicanalítico enceta seu caminho através das várias representações populares do que é o *self* e de como é possível atingir a felicidade, e isso não só traz à luz aspectos do *self* até então ocultos. Em vez disso, opera projetando alguns tipos de sombra em partes da mente que então são sentidas como obscuras quando proferimos aquele discurso e direcionamos seu facho sobre nós mesmos. A psicanálise emergiu em um ponto histórico particular no desenvolvimento do capitalismo no Ocidente, sendo um reflexo das esperanças da Ilustração, segundo as quais um exame racional sustentado de indivíduos e da cultura conduziria à melhoria de ambos.

O pensamento da Ilustração ganhou terreno na Europa Ocidental e América do Norte no século XVIII e promoveu o valor da razão científica, do progresso histórico e do autoconhecimento pessoal. A Ilustração (não raro também referida como "Modernidade" em escritos pós-estruturalistas, como veremos no capítulo 6) demanda um sentido de que vale esperar por uma melhoria social e de que cada indivíduo encontrará algo de valioso em si mesmo (Giddens, 1992). O trabalho da Escola de Frankfurt se insere na tradição da Ilustração, mas Adorno e Horkheimer (1944) produziram uma análise dialética da Ilustração, de modo que seus aspectos melhores e mais progressivos se voltariam contra os piores e mais regressivos. Fromm e Marcuse foram recrutados para trabalhar na Escola, e cada qual de modos diferentes se utilizou de idéias psicanalíticas de modos diferentes para auxiliar em sua tarefa dialética crítica.

Freud assentou as bases para uma compreensão psicanalítica da cultura e do indivíduo, e este capítulo se inicia passando em revista seus textos-chave sobre a cultura, e nele nós o encontramos utilizando metáforas para o *self* e para o Estado que logo depois serão revisitadas em Fromm e Marcuse. Então passaremos ao desenvolvimento da Teoria Crítica no Instituto de Pesquisa Social como proporcionado o contexto para o trabalho de Fromm e Marcuse antes de mostrar como as formas de discurso psicanalítico por eles utilizadas circulam hoje em moderna psicologia. O tipo de análise que para tanto precisamos desenvolver também exigirá que passemos de um enfoque no que está se passando em "indivíduos" separados para os modos como *posições de sujeito* se encontram assentadas em discursos que podem então ser habitados. É irônico o fato de que as próprias formas do discurso elaborado por esses autores com o intuito de compreender a construção

4. Individualidade, Ilustração e complexo-Psi   179

social da psicologia hoje dêem forma à estrutura libidinal de instituições na psicologia moderna. Ironia tanto maior se tem quando se vê que essas instituições despendem tanta energia tentando combater idéias psicanalíticas. Nossa tarefa neste livro é analisar o modo como diferentes concepções psicanalíticas de instituições sociais e *selves* individuais, incluindo os de Fromm e de Marcuse, fazem parte do tecido da cultura ocidental. No entanto, passemos, antes de mais, a um esboço do modo como essas abordagens foram concebidas por Freud.

CIVILIZAÇÃO

Em *O mal-estar na civilização*, Freud (1930) apresentou uma perspectiva psicanalítica sobre a relação entre o indivíduo e a sociedade. Na época da publicação desse livro, Freud havia chegado à conclusão de que a psicanálise como "cura" terapêutica era muito menos importante do que a psicanálise como sistema teórico para a compreensão da cultura. O desenvolvimento, pela Escola de Frankfurt, de uma teoria social psicanalítica não foi, pois, tão diferente do próprio projeto de Freud no mesmo período, mas o esmagamento da psicanálise na Europa e seu replanteamento na cultura de língua inglesa efetivamente fazem os trabalhos de Freud e o da Escola de Frankfurt assumirem uma feição diferente (Timms e Segal, 1988). A Escola de Frankfurt estampou sua própria marca distintiva na compreensão, por Freud, da civilização e da individualidade, de modo que vale a pena revisitar as propostas mesmas de Freud, passando então ao desenvolvimento da Teoria Crítica, antes de ver como Fromm e Marcuse desenvolveram suas próprias versões da teoria psicanalítica contemporânea.

A civilização e seus descontentes

O título por Freud, *A civilização e seus descontentes* (1930) deveria ser traduzido do alemão *Das Unbehagen in der Kultur* como "The uneasiness inherent in culture" (Bettelheim, 1983) ["O mal-estar inerente à cultura"], havendo muitas importantes nuanças de sentido no renomear do título, as quais é preciso considerar antes de atentar para as fontes dos "descontentes" e para a abordagem por Freud da canalização dos impulsos.

A tradução original do título de Freud desfigurou a distinção entre civilização e cultura. Bettelheim (1983) argumenta que, enquanto *Kultur* deve ser tomado como um termo fazendo referência a sistemas de valores morais e de realizações intelectuais e estéticas, *Zivilization* faz referência a realizações materiais e tecnológicas (embora outros autores tenham argumentado que Freud ele próprio não tenha feito tal distinção; esse é o argumento, por exemplo, de Mitchell, 1974). Para Freud, é como se o desenvolvimento de um necessariamente ocasionasse o desenvolvimento do outro, havendo então uma adoção deliberada da concepção ilustracionista de progresso relacionada à razão científica. Teóricos da Escola de Frankfurt tentaram desenredar "progresso cultural", expressão que tem sempre um componente político-moral avaliativo, do avanço tecnológico tomado em si próprio, e mostram-se interessados pelo modo como a relação entre os dois se encontra confusa em modernas tentativas de aplicar uma tecnologia livre de valorações a questões culturais. A distinção entre os dois é de importância crucial, pois os que atuam na tradição frankfurtiana defendem que a idéia de que é possível encontrar soluções tecnológicas para questões culturais é uma das fontes do nazismo e do Holocausto (por exemplo, Baumann, 1989). A asserção da British Psychological Society (1988, p. 69) de que "acreditamos absolutamente no poder do conhecimento tomado por si só" seria então anatemizada por autores da Escola de Frankfurt e evidencia o perigoso papel ideológico que o positivismo desempenha na moderna psicologia.

A tensão entre a civilização e o descontente (seja ele um estado mental ou um segmento da população), ou entre a cultura e o mal-estar não é vista por Freud como algo a ser solucionado. Muito mais é um problema *inerente* à relação entre o desejo individual e proibições sociais. Os teóricos da Escola de Frankfurt lutaram com as implicações dessa posição um tanto pessimista.

4. Individualidade, Ilustração e complexo-Psi

Não raro foram partidários da concepção segundo a qual a tensão poderia ser resolvida, embora o fizessem de diferentes maneiras. Fromm (1956), por exemplo, tinha olhos postos no humanismo de autogerenciamento socialista, enquanto Marcuse (1955) evocava uma utopia liberal polimorfamente liberada. (No capítulo 5 veremos que Reich pretendia uma genitalidade focada no comunismo sexual, enquanto Habermas advoga que as distorções de comunicação dos dias atuais deve ser mensurada a partir de uma situação de fala ideal.)

Há então diferenças no modo como podemos conceitualizar nossa insatisfação com a cultura dos dias de hoje e nas diferentes traduções do título do livro de Freud. A recorrência ao termo "descontentes" evoca uma insatisfação intelectual e racional com o mundo, e uma relação com a "civilização" em relação à qual talvez não estejamos bem ajustados. Tem-se aqui um risco de que psicólogos possam receber a tarefa de se dirigir a nossos descontentes mais por uma via de nos adequar à cultura do que de questionar o que na sociedade dos dias atuais a torna um lugar desconfortável para seres humanos. "Mal-estar", por outro lado, diz respeito a sensações amparadas em respostas inconscientes e desconforto ante a organização da vida cultural (que incluiria as artes bem como a ciência, e as variedades de representações do *self* disponíveis a nós em diferentes comunidades). Teóricos da Escola de Frankfurt focaram exatamente esses tipos de desconforto como sintomáticos não só do que não está funcionando bem, mas das esperanças que se podem ter quanto à resistência ao desenvolvimento de formas culturais alternativas. Houve também uma tendência forte na Escola de Frankfurt – e neste caso mais em Marcuse do que em Fromm – de ver na esfera estética um âmbito de resistência e de uma ilustração mais autêntica.

Contudo, o título de Freud deixa claro que, independentemente das nuanças de tradução, ainda assim, no livro (com o animismo sucedido por um pensar religioso, então seguido por um estágio científico e pelo triunfo da racionalidade), ele está fazendo referência a um modelo por estágios de desenvolvimento de cultura e/ou civilização. Teóricos da Escola de Frankfurt também enfatizaram intensamente esse terceiro estágio, que corresponde à Era da Ilustração como um todo, mas ressaltando o auto-engano que essa metáfora de "ilustração" como iluminação faz ocultar.

O mal-estar inerente à cultura

Para Freud (1930), existem três fontes de mal-estar, de um mal-estar sentido como "causador de sofrimento" para o indivíduo. O primeiro é "o poder superior da natureza", no qual a chegada de um estágio científico também origina um grau de desamparo em face da natureza exterior, sobre a qual o domínio é sempre imperfeitamente exercido. Teóricos da Escola de Franfkurt viram esse desamparo como resultante da separação da natureza, a qual é realizada pelo triunfo da razão tecnológica. De acordo com Freud, a segunda fonte de mal-estar é "a pusilanimidade de nossos próprios corpos" e nossa suscetibilidade ao sofrimento e à morte. Novamente, enquanto Freud viu tal coisa como resultando de nossa crescente consciência do que não podemos realizar com tecnologia, os teóricos da Escola de Frankfurt argumentam que tal sentido de fraqueza em face da morte é elevado pelas próprias fantasias tecnológicas de fazer frente à natureza que a cultura da ilustração incentiva, com o conseqüente desgosto nessa cultura ante a doença e a idade avançada. A terceira fonte de mal-estar é a inadequação das regulações que ajustem as relações mútuas de seres humanos na família, no Estado e na sociedade" (Ibid., p. 274), e, nessa medida, o modo como a sociedade lida com desejos contraditórios. Os teóricos da Escola de Frankfurt vêem esse problema como estando em ampla relação com a intolerância aos "outros", intolerância essa que se faz produzir pela rigidez do pensamento moderno. Novamente então, em vez de simplesmente ser um fracasso em lidar com algum aspecto da cultura moderna, como parece ter sido para Freud, o problema é visto pelos autores da Escola de Frankfurt como um problema provocado pela cultura moderna e exacerbado pelas formas de individualidade que produzimos no âmbito dessa cultura.

4. Individualidade, Ilustração e complexo-Psi

Freud argumentou que as pulsões são empregadas para manter um estado de civilização ou cultura, e que elas são assim "utilizadas" de modos diferentes (Ibid., p. 285). O primeiro modo como as pulsões são utilizadas se dá por meio da produção de "traços de caráter", e uma canalização tem lugar por meio da "catexia" ou investimento das pulsões em diferentes estágios e em zonas do corpo tais que uma "fixação" da pulsão origina tipos de caráter. Existem dois aspectos nesse processo de investimento. Um aspecto versa sobre onde traços *particulares* de caráter emergem de uma obsessão com controle, limpeza e ordem: um "exemplo de tal processo é encontrado no erotismo anal de seres humanos jovens" (Ibid., p. 286) e esse tipo de fixação é algo que mais tarde se tornará importante para as tentativas da Escola de Frankfurt de explicar estilos de pensar estritamente rígidos e de autoritarismo. Um elo é feito aqui entre um interesse pela "função excretória, seus órgãos e produtos" e a parcimônia, compulsividade e dominação – características anais da personalidade na vida adulta. Tanto como o uso por Fromm (1942) dessas idéias para abordar a estrutura característica particular de seguidores de movimentos autoritários, outros teóricos da Escola de Frankfurt usaram essas noções para debater fenômenos culturais, tais como o desenvolvimento de certos tipos de música (Adorno, 1973).

O outro aspecto importante do desenvolvimento de "caráter", contudo, é o de onde o *caráter individual* como tal resulta desses tipos de fixações, tal sendo visto tanto por Freud como pelos teóricos de Frankfurt como um processo cultural pelo qual noções de invidividualidade são produzidas em certo momento no desenvolvimento da civilização. Esse ponto também faz lembrar a abordagem, por Freud, da emergência do indivíduo a partir do agrupamento primário da humanidade (debatida no capítulo 1). Teóricos da Escola de Frankfurt argumentaram que esse sentido de unicidade individual encontra-se perigosamente hipostasiado na cultura da Ilustração, sendo um dos mais incisivos bloqueios institucionais da ação coletiva contra o capitalismo.

O segundo modo pelo qual os impulsos são canalizados é, de acordo com Freud, fazê-lo por meio da operação da defesa psíquica

184 | Cultura Psicanalítica

de sublimação. Freud e os teóricos da Escola de Frankfurt viram a sublimação como necessária e progressiva, e uma concepção dialética do desenvolvimento da cultura moderna reconheceria que alguma sublimação é de importância crucial. Uma avaliação crítica da cultura requer que haja algum grau de sublimação por parte do indivíduo que está realizando a avaliação, e isso permitiria que aquele trabalho necessário e potencialmente liberador fosse considerado de uma perspectiva intelectual. O terceiro modo pelo qual os impulsos são canalizados é o que Freud chama de "renúncia": "Essa 'frustração cultural' domina o amplo espectro de relações sociais entre seres humanos" (Freud, 1930, p. 286-287). Têm havido muitos debates entre teóricos da Escola de Frankfurt sobre até que ponto é possível distinguir entre renúncia necessária e renúncia culturalmente opressiva, sobre o que é e sobre o que não é, na frase de Marcuse, um "excedente de repressão".

"Uma guarnição em uma cidade conquistada"

Em *Civilização e seus descontentes*, Freud argumentou que "o problema mais premente no desenvolvimento da civilização... é o aumento do sentimento de culpa" (Ibid., p. 327), e isso inclui a culpa por nosso ressentimento com aqueles que forçam restrições sobre os impulsos, sobre um ressentimento em relação à autoridade que é, em sua origem, edípico. A agressividade, em particular, é introjetada, internalizada, direcionada contra o *self*. Está claro que essa abordagem da viragem de energias destrutivas contra o *self* foi desenvolvida após Freud ter escrito *Além do princípio do prazer* (1920), e desse modo diz respeito ao modo como o impulso de morte emerge do interior da consciência como ameaça ao *self* e, a partir daí, a outros, se canalizado via aparato muscular.

Freud emprega aqui uma interessante metáfora do social, com uma abordagem do *self* sendo desenvolvida a partir do modelo de ocupação militar e uma abordagem da polidez operando como sistema mental hidráulico. Ele argumenta que em um nível social mais amplo é possível conceitualizar o revidar da hostilidade contra a po-

4. Individualidade, Ilustração e complexo-Psi

pulação da qual provém a hostilidade, e uma agência, o Estado, é constituída para se direcionar essa força. O superego, argumenta ele, é então "como uma guarnição em uma cidade conquistada" (Freud, 1930, p. 316). Essa agência pode conter forças revolucionárias, porém, sempre haverá temores de que o mundo externo dê vazão a represálias se se descobrir que há na cidade os que alimentam intenções violentas. Isso significa que é necessário aumentar o que há de tenaz na agência e se empenhar em uma contínua vigilância. Não só as forças revolucionárias devem ser contidas, mas sua própria existência deve ser reprimida, de modo que o mundo exterior não utilizará suas reivindicações como pretexto para atacar. Esse processo é então retomado no nível do indivíduo, em que uma "renúncia instintual" cria "consciência", o que demanda então uma renúncia instintual adicional (Ibid., p. 321).

A metáfora freudiana da guarnição em uma cidade ocupada é também uma imagem de uma armadilha da qual não há como escapar: "Uma infelicidade externa à espreita – perda de um amor e punição por parte da autoridade externa – é transmutada por uma permanente infelicidade interna, pela tensão do sentimento de culpa" (Ibid., p. 320). As relações que a cidade-estado estabelece com os estrangeiros sempre estarão prenhes da possibilidade de se poder descobrir que em algum ponto da cidade haverá aqueles com intenções separatistas, e assim, por mais pacíficas que sejam essas relações com os estrangeiros, sempre haverá um estado de miséria mal reprimida, um estado de "permanente infelicidade interna". Uma das conseqüências adicionais desse estado de coisas é a de que cada setor da cultura da cidade-estado se encontrará enredado na mesma lógica ao tentar aquietar qualquer desejo que possa interromper a falsa paz: "também a comunidade faz desenvolver um superego sob cuja influência se dá o desenvolvimento cultural" (Ibid., p. 335). Na melhor das hipóteses, as demandas do superego cultural poderiam ser relaxadas para se reduzir o perigo de "neurose comunal", mas, como Freud observa, "no que diz respeito à aplicação terapêutica de nosso conhecimento, qual seria o uso da análise mais correta da neurose social, uma vez que ninguém possui autoridade para impor ao grupo tal terapia?" (Ibid., p. 338).

DESCONTENTES

Os teóricos da Escola de Frankfurt, revolucionários dentro da cidade-estado da Ilustração ocidental, viram o próprio ego como sendo a guarnição. No âmbito do Estado, não era necessário esperar por uma ocupação militar aberta para trazer à tona um aparato de repressão e vigilância. O Estado já era, para eles na condição marxistas, essencialmente um corpo de homens armados dedicados à proteção da propriedade da classe dominante. Qualquer ameaça ao Estado mais liberal provocaria uma defesa militar. Também ao mesmo nível do indivíduo, o próprio ego fora bem completamente colonizado pela cultura burguesa e psiquicamente abatido e levado à submissão pela qual aqueles bem poucos foram deixados para além da sujeição miserável de ressentimento ante a autoridade e culpa ante o pensamento de que a autoridade só poderia mesmo ser desafiada. Embora fossem consideráveis as proibições do superego, elas não poderiam ser vistas como extras peculiares. Esses processos repressivos foram instaurados no ego moderno. É claro que a penetração das forças de opressão e repressão no ego também intensificou o problema relativo a como conceitualizar a libertação e imaginar de onde pode provir aquela libertação. O problema seria exacerbado por meio da imposição de uma "solução" de cima, e a solução real tinha de se dar por meio de uma abordagem crítica que atuava dentro da base e a começar por ela. A Teoria Crítica desenvolveu-se então como "crítica imanente" (Dews, 1987) ou como "dialética negativa" (Buck-Morss, 1977), o que revela algumas semelhanças com noções posteriores de desconstrução na teoria pós-estruturalista francesa (Ryan, 1982).

Teoria crítica

O quadro conceitual filosófico para a tradição da Escola de Frankfurt posicionado por Horkheimer e Adorno pode ser resumido em seis teses sobre o desenvolvimento histórico da sociedade (Jay, 1973). No primeiro deles, uma "Teoria Crítica" que fizesse

4. Individualidade, Ilustração e complexo-Psi

jus ao nome era vista como necessariamente em oposição a noções positivistas de neutralidade de valor em ciência social. Tais abordagens que se pretendem "objetivas" ainda são desenvolvidas com base em um ponto de partida particular, e cientistas que tentam permanecer distantes de seus objetos de estudo em ciência social nessa medida desenvolverão uma abordagem distorcida em certos aspectos, em razão da distância. Cada posição teórica envolve um ponto de vista que deve tornar-se claro para um leitor. Então, em vez de fingir oferecer uma abordagem objetiva, os proponentes da Teoria Crítica puseram-se a trabalhar a partir de uma posição político-moral (com uma teoria da história e uma oposição à opressão sob o capitalismo). Em segundo lugar, foi necessário passar do determinismo econômico mais cru (por exemplo, na Segunda e na Terceira Internacional Marxista) para o modo como a consciência afetava o mundo social. Formas culturais não poderiam ser explicitadas por sua redução a estruturas econômicas ou por posições de classe. Embora possa haver certas idéias características sobre a propriedade sob o feudalismo e o capitalismo, por exemplo, ou diferenças entre o modo como a burguesia ou a classe trabalhadora viam o mundo, uma análise detalhada específica do desenvolvimento da cultura se fazia necessária. Embates envolvendo cultura e ideologia afetariam o modo como a burguesia defendia sua propriedade e o modo como a classe trabalhadora pode instaurar um desafio à propriedade privada.

Em terceiro lugar, a cultura capitalista do Ocidente foi marcada pela individualização de pessoas (seu isolamento e privatização de sentimentos) que, vangloriada como ilustração pessoal, revelou-se destrutiva e alienante. Quanto mais pessoas tentam desligar-se da natureza e umas das outras, mais miseráveis elas se tornam. A Ilustração havia incentivado o avanço de um sentimento de individualidade e de raciocínio criativo, e isso foi uma realização válida, mas foi necessário lembrar que essas propriedades ainda eram desenvolvidas como uma espécie particular de relações com os outros, e que só deveriam ser mantidas com outros, e não contra eles. Em quarto lugar, a cisão do indivíduo (como isolado e reprimido) e da cultura (como alienante e incompreensível) tinha uma dinâmica que conduziria ao barbarismo, a não ser que um potencial humano profundamente reprimido fosse recuperado e redimido. O nazismo foi visto como uma das expressões da degeneração do capitalismo – uma combinação de razão tecnológica (soluções separadas de suas conseqüências humanas) e romantismo (a idealização dos laços de sangue e de fantasias de raça). Em quinto lugar, a experiência da individualidade era falsa, mas sentida como verdadeira, e vivenciada como se fosse verdadeira. As necessidades, desejos e modos de relação com os outros na cultura ocidental fizeram-se constituir como uma segunda natureza que tinha de ser compreendida e desafiada por um processo de interpretação – e psicanálise, que era ele próprio um produto dessa cultura, uma chave para abri-la.

Em sexto lugar, no âmbito de cada forma cultural ou conjunto de idéias dominantes, encontrava-se em ação uma dialética hegeliana, e o curso da história é marcado por essa dialética que persegue uma seqüência progressiva de tese, antítese e síntese. A dialética hegeliana é uma "narrativa mestra" ou "grande teoria" que procura compreender o modo como a história se desvela a si mesma. Marx e a Escola de Frankfurt na tradição marxista hegeliana do Ocidente – exemplificada pelo trabalho de Lukács (1923) – viam a seqüência de sociedades de classes diferenciadas no curso da história como procedendo de maneira dialética. Um exemplo seria a aristocracia como tese sendo desafiada pela burguesia como antítese, com o conflito sendo resolvido pelo capitalismo como nova síntese. A esperança era a de que o proletariado atuasse como antítese da burguesia como tese, e a de que o socialismo emergisse como síntese que seria uma *sublação* (negação, preservação e transcendência todas de uma vez) do capitalismo em um salto qualitativo dialético.

FREUD E FRANKFURT

Erich Fromm veio a se juntar ao Instituto de Pesquisa Social em 1929, a convite de Horkheimer, que por um breve período havia se submetido à psicanálise, a fim de melhorar seu estilo de proferir palestras, e ficara impressionado com as técnicas terapêuticas psicana-

4. Individualidade, Ilustração e complexo-Psi

líticas. Fromm foi o responsável pela introdução de dados psicanalíticos no Instituto (Jay, 1973). Outros membros psicanalíticos incluíram Fromm-Reichmann e Landauer (que foi o principal psicanalista *sênior* vinculado ao Instituto e que não logrou escapar quando os nazistas chegaram ao poder, perecendo em um dos campos de concentração).

O trabalho de Fromm

Fromm foi criado no seio de uma família religiosa judaica, e se manteve influenciado por temas religiosos judaicos de caráter messiânico (que circulavam no Instituto por força do trabalho de Walter Benjamin sobre a história, a tecnologia e seu uso da cabala). Esse pano de fundo religioso é uma fonte importante para o desenvolvimento por Fromm de uma leitura da psicanálise e de implicações para sua abordagem da individualidade, da Ilustração e da modernidade (Burston, 1991). Fromm entreteve-se com o desenvolvimento do caráter do *self* por meio da relação com outros, e da possibilidade, do potencial para essa natureza humana em detrimento de sua realidade a qualquer determinado tempo. Isso significava que ele possuía uma imagem omitida da "progressão" da natureza humana e estava preocupado com o potencial de seres humanos, em vez de tentar descobrir o que aquela natureza seria, se estática. Seu humanismo tinha um viés socialista, e havia fornecido a medida do que havia de destruidor e passível de causar distorções no capitalismo, e que fornecia a fonte de resistência à opressão. Contudo, isso também significou que Fromm viesse a se mostrar cético acerca do valor, em si, da "tolerância" e, a exemplo dos demais teóricos críticos, alimentava suspeitas quanto ao modo como uma fachada de neutralidade freqüentemente se revelava um abrigo às abordagens que protegiam o *status quo* (e a psicanálise não estava isenta dessa crítica). Sua busca de expressões de anseio espiritual como signos de um desafio ao capitalismo o levaram a explorações simpatizantes de diferentes sistemas de crenças religiosas (Fromm, 1967).

Fromm empregou uma noção marxista de alienação com base em um potencial humano, e viu uma das principais tarefas teóricas do Instituto como sendo uma síntese de Freud e Marx (Fromm, 1962).

A União Soviética já se mostrava um grande desapontamento para os marxistas da época, e Fromm mostrou-se simpático ao trotskismo em fins da década de 1920, mantendo uma admiração por Trotski durante toda a sua vida (Ricker, 1986; Burston, 1991). Durante seu período junto ao Instituto, defendeu o primeiro modelo instintual de Freud (com instintos sexuais atuando juntamente com e em antagonismo a instintos de autopreservação) e argumentou que a "psicanálise é uma psicologia materialista que deve ser classificada entre as ciências naturais" (Fromm, 1932, p. 478). Concordou com um ideal de sexualidade genital não reprimida e considerava um modelo de estágio de desenvolvimento com distinções entre caracteres fixados em estágios oral, anal e fálico (onde o estágio anal se assomava particularmente perigoso, e o fálico ou genital era associado a "independência, liberdade e amistosidade"). Terminou por abandonar a teoria da libido e se opôs a modelos hidráulicos da mente, e seu último trabalho dizia respeito a formas de relatividade com outros. Quanto a isso há alguma convergência com a perspectiva dos teóricos de relação de objeto da Grã-Bretanha e da América do Norte (Greenberg e Mitchell, 1983).

Em dois aspectos ele diferia bastante nitidamente de Freud, e tanto mais do último Freud. Opôs-se à noção da pulsão de morte, e via a destrutividade humana como uma relação distorcida com outros em vez de a ter como expressão de pulsões ou instintos subjacentes (Fromm, 1974). Ele se recusou a empregar a noção de "complexo de Édipo", e preferia referir-se a relações como a que se tem no complexo de Édipo com pais e então com a autoridade como algo específico de formas de patriarcado e de capitalismo estruturadas pela família nuclear. Essa família foi crucial para a reprodução desse sistema social particular: *"A família é a agência psicológica da sociedade"* (Fromm, 1932, p. 483). Diferentes sociedades têm suas próprias "estruturas libidinais", e as relações edípicas se restringiam a sociedades patriarcais.

O trabalho antropológico continuou sendo a chave para um entendimento político teórico e prático de diferentes culturas e formas de criação de filhos, passíveis de oferecer alternativas à família nuclear, e Fromm buscou abordagens das primeiras sociedades matriarcais. Essas teorias antropológicas foram bastante populares na Alemanha no período em que Fromm estava escrevendo, o final do século XIX ten-

4. Individualidade, Ilustração e complexo-Psi | 191

do mostrado interesse na pesquisa de Bachofen e Morgan. Contudo, era importante distinguir entre duas variedades da teoria matriarcal. Houve uma popular versão de direita que então foi utilizada pelos nazistas com uma celebração da "Mãe" como figura mística e com uma romantização de mulheres na condição de mães (e tais noções também encontraram acolhida na abordagem junguiana dos arquétipos). Fromm estava mais interessado em abordagens de esquerda que já haviam sido amplamente discutidas por Engels (1884). Eram estudos que ressaltavam a solidariedade e a felicidade que pontuavam a sociedade em formas de clãs matriarcais antes de homens terem assumido o poder, reforçando a propriedade privada. A confiança e a compaixão materna fizeram-se então substituídas pela culpa própria ao elemento paterno e pela moralidade autoritária.

As idéias de Fromm encontram expressão nas idéias psicanalíticas empregadas pelo Instituto, e em seu *Studien Über Autorität und Familie* (Roiser e Willig, 1996). Fromm desligou-se do Instituto em 1939, e em anos posteriores aproximou-se dos psicólogos do ego americanos. Reconheceu semelhanças entre a sua posição e as de Karen Horney e Harry Stack-Sullivan, sendo esse um dos motivos de ter sofrido ataques de Marcuse (1955). A psicologia do ego nos Estados Unidos absorveu as idéias de Anna Freud (1936) e Heinz Hartmann (1939), Fromm tendo enfatizado o modo como a pessoa se adapta a diferentes circunstâncias. Não raro ele é alinhado aos psicólogos do ego, e não só por Marcuse (por exemplo, Jacoby, 1977), mas sua concepção do potencial para a liberdade humana inspirou-se não tanto no individualismo americano, e sim mais em idéias existencialistas na filosofia alemã.

Em *O medo da liberdade* (1942), a perspectiva humanista de Fromm foi reforçada por um emprego de temas existencialistas em que ele estabeleceu uma oposição conceitual entre "liberdade de" e "liberdade para", e uma oposição entre o enraizamento biológico da condição humana e tentativas de transcendê-lo. Essas oposições foram então revestidas por uma oposição entre isolamento e o âmbito das relações com os demais. Sadismo e masoquismo eram falsas soluções ao isolamento pelo qual o *self* tentou se perder a si mesmo em uma relação com o outro, por dominação ou submissão. O *medo da liberdade* rastreia desde as armadilhas da Ilustração (e sua culminância no nazismo) até a ética protestante, individualizadora e competitiva. Nesta, as restrições à ostentação de riqueza combinavam-se com a compulsão para produzir características anais mais exacerbadas e conduzir ao desenvolvimento de um "tipo característico" peculiar à sociedade capitalista autoritária.

Esse desenvolvimento de caráter foi *dialético*:

> o capitalismo... contribuiu imensamente para o aumento da liberdade positiva, para o crescimento de um *self* ativo, crítico, responsável... Contudo, ao mesmo tempo deixou o indivíduo mais só e isolado, imbuindo-o [sic] com um sentimento de insignificância e impotência.
>
> (Fromm, 1942, p. 93)

O sentimento de liberdade econômica e social incentivado pela Ilustração foi percebido como uma ameaça, e disso se poderia "escapar" de três maneiras. O escapar poderia dar-se por meio do sadismo autoritário ou do masoquismo, no qual "o indivíduo amedrontado busca por alguém ou por alguma coisa para a ela atrelar seu *self*" (Ibid., p. 130). O escapar poderia dar-se pela destrutividade, por meio "da remoção de todos os objetos com que o indivíduo se possa comparar" (Ibid., p. 155). Uma terceira possibilidade de escapar estaria na conformidade automática, na qual uma submissão abjeta faz fugir à responsabilidade de pensar, ou para se distinguir de outros.

Críticos de Fromm argumentaram que suas esperanças humanistas eram evidências de que ele não reconhecia a profundidade com que a cultura se encontrava ela própria embutida como "segunda natureza" no indivíduo, e o modo como o próprio "humanismo" era parte dessa "segunda natureza". Nessa concepção, apesar de suas boas intenções, Fromm é retratado como um dos "psicólogos conformistas" (Jacoby, 1977). Um de seus críticos mais severos foi Herbert Marcuse.

A crítica de Marcuse

Marcuse só veio a acalentar um interesse pela psicanálise após sua vinda aos Estados Unidos. Trabalhou em prol do esforço de guerra no Departamento de Estado Americano como parte do OSS (órgão que foi o antecessor da CIA), até emergir como um dos pensadores líderes da "Nova Esquerda" da década de 1960. Seu trabalho também reflete o interesse pela "metapsicologia" de Freud, em detrimento da psicanálise como prática clínica. Se Fromm era um psicanalista praticante, tendo sido acusado por Marcuse de cumplicidade na adaptação prática de indivíduos a uma sociedade opressiva, Marcuse foi acusado por Fromm de não ser capaz de entender plenamente a psicanálise, já que não havia se submetido à clínica.

O modo pelo qual Marcuse desenvolveu a psicanálise como teoria social encontra-se exemplificado em *Eros e civilização* (1955). O impulso de morte é levado a sério, mas Marcuse também procurou historicizar esses "Tânatos" como um impulso que não era necessariamente destrutivo, e desse modo enfatizou o aspecto tensão-redução discutido por Freud (1920) em *Para além do princípio do prazer*. O "princípio do Nirvana" que subjaz à pulsão de morte só se torna perigoso quando inibido, e quando projetado para fora. O objetivo da pulsão é o término da dor, e desse modo o conflito entre vida e morte resultaria na redução da tensão, e a facilitaria. Necessária se faria então uma alternativa ao trabalho alienado de tensão-produção sob o capitalismo, uma alternativa encontrada no "jogo esteticizado" da infância ou à maneira infantil.

Um aspecto importante desse retorno a alguma coisa que se aproximasse da tranqüilidade da natureza inorgânica foi o escapar do "princípio do desempenho" no qual a sexualidade se torna uma atividade a requerer um engajamento contínuo até o atingir de um ponto final. Esse "desempenho" da sexualidade foi um reflexo de uma forma de razão instrumental meio-fim, e nessa medida foi divulgado e incitado como forma de prazer, fazendo-se na verdade um dos elementos de uma miséria tanto mais perniciosa sob o capitalismo. Um aspecto chave do "princípio do desempenho" foi o enfoque na satisfação genital, e desse modo Marcuse teve Fromm por seriamente enganado ao advogar tal coisa como um possível indício de saúde mental e felicidade humana (a esse respeito, Reich foi ainda pior do que Fromm, como veremos no capítulo 5). Em vez disso, o ideal deveria ser o comprazer-se na "perversidade polimorfa" em que havia uma recuperação de prazer em partes do corpo que houvessem sido submetidas à repressão. Desse modo, a sexualidade da vida moderna, alienada, e nessa medida ameaçadora, seria transformada em Eros.

Marcuse por vezes parece estar promovendo uma regressão à perversidade polimorfa infantil como alternativa à maturidade opressiva da cultura moderna, disso sendo acusado por Fromm e por outros autores posteriores (Chodorow, 1985, p. 296). Marcuse é visto como celebrando "a instância psicológica da criança" (Ibid., p. 294). Contudo, ao mesmo tempo ele procura avaliar como a cultura moderna incita os indivíduos a se darem prazeres sexuais não de todo libertadores. Sua noção de "dessublimação repressiva" tentou captar o modo como o pensamento crítico pode ser dissolvido na simulação de que as repressões estão sendo filtradas:

> Essa mobilização e administração da libido pode responder por grande parte da aquiescência voluntária, da ausência de terror, da harmonia pré-estabelecida entre necessidades individuais e desejos, objetivos e aspirações socialmente requeridos... a satisfação de um modo que gera submissão e enfraquece a racionalidade de protesto.
> (Marcuse, 1972, p. 71)

O problema é que quanto mais ele é crítico dos modos repressores pelos quais a "dessublimação" é manipulada, mais ele é tentado a apelar a alguma força libidinal que mais profundamente se aferra ao controle da cultura como fonte de protesto.

Marcuse argumentou, a exemplo de Freud, que enquanto houvesse necessidade de algum grau de repressão básica para que uma sociedade fosse capaz de funcionar, a sociedade capitalista moderna operaria com base em um "excedente de repressão". O excedente de repressão mantém o indivíduo em seu lugar como subordinado aos que exercem a autoridade e isolado de colegas e companheiros de trabalho.

4. Individualidade, Ilustração e complexo-Psi

Uma esfera crucial a prefigurar um estado utópico em que Eros substituiu o "princípio do desempenho" (e onde o "excedente de repressão" não é empregado) é a esfera estética: "A verdade da arte é a libertação da sensualidade por meio de sua reconciliação com a razão" (Marcuse, 1955, p. 194). Marcuse via essa "reconciliação" como evidência de uma concepção ainda dialética de separação, conflito e a resolução possível de tensões históricas e sociais.

O Epílogo de Marcuse ao *Eros e civilização* é uma "Crítica ao revisionismo neo-freudiano", onde ele aponta um "dilema fatídico" para a psicanálise como forma de crítica cultural. As primeiras obras de Fromm são incensadas, mas em seguida Marcuse argumenta que a "atitude afirmativa" promovida por Freud é tributária dos valores vigentes (Marcuse, 1955, p. 244-255). Muitas das citações que Marcuse reúne para condenar Fromm como um dos "revisionistas neo-freudianos" na verdade são de Horney e Stack-Sullivan, e Marcuse ignora aspectos do trabalho de Fromm que não corroborariam a imagem que Marcuse tenta fazer dele, qual seja: imagem de um conformista (Rickert, 1986). No entanto, Marcuse de fato chama a atenção para um problema que acossa todos os psicanalistas progressistas e psicólogos e busca tornar as pessoas mais felizes em uma sociedade fundada na repressão e na produção da miséria profunda como condição de funcionamento para um indivíduo que, em seu âmbito, é produtivo. Como ele observa,

> em tal sociedade, a auto-realização da "personalidade" só pode se dar com base em uma dupla repressão: em primeiro lugar, a "purificação" do princípio do prazer e a internalização da felicidade e da liberdade; em segundo lugar, sua restrição racional, até se tornarem compatíveis com a falta de liberdade e com a infelicidade prevalecentes.
> (Marcuse, 1955, p. 259)

A obra de Marcuse tem sido fonte inspiradora para os que têm desejado desafiar a "psicologia conformista" (Jacoby, 1977). Quando a cultura contemporânea não é desafiada, formas behavioristas e humanistas de psicologia simplesmente adaptam as pessoas a moldes pré-estabelecidos: "não importa *o que* se expresse até que se tenha consciência do que está sendo expresso", e psicólogos esquecem que "a pessoa liberada será aquele membro espontâneo, honesto e amante de sua cultura e expressará as contradições e frustrações da sociedade capitalista" (Ratner, 1971, p. 63).

Não está claro se há algum modo possível de escapar a essa armadilha. Por um lado, Fromm precisa apelar para o potencial de integridade do *self* contra processos destrutivos inconscientes, provocados por relações sociais opressivas sob o capitalismo e para uma reflexão terapeuticamente pensada sobre as fontes da infelicidade, e ele deseja usar a noção de genitalidade madura ou a capacidade de relação como unidade de medida da felicidade que é frustrada ou sabotada pela cultura moderna. Por outro lado, Marcuse deseja reter alguma fonte de resistência à colonização do ego pelo capitalismo, lançando um olhar para desejos inconscientes que ainda escapam ao princípio de realidade e para a ação política fora da terapia e da resistência da infância polimorfa perversa à cultura a que as crianças são levadas a se submeter à medida que se desenvolvem. A armadilha pega tanto Fromm como também Marcuse na escravidão das formas modernas de individualidade, ou para confirmá-las ou simplesmente as atacando em seus próprios termos. Podemos visualizar o poder dessa armadilha nas formas de discurso que hoje estruturam o modo de auto-explicação dos psicólogos profissionais.

MAPEANDO O FUTURO DAS CIÊNCIAS PSICANALÍTICAS

O discurso psicanalítico tem uma relação peculiar com o restante das teorias e práticas que constituem o aparato disciplinar da psicologia na cultura ocidental. Esse aparato, que opera como uma rede de especulações sobre o comportamento e os estados mentais de indivíduos e como uma série de tentativas de regular o modo como as pessoas se comportam e pensam, é o "complexo-psi" (Ingleby, 1985; Rose, 1985). "Psicologia" aqui inclui, então, as atividades de psicólogos acadêmicos que realizam experimentos ou conduzem entrevistas e o trabalho de uma hoste de profissionais trabalhando em instituições que vão desde o cuidado voltado às crianças até o trabalho social. Inclui todo o jargão sobrenatural de behavioristas cognitivos, humanistas e do povo psicodinâmico à medida que lidam com

4. Individualidade, Ilustração e complexo-Psi

indivíduos que se sentem infelizes ou que estão deslocados e tentam transformar-se em sujeitos de automonitoração e auto-regulação. O discurso psicanalítico é uma poderosa versão do discurso psicológico no Ocidente, mas os que se autodenominam "psicólogos" e organizam suas próprias associações profissionais para supervisionar o ensino e o treinamento nas faculdades e clínicas são freqüentemente bastante hostis à psicanálise.

Psicólogos cognitivos e da personalidade estão preocupados com o efeito de processos mentais não-conscientes em seus modelos de raciocínio, mas se recusam a se envolver seriamente com noções psicanalíticas do ego e do inconsciente. Em vez disso, estudam experimentos um tanto bizarros empreendidos com o intuito de fazer qualquer explicação psicanalítica parecer boba (por exemplo, Eysenck e Wilson, 1973). Psicólogos sociais tentam conceitualizar o modo como as relações e os grupos de fenômenos operam a partir do controle individual, mas eles estão determinados a conter o comportamento social nos confins do experimento de laboratório se forem positivistas ao estilo antigo (Turner, 1975) ou negar que qualquer coisa possa estar acontecendo para além das abordagens das pessoas se forem construcionistas sociais ao novo estilo (por exemplo, Varela, 1995). A psicologia desenvolvimental tenta incorporar concepções psicanalíticas dos primeiros estágios da vida, mas impede qualquer exploração da criança como ser sensual adentrando o cruel mundo adulto e lutando contra ele. Embora a psicanálise tenha tido uma longa e complicada relação com a psicologia, e embora muitos célebres psicólogos (como Boring, Luria e Piaget) tenham se mostrado simpáticos às idéias freudianas, a psicanálise hoje opera como uma espécie de "outro reprimido" da psicologia (Berman, 1994).

Ao mesmo tempo, contudo, a psicologia como disciplina é embebida de discurso psicanalítico, e isso é tanto mais aparente quando a disciplina ensaia passos para definir e proteger a si mesma contra estrangeiros. O trabalho psicanalítico de Fromm e de Marcuse tem aqui particular pertinência, já que os conceitos que eles exploram e discutem são os que estruturam o modo como os psicólogos de hoje falam sobre si mesmos e sobre suas instituições. Também podemos visualizar a imagem, por Freud, da guarnição da cidade e sua preocupação com o desenvolvimento de defesas maduras sempre tornando a aparecer em disfarces do modo como psicólogos falam sobre regulamentação profissional disciplinar. Seu discurso é estruturado pela tensão entre a ênfase de Fromm no valor do pensamento racional, na integridade do trabalho clínico e no valor de defesas maduras, por um lado, e na celebração, por Marcuse, de impulsos inconscientes, da atividade política que rompe as fronteiras institucionais e o prazer infantil como modelo e fonte de libertação para o outro. Uma forma útil de desembaraçar o modo como essas noções circulam em psicologia é realçar a operação de complexos discursivos em auto-representações da disciplina.

Nessa análise, fenômenos como "egos" e "ids" são vistos não como estruturas no interior da cabeça de qualquer indivíduo particular mas como formas de discurso. Essas formas de discurso então posicionam falantes individuais de certas maneiras, com certos direitos, para falar ou escrever de certas localidades e no seio de certas culturas (Davies e Harré, 1990; Tan e Moghaddam, 1995). Assim, quando psicólogos falam ou escrevem no seio de formas de discurso que são estruturadas por complexos discursivos, o modo como falam ou escrevem os posicionará como racionais ou irracionais, como respeitando ou não as regras da instituição da psicologia, e os introduzirá na condição de maduros ou infantis. O falar e o escrever sempre se dão em certas práticas, e nesse caso estamos preocupados com os ambientes institucionais que dimensionam o modo como se pratica a psicologia. A intersecção dos diferentes discursos e complexos discursivos em uma instituição significa que o ato de galgar posições "normais" de sujeito acarretará custos para o falante ou para o autor. Esses custos terão variações, de interpretações equivocadas ou que possam ser rotuladas como causadoras de problemas, as quais então serão ou disciplinadas ou expelidas. A maior parte dos psicólogos vive tão confortavelmente nas posições de sujeito que lhe são arranjadas em processos psi, que mesmo uma reflexão sobre as conseqüências desses modos de falar e escrever lhes parecerá estranha ou despropositada. Para compreender como isso realmente acontece, precisamos abordar também a ideologia e a falsa consciência (e voltaremos a esse tipo de abordagem no capítulo 5).

Ilustrarei a operação de seis complexos discursivos que estão organizados em três diferentes pares na estrutura libidinal do complexo-psi pelo enfoque em alguns dos documentos da British Psychological Society (BPS) na medida mesma em que se tentou profissionalizar a psicologia.

4. Individualidade, Ilustração e complexo-Psi

O final da década de 1980 presenciou mudanças significativas na regulamentação de membros da BPS e em ataques a "charlatães" externos a ela que não iriam dela fazer parte ou que não o poderiam. A BPS tem desenvolvido um "mapa" de psicólogos profissionais, a incluir aqueles que exercem em *settings* clínicos ou educacionais, por exemplo, e os que lecionam psicologia nas universidades, na esperança de que finalmente a BPS venha a obter um "Royal Charter" ["Mapa Real"] que capacitaria a organização a determinar quem pode e quem não pode se chamar "psicólogo". Outras organizações psicológicas nacionais, tais como a Australian Psychological Society, que negou registros com o intuito de impedir que cientologistas continuassem a se autodenominar "psicólogos", adiantou-se à BPS, que procurou imitar o sucesso das organizações australianas. O "Registro BPS" de Chartered Psychologists ["Psicólogos Credenciados", em livre tradução] vem a ser então o primeiro passo para o total policiamento do que o psicólogo é e do que ele pode ou não fazer. Na Grã-Bretanha têm-se realizado tentativas semelhantes, por parte de psicoterapeutas, de desenvolver um processo de registro passível de satisfazer às regulamentações européias, havendo hoje um United Kingdom Council for Psychotherapy (UKCP) que inclui muitos psicoterapeutas psicanalíticos (bem como analistas lacanianos). Uma organização rival, a British Confederation, foi fundada pela British Psycho-Analytical Society (a seção local da IPA) após o UKCP ter se recusado a permitir a psicanalistas a demanda pela qual constituiriam a esfera superior de um corpo profissional constituído de duas esferas. Essas alterações de registro na verdade parecem destinar-se a proteger mais os profissionais do que os clientes (Mowbray, 1995).

Os três textos que abordarei aqui são: um documento preparado em 1988 para o Scientific Affairs Board da BPS, *The Future of the Psychological Sciences* (British Psychological Society, 1988); um artigo de Ian Howarth (então presidente da BPS) no periódico da Sociedade, *The Psychologist* (Howarth, 1988), e uma carta aberta de Howarth para os acadêmicos da BPS incentivando-os a juntar-se ao Charter [Credenciamento] (Howarth, 1989). Os três pares de complexos discursivos são o ego *versus* o id, a atuação mediante manifestação, e estágios de desenvolvimento *versus* perversidade polimorfa.

O ego e o id

A BPS apresenta-se como guardiã reflexiva racional da disciplina, como espécie de entidade bem adaptada, que Fromm passou grande parte de seu tempo incentivando os indivíduos a desenvolver. Ao mesmo tempo, contudo, ele se vê tendo de lidar com forças desregradas que podem interromper seu bom trabalho e o tipo de impulsos irracionais dos quais Marcuse se fez paladino. Se o complexo-psi deve ser transformado em uma civilizada cidade-estado, a BPS deseja certificar-se de que dispõe do conhecimento sobre os modos de arranjo de sua guarnição.

EGO   Um aparato autoconsciente separado deve ser necessário, de acordo com Freud (1923b), para que os indivíduos avaliem as demandas de uma realidade externa, além de se fazerem capazes de lidar com as pressões de proibições internalizadas (localizadas no superego) e baseadas em impulsos inconscientes (que se fazem localizados no id). O ego é também o local dos vários mecanismos de defesa que capacitam o indivíduo a operar independentemente dos significantes outros que desde a infância se constituíram em influência formadora (e foram também uma influência no desenvolvimento do ego em si mesmo).

Nesse caso, a figura retórica do ego refere-se ao modo como a BPS, na condição de instituição-chave para governar os que atuam no complexo-psi na Grã-Bretanha a representam como se ela fosse um aparato mental mantido por um sistema de defesas. O Partido Trabalhador instaurou a Scientific Affairs Board observando, por exemplo, que "em todas as reuniões da comissão têm havido discussões sobre alguma nova ameaça às ciências psicológicas" (BPS, 1988, p. 2). Uma densa rede de rituais, procedimentos e salvaguardas para a defesa da instituição da psicologia tem se constituído na BPS como resultado da febre de credenciamento que conheceu um aumento durante a década de 1980. A autoimagem da Sociedade, como representativa da "Psicologia Britânica", gravita em torno de defesa e de uma ansiedade quanto aos efeitos de algum ataque injusto, bem como de uma ansiedade relativamente a um comportamento que possa provocar tal ataque: "Muitas organizações profissionais têm se ocupado mais em proteger seus membros do que

4. Individualidade, Ilustração e complexo-Psi

o público. Se nos comportarmos da mesma forma, seremos alvos fáceis, menos capazes de nos defendermos a nós mesmos" (Howarth, 1988, p. 96). Um aspecto digno de nota sobre o documento *The Future of the Psychological Sciences* é a noção de que a saúde da psicologia depende de uma aceitação do debate, mas cuidados devem ser tomados para que nenhuma perda de integridade como disciplina faça frente ao mundo externo. Howarth (1989) também argumenta que "é importante preservar a unidade da profissão do psicólogo".

A BPS então se faz construída como se fosse um tipo de ego para a profissão, e o complexo discursivo do ego – uma noção psicanalítica reproduzida aqui bem ao modo como psicólogos falam sobre si mesmos – governa o modo como a unidade interna pode ser mantida. O mapeamento é visto como fornecendo uma garantia dessa unidade: "O estatuto mapeado é um sinal para nossos estudantes, e também para outros, de que compartilhamos nossa preocupação com a preservação e com o desenvolvimento da profissão da psicologia" (Howarth, 1989). O que está em jogo aqui é a identidade profissional coletiva dos psicólogos. Talvez não chegue a surpreender, dado o modo como os psicólogos de um modo geral tentam responsabilizar os indivíduos por tudo o mais que eles fazem, que deve haver injunções que sejam da responsabilidade de psicólogos individuais, para que eles ajam de maneiras compatíveis com aquela identidade coletiva. Da mesma forma como devem se mostrar cautelosos quanto a não provocar ataques vindos de fora, como devem requerer a unidade da disciplina e a proteção da geração seguinte de psicólogos, há uma preocupação com uma flexibilidade saudável e com um autocontrole dos quais o endosso faria a felicidade de quaisquer psicólogos do ego, pois, como observa a BPS (1988, p. 12), é importante valorizar "a variedade combinada com o exercício da ordem".

Id   O ego põe-se em confronto com o "id" na teoria psicanalítica, e esse agenciamento mental torna-se, para Freud (1923b), um modo de fazer referência a uma parte da mente que é subterrânea, exigente e pulsante e que consiste de impulsos instintuais inatos e das pulsões que são sentidas e, na seqüência, reprimidas. As pulsões do id, então, capacitam o ego e o supergo e o levam a um conflito desse mesmo id com essas instâncias, quando elas tentam evitá-lo ou desviá-lo.

A contraparte ao complexo discursivo do ego saudável da BPS é o complexo discursivo do id indócil, conjurado em ser como fonte de ameaça. Assim como a repressão como um dos mecanismos de defesa do ego geralmente serve para intensificar uma ameaça do id, em vez de o destruir, desse modo a tentativa, por parte da instituição da corrente principal da psicologia, em lidar com o que ela percebe serem ameaças irracionais de fora, vem confirmar e fortalecer a fantasia dessas ameaças. Fora da BPS, então, residem as forças irracionais encarnadas nos charlatões que não só têm "falsas percepções" da psicologia, mas que podem empregar o conhecimento psicológico de maneiras perigosas e irresponsáveis. É sintomático que abordagens psicodinâmicas sejam aqui explicitamente mencionadas como um problema potencial. A BPS (1988, p. 28-29) observa que "abordagens psicodinâmicas e a noção associada de conflitos intrapsíquicos continuam a ser levadas a sério pelos não-psicólogos", e ele argumenta que "psicólogos clínicos e experimentais devem aceitar o desafio de desenvolver metodologias de pesquisa apropriadas e relevantes" (Ibid.). Novamente se tem o espectro de uma ameaça, caso não o façam: "Se tal pesquisa não for realizada, há um risco aumentado de que uma variedade de práticas, todas se auto-anunciando 'psicoterapias', proliferem sem qualquer consideração de sua validade ou eficácia" (Ibid.).

O externo irracional então se constitui como um "it" irracional e incompreensível, e um medo correlativo adicional freqüentemente expresso no documento BPS é o de que a discórdia interna poderia então causar ruptura e destruição: "A comunidade psicológica poderia ser seu pior inimigo", e desse modo "energias direcionadas ao conflito poderiam ser desviadas para um esforço construtivo (Ibid., p. 3). Um desacordo aberto quanto a questões de método em psicologia, por exemplo, poderia ser visto como constituindo uma "ameaça", o que poderia originar então um "conflito" destrutivo. Quando ocorre tal conflito, certas forças internas são vistas como responsáveis, e como rompendo a unidade da psicologia e provocando um ataque pior, bem como uma desordem que principia do exterior. A auto-imagem da instituição constrói certos tipos de posições de sujeito restritas a mem-

4. Individualidade, Ilustração e complexo-Psi

bros individuais da BPS. Uma conseqüência da dicotomia a operar aqui entre o ego racional da instituição profissional e os *outsiders* fora de controle, não-registrados, não-licenciados é a de que psicólogos realmente responsáveis devem manter-se dentro da instituição e guardar suas fronteiras. Indivíduos são convidados a experimentar a atividade fora dos fóruns da BPS como um empreendimento de risco. Uma vez que a BPS está a empregar uma retórica que se apresenta como coleção de cidadãos civilizados engajados em um debate racional, uma posição subjetiva é constituída para membros tais que os ocupantes dessa posição sentirão o "externo" como perigoso. Somos advertidos de que, "quando fora do laboratório, o psicólogo não deve se sentir como um estranho em uma terra estrangeira. O cientista psicológico não deve se sentir pouco à vontade quando convidado a dar conselhos a outras pessoas em um terreno que não é o seu" (Ibid., p. 24).

Há aqui uma poderosa imagem do complexo-psi como um território, com a disciplina da psicologia como a cidade-estado e a BPS observando e regulando a guarnição a partir de dentro. Esse, de algum modo, é o estado de coisas que Fromm teria desejado endossar, mas suas preocupações com o desenvolvimento da coerência interna e de formas de relação com os que estão fora do *self* estão comodamente próximas das imagens do *self* individual que a BPS emprega para se constituir a si própria como entidade coletiva. As oportunidades para os tipos de resistência libidinalmente carregada para a guarnição da cidade-estado, da qual Marcuse se fez paladino, são posicionadas nessas formas discursivas como um tanto arriscadas. É como se o id se tornasse investido de todo o poder que Marcuse desejasse para ele, sendo então demonizados por manter tal poder. Psicólogos têm aquele poder conjurado como ameaça que pode irromper de dentro da BPS ou que pode acossá-los no próprio primeiro passo que intentarem para fora dos portões.

Working through e acting out

A divisão entre o seguro racional no interior e o risco irracional no exterior, que é estabelecida pelos complexos discursivos do ego e do id, é composta por uma distinção entre comportamento apropriado e inapropriado, entre o que pode servir de tema de conversa entabulada pelos membros da BPS e o que conviria debater com os que vêm de fora. Há aqui ecos do debate entre o Fromm clínico e Marcuse o teórico radical, cada um tendo pensado o outro como não tendo entendido por estar "dentro" (Fromm) ou "fora" (Marcuse) de um *setting* clínico. As figuras retóricas de "working through" e "acting out" são mais do que meros ecos de antigos debates, pois ajudam a condicionar o modo como psicólogos se relacionam entre si e com os "outros".

WORKING THROUGH   A psicanálise requer uma noção de trabalho mental empreendido por um paciente à medida que lida com uma atenção indesejada para a defesa de mecanismos pelo analista, e para as conseqüências de os ter tornado salientes. O *"work through"*, clinicamente entendido, é um fazer avançar do trabalho terapêutico em seu lugar apropriado, para se refletir sobre e sentir as implicações provocadas pela interpretação mutante e pela dolorosa auto-reflexão. É suficiente lembrar alguma coisa traumática. As razões pelas quais foi esquecida, e o processo de esquecer e lembrar têm de ser elaborados no processo de *working through* (Freud, 1914b).

Embora o complexo discursivo de *working through* seja derivado do trabalho clínico, ele funciona como a especificação de fronteiras e dos tempos e locais adequados para questões abordadas pelo discurso e devidamente atuadas. Para a BPS (1988, p. 7), há apenas uma preocupação com arenas apropriadas para a discussão, e ela argumenta que "a comunidade psicológica deve buscar estabelecer mecanismos que garantam a mútua comunicação entre tais agrupamentos [com interesses comuns no âmbito das ciências psicológicas] e oportunidades para sínteses". Faz-se então aconselhável conduzir o debate no âmbito de estruturas institucionais, tal debate sendo anunciado como um modo científico adequado de estabelecer pontos de diferença e de resolvê-los. Isso então se dá em contraposição às atividades dos psicólogos errantes que estabelecem um envolvimento por demais íntimo com o "exterior". Existe a preocupação de que tal promiscuidade com membros de fora venha a suscitar divisões *internas*, e a BPS (Ibid., p. 52) observa que "uma distinção pouco produtiva entre questões científicas (não

4. Individualidade, Ilustração e complexo-Psi

"profissionais" ou "aplicadas") e profissionais (não "científicas") tenha se instaurado, e que essa distinção pouco produtiva "tenha provocado distorções no desenvolvimento de aspectos científicos da psicologia, deixando de reconhecer sua aplicação a problemas do mundo real e aos benefícios que podem resultar".

Em vez de buscar um tipo diferente de relação entre os da BPS e os de fora que possam ter idéias diferentes acerca do que trata a psicologia, o *The Future of the Psychological Sciences* ocupa-se de uma solução interna: "uma divisão alternativa de funções pode bem se dar entre questões de associação, treinamento e regulamentação profissional (questões essencialmente internas), e questões de ciência psicológica e prática (com dimensões tanto internas como externas)" (Ibid.). A exemplo do que ocorre com a distinção entre os complexos discursivos do ego e do id, esse complexo discursivo exige que membros da BPS devam não só respeitar as fronteiras que cercam a comunidade de "cientistas psicológicos", mas devem também ativamente habitar e cumprir os direitos e deveres de certo tipo de posição subjetiva. Participantes devem não só aquiescer, mas devem *falar*, realizando o processo de *working through* com entusiasmo, de maneira automotivada. Assim, há uma preocupação relacionada à "Sociedade desenvolver uma estratégia para incentivar um envolvimento mais ativo nos negócios da Sociedade por membros que são relativamente passivos em sua relação com ela" (Ibid., p. 7).

ACTING OUT   Juntamente com o convite para questões relativas ao "work through" em um *setting* clínico cuidadosamente circunscrito, a psicanálise é rápida se patologizar as tentativas, por parte do paciente, de fazer aquele tipo de coisa fora. Por parte do paciente, sempre há uma tentação de recusar a compreender o sentido de desejos inconscientes ou de ceder a gratificações mediante conversas sobre sentidos no divã. Buscar uma imediata expressão em atividades fora da análise, em vez disso, é *act out* (Freud, 1914b).

Então, contra o *working through* apropriado de desacordo na BPS, o *"act out"* significa mais do que simplesmente falar fora dos fóruns profissionais apropriados. No discurso dessa instituição, falar com pessoas de fora por vezes parece equivaler à traição, e há advertências quanto a riscos que tais atividades podem apresentar quando o cientista psicológico está em uma "terra estrangeira". O *The Future of the Psychological Sciences* reproduz uma imagem não só de coisas tendo um lugar adequado em certos canais de comunicação, mas também a necessidade de uma habilidade em dissimular. Relata sugestões feitas por alguns dos participantes da Conferência de Harrogate (ministrada em auxílio à apresentação de "The Future") e mostra a preocupação, por parte de alguns palestrantes, que insistiam que psicólogos deveriam aprender a dar respostas inequívocas", e ele por sua vez insiste em que "acreditamos que isso seja algo francamente simples" (BPS, 1988, p. 24). Tem-se aqui, é claro, um problema de ordem particular com os psicólogos clínicos críticos que se envolvem em uma ação de pesquisa (Lewin, 1946), sem falar na ação de pesquisa participativa (Jiménez-Domínguez, 1996), já que tais tipos de atividades de pesquisa requerem uma abertura para o que está na dependência dos psicólogos e um incentivo para que membros de uma comunidade estabeleçam agendas e objetivos apropriados para os estudos em questão.

Quando posicionados por seu complexo discursivo, os que desejam realizar uma pesquisa de ação crítica serão vistos como se separando da disciplina. As discussões sobre o Licenciamento na função BPS para o encetamento de tais posições quando seu documento sobre o futuro argumenta que "acreditamos que a disciplina deva resistir ao estilhaçamento de conhecimento psicológico em grupos que se identificam como separados da corrente principal da psicologia e negam suas origens psicológicas" (BPS, 1988, p. 7). Além das imagens de abandono irresponsável da geração mais jovem, "nossos alunos" que olham para nós a fim de preservar e desenvolver sua profissão, o membro da Sociedade é instado a não desertar ou "negar suas origens". A posição do pai maduro aqui se faz complementar com a posição do filho dependente – o que necessita viver na família ampliada do complexo-psi e se torna ativo na família nuclear da BPS. A segurança oferecida pelo autogoverno responsável só pode ser mantida por força de um padrão estável de crescimento: "Certamente há de ser autodestrutivo insistir de forma prematura em critérios que são muito mais rigorosos do que outras profissões bem estabelecidas estariam dispostas a aceitar?" Essa autodestrutividade é conjurada como ameaça sempre iminente quando se argumenta que "em certos contextos o ceticismo pode ser

4. Individualidade, Ilustração e complexo-Psi

destrutivo se ele solapar iniciativas para novos desenvolvimentos (Ibid., p. 70). Ainda uma vez, esse par de complexos discursivos – *working through* e *acting out* – não só faz membros da BPS entabularem relações com os de fora, mas também exige deles que travem relações entre si dentro da instituição. Sempre é possível ser patologizado por variedades de "acting in" bem como de "acting out".

Marcuse foi importunado exatamente por esses tipos de implicações conservadoras de patrulha institucional. Ele via Fromm advogando a psicanálise como uma técnica terapêutica operando como prática clínica autocontida, o que patologiza não só certos comportamentos sintomáticos fora da análise (como o *acting out*), mas também o faz com certos desejos vistos como sintomas quando o paciente está no divã. A psicanálise era, para Marcuse, "um curso em resignação". Enquanto Fromm tentava desenvolver a psicanálise como prática clínica, o discurso de *working through* e *acting out* ainda mantinha as fronteiras entre o comportamento visto como apropriado e o que era visto como infantil. Por sua vez, Fromm acusava Marcuse de advogar a gratificação "infantil" e de não respeitar o valor do desenvolvimento saudável.

Estágios de desenvolvimento e perversidade polimorfa

A distinção conceitual entre o ego e o id e entre *working through* e *acting out* recebe um viés adicional, moralizante e conservador, quando imagens de comportamento infantil e de desenvolvimento maduro atuam como instigadores. É claro que essas imagens são cruciais para o modo como Fromm via as relações entre adultos, e para o modo como Marcuse se fez o paladino dos impulsos saudáveis da criança antes de esta ser submetida ao princípio da realidade

ESTÁGIOS DO DESENVOLVIMENTO   Psicólogos tendem a achar Freud menos ameaçador quando o lêem como simplesmente descrevendo os diferentes estágios que uma criança pode atravessar para se tornar um adulto saudável. Freud (1905a), na verdade, estava mais preocupado com modos particulares em que diferentes aspectos de experiência sensual se tornam importantes para a criança e então para o adulto em uma seqüência de "estágios" oral, anal, fálico, de latência e genital, mas o modelo de estágio ainda é assiduamente freqüentado pela psicanálise.

Uma imagem da instituição da psicologia em relação com membros de fora potencialmente perigosos é reforçada pela abordagem de sua própria história e do modo como imagina perigos de fixação e regressão ao passado. A BPS chega a aplicar a narrativa sobre a viagem que cada criança deve empreender, certa quilometragem, até atingir a disciplina, e assevera na primeira página do *The Future of the Psychological Sciences* que "uma finalidade crucial desse relato é identificar pontos de crescimento para o futuro das ciências psicológicas na Grã-Bretanha" (BPS, 1988, p. 1). Um liame é construído entre o esforço por "variedade e ordem" e pelo "bem-estar" das ciências psicológicas, e o equilíbrio entre essas coisas confirma uma imagem não só da instituição, mas também de cada membro individual. A idéia de que esse processo de auto-reflexão se encontra atrelado a uma seqüência saudável de estágios de desenvolvimento também é apoiada pelas imagens de aprendizado e de comunidade de espírito em que membros são convidados a participar. Aos membros da BPS se diz que "cada indivíduo que trabalha em benefício da Sociedade faz parte da memória da Sociedade e imediatamente se reveste de um valor incalculável; quanto mais dessas pessoas existirem, melhor" (Ibid., p. 52).

Para cada membro adulto saudável da Sociedade, "a tolerância de variedade na psicologia é um incentivo ao pensamento flexível" (Ibid., p. 48). Juntamente com esse *nostrum* corre uma advertência, uma advertência que ainda uma vez diz respeito ao que os de fora podem ver: "Há, contudo, desvantagens em um público dar mostras da diversidade no âmbito de uma disciplina" (ibid.). Essas "desvantagens" dizem respeito ao que pode acontecer se outros perceberem que o caminho direto e próximo de desenvolvimento está sendo desviado: "Para os de fora a aparência pode ser de imaturidade e de dúvida acerca de si mesmo" (Ibid.), e a solução sugerida é a de que "uma ênfase maior na aquisição cumulativa de conhecimento psicológico ajudaria a contrabalançar os resultados negativos de disputas entre proponentes de diferentes abordagens da psicologia" (Ibid.). Há uma mudança retórica de atuação pontual em *The Future of the Psychological Sciences*, onde os estágios de desenvolvimento não só recebem um teor

4. Individualidade, Ilustração e complexo-Psi

normativo, mas também se relacionam a debates sobre se a psicologia deveria ser uma arte ou uma ciência. A transição de atividade não-racional (aqui assumida para ser o reino das "artes") para um tipo de pesquisa que a BPS nos dias de hoje é capaz de apoiar (aqui representada como "ciência") é mapeada na direção do desenvolvimento de psicólogos que partam de seu passado incompleto, e desse modo "a Sociedade deve buscar tornar público o fato de que a psicologia pode ser utilizada como um meio de transferir estudantes de artes para ciências (Ibid., p. 9).

PERVERSIDADE POLIMORFA Freud (1905a) fornece uma descrição da criança como sendo desprovida de gênero ou sexualidade, como sendo conduzida por prazer e dor independentemente de tipos de objeto ou de partes do corpo. Falar da criança como sendo "constitutivamente bissexual" e "polimorfamente perversa" abre a possibilidade para diferentes modos de desenvolvimento e diferentes formas de personalidade no adulto, embora a psicanálise como prática tenha, e isto lhe é característico, endossado modos culturalmente dominantes de escapar aos primeiros jogos livres de desejo que esses termos conotam.

Se a BPS está perseguindo certos estágios de desenvolvimento, sua visão de "The Future" tem de ser certa e segura. Em contraste, o complexo discursivo da perversidade polimorfa ajuda a BPS a narrar o passado como um estado de ser sensual desprovido de tutela que *tem* de ser deixado para trás. Essa narrativa então funciona como advertência para os que são deixados para trás ou para os que podem recusar-se a seguir uma rota de desenvolvimento normativo em direção a uma ciência madura mais rigorosa. Os que são críticos da psicologia podem então ser vistos como deliberadamente regressivos, e suas tentativas de questionar a direção de crescimento, como evidência de desenvolvimento inadequado. A BPS (1988, p. 12) arvora-se em observar que "no presente, as ciências psicológicas estão, de muitas maneiras, fragmentadas", algo remediado somente se o reconhecimento dessa fragmentação for combinado a uma visão de um correto caminho desenvolvimental a ser seguido pela "ciência psicológica". A retórica da autodisciplina e do crescimento científico atribui uma responsabilidade a membros da BPS, para que cuidem dos que virão em seguida.

Os dois complexos discursivos de estágios de desenvolvimento e de perversidade polimorfa em conjunto enfatizam a segurança e a maturidade, e advertem contra demandas infantis e contra o fracasso em proporcionar um ambiente seguro para que outros nele possam crescer. Há um apelo a esse sentido de responsabilidade na declaração pelo então Presidente da BPS a membros acadêmicos, de que "o estatuto de Licenciamento é um sinal, para nossos estudantes e para outros, de que compartilhamos de sua preocupação pela preservação e pelo desenvolvimento da profissão da psicologia" (Howarth, 1989).

Nesse contexto, os psicólogos críticos do modelo cumulativo positivista de pesquisa e que trabalham com perspectivas fenomenológicas, pós-estruturalistas, discursivas ou feministas, posicionam-se em favor de incerteza, e desse modo se mostram acientíficos e imaturos. O documento da BPS assevera que "acreditamos absolutamente no poder do conhecimento por si só, e que o avanço científico provavelmente será inibido se a utilidade imediata e óbvia for o critério único de valor" (BPS, 1988, p. 69). Ademais, isso contextualiza de maneira um tanto inútil a tentativa de otimizar alguns dos modos em que a instituição da psicologia tem excluído certas categorias de pessoas (Burman, 1990; Howitt e Owusu-Bempah, 1994). Pessoas procedentes de "minorias étnicas", por exemplo, poderiam ser postas como que em situação de desvantagem, e serão recrutadas de modo muito parecido àquele em que estudantes podem ser recrutados das artes para a ciência: "A Sociedade deveria reunir informação de outros corpos profissionais sobre as estratégias que eles utilizam para aumentar o recrutamento de membros de minorias étnicas" (BPS, 1988, p. 10). Existem problemas semelhantes no modo como questões relativas a sexismo são dimensionadas por esses complexos discursivos e na sugestão de que "o Conselho considera passos que poderiam ser dados para compensar o desequilíbrio na representação de gênero, incluindo o encorajamento positivo de mulheres, para que participem ativamente nos negócios da Sociedade (Ibid.).

A tensão teórico-política entre Fromm e Marcuse permite-nos ver como noções de maturidade e infância estruturam o discurso de instituições psicológicas, e como questões relacionadas à saúde e à dessublimação reprimida aplicam-se não só ao indivíduo que a cul-

4. Individualidade, Ilustração e complexo-Psi

tura ocidental fabrica para fazer a sociedade funcionar sem maiores sobressaltos, mas também aos corpos profissionais que supervisionam o complexo psi que se encarrega desse trabalho. Quando a estrutura libidinal de uma sociedade e suas organizações constituintes são postas em seus devidos lugares, convites para participar funcionam não tanto como sinais de abertura, mas como ameaças de recuperação. Os que foram excluídos passam a ser admitidos sob certas condições, com certas posições subjetivas lhes sendo atribuídas para falar e agir. Ao mesmo tempo, é preciso ter em mente que a razão de as versões da psicanálise segundo Fromm e Marcuse serem tão pertinentes a imagens de psicologia e ciência psicológica se deve ao fato de os aspectos do discurso psicanalítico que elas elaboram se encontrarem, no momento, a remover as auto-representações de indivíduos e profissionais no complexo-psi. Nessa medida, não estamos tão preocupados em buscar textos psicológicos para conteúdos inconscientes ocultos, mas nosso interesse está, isto sim, voltado para a leitura de textos com olhos bem postos no modo pelo qual eles produzem o inconsciente como algo intolerável procurando, por isso mesmo, removê-lo.

Dialéticas de individualidade e cultura

Processos culturais de auto-representação na Ilustração ocidental necessitam de locais seguros, onde imagens do indivíduo possam ser exercidas e ser alvo de elaboração, de modo que o discurso sobre responsabilidade e separação individual da natureza se faça acionar. O *self* individual, governado pelo ego como se fosse o capitão da alma, é um local institucional, sendo outro o complexo-psi governado por servidores de alma profissional. Há uma reflexão [a um tempo] mútua e necessária e uma identificação em ação entre esses dois locais institucionais, cada qual se modelando a partir do outro, de modo que a teoria do *self* produzida por um se torna a teoria posta em ação pelo outro (Harré, 1983).

A armadilha em que Fromm caiu tantas vezes foi a de ver um apelo ao humanismo como uma solução e esquecer que a cultura da Ilustração nos faz interpretar o humanismo como uma propriedade do indivíduo. Fromm insistia em que o humanismo era um potencial realizável só mesmo no contexto de certos tipos de relações sociais não-distorcidas e abertas, mas o que está em questão aqui é o modo como sua esperança radical pode ser muito facilmente recuperada no individualismo burguês.

Também Marcuse caiu na armadilha de tentar escapar a ilusões individualistas de liberdade humana voltando-se para fontes de liberação fora do *self* consciente e pela intensificação, no Ocidente, do medo e do romance relacionados a coisas inconscientes e "naturais". O apelo a Eros e Tanatos vem confirmar imagens do corpo e da natureza, e um apelo dirigido a eles como fontes essenciais de crítica e liberdade também serve de apoio a discursos de racionalidade como a única possibilidade. O trabalho de espelhamento entre as instituições psicológicas profissionais e o *self*, o qual sentimos que possuímos, faz-se acompanhar por outro tipo de trabalho de espelhamento, entre como sentimos que temos de raciocinar para nos manter sãos e quão temerosos nos sentiríamos se parássemos de raciocinar.

Tanto Fromm como Marcuse tentaram desenvolver uma abordagem dialética que funcionaria com as oposições conceituais que fornecem a estrutura libidinal e a segunda natureza da Ilustração, rompendo então com essas oposições, abordagem que seria capaz de desenvolver uma antítese ao indivíduo e à cultura moderna, e essa antítese não simplesmente forneceria um espelhamento negativo, mas conduziria à possibilidade de síntese. Como veremos no próximo capítulo, ao nos voltarmos para o desenvolvimento do autoritarismo, uma simples recusa de formas culturais sentidas como opressivas para o indivíduo constituído por essa cultura pode ser tão perigosa quanto uma deliberada conspiração.

5
AUTORITARISMO, IDEOLOGIA E MASCULINIDADE

> *Ele passou de Mr. Right [homem ideal] para Mr.*
> *It ["a coisa"]. Foi como se eu estivesse diante do pró-*
> *prio Diabo.*
> Edwards, uma quase-vítima. In Dvorchak e Holewa
> (1991, 23) Milwauke Massacre: Jeffrey Dahmer and the
> Milwauke Murders

Um sentido de individualidade está intimamente atrelado à autoridade na cultura da moderna cultura da Ilustração; como a capacidade de sermos autores da narrativa de nossas próprias vidas, e também de exercer poder sobre outros ou de sentir o poder que outros exercem sobre nós.

Nossa experiência de nós mesmos como separados e isolados de outras pessoas significa que temos relações particularmente hostis e temerosas com outros, e esses sentimentos são amplificados quando nos relacionamos com os que detêm posição de autoridade. As crenças de que estamos enraizados em nossa própria natureza e nas dos que são menores ou maiores do que nós são formas de *ideologia*. A segunda natureza que está embutida naqueles sob os quais nos encontramos no capitalismo atua como ideologia, e reforça crenças sobre a natureza humana e sobre relações sociais que nos impedem de mudar coisas que consideramos espoliativas e opressivas. A psicanálise pode ajudar-nos a interpretar a ideologia e revelar seu poder, mas o modo como a psicanálise pode fazê-lo é alvo de controvérsia. Aqui, uma questão crucial tem versado sobre se as formas ideológicas devem ser vistas como fundadas em coerção física e na repressão de necessidades biológicas (nas quais a liberação de caso terá a ver com a liberação de forças inconscientes reprimidas) ou se formas ideológicas são distorções de linguagem e a repressão que se dá é a de sentidos alternativos (em cujo caso a liberação virá pelo desemaranhar daquelas distorções, para que possamos ver as coisas claramente).

Wilhelm Reich e Jürgen Habermas abordaram essa questão, mas não a solucionaram. Eles compartilham uma filiação com a Escola de Frankfurt (Jay, 1973); Reich por meio de sua breve associação nos primeiros anos, quando a Escola tentava relacionar Freud a Marx, e Habermas a partir da década de 1950, quando a Escola se distanciava a um só tempo de tradições freudianas e marxistas. Aquele elo com a primeira e a segunda gerações da Escola persistiu em uma tarefa que foi abraçada tanto por Reich como por Habermas, e dizia respeito ao modo de construir uma abordagem de subjetividade que relacione o indivíduo à cultura, como construir uma ponte sobre a moderna fenda entre o dentro e o fora. Uma preocupação relativa a compreender o autoritarismo também se evidencia no trabalho de ambos os escritores, já que o isolamento do indivíduo em relação a outros está atrelado a questões de poder e a modos equivocados de se rebelar contra a autoridade (Reich, 1934a; Habermas, 1969). Em contraste com Fromm e Marcuse, tanto Reich como Habermas abandonam um modelo dualista de pulsões (ou do tradicional freudiano "par de opostos"), mas o fazem de modos bem diferentes. Reich, como Marcuse, atém-se à concepção de que as necessidades biológicas é que eram cruciais, mas, diferentemente de Marcuse, não levou a sério as pulsões de morte. A libido, e sua expressão no organismo era uma manifestação do corpo que tinha de ser liberto dos condicionamentos da sociedade moderna. Habermas, por outro lado, como Fromm, está preocupado com o *sentido*. Diferentemente de Fromm, contudo, ele vê o sentido como uma função intersubjetiva que dissolveria as defesas empregadas na linguagem e na história do indivíduo.

Essas concepções tão diferentes de repressão e liberdade – que é o que distorce e o que resiste – ocasionam diferentes abordagens do desenvolvimento do autoritarismo, e da ideologia em sentido geral. Essas diferentes concepções de autoritarismo revelam-se também uma prévia do bem conhecido trabalho empírico da Escola de Frankfurt sobre o preconceito (Adorno et al., 1950), e cada qual poderia ajudar-nos a compreender o modo como o preconceito é reforçado e transformado em sociedades que à primeira vista não parecem autoritárias. Reich estava preocupado com os aspectos mais viciosos do autoritarismo fas-

5. Autoritarismo, ideologia e masculinidade

cista que irrompia em seu entorno na década de 1930, tanto da sociedade como do indivíduo, e sua abordagem era um exagero de temas em psicanálise, com o intuito de conter eventos extremados. Habermas, por outro lado, preocupa-se com as distorções que constituem o preconceito e que jazem encobertas na retórica que os indivíduos utilizam em tempos de paz, sua versão da teoria social psicanalítica sendo uma resposta mais liberal à sociedade mais liberal pós-Segunda Guerra. Embora Habermas pareça mais razoável, talvez seja a abordagem de Reich que melhor apreenda alguma coisa sobre a dinâmica que subjaz à sociedade liberal, e isso pode se dar porque "em psicanálise somente o exagero é verdadeiro" (Adorno, citado em Jacoby, 1977, p. 20).

Reich e Habermas apelam para alguma coisa "verdadeira" que resistirá à insidiosa tenacidade da falsa consciência, nosso equivocado investimento em ideologia. Contudo, como veremos quando nos voltamos ao masculinismo contemporâneo que emergiu como contraparte e reação ao feminismo, a verdade dos impulsos ou de livre comunicação pode operar também ideologicamente. Neste capítulo, passaremos em revista o uso por Reich e por Habermas da psicanálise para dissolver a falsa consciência, voltando-nos então ao *Iron John* (1990) de Robert Bly para mostrar como versões reichianas e habermasianas do discurso psicanalítico perpassam esse texto masculinista e reproduzem o autoritarismo que outrora foi utilizado para desafiá-lo. São atuais as fantasias que estão no núcleo da imagem do novo homem selvagem que Bly celebra. Elas são estruturadas pelo desenvolvimento de noções particulares de natureza (suprindo, particularmente para os homens, os bons ventos da libido heterossexual pressionada contra condicionamentos sociais) e a cultura (diversificando as tentativas de uma comunicação autêntica entre homens e homens, entre homens e mulheres). Também podemos ver então como posições de sujeito que estão disponíveis para falantes podem também ser investidas de tal emoção, a ponto de serem sentidas como se tivessem de ser verdadeiras.

REICH: ENERGIA

Existem problemas relativos à compreensão de Reich, e isso em parte porque, sempre que alterava seu modo de pensar, ele reescrevia seus manuscritos, fazendo permanecer os mesmos títulos para muitos livros diferentes. Os reescritos posteriores também atuam encobrindo seu envolvimento político inicial, especialmente o da fase Freud/Marx de 1929-1934, com uma reinterpretação do comunismo como sendo tão ruim quanto o fascismo (como um "fascismo vermelho") (Ollman, 1972). Reich tornou-se assistente clínico na Policlínica Psicanalítica de Freud em Viena em 1922, e praticamente ao mesmo tempo começou a participar de movimentos radicais, terminando por afiliar-se ao Partido Comunista Austríaco, em 1927. A carreira de Reich encetou uma trajetória marcada por um treinamento como analista em finais dos anos 20, por um rompimento com Freud quanto à realidade física e mensurável da libido, por sua participação em movimentos psicanalíticos e comunistas – e expulsão desses movimentos, no início dos anos 30 –, pela descoberta da "energia orgônica (cósmica) atmosférica" (Reich, 1942, p. 358) no final da década de 1940 e por um resvalar para a paranóia na década de 1950 (Sharaf, 1983; Boadella, 1985). A natureza da repressão concebida como um processo que encerrava a energia no inconsciente e no corpo levou Reich a acreditar que o alívio da neurose requeria a recuperação de uma potência orgástica, de uma liberação da energia (Reich, 1942). Há um tema bastante insistente no trabalho de Reich, que é o da perversão da libido heterossexual natural; perversão como que ourivesada pela imposição da ordem patriarcal sobre um estado de ser pré-histórico, matriarcal e natural, e por meio da imposição da raiva do pai sobre um caráter genital natural. Esse processo desenvolvimental histórico-cultural e desenvolvimental-individual reforça o ego como agência repressora. É possível traçar uma linha de descendência direta para esse tema vitalista em seu trabalho desde os primeiros desacordos com Freud até a tragicidade dos últimos dias (Chasseguet-Smirgel e Grunberger, 1976). Seu interesse primordial, como psicanalista, estava na realidade da libido.

A libido de Reich

A libido, para Reich, não era apenas uma metáfora. Para Freud, "libido" era um termo para "energia hipotética", que tinha em uma descrição hidráulica sua mais conveniente expressão. Para Reich, tratava-se de uma força material, e mensurável. Isso significava que era necessário realmente liberar essa energia em atividade sexual. E não meramente vivenciar a libe-

5. Autoritarismo, ideologia e masculinidade

ração. Bloqueios na libido podem ocorrer em um comportamento sexual "normal", mas esses bloqueios se tornam psicopatológicos se resultarem na perda da capacidade de rendição ao fluxo da libido. Já em 1923, Reich argumentava que esse render-se era necessário para a "potência orgástica". A libido seria então uma energia física mais importante do que os sentidos a ela atrelados, e isso significava que uma "cura pela fala" seria insuficiente – uma liberação *física* era, isto sim, crucial, e tal significava que a terapia também precisava ter um componente físico. Essa ênfase no corpo se reflete no trabalho de corpo "neo-reichiano" contemporâneo e em terapias bio-energéticas (por exemplo, Boadella, 1988).

Em vez de ser a impotência um efeito de neurose, ela era vista por Reich como a causa; daí a capacidade de se recuperar a potência orgástica ser parte necessária de uma recuperação da neurose. Reich endossou a hipótese da "repressão", na qual a liberação da energia bloqueada se dá pelo libertar da energia bloqueada (e embora essa noção esteja presente em seu escrito psicanalítico, há uma série de recorrências similares ao corpo como sede mesma de resistência em certas críticas de Foucault à psicanálise, Keat, 1986). A libido é detida pela repressão física em condição de oposição à mera exclusão de idéias ameaçadoras vindas da consciência, e assim torna-se parte da personalidade e faz da pessoa como que uma "armadura de caráter". A armadura de caráter consiste de hábitos corporais – posição, postura, gestos e padrões de tensão muscular – que inibem o caráter "genital" natural com o qual todas as pessoas nasceram, e são capazes de recuperá-los (Reich, 1942).

Outras divergências de Reich em relação a Freud

O trabalho de Reich sobre a armadura de caráter e análise de caráter ainda recebe referências em escritos clínicos das correntes que hoje têm preeminência na psicanálise, mas suas diferenças com Freud em relação à questão da libido foram complexificadas por outras inovações que acabaram por afastá-lo da psicanálise tal como esta costuma ser compreendida. Para Reich (1932a), a civilização não era necessariamente antagônica aos desejos do indivíduo: ele argumentou que houve um tempo anterior à civilização moderna em que nossas insatisfações sociais e sexuais não existiam. A exemplo de Fromm, pois, Reich olhava para a sociedade matriarcal primeva como uma espécie de "comunismo primitivo" no qual a propriedade privada era algo desconhecido, e no marxismo ele encontrou uma forma de libertação da sociedade capitalista dos dias atuais, e isso quando "as condições originais do comunismo primitivo retornarem uma vez mais para um nível econômico e cultural tão elevado quanto o gerenciamento sexo-econômico das relações sexuais" (Ibid., 248). No trabalho de Reich há então uma ênfase em condicionamentos *externos*. Para Reich, o repressivo mundo exterior é que nos força a construir mecanismos de defesa, e esses então afetam nossa capacidade de vivenciar necessidades psíquicas e corporais. Para Freud, o ego se desenvolve como um sentido do *self*, tendo em vista uma mediação entre o inconsciente e o mundo externo, e para neo-freudianos posteriores o ego se desenvolve de maneira independente, por meio da socialização normal a partir de uma "esfera do ego livre de conflitos" (Hartmann, 1939). Para Reich, no entanto, o próprio ego é um produto de repressão sexual, e a armadura do caráter é efetivamente parte do ego.

Reich também parte da estrutura freudiana de um "par de opostos", na qual a libido se contrapunha aos instintos do ego (no primeiro modelo de Freud) ou ao impulso de morte (no segundo modelo). Reich argumenta que existe uma pulsão fundamental, e é com base nisso que críticos recentes de sua abordagem o situam no âmbito de uma tradição narcisista. Chasseguet-Smirgel e Grunberger (1976), por exemplo, argumentam que o arcabouço teórico de Reich encontra-se atado a um estágio narcisista, e que isso o leva ao engano de uma "Ilusão" utópica como solução para todos os conflitos. Reich certamente alimentava uma concepção naturalista do que vinha a ser a sexualidade como força pulsional. A sexualidade era vista como unitária, como sendo uma natureza única, descomplexificada e em busca de uma liberação direta em vez de uma liberação que fosse mediada por objetivos ativos ou passivos. Sua abordagem residia no postulado segundo o qual havia um estado natural a que aspirar, sendo esse o "caráter genital". Isso significava que ele via "perversões" como não naturais e incapazes de conduzir à potência orgástica, e argumentou que a expressão e a liberação da libido tinham de se dar em uma relação heterossexual. Ele se recusava a ter homossexuais como pacientes (Sharaf, 1983). A sexualidade saudável natural era vista como sendo genitalmente focada (como sugere o termo "caráter genital"). Apesar de sua agitação política em favor da livre expressão da sexualidade infantil, ele também via a masturbação como prática intrinsecamente insatisfatória.

Reich sobre a família

Reich relacionou o indivíduo e a cultura com enfoque na estrutura da família. Para Reich, a família era "o núcleo ideológico da sociedade", tendo ele citado os estudos antropológicos de Malinowski (1927) sobre os ilhéus de Trobriand como prova de que a vida sexual se fazia restrita quando o chefe começava a manifestar algum interesse na herança da propriedade por intermédio da linhagem masculina. Só então a paternidade veio a se tornar uma questão. A sociedade matriarcal não tem necessidade dessa noção, de modo que o matriarcado foi visto por Reich como um tipo de "comunismo primitivo". Essa brilhante abordagem da sociedade matriarcal exerce três funções nos escritos de Reich. Em primeiro lugar, dá vazão ao mito de que seres humanos são naturalmente competitivos, egoístas e bem adaptados ao capitalismo. Em segundo lugar, expõe o modo como valores e a sexualidade humana se tornam subordinados à circulação de coisas como mercadorias. Em terceiro lugar, a "guarnição" na cidade que Freud (1930) descreve em *O mal-estar na civilização* é exposta como em defesa de conjuntos específicos de interesses – aqueles de homens e da burguesia.

Nossas vidas emocionais encontram-se estruturadas pela sociedade de classes e pela opressão de gênero. Reich via a inveja como produto de uma sociedade patriarcal, e a instituição do casamento como a cimentar as pessoas na monogamia; a fixação em um parceiro para a vida era vista como algo tão pouco apropriado quanto usar sempre a mesma roupa. O casamento passa então a funcionar como uma instituição que se torna um refúgio cada vez mais insatisfatório da escassez sexual no mundo exterior. A miséria sexual sob o capitalismo se faz complexificada pela transmissão de alienação e desapontamento às crianças por meio de um rigor compulsivo e rancoroso quanto a seu comportamento, e desse modo essas crianças também crescem alimentando um ressentimento para com outros que parecem mais relaxados e desinibidos. Os que padecem de miséria sexual projetam fantasias de revanche em e contra os que parecem mais livres, e a maior parte dos sofredores inibidos e investidos de pesadas armaduras atrelam-se, com isso, a movimentos autoritários nos quais podem obter um prazer substitutivo pela repressão de outrem. Essa dinâmica, por fim, origina o fascismo, o que é analisado em *A psicologia de massa do fascismo* (Reich, 1946). Reich tentou dar uma inflexão marxista de cunho particular à análise vinculando uma análise "freudiana" de estruturas de caráter autoritárias com uma abordagem que via o fascismo emergido da classe média desapontada, ameaçada e contraída entre a burguesia e a classe trabalhadora (Trotski, 1933).

Reich e a sociedade

Em 1928, Reich ajudou a fundar a *Sozialistische Gesellschaft für Sexualberatung* (Sociedade Socialista para Consulta em Sexualidade e Pesquisa Sexológica), quando então, em 1929, deu início ao estabelecimento de centros de "higiene sexual". Seu movimento, conhecimento como Sex-Pol, não tardou a contar com 20 mil membros. Publicou trabalhos populares como *Politizando a luta sexual da juventude* (Reich, 1932b) que, dentre outras coisas, eram simples guias sexuais. Idealizou campanhas de oferecimento de serviços de enfermagem a fim de permitir que as mulheres trabalhassem, e também proporcionou a distribuição de métodos contraceptivos gratuitos, um abrandamento nas leis de casamento e divórcio, a legalização do aborto, a suspensão de restrições à homossexualidade, a educação sexual gratuita, lugares onde os jovens pudessem encontrar-se para ter relações sexuais, liberdade de expressão para as crianças menores e ausência de restrição à masturbação infantil, em oposição à punição corporal pelos pais, e uma discussão aberta da sexualidade (Ibid.).

Lutou para que essas reformas fossem incluídas no programa dos partidos comunistas, mas na década de 1930 a Terceira Internacional Comunista estava sob a égide de Stalin (que reintroduzia restrições czaristas ao aborto, divórcio e homossexualidade, as quais haviam sido repelidas após a Revolução Bolchevique). Reich, por um lado, entabulava discussões com marxistas revolucionários, partidários de Trotski na Alemanha, trabalhando para instaurar a Quarta Internacional (Reich, 1934a). Foi expulso do Partido Comunista (na Dinamarca, onde então se encontrava baseado) e da Associação Psicanalítica Internacional em 1934. Seus livros foram queimados na Alemanha, na Rússia e de-

5. Autoritarismo, ideologia e masculinidade

pois nos Estados Unidos – onde foi perseguido pela Food and Drug Administration, por distribuir, sem recolher impostos para tal, planos para "acumuladores de energia orgônica" (Reich, 1951) – e onde morreu na prisão em 1957.

HABERMAS: SENTIDO

A associação de Habermas com a psicanálise foi mais breve, com o trabalho de Freud tendo sido um entreposto na jornada de Habermas por grande parte das principais teorias da cultura intelectual ocidental. Seu trabalho é devedor de contatos anteriores com o trabalho de Chomsky, Austin e Searle, a partir dos quais ele desenvolve a noção de uma "pragmática universal", e dos trabalhos de Piaget e Kohlberg, com os quais ele desenvolve uma abordagem da necessidade de raciocínio moral (Habermas, 1985, p. 77). Seus escritos sobre Freud na década de 1960 devem ser posicionados no contexto de seu interesse por essas outras teorias, tendo ele absorvido uma leitura particular de Freud desenvolvida pelo psicanalista alemão Lorenzer (1970, p. 150), que já via a repressão como "exclusão de comunicação lingüística". Tanto no âmbito do indivíduo como no da cultura, Habermas vê a distorção do sentido como o pior inimigo (Habermas, 1970). Se a linguagem é a fonte para funções de ego e testes de realidade, ela é também a fonte de mal-entendido e conflito; "símbolos cindidos e motivos contra os quais há que se defender descobrem sua força sobre as cabeças dos sujeitos, levando obrigatoriamente a gratificações e a simbolizações substitutivas" (Habermas, 1971, p. 255).

Habermas é figura-chave na "segunda geração" da Escola de Frankfurt. Ele se descreve como "estruturalista genético" – isto é, como piagetiano – reconhecendo-se, em todo o seu trabalho, uma dupla ênfase no modo como o ser humano se torna social, desse modo necessariamente rompendo com a primeva ego-centricidade, e no modo como o ser humano se torna capaz de raciocinar logicamente e se empenhar em um pensamento operacional formal. Herbert Marcuse (1972) dedicou seu *Homem unidimensional* a ele, mas Habermas não é um marxista. Muito mais se caracteriza como um "liberal radical" (Habermas,

1985, p. 94), e como alguém que toma o viés racional igualitário de pensamento dos escritos de Adorno e Horkheimer. A sociedade só funcionará – e debates sobre coisas como "opressão" e "exploração" e "falta de honradez" só farão sentido – defende ele, em virtude da fidelidade dos povos ao princípio de realidade. Por essa razão, Habermas (1969) argumentou contra o que viu como extremismo e autoritarismo ou ativistas estudantis de extrema esquerda na década de 1960, e também se opõe a "fundamentalistas" do Movimento Verde que, diz ele, "mostram-se despreocupados com as normas da equalidade cívica" (Habermas, 1985, p. 100). Três aspectos da obra de Habermas são importantes: a noção de ilustração dentro da ilustração, seu uso da hermenêutica em leituras psicanalíticas de texto e sua discussão sobre os efeitos da comunicação distorcida.

Ilustração

Para Habermas, a *Dialética do esclarecimento* (Adorno e Horkheimer, 1944) é um livro niilista. Não proporciona uma via fora da condição que analisa. Em vez disso, a análise de Adorno e Horkheimer conduz ao desespero por parecer como se a própria noção de ilustração fosse um problema, e qualquer tentativa de refletir racionalmente sobre a Ilustração – ainda que de maneira "ilustrada" – inelutavelmente se torna parte do problema. Habermas (1985, p. 82) reconhece que o próprio Adorno defendeu a posição segundo a qual, nas palavras de Habermas, "não há cura para as feridas da Ilustração a não ser na própria Ilustração radicalizada" (Ibid.).

Contudo, Adorno e Horkheimer parecem obstruir a possibilidade de haver algo de progressivo na Ilustração, em sua descrição do modo como "os povos desenvolvem a sua identidade aprendendo a controlar a natureza exterior ao custo de reprimir sua natureza interior" (Habermas, 1982, p. 15-16). O inconsciente faz-se vivenciado como se fosse uma coisa, como um "it" ou "id", e há uma cisão correspondente entre natureza e cultura, de tal modo que a natureza só se torna aceitável quando tornada parte da cultura (nos safáris em parques temáticos ou pacotes de férias a localidades exóticas, por exemplo). Habermas

5. Autoritarismo, ideologia e masculinidade

acrescenta sua própria interpretação à áspera abordagem de Adorno e Horkheimer: "O processo de Ilustração leva à dessocialização da natureza e à desnaturalização do mundo humano; Piaget o descreve como o descentramento da visão de mundo" (Ibid., p. 19). Então, esse desenvolvimento cultural é positivo tanto quanto negativo, pois assinala o desenvolvimento do próprio pensamento crítico que nos permite compreender os efeitos destrutivos da Ilustração.

A hermenêutica profunda da psicanálise

Para Habermas, a psicanálise é uma das pedras fundamentais para o edifício de um movimento crítico no âmbito da ilustração, como exemplo do pensamento ilustrado – com a noção de que as pessoas devem adotar a máxima "conhece-te a ti mesmo" – e como exemplo versando sobre de que modo o trabalho da Ilustração pode ser estendido e transformado de dentro para fora. A psicanálise como prática clínica é reflexiva à medida que provoca a auto-reflexão no nível individual, e o conhecimento que um analisando (o paciente em análise) granjeia não "causa" o acontecimento de uma cura. Em vez disso, o autoconhecimento e a auto-reflexão é que são a cura: "o ato de compreender ao que ela [a profunda hermenêutica psicanalítica] conduz é a auto-reflexão" (Habermas, 1971, p. 228). A psicanálise também opera no mesmo tipo de modo reflexivo como teoria social, mas isso só se for lida como empresa essencialmente hermenêutica. O objetivo tanto na clínica como na teoria social crítica há de ser, então, o de garantir que "a transparência da história recordada de vida é preservada" (Ibid., p. 233).

Há três aspectos da hermenêutica importantes para Habermas. O primeiro é o de que a tarefa não é explanação, mas *entendimento*. Não é possível interromper um objeto de estudos quando o objeto é um produto ou prática humana provida de significado. Só é possível obter uma apreciação, ou iluminação, holística provisional do objeto. O segundo aspecto é aquele segundo o qual o objeto de estudo é sempre um *texto*. Originalmente, a hermenêutica era um exercício religioso em que textos bíblicos seriam interpretados para se descobrir a verdadeira palavra de Deus. Falas e conversações podem ser tratadas como textos, e a etnografia interveniente adota uma abordagem amplamente hermenêutica quando as continuidades temáticas são identificadas. O terceiro aspecto da hermenêutica a ter importância para Habermas é aquele segundo o qual a abordagem pode ser levada mais adiante para uma aplicação a textos supra-individuais, e no qual algo que está para além das intenções do indivíduo se faz descoberto. Uma vez dado esse terceiro passo, há um dirigir-se rumo a algo como a psicanálise. Há duas rotas que, entrecruzando-se, conduzem à hermenêutica profunda da psicanálise.

Em primeiro lugar, há uma tendência, mesmo na hermenêutica individualmente focada, de se ir além do que o autor conscientemente "pensou" para o que eles implicitamente significam. Por exemplo, na psicologia popular do dia-a-dia a declaração "eu te amo" pode ser interpretada como expressão do desesperado e autêntico desejo suscitado pelo ricochetear de outra relação, falida, caso sua elocução venha logo depois de o falante ter rompido com outra pessoa. Existe, pois, um movimento para se compreender o sentido "real" como residindo algures, em outra parte que seja inacessível ao sujeito falante. Em segundo lugar, contudo, esse tipo de interpretação não é uma simples descoberta de intenções individuais profundas e ocultas, já que se encontra em paralelo com o reconhecimento de que qualquer entendimento a ser obtido só o pode ser no contexto de outros sentidos, em textos produzidos por outras pessoas. Só é possível descobrir sentidos mediante um processo de empatia, adentrando um "círculo hermenêutico" a fim de se compreender o "horizonte de sentido" em que o sujeito habita, e isso em vez de se buscar "fatos" objetivos. Que responsabilidade as pessoas têm por suas ações se os sentidos residem no "texto social"? Habermas argumenta que a psicanálise incentiva o indivíduo a assumir a responsabilidade por sentidos inconscientemente presentes, este que é um problema identificado por alguns dos críticos de Habermas (Lichtman, 1990, por exemplo), mas que a profunda hermenêutica só pode ser utilizada para um engajamento em uma apreciação crítica dos textos que mantêm a sociedade unida, e que a distorcem.

5. Autoritarismo, ideologia e masculinidade

Comunicação distorcida

É por virtude do fato de seres humanos poderem falar que a racionalidade liberal é possível, e a identificação de, e oposição a, decepção na comunicação humana em todas as sociedades testemunha a função primeira da comunicação, que é a de dizer a verdade. Habermas postula a existência potencial de uma "situação de fala ideal" que é "o conjunto de pressuposições comunicativas gerais e inevitáveis que um sujeito capaz de fala e ação tem de fazer cada vez que deseja tomar parte seriamente na argumentação" (Habermas, 1985, p. 86). Embora essa "situação de fala ideal" talvez jamais possa ser de fato alcançada, é a *aspiração* a atingi-la que marca a consciência humana como social. A Ilustração incentivou o desenvolvimento dessa racionalidade crítica e diz respeito à verdade: "A liberação de um potencial para a razão embutida no agir comunicativo é um processo histórico mundial... está aumentando o número de casos em que a interação tem de ser coordenada por meio de um consenso alcançado pelos próprios participantes" (Ibid., p. 101). Um exame de textos históricos pode ser ajudado pela hermenêutica, e desse modo a "hermenêutica pode auxiliar a memória falha da humanidade [sic] por meio da reconstrução crítica desses textos" (Habermas, 1971, p. 215). Uma hermenêutica psicanalítica profunda tenta compreender tanto o sentido dos textos como a natureza sistemática das distorções e finalidades a que eles servem ou os interesses por eles ocultados: "as mutilações têm sentido enquanto tais" (Ibid., p. 217).

Em um nível individual, a repressão envolve a transformação de comunicação pública no inconsciente como uma comunicação oculta privada, de modo que quando são "reprimidos", "motivos" se tornam "deslingüisticizados". Quando esses motivos reprimidos realmente encontram expressão, tal se dá como parte de uma linguagem privada que não faz sentido para ninguém mais. Em um nível social, os motivos reprimidos de uma cultura serão encontrados em textos excluídos da arena pública. É a capacidade de compreender que é distorcida, e as distorções, elas próprias, é que são importantes, e os efeitos "deslingüisticizantes" da caneta do censor, bem como o que se está tentando calar na comunicação pública, por exemplo, são menos importantes do que a aplicação sistemática da censura, e o que se procura é calar a comunicação pública: assim, "o analista instrui o paciente na leitura de seus [sic] próprios textos, que ele próprio mutilou e distorceu, e na tradução de símbolos de um modo de expressão deformada como uma linguagem privada em um modo de expressão de comunicação pública" (Ibid., p. 228).

Habermas reinterpreta *O mal-estar na civilização*, de Freud (1930), e em particular o argumento segundo o qual as distorções não podem ser curadas. Para Habermas, não é necessário que se tenha um analista onipotente a fornecer interpretações. Para Habermas, "as mesmas configurações que levam o indivíduo à neurose são as que movem a sociedade para o estabelecimento de instituições" (Habermas, 1971, p. 276). Por exemplo, a defesa coletiva contra ameaças imaginárias externas leva à rigidificação das instituições, de modo que é necessário fazer uma distinção conceitual entre as *forças de produção* (o nível de controle técnico sobre processos naturais, e aquisições materiais), que para Freud (1930) são "o conhecimento e a capacidade" que os seres humanos desenvolveram, e as *relações de produção* (o modo como seres humanos se organizam em papéis e classes sociais), o que Freud refere como "todas as regulações necessárias a fim de ajustar" pessoas umas às outras. Para Habermas, "a dimensão institucional consiste de normas compulsórias, o que não só sanciona necessidades lingüisticamente interpretadas, mas também as redireciona, transforma e suprime (Habermas, 1971, p. 279). As instituições são, então "um poder que trocou a força externa aguda pela permanente compulsão interna de comunicação distorcida e autolimitadora" (Ibid., p. 282). Isso leva Habermas a argumentar que "poder e ideologia são comunicação distorcida" (Ibid.).

Os mecanismos de defesa que se encontram incrustados em instituições merecem alguma reflexão, para que seus aspectos desnecessários e limitantes possam ser desenredados. Deveria ser possível usar descrições psicanalíticas de mecanismos de defesa para decodificar textos – comunicados de governo, documentos públicos, esboços de política, julgamentos de corte e congêneres – tomados como bases de comunicação simbólica e distorcida de instituições. Na listagem de mecanismos de defesa de Anna Freud (1936), tais mecanismos inclui-

5. Autoritarismo, ideologia e masculinidade

riam repressão, regressão, reação-formação, isolamento, supressão, introjeção, volta sobre si mesmo, reversão no oposto e sublimação, além de outros procedimentos de defesa, como negação, idealização e identificação com o agressor. Klein (1946) acrescentou o cindir do objeto, a identificação projetiva, a negação da realidade psíquica e o controle onipotente sobre objetos, e mais tarde os psicólogos do ego dividiram defesas em defesas "narcisistas" (projeção enganosa, negação psicótica e distorção), defesas "imaturas" (projeção, fantasia esquizóide, hipocondria, comportamento agressivo passivo e *acting out*), defesas "neuróticas" (intelectualização, repressão, deslocamento, formação reativa e dissociação) e defesas "maduras" (altruísmo, humor, supressão, antecipação e sublimação) (Vaillant, 1971).

Habermas tem sido criticado por recorrer à "aliança terapêutica" celebrada por psicólogos do ego dos Estados Unidos como um modelo para o diálogo simétrico livre (Lichtman, 1990), e pelo enfoque na linguagem em detrimento de uma abordagem psicanalítica da representação em relações sociais (Keat, 1981). Tanto Reich como Habermas tentaram desafiar o autoritarismo na moderna cultura da Ilustração, mas o que se tem se assemelha a algo como se as forças por eles pensadas atuassem como solventes – a liberação das pulsões ou igualdade de comunicação – tendo elas próprias se tornado parte do aparato discursivo de opressão na sociedade dos dias atuais. A sexualidade masculina, por exemplo, sentida como tão essencial e tão reprimida por tantos homens nessa cultura, executa uma função autoritária quando homens tentam encontrar libertação e quando imaginam que a libertação das mulheres é parte do problema. Podemos ver como a ideologia é capaz de absorver e neutralizar as forças que a ameaçam como obstáculos, transformando-as, também a elas, em poderosas fontes ideológicas; basta olhar para as reações recentes ao feminismo entre homens contemporâneos e selvagens.

HOMEM, MITO E SUBJETIVIDADE CABELUDA

Formas e sentidos sociais de autoridade masculina encontram-se em transformação e reprodução, e o homem selvagem é uma erupção, em direção ao corpo político, de uma nova versão da subjetividade psicanalítica. O *Iron John* de Robert Bly (1990), é sintoma das abordagens – e também uma contribuição a elas – que trazem em seu âmago prescrições autoritárias para a experiência masculina (cf. Edley e Wetherell, 1995). O texto de Bly opera então como uma espécie de "prática de gênero" (Wetherell e Edley, 1997). Noções reichianas e habermasianas do *self* perpassam o texto de Bly, e uma compreensão das obras de Reich e de Habermas pode ajudar-nos a desenredar o modo como esta estabelece certas posições subjetivas para homens e nos convida a fazer verter para ela o investimento emocional.

Novos homens

Uma das conseqüências do crescimento dos movimentos da mulher nas décadas de 1960 e 1970 na América do Norte e na Europa Ocidental foi a aparição, na década de 1980, do Novo Homem. Diferentemente dos tradicionais homens brutos, egoístas e sexistas que desempenharam um poder patriarcal até a chegada do feminismo, os novos homens eram supostamente gentis, carinhosos e apoiadores das idéias feministas. A imagem do novo homem tem sido importante na publicidade do Ocidente, onde é vinculada a concepções mutáveis de mulheres e da família (Burman, 1992). A imagem do homem tradicional produzida no discurso do novo homem é também uma expressão de algumas poderosas fantasias da classe média. Se o nome homem dirige uma perua Volvo, faz compras em Waitrose e passa férias em Siena (Carter e Brule, 1992), onde está o velho homem na ordem da classe? Talvez não surpreenda que o novo homem logo seja visto ou como produto da mídia, como reação ao feminismo ou como tentativa de ter acesso aos pedaços de poder que as mulheres hoje parecem exercer, ou então todas as três possibilidades (Moore, 1988).

Se o novo homem fosse tratado como uma piada, e a maior parte do frisson midiático sofresse um afrouxamento pelo sarcasmo, não surpreenderia que o novo homem viesse a se modificar por demais rapidamente em um homem que também gosta de uma boa piada, em um "Novo Cara". Pelo menos foi esse o caso no Reino Unido. É

5. Autoritarismo, ideologia e masculinidade

uma das características do homem heterossexual que o atrelar daquele abuso amigável em troças seja usado simultaneamente para manter os homens suficientemente próximos para se divertir e suficientemente afastados para amenizar ansiedades relacionadas à expressão de desejo mútuo (Easthope, 1986). Assim, após um hiato do imaginário de novos e sérios homens politicamente corretos, talvez tenhamos homens que gostem de coisas juntos e mutuamente se provoquem durante a atividade: "The Wind-Up features prominently in the pantheon of New Lad pastimes" (Kershaw, 1991). Novos caras como motocicletas, futebol e *junkfood*, e nessa celebração de buscas estereotípicas masculinas você pode reconhecer, em seu vir à tona, outra fantasia relacionada à classe trabalhadora. Reaparecem também todas as estimáveis qualidades de "velhos" homens que possibilitaram às mulheres que lidassem com eles, infantilizando-os e recuperando um papel ativo (ainda que fugidio). Existe ao menos algum senso de contradição no "Novo Cara", mesmo que isso signifique um resvalar em seu oposto: "a um toque em seu interruptor psíquico, ele pode metamorfosear-se em um Velho Cara, quando estiver na companhia de seu público ideal – seus companheiros" (O'Hagen, 1991, p. 23). Agora, com outro toque no interruptor, de novo somos defrontados com algo mais sério em forma de Homem Selvagem. O Homem Selvagem se compromete, a exemplo de todas as coqueluches mais superficiais, a olhar bem no fundo de uma natureza que de forma alguma precisa ser modificada... uma natureza que tenha sido perdida e que possa ser encontrada.

Homem selvagem

O *Iron John*, de Robert Bly (1990), traça brevemente a agressão e o endurecimento que marcaram a experiência de homens na década de 1950 e, na década de 1960, a tentativa por parte dos homens de recusar a violência e ligar-se a qualidades carinhosas e intuitivas próprias da mulher, e então ao sentido de perda e passividade que resultou desse vôo em direção ao feminino: "Nos anos 70, em todo o país comecei a constatar um fenômeno que pode ser chamado de 'macho sensível' (Bly, 1990, p. 2). O problema, tal como Bly o vê, bem como seu livro, destilando a sabedoria que ele tem distribuído a homens em *workshops* desde a década de 1970 e antes da popularização dos novos homens e dos novos caras, é o modo como homens podem recuperar o poder que perderam à medida que o feminismo triunfava: "Nessas primeiras sessões, para muitos dos homens mais jovens houve dificuldade em distinguir entre mostrar a espada e ferir alguém" (Ibid., p. 4).

É como se o apelo de Bly tivesse se alastrado de uma cultura patriarcal para outra, e uma preocupação ocidental comum com ameaças à masculinidade e com o poder permitiu-lhe cruzar o Atlântico, seguindo depois até a Austrália. Uma recepção mais mista tem se observado na Escandinávia e na Europa Oriental (Hurme, 1995; Jovanovic, 1995). O Reino Unido, é claro, tende a compartilhar uma linguagem com os Estados Unidos. Em redes de saúde mental de caráter radical – um ponto crucial de cruzamento entre terapia e trabalho anti-sexista – Bly tocou em um ponto sensível, com o livro sendo descrito como "alegre e estimulante experiência, potencialmente curativa" (Hinchcliffe, 1992, p. 33). Os *workshops* para homens que Bly, James Hillman e outros analistas têm ministrado nos últimos dez anos prepararam o caminho para esse texto; para alguns participantes, *Iron John* é o livro-*souvenir* ansiosamente aguardado do curso de fim de semana. O livro também tem sido antecipado pela verdadeira avalanche de outros escritos sobre deusas e deuses provenientes do interior das fronteiras do movimento masculino (por exemplo, Rowan, 1987), um movimento que tem se desenvolvido em paralelo com as imagens midiáticas de novos homens e seus sucessores, imagens essas que tendem a apelar a homens bemsucedidos e influentes. O *workshop* de imersão de três dias, a um custo de 300 libras para cada participante, realizado em Dorset, por Bly, em 1991, foi vendido durante alguns meses (Horder, 1991), e repetido no ano seguinte, a um preço mais acessível, por James Hillman (Anthony, 1992).

Embora *Iron John* tenha sido incrivelmente celebrado no Reino Unido, seu verdadeiro êxito se deu nos Estados Unidos como *best-seller* americano. O movimento "mitopoeta" e o homem selvagem e os retiros "homem selvagem" são mais difundidos no sul da Califórnia (Fee, 1992), muito embora se tenha observado por estudiosos americanos que o contexto em que a história de "Iron John" foi originalmente

5. Autoritarismo, ideologia e masculinidade

escrita seja um tanto diferente do da cultura americana (Zipes, 1992). Grupos de homens no Reino Unido e publicações como *Achilles' Heel* [Calcanhar de Aquiles] expressaram uma agenda de um modo geral diferente e mais progressista do que os movimentos masculinistas dos Estados Unidos, como o Men's Action Network (Lichfield, 1991). Nas redes de terapia alternativa no norte da Inglaterra, mesmo as que já manifestam um corpo teórico reichiano e um xamanismo, os homens de Bly, ou "mitos", como são conhecidos, são vistos com alguma reserva. Na imprensa de esquerda, a recepção tem demonstrado frieza ou hostilidade; para uma das revistas, o livro retrata mulheres como perseguidoras e contém excessos fascistas e – talvez o mais nocivo – está efetivamente em franca aliança com o *establishment* psicanalítico (Anon., 1992).

A construção do passado de Iron John

Bly defende que "Iron John" reflete verdades míticas profundas sobre a condição masculina. Na verdade, a história de "Iron John" não foi descoberta como tantos dos outros contos de Grimm, mas *construída* quase tomando como base um esboço por Wilhelm Grimm, que estava a elaborar seus próprios sentimentos em relação a seu pai (Zipes, 1992). No entanto, conta-se que a solução subjaz mais profundamente no mito, em uma história que, sugere Bly, pode ter 20 mil anos de idade, e reside nos recônditos profundos de cada homem: "Quando um homem contemporâneo lança um olhar para o fundo de sua psique, em condições ideais ele pode encontrar sob a água de sua alma, jazendo em uma área que há muito ninguém visitou, um antigo homem cabeludo" (Bly, 1990, p. 6).

A história de "Iron John" a partir dos Irmãos Grimm trata de um grande homem com uma cabeleira vermelha, como ferro enferrujado, que é raptado pelo Rei de um lago e aprisionado em uma gaiola no quintal, a chave da gaiola sendo retirada e escondida sob o travesseiro da Rainha. O filho de oito anos do Rei acidentalmente deixa rolar uma bola dourada até a gaiola, e tem de se haver com o homem cabeludo e selvagem para ter a bola de volta. Cada lance da história revela o significado do travesseiro, da bola dourada e do homem semelhante a ferro enferrujado, e por meio disso Bly chega a cinco estágios necessários na iniciação masculina: o primeiro, o vínculo com a mãe e a separação dela; o segundo, o vínculo com o pai, e a respectiva separação; o terceiro, o encontro com o mentor masculino "que ajuda um homem a reconstruir a ponte para sua própria grandeza ou essência" (Bly, 1990, p. 182); em quarto lugar, o aprendizado com o Homem Selvagem e com o Guerreiro; em quinto, e finalmente, "o casamento com a Mulher Sagrada ou Rainha" (Ibid.).

Apelos à aristocracia e a fantasias de identificação com Reis e Rainhas geralmente dão cabo de uma visão fugidia da natureza de poder de classe – e de uma amnésia sobre ela – e o livro de Bly aqui não é exceção. Ele também parece resolver as contradições de classe entre o novo homem e "o novo cara". Bly recorre a algo que está além das necessidades particulares de homens ou mulheres de qualquer classe particular, à categoria universal mais profunda possível da psique e ao que é o desejo da psique – tudo isso para concluir o livro com as seguintes palavras: "o que a psique está a demandar é uma figura nova, uma figura religiosa, porém cabeluda, em contato com Deus e com a sexualidade, com o espírito e com a terra" (Ibid., p. 249). Esse anseio pela unidade fala para a tradição de pensamento – e de seu interior —, tradição esta em que a dualidade da experiência é sentida a um só tempo como tensão produtiva e como fato trágico da condição humana; é a tradição romântica. Vale rever o lugar das noções analíticas naquela tradição para compreender a procedência de *Iron John*.

Dualismo e romantismo

Uma série de contradições estrutura a literatura masculinista sobre homens, e essas contradições fazem coro com a cultura dominante e com polaridades analíticas no pensamento Ocidental do século XX. As formas dominantes de conhecimento catexizam, investem, aumentam e reciclam as polaridades da experiência pessoal subjetiva *versus* o sistema social objetivo que condiciona os modos como aprendemos a compreender a relação entre o que se passa dentro de nós e o que se dá fora. Aprendemos que somos especiais, porém frágeis, e embo-

5. Autoritarismo, ideologia e masculinidade

ra sejamos capazes de desenvolver perspectivas idiossincráticas sobre coisas, somos parte do mundo social que se encerra feito uma espécie de máquina em que há pouco espaço para manobra ou mudança. A psicanálise é uma expressão dessa concepção dualista moderna da relação entre o *self* e o mundo social.

Freud elaborou o sentido do *self* como despedaçado e em luta contra um mundo hostil, tendo desafiado a imagem essencialista romântica da pessoa como núcleo estável da experiência. A criança é polimorfamente perversa para ele, e o ego se desenvolve em virtude de suas carregadas relações com outros, como realização social que também se sucede no depositar no *self* de estruturas de ambientes familiares que devem limitar e canalizar os desejos da criança. Concepções psicanalíticas de jogo entre sociedade e desejo desconstroem uma oposição simples entre o jogo livre fenomenológico interno e o condicionamento estrutural[ista] interno, embora seja o caso de observar, que à medida que Freud (1930) caracteriza o conflito entre as pulsões e as regras sociais, ele endossa e reforça oposições dominantes entre um dentro caótico e um fora estruturado.

A nova sensibilidade masculinista reveste uma tal polaridade e aciona uma tensão de tipo diferente, pondo em jogo um registro emocional diferente. Ela retorna às imagens românticas pré-modernas do *self* como algo verdadeiro e puro, e que se deve avaliar em um mundo confuso e incerto. Agora, a oposição se dá (ainda uma vez) entre o que é vivenciado como fixo e essencial à forma do mundo interior e o que é compreendido como sendo meramente o conjunto de verdades relativas que atam o que se passa no exterior. Assim, na abordagem de Bly é o dentro que tem uma forma fixada e que deve lutar contra um fora que é fluido. Desse modo, há uma celebração da forma de energia unitária essencial no interior da pessoa, energia essa bloqueada pelas coisas que se passam no mundo exterior, tais como o advento do feminismo e a falta de um homem mais velho na condição de mentor e iniciador ao mundo de homens. Contudo, trata-se de um mundo compreendido, e que Bly se põe a pintar prontamente, como sendo relativista e pluralista, mutilado sobretudo por mal-entendidos e comunicações arrevesadas.

A abordagem de Bly reedita imagens românticas de um verdadeiro *self* à mercê de um mundo equivocado, imagens populares na cultura alemã de há um século, e isso na verdade vem a ser parte do problema: parte do apelo autoritário sustentado por tais imagens. Essa visão ideológica do *self* forte lutando em um mundo fraco, e a visão do indivíduo em um esforço de entendimento feito maestria sobre uma realidade social que é essencialmente plural demanda uma política autoritária, política essa que viria a posicionar Nietzsche no centro. A vontade de potência é uma vontade que conduz a um meio de visualizar um triunfo sobre uma multiplicidade de visões possíveis, no âmbito do caleidoscópio perspectivo que é a cultura (Nietzsche, 1977). Há uma celebração de certezas, certezas que prometem trazer alguma ordem a um mundo incerto.

Temas junguianos

Enquanto a psicanálise freudiana fez um desvio da estrada real para um entendimento do *self* romântico, essa estrada foi retomada por alguns dos que romperam com Freud e buscaram o mito, dentre os quais os mais significativos foram os seguidores de Carl Jung (1983). Essa é também a via aberta por Bly em sua busca do "Rei interior" (Bly, 1990, p. 110). A fonte analítica aberta para a abordagem de Bly é Jung, com os outros pontos de referência principais no texto de Iron John sendo James Hillman e Alexander Mitscherlich, seguidos de perto por Alice Miller e D. H. Lawrence.

Em alguns sentidos, o livro compõe a tradição junguiana. A estratégia retórica junguiana de naturalizar os mitos de outras culturas como parte de uma história comum do Ocidente, e como parte de uma memória ainda potente sedimentada na mente do Ocidente, é empregada à exaustão por Bly. O orientalismo que infunde a antropologia de Jung também é revivido nos *workshops* de Bly pelo liame material entre narrativas européias de contos de fada e batuques africanos. Com base nesses mitos, os elementos do verdadeiro *self* escondido podem ser recuperados e reconstruídos. É claro que essa estratégia também traz consigo a arquitetura racista de grande parte da obra junguiana

5. Autoritarismo, ideologia e masculinidade

(Dalal, 1988), e em *Iron John* há aspectos em que Bly é simultaneamente capaz de renunciar à responsabilidade pela "verdade" e confirmar a verdade de imagens eurocêntricas de Branco e de errado:

> Branco para os povos Ndembu e Ashanti chama-se sêmen, saliva, água, leite, lagos, rios, "bênção pela água que corre", o mar, o sacerdócio... Para os europeus, branco *retém* a conexão com a benção e com o leite, e isso sugere algumas qualidades de força e companheirismo. Há também uma referência à pureza de crianças e de noivas, e por extensão a pessoas com elevados propósitos morais, como o cavaleiro branco, que luta pela pureza, pela Virgem e pelo bem.
> (Bly, 1990, p. 200-201, grifo meu)

Vale observar que os problemas com o racismo de Jung têm sido reconhecidos pelos que estão inseridos na tradição junguiana (Samuels, 1993), e que a relação com o pai como arquétipo, e o trabalho com homens em grupos pode ser conduzido no âmbito de uma estrutura amplamente junguiana, sem necessariamente repetir os piores excessos de Jung e de Bly. O problema de essencializar a diferença entre masculinidade e feminilidade perpassa como fio ininterrupto desde Jung até o presente trabalho, mas pode ser expresso de maneiras reacionárias ou progressistas (Cathie, 1987; Tatham, 1991). Tal essencialismo é também eventualmente empregado no âmbito do feminismo, e é possível fazer conexões entre o feminismo e a discussão de Jung (1989) sobre *anima* e *animus* (Wehr, 1988). Têm havido textos junguianos "feministas" cabeludos para as próprias mulheres, como o *Women Who Run With the Wolves* [Mulheres que correm com os lobos] (Estés, 1995). A busca por formas arquetípicas profundas que jazam sepultadas no mito para apoiar o feminismo e homens anti-sexistas também tem preocupado alguns homens com um histórico de atividade na Esquerda (Rowan, 1987), embora isso não solucione o problema da transmissão desses conteúdos às mentes e à cultura dos que vivem no século XX no Ocidente.

É de maneira explícita que Bly reconhece sua dívida para com a junguiana clássica Marie-Louise von Franz e termina o livro com um *résumé* de seu diagnóstico das doenças da cultura contemporânea, e essa dívida evidencia-se nas partes do livro que podem ser lidas como um baralho de cartas de tarô. À medida que o livro de Bly desenvolve uma imagem junguiana do *self* emergindo do entrejogo de temas míticos e formas arquetípicas do Reino e do Guerreiro, ele nos chama para um sentido do *self* como *self* junguiano. Contudo, ater-se a esse sentido único de *self* equivale a disfarçar a tensão entre imagens de dentro e de fora – uma tensão que o próprio Bly deseja enfatizar. Além disso, quando situamos Bly no contexto de outros escritos sobre homens na onda mais tardia de escritos masculinistas, a tensão torna-se tanto mais importante. Uma leitura de *Iron John* é produzida por meio da circulação de muitos outros textos antes dele e sobre ele, e esses outros contextos proporcionam-lhe o apelo e a popularidade de que ele desfruta em nossos dias. Embora Jung seja explicitamente um ponto de referência para Bly, o texto na verdade organiza-se em torno de temas psicanalíticos. Ademais, apesar da visão romântica junguiana de um *self* único e verdadeiro lutando contra um mundo social heterogêneo, o texto opera com mais de uma imagem do *self*.

Reich e Habermas: energia e sentido no duplo-self

É importante enfatizar que a cisão entre o dentro e o fora ocasiona não um, mas dois modelos de indivíduo, duas teorias do que é ser uma pessoa, uma delas gravitando em torno de energia e a outra em torno de comunicação. Há uma tensão entre dois modelos da pessoa que podem ser elaborados nas teorias de dois autores que muito distintamente se utilizam de idéias psicanalíticas. Situadas no pano de fundo como fontes para que um leitor possa dar um sentido a *Iron John*, e então ativadas como um duplo efeito à medida que o leitor põe o texto para funcionar, estão as teorias de Reich e de Habermas.

Reich e Habermas refletem idéias culturalmente limitadas de como é o *self*, e as concepções do *self* que eles elaboraram tornaram-se parte do reino público para produzir teorias que hoje são adotadas e que se deixaram apropriar por nós. A popularização das idéias de Reich e os debates sobre o trabalho de Habermas nos movimentos estudantis

5. Autoritarismo, ideologia e masculinidade

da década de 1960 assumem aqui certa importância (Brinton, 1970; Dews, 1992), e tais idéias ajudaram a estruturar o *milieu* subcultural que hoje constitui o movimento do novo homem. As idéias de Reich, por exemplo, têm sido apropriadas por alguns grupos trotskistas no Reino Unido (Knight, 1974). E têm-se registrado tentativas de adaptar sua análise do fascismo à "psicologia de massa" do thatcherismo no Reino Unido (Chaplin e Haggart, nd.). Formas de teoria psicanalítica operam nessa via como reflexões sobre e como modelos para o modo como a nós mesmos nos refazemos. Ao mesmo tempo, as formas de racionalidade a que apelam e sobre as quais insistem continuamente recriam formas de irracionalidade tanto quanto outras formas de irracionalidade que Jung e Bly continuam a alimentar e a regurgitar.

Vale observar que nem Reich (1929) nem Habermas (1985) dedicam muito tempo às variantes junguianas de análise, vistas por eles como resvalando no misticismo. Reich argumenta que Jung "representa o todo da teoria analítica em seu topo e o converte em uma religião" (Reich, 1929, p. 55), e que ele agiu como "porta-voz para o fascismo dentro da psicanálise" (1934a nota de rodapé, Ibid.). Para Habermas, o trabalho de Jung é um exemplo do tipo de "obscurantismo metafísico" contra o qual a primeira Escola de Frankfurt lutou, e do qual tornam a se fazer prenhes os escritos de Lacan e de Guattari (in Dews, 1992, p. 212). Para ambos, a hostilidade a Jung decorre de sua fé na racionalidade. Reich, por exemplo, apesar do impulso biologista e espontaneísta em seu escrito, é contra tentativas de atuar como "chamariz" ou apelar a processos inconscientes para superá-los; a tarefa do movimento revolucionário é "apartar processos das massas" e "desenvolver suas próprias iniciativas significa, de maneira bastante inequívoca, contemplar a vida fixamente e daí extrair as conseqüências (Reich, 1934a, p. 362-367). Uma tradução diferente em um panfleto socialista libertário do Reino Unido é ainda mais direta: "Desenvolver sua própria iniciativa nada mais significa do que olhar para a vida de uma maneira não distorcida e tirando daí suas conclusões" (Reich, 1934b, p. 75). O disseminar dessas idéias por meio do inconsciente político é precisamente o que está em questão aqui. Também Habermas é contra incentivar a ação intuitiva ou irracional, sendo favorável à possibilidade de uma argumentação racional que torne possível permitir que a situação "chegue à consciência, de um modo distorcido, tal como ela é" (Habermas, 1971, p. 18).

Iron John

Retornemos à análise do próprio *Iron John*, e aos complexos discursivos que o governam. Os complexos discursivos nesse texto são cada qual, individualmente, posto em seu devido lugar por uma tensão entre uma noção de pulsão biológica ou psíquica (como força essencial que empurra de dentro e que precisa encontrar liberação), e a noção de distúrbios em comunicação (como torção da fala de modo tal que o argumento se faz violentamente dividido pela incompreensão). Essa tensão, também a encontramos expressa na oposição entre essencialismo e pluralismo. É claro que ambas essas noções são encontradas na psicanálise tradicional, mas cada uma delas é elaborada separadamente na condição de princípios cruciais das teorias reichiana e habermasiana, e hoje operam como idéias populares sobre a natureza da condição humana em escritos masculinistas, governando assim o sentido desse texto. Tomarei uma breve passagem, e recorro a ela para ilustrar como complexos discursivos de separação, distorção e castração estruturam *John Iron*:

> O homem *naïve* também ficará orgulhoso de tomar a dor de outrem. De um modo particular, ele toma a dor das mulheres. Quando aos cinco anos ele sentava à mesa da cozinha, sua mãe pode lhe ter confidenciado seu sofrimento, e ele se sentiu lisonjeado por ela lhe contar tais coisas como se fosse um adulto, mesmo em se tratando de assuntos que retratavam fraquezas de seu pai. Mais tarde, veio a sentir atração por mulheres que "compartilhassem sua dor". Aquela consideração, dele como sendo especial, o tornou, a seus próprios olhos, algo como um doutor. E então ele se põe em contato mais íntimo com a dor de mulheres do que com sua própria e passará a se oferecer para tomar sobre os ombros a dor de uma mulher, antes de observar seu próprio coração para ver se seu esforço é condizente com a situação.
>
> (Bly, 1990, p. 64)

5. Autoritarismo, ideologia e masculinidade

Separação   A primeira separação do primeiro objeto de amor ocorre no momento mesmo em que esse objeto e o ego são vivenciados como distintos. A separação na condição de um rompimento com a mãe é também um rompimento com um estado narcisista primário que continua a exercer alguma influência como fantasia de união e completude no passado do indivíduo. A ansiedade de separação evocada na perda de um objeto posterior ou mesmo de uma representação interna daquele objeto põe em jogo a operação de mecanismos de defesa. A tentativa de controlar a ausência do objeto é exercida com referência a substitutos, e a experiência de algo estando "aqui" ou tendo "ido" pode assim ser mapeada com base na lembrança de sua separação do objeto (Freud, 1920). A noção de que o ego é produzido no momento da separação e de que ele resulta do reunir e fundir de pulsões componentes contrasta com a idéia de que o remeter da libido equivale a seu envio para fora do ego, como em uma espécie de reservatório, onde o excesso é enviado para fora, e o menos é deixado no reservatório. Os trabalhos tanto de Reich como de Habermas estão mais próximos da primeira dessas noções, e o ego é reificado, tratado como coisa, à medida que algo se separa de outros e de si mesmo. A produção do ego pode então ser vista ou, como Reich a via, ocasionando a supressão da energia física por um mecanismo – o ego – reforçado por identificação com outros horrivelmente poderosos, ou, como Habermas a via, na forma da sedimentação de um aparato necessário para testar a realidade, mas que se enreda nos meandros e lacunas que marcam a realidade social como questão plural.

O observar de uma idade específica – "os cinco anos de idade" – para a criança sentada à mesa da cozinha é um apelo a uma história normativa desenvolvimental da infância, e mais tarde é que Bly introduzirá estágios apropriados de iniciação, em *Iron John*, nos quais o menino tem de se separar da mãe, para então se vincular a outros significantes. A tarefa de separar é vista aqui como um processo de diferenciação necessário com respeito ao outro antes que possa ser descoberto um vínculo apropriado com o outro. O tema da diferenciação antes da integração é desenvolvido no livro de Bly quando o autor comenta o que acontece em uma ausência dos estágios de iniciação. Para que os estágios sigam seu devido curso, é necessário que a mãe esteja presente, e, na ausência de um pai, o menino está arriscado a persistir em um "estar em contato com" a mãe, com "o sofrimento dela", e não ser capaz de se focar em si próprio, em "seu modo de ser". Os perigos de um fracasso em se diferenciar, e a importância da presença física do pai nesse processo de separação e na produção de um sentido de *self* e de sua própria dor, Bly sempre torna a conduzi-lo às origens como, por exemplo, no comentário segundo o qual "entre 20 e 30% de garotos americanos vivem hoje em uma casa sem a presença de um pai; e os demônios ali têm plena permissão para enforcer-se" (Bly, 1990, p. 96). Bly defende ser necessário ao pai "impor seus limites" (Ibid., p. 171), e, quanto aos homens reunidos que ele preside, eles dizem "meu pai nunca enfrentou minha mãe, e isso ainda hoje me dá raiva" (Ibid.). Para que tal seja possível, é claro, é preciso que um pai esteja presente.

Uma conseqüência dos estágios de separação e vinculação é a de que a proximidade com cada um dos pais é dotada de uma qualidade diferente. O espaço da mãe é de um tipo especial, naquele exemplo sendo marcado pela "mesa da cozinha". Bly não raro recorre ao imaginário doméstico para evocar a relação com a mãe, e a cenas agrícolas para descrever o trabalho em companhia do pai. Para Bly, um dos problemas está em o masculino ser "posto de lado", e a proximidade que ele sente em relação ao pai só é possível se aquele pai também for "posto de lado". "É o que digo ao falar com muitos jovens do sexo masculino que desejam do pai uma repetição da afeição da mãe, ou que desejam uma fêmea provedora da qual eles não tiveram o suficiente. O que quer que o pai nos tenha dado, não será do mesmo tipo que a proximidade que nossa mãe oferecia" (Ibid., p. 121).

O fracasso em se separar incentiva um contato inadequado com outros, um misto de seus próprios sentimentos com outros, de modo que "estar em contato" com a dor do outro é ocultar as suas próprias. O "homem *naïve*" é então atraído para perto, e então, posteriormente, "se faz atraído por" mulheres que ameaçarão a distinção entre ele e ela. Bly diz "nossa intuição é que pode nos dizer quando a fusão é apropriada ou inapropriada; é então o guerreiro interno que nos pode ensinar a manter as fronteiras" (Ibid., p. 173). Existe um ideal de complementaridade nessa relação posterior entre o homem que é guiado por seu guerreiro interior e a mulher que ele encontra no exterior. O processo

5. Autoritarismo, ideologia e masculinidade

de diferenciação e de fusão é também uma diferenciação nos gêneros um do outro e na reunião final de ambos. Na obra de Bly isso é simbolizado pela figura do Rei e da Rainha.

O ideal da união e dos perigos de união não apropriada é reforçado, é claro, pela fantasia de que o *self* em si possa ser reunido consigo mesmo, que ele possa tornar-se um uma vez mais. Aí se tem uma fantasia narcisista que Bly alimenta ao mesmo tempo que foge dela. Entre as réplicas à obra de Bly que ainda estão localizadas na tradição mítica da consciência de homens, estão as que chamam a atenção para o isolamento de Iron John de outros, e a falta de relações com mulheres no curso da história (Rowan, 1987). Portanto, no curso do trabalho de Bly encontram-se noções de separação e unidade que são ao mesmo tempo sexuais *e* semânticas.

DISTORÇÃO À medida que os conteúdos do inconsciente procuram adentrar a consciência, eles encontram um censor, e desse modo surgem em uma forma disfarçada. O modelo para o processo de distorção que produz o disfarce é o trabalho do sonho – condensação, deslocamento, considerações de representabilidade e revisão secundária – e os mecanismos de defesa entram em cena como auxiliares a essas distorções motivadas e funcionais. O núcleo do sonho, mais bem-compreendido quando as distorções que o trabalho do sonho e as defesas que o constituem tiverem sido decodificados, pode ser conceitualizados de diferentes formas: como o conteúdo latente que não raro é meramente material a partir do pré-consciente e costuma ser acessível; ou como o material mais profundamente recalcado desde o inconsciente no qual fantasias edípicas são reencenadas; ou como o *self* que jaz oculto no interior do inconsciente e no sonho tentando fazer-se ouvir; ou como o próprio sistema de distorção e como o que produz um sentido que desorienta. A idéia de conteúdos ocultos permanecendo no fundo do pré-consciente ou do inconsciente, ou mais profundamente em um inconsciente coletivo, e de que eles são o núcleo do *self*, está presente em Freud, mas é mais importante no trabalho de Jung. Embora Freud não faça referência a conteúdos do inconsciente, é a própria *distorção* no trabalho do sonho que é o sentido do sonho (Freud, 1900). A idéia de que existe algo sob a superfície a ansiar por liberação é no entanto poderosa, e se se recuar a teorias catárticas, isso pode ser conceitualizado tanto conteúdo recalcado como energia recalcada. Um enfoque no recalcado e uma ênfase na distorção fazem-se ambos, pois, presentes na tradição psicanalítica. Para uma das abordagens, é bem o que tem sido distorcido, e o desprendimento do que reside oculto é a chave mesma para a cura. É esse o caminho a ser trilhado por Reich. Em outra abordagem, as distorções são em si o que há de mais importante, e a reflexão sobre as condições que produziram os entraves na autocompreensão é o processo curativo. Essa é a senda de Habermas. Voltemos à citação sobre o garoto junto à mesa da cozinha.

O homem que pode "tomar a dor de outros" é "orgulhoso", mas esse orgulho é obviamente uma distorção do verdadeiro estado de coisas. Ou seja, ele não entende corretamente ou as circunstâncias em meio às quais é encorajado a se sentir especial quando "lisonjeado" por sua mãe ou as circunstâncias que ensejavam sua própria "condição especial" que marcara sua dor e o modo como a dor alheia atua como um fardo desnecessário. Que o menino se sinta "lisonjeado" quando a mãe "lhe confidencia seu sofrimento" é algo que se faz marcado aqui não só como algo a erigir no menino, e mais tarde no "homem *naïve*", um falso sentido de *self* – visto que na verdade ele não é um "doutor". É também um tipo de comunicação que o posiciona sentado à mesa da cozinha em uma espécie de duplo vínculo. O padrão familiar evocado aqui é o do menino atraído para uma aliança com a mãe e contra o pai. Pois, de maneira perigosa, a confiança de sua mãe pode revelar-lhe ali "um lado mais negativo de seu pai".

O menino é então incapaz de verificar "seu próprio coração", e também não consegue distinguir entre um compartilhar apropriado e um inapropriado da dor, sendo incapaz de saber quando "esse esforço é adequado à situação". Tem-se aqui uma dupla ameaça: o menino reprime sua própria dor, já que não mais está "em contato" com ela; há uma distorção sistemática das mensagens que circulam pela família, e com isso ele torna a encenar essas distorções em relações com outras mulheres. Bly comenta "quantas vezes um homem adulto ficou emburrado ao ser confundido pela interpretação peculiar – tão diferente da que ele próprio faz – de seu comportamento por uma mulher" (Bly, 1990, p. 61). Esse comentário de novo pressupõe tanto uma lacuna na

5. Autoritarismo, ideologia e masculinidade

comunicação, no sentido em que uma interpretação é "peculiar", quanto representa uma ameaça como afeto recalcado natural, fazendo que a resposta emocional seja um afundar-se em um tipo de medo que assume a forma de um "mau humor". O que é para ser *"naïve"* também atua aqui como um misto contraditório de noções relacionadas a sentimentos essencializados que são corrompidos e opera com o conhecimento que o homem não conseguiu alcançar.

A "dor" faz-se não-especificada nessa passagem, salvo quando a dor da mãe é descrita como seu "sofrimento". A dor pode fluir de dentro para fora, e de modo tal que problemas em padrões familiares sejam uma conseqüência da dor, ou então o sofrimento pode ser traduzido de fora para dentro, de modo que problemas individuais sejam causados por aquele sofrimento. Habermas procura encetar um caminho "do meio" entre essas opções, argumentando que "as mesmas configurações que orientam o indivíduo para a neurose movem a sociedade para o estabelecimento de instituições" (Habermas, 1971, p. 276). Bly sente-o de certa forma, e o sente onde ele parece estar enraizando os problemas e padrões de saúde em tipos de história, mitos operando como configurações que provocam doenças individuais e sociais. Reich também tenta conectar o indivíduo ao social, mas isso de um modo que o indivíduo pensa que uma catástrofe ocorrerá se entre eles houver uma cisão: "a opressão sexual da sociedade solapa-se a si própria, criando uma divergência sempre crescente entre tensão sexual e as oportunidades externas de gratificação, por um lado, e as capacidades internas de gratificação, por outro (Reich, 1932a, p. 247). Bly também diagnostica um declínio que atingiu um ponto de crise.

Uma vez que o ponto de crise é localizado em algum lugar entre o individual e o social, necessário se faz atacá-lo em dois níveis. Não é possível apelar nem para um nem para outro nível como sendo a solução. Nesse sentido, o homem só pode verificar "seu próprio coração" se ele o fizer com outros. O orgulho do "homem *naïve*" evita que ele entre em contato com seus próprios sentimentos e trabalhe com outros. Existe um impulso para mudar que deriva dos impulsos que no homem são recalcados, sendo esse um tema de Reich, juntamente com uma noção de verdade que reside no entendimento em si mesmo. O objetivo, como Habermas o coloca, é o de garantir que "a transparência da história de vida reunida é preservada" (Habermas, 1971, p. 233). Portanto, também perpassa o texto de Bly o argumento de que o caminho em direção à verdade para o "homem *naïve*" reside na liberação da energia *e* na comunicação direta, na execução da descarga *e* na transparência.

CASTRAÇÃO Quando a criança se mostra intrigada com a razão da diferença anatômica entre os sexos, e chega à conclusão de que o pênis da menina foi cortado, é acionada uma ansiedade de castração. O medo de castração está intimamente ligado ao complexo de Édipo, mas se relaciona de diferentes formas em meninas e meninos, e a diferença entre os dois compõe-se de diferentes pontos de entrada e de saída do complexo: para a menina, a falta conduz a rivalidades edípicas e ao problema referente a como recuperar o que foi perdido; já para o menino, a rivalidade pelo amor da mãe tem um fim na ansiedade de castração e na necessária subordinação ao pai (Freud, 1924). Os conjuntos de relações que estruturam o início ou o fim da ansiedade de castração podem também ser interpretados como relações de poder, e o sentido de gênero que é produzido por essa ansiedade passa a gravitar em torno da perda, para sempre, da onipotência infantil no caso da menina e o acesso a ela sendo apenas substitutivamente posterior e dando-se por meio da associação com homens, ou da temporária perda da onipotência para o menino e a fantasia de recuperá-la quando ele se tornar um homem. A perda de poder, e o recalque da esperança de obtê-lo novamente podem ou ser vistos como o recalque físico da genitalidade com a energia sexual erupcionando-se em formas distorcidas à medida que o menino olha para trás e para o pai com receio, ou como a constituição de redes de engodo na família, com os pais revelando sua própria impotência em suas relações com os filhos. Uma ênfase em um aspecto, com a liberação de libido como solução, recorre a noções reichianas, e uma ênfase no outro, com participação direta e igual dos fatos da situação, faz ecoar Habermas.

No caso do menino sentado à mesa da cozinha, a confiança que lhe é conferida diz respeito à "dor de mulheres" e a seu "sofrimento". Contudo, esse sofrimento também se põe em questão aqui à medida que ela assume a posição de "adulta", mas, por implicação, não com tan-

5. Autoritarismo, ideologia e masculinidade

ta segurança naquela posição como na do pai, que pode ser mostrado em algum aspecto negativo. Tomar a "dor das mulheres" é assim tomar a dor do impotente, a dor que não é exatamente sua. Ter "revelado seu pai em um aspecto negativo" também tornaria o menino cúmplice na castração do pai. Para Bly, é necessário ser capaz de relacionar-se com o pai como um outro poderoso, como a polícia na família: "O chefe de polícia de Detroit observou que os homens jovens que ele levava à prisão não só não tinham qualquer homem responsável mais velho em casa, como também jamais haviam conhecido um" (Bly, 1990, p. 32).

A força do pai é complementada pelas qualidades da mãe, mas seu poder na mesa da cozinha é tão-somente o de segredar. Para Bly, ao pai é atribuído poder não porque figuras de autoridade como chefes de polícia são homens, mas por causa da operação de arquétipos. Para Bly, mesmo o poder de mulheres que dão à luz deve ser posto em questão, pois existem certas qualidades que somente homens podem dar a seus meninos: "só homens podem iniciar homens... Mulheres podem transmutar o embrião para um menino, mas somente homens podem mudar o menino em um homem... meninos necessitam um segundo nascimento, desta vez um nascimento a partir de homens" (Ibid., p. 16).

Existe um problema necessário geral com que Bly se ocupa, qual seja, o de uma patologia necessária na família, a de que tal poder é dado à mãe, e o menino deve negociá-lo. Bly diz, "todas as famílias se comportam de modo semelhante: neste planeta, 'O Rei provê a chave para a posse da Rainha'" (Ibid., p. 11). Os problemas que acompanham a ausência do pai constituem-se do excessivo poder atribuído à mãe, e os temas de iniciação por meio de vínculo e separação significam a necessidade, para o menino, de negociar a perda e o retorno de poder umas tantas vezes à medida que se associam e rompem com a mãe, com o pai, com o mentor e com o homem selvagem. O pai ausente do lar cria uma arena em que a mãe castra o menino: "a cultura não leva muito a sério o dano causado pelo incesto psíquico entre mãe e filho" (Ibid., p. 185). O menino junto à mesa da cozinha é castrado pela mãe quando ela se confidencia para ele e o afasta de sua própria dor. É necessário desafiar o poder da mãe para tomar aquela chave que o Rei deu a ela, mas, ao mesmo tempo que a mãe é desprovida de seu poder, ela é idealizada e temida para manter consigo um poder peculiar. Ela é forte como Rainha; forte demais.

Quer se esteja recuperando sua plena masculinidade, ou a capacidade de correr com o homem cabeludo, há uma dualidade em ação. Por um lado, o poder é concebido como algo que pode ser possuído, na forma do falo ou da espada que o jovem homem pode manter em riste sem medo. Reich vê as coisas dessa forma, embora a moral que ele extrai seja diferente da extraída por Bly. Para Reich, o conluio com o patriarca deriva da ameaça deliberada pelos beneficiários do patriarcado, sendo então inconscientemente confiada por aqueles que têm algum investimento menor em sua continuação: o "patriarca" "inicia uma batalha contra a sexualidade na infância e danifica a estrutura sexual a partir de seu início, mesmo no sentido de impotência orgástica... os mesmos motivos que originalmente criaram a base para o complexo de castração mantêm esse complexo em nossos dias" (Reich, 1932a, p. 170).

Por outro lado, o poder é compreendido como direito de falar, de dar e receber confianças sem incorrer em padrões que causem dor a todos. No cenário de Bly, o menino, a mãe e o pai, todos terminam chamuscados. A incapacidade de cada qual de entender seu lugar conduz a ressentimentos, à ausência de diálogo conduz o "homem *naïve*" a "carregar" dor sem compreender quais as conseqüências disso. A atribuição e a desatribuição de poder vêm a ser aqui um problema, e a experiência de poder é atrelada ao fracasso até mesmo de se aproximar da "situação de fala ideal" de Habermas, um ideal a que também Bly em certos aspectos parece aspirar. Portanto, há também uma preocupação na obra de Bly com o poder que a conceitualiza a um só tempo como possessão *e* como relação.

RESISTÊNCIA E REAÇÃO

A figura do homem selvagem também traz consigo algumas prescrições autoritárias para a subjetividade masculina. Bly, por exemplo, deplora o declínio dos Estados Unidos desde a década de 1950, o qual deu abertura "à estrada depressiva, trilhada por alguns alcoólicos de

5. Autoritarismo, ideologia e masculinidade

longa data, mães solteiras abaixo da linha da pobreza, viciados em craque e homens despossuídos de pai" (Bly, 1990, p. 35); e ele então ataca protestos contra aquele declínio, que diagnostica como parte do problema, "o medo, pelo filho, de que o pai ausente é mau, contribuiu para os levantes estudantis na década de 1960" (Ibid., p. 21).

Às vezes parece bem claro que Bly está alinhado à direita, e suas afirmações sobre o papel do pai, e sobre os perigos para o desenvolvimento do menino se ele efetivamente não tiver um pai forte e mentor, o que vem ao encontro da retórica familialista conservadora no Ocidente que impera desde a década de 1980. Ao que tudo indica, está-se a um pequeno passo de Bly nas tentativas, nos Estados Unidos, de aspirar vida novamente das noções de "maritalidade" apoiada por ativistas no Men's Action Network e que o terapeuta junguiano Robert Mannis glosa como "um senso de orgulho para homens... em uma decidida atenção às famílias e comunidades" (citado em Lichfield, 1991). Mannis prossegue, sugerindo que uma figura masculina que poderia, e de maneira útil, oferecer a nós seu modelo de papel seria Norman Schwarzkopf, "duro, competente, divertido, articulado, caloroso e atencioso com suas tropas" (Ibid.). Apesar dos protestos de Bly de que esse livro seja aprovador do feminismo, a lógica política de *Iron John* está em abastecer o protesto masculinista ao feminismo e ao que os homens sentem ser o poder das mulheres sobre eles (Faludi, 1992). Isso se expressa claramente na reclamação, por parte de um masculinista dos Estados Unidos, de que as feministas "jogaram a testosterona deste país pela janela na década de 1960" (citado em Lichfield, 1991).

Este livro também pode focar-se em diferentes experiências de gênero de homens e mulheres, e essas próprias diferenças podem estar a estruturar o livro. Ou seja, a diferença entre um modo reichiano e um habermasiano de entender o mundo pode também ser a diferença entre um modo masculino e um feminino de compreendê-lo. O trabalho de Reich é direcionado a homens e reproduz sentidos masculinos de si mesmos como pulsões por forças biológicas que eles pouco podem controlar. O que Hollway (1989) descreve como o "discurso da pulsão sexual masculina" é o que estrutura o trabalho de Reich. Habermas, por outro lado, com sua ênfase na comunicação e no convencimento, reproduz caracterizações idealizadas de mulheres como fundamentalmente preocupadas com relações, e um modo de falar sobre relações que Hollway (1989) denomina o "discurso do "ter/manter". Habermas tem se mostrado atraente para as feministas, talvez em razão de sua ênfase na comunicação (Benhabib e Cornell, 1987). As diferentes vozes de mulheres e homens podem ser estruturadas por ênfases diferenciadas na qualidade de relações ou na satisfação do indivíduo, com Gilligan (1982) tendo se mostrado disposto a correr o risco de essencializar essa diferença para trazer ao foro um valor estereotipicamente feminino.

Vale enfatizar mais uma vez o aspecto em que nossa experiência de sexualidade, na condição de homens ou mulheres, é contraditória, e vale enfatizar que essas descrições versam sobre os modos como representações sociais de masculinidade e feminilidade são hoje construídas e alocadas para homens e mulheres. Essa análise dispõe outros aspectos do campo discursivo que homens devem negociar para serem homens (Wetherell e Edley, 1997). As versões da teoria psicanalítica em debate aqui não revelam a "natureza" essencial imutável da masculinidade, embora não ajudem a desmistificar representações correntes de homens. Diferentes formas de masculinidade também reproduzem o modo como aquele conhecimento hoje se encontra estruturado para que falemos a nosso respeito e tenhamos uma compreensão de nós mesmos. Se a moderna cultura da ilustração que difundiu essas noções do *self* está sucumbindo ou não, e se está se transformando em algo melhor ou pior, é uma questão em que nos deteremos no próximo capítulo.

6
CULTURA E NATUREZA APÓS A ILUSTRAÇÃO

No passado sempre assumimos que o mundo externo representou a realidade, ainda que de maneira confusa e incerta, e que o mundo interior de nossas mentes, seus sonhos, esperanças, ambições representaram o mundo da fantasia e da imaginação. Esses papéis, ao que me parece, se reverteram. O método mais prudente e eficaz de lidar com o mundo a nossa volta é assumir ser ele uma completa ficção – inversamente, o único pequeno nódulo de realidade para nós deixado em nossas cabeças.
J. G. Ballard (1995, p. 5) Crash

A Ilustração sustentou a promessa de uma transformação no modo como indivíduos podem compreender a si mesmos e suas relações com outros. Ciência, progresso e sentido pessoal atrelaram-se de tal modo que seria possível para nós refletir sobre o que precisamos, além de se desenvolver uma reflexão teórica sobre as conseqüências político-morais de nossas ações. Há uma tentativa de fundir reflexão e ação na Teoria Crítica e produzir algo que se aproximaria do projeto marxista ocidental, qual seja, o de simultaneamente compreender e mudar o mundo por meio da *práxis* revolucionária. No entanto, um paradoxo veio a assombrar os teóricos críticos; enquanto desenvolvia uma poderosa tradição de trabalho intelectual e de análises radicais do mal-estar na cultura ocidental, essa tradição lançou raízes mais em instituições acadêmicas do que em movimentos dos oprimidos. A reflexão e a ação ainda se mostravam separadas, impossibilitando a práxis – uma teoria-prática combinada.

Esse foi o caso, particularmente, dos fundadores da Escola de Frankfurt, Adorno e Horkheimer, que, no exílio, tenderam a obscurecer seu trabalho mais radical em escrito filosófico críptico enquanto idealizavam estudos em forma de questionário psicológico social sobre o preconceito (Billig, 1979, 1982). Havia um receio, bem fundado, entre refugiados durante a Segunda Guerra Mundial, de que a atividade radical pudesse conduzir ao aprisionamento ou à deportação. O esmagamento do incipiente trabalho crítico em psicanálise pelos nazistas (com o banimento de livros de Freud e a recorrência à obra de Jung na Alemanha [Cocks, 1985]), isso com o auxílio da IPA (que colaborou expulsando Reich e suprimindo as concepções de outros analistas de esquerda [Harris e Brock, 1991, 1992]) cumulou com um aterrorizar dos radicais psicanalíticos em organizações acadêmicas e clínicas dos EUA por psicólogos do ego e médicos (Jacoby, 1983).

Era compreensível que com a aparente derrota do socialismo após a guerra (ou com sua marginalização e caricaturização burocrática na URSS), o aspecto mais pessimista da visão de mundo dos intelectuais da Teoria Crítica tenha florescido. Não só o capitalismo havia triunfado quando se fez o diagnóstico de "socialismo ou barbarismo" para o Ocidente, como a cultura da Ilustração parecia tão mais segura e capaz de abrandar quaisquer contradições em seu âmbito após a guerra, que ela parece como podendo mesmo passar da condição de semente do individualismo e do autoritarismo para algo pior. Talvez a ausência de qualquer movimento político alternativo que fosse significativo viesse a significar que o tempo da práxis revolucionária havia passado. O movimento dialético hegeliano da sociedade por meio do choque entre tese e antítese, que Marx via como representado pela luta histórica de classes sociais, parou completamente, e a teoria mais radical foi tão eficientemente absorvida que terminou por confirmar práticas existentes em vez de modificá-las. É esse cruel prospecto da impossibilidade de mudança que ampara o trabalho de autores psicanalíticos sobre a cultura do narcisismo (Lasch, 1978) e sobre a pós-modernidade (Baudrillard, 1988) à medida que deploram ou exaltam a vida após a Ilustração, ou mesmo, para alguns novos conservadores hegelianos, à medida que celebram o "fim da história" (Fukuyama, 1992).

Os perigos dessa virada no âmbito da Teoria Crítica já foram identificados por Habermas. Tanto quanto o autocontrole obsessivo, a maestria sobre a natureza e o encouraçamento que a Ilustração incentiva, há

6. Cultura e natureza após a Ilustração

duas perigosas *reações* niilistas à Ilustração que Habermas (1982) identifica no trabalho de seus críticos, fazendo essas reações remontarem à *Dialética do Iluminismo* de Adorno e Horkheimer (1944). O primeiro problema é que esses autores da tradição da Escola de Frankfurt estão preocupados com "o eclipse da razão", no qual, argumenta-se, a Ilustração incinerou-se a ponto de não haver possibilidade agora, ou nenhuma necessidade, de qualquer avaliação racional da sociedade, ou resistência a ela. Habermas argumenta que essa posição nos deixa impotentes em face da sociedade dos dias atuais, porque sentimos não haver meio possível de melhorá-la nem de alguma forma desafiá-la. O segundo problema que Habermas identifica como reação à Ilustração é a posição alternativa, mais niilista, em que o crítico apóia "a rebelião contra tudo o que é normativo" (Habermas, 1982, p. 25). Essa é uma posição que Habermas rastreia, fazendo-a remontar a Nietzsche (1977), e a uma concepção de "verdade" reduzida a uma batalha de vontades, ao jogo de poder. Aqui, qualquer tentativa de compreender e estar em controle do inconsciente nos põe lado a lado com o "princípio de realidade", atividade que é então assumida como necessariamente opressiva.

Habermas, por certo, está bastante preocupado com essa licença de irracionalidade que se pretende ser uma posição um tanto antifascista, mas que terminaria por nos conduzir a algo como o fascismo.

Este capítulo aborda duas tradições separadas de trabalho que tomam a análise da Escola de Frankfurt da sociedade capitalista do período pré-guerra e a desvirtuam para descrever a cultura contemporânea. A transformação da Ilustração em uma "cultura do narcisismo" é debatida por Christopher Lasch (1978), e, mais que tudo, ele vê essa nova cultura como negativa. Essa abordagem volta Marcuse e Reich para os sintomas do modo como a cultura se portava quando eles procuraram entendê-la e desafiá-la. Complementando essa abordagem, e de um modo mais bizarro, está o argumento de Jean Baudrillard (1988) de que a moderna cultura da Ilustração teria hoje se transmutado em uma "condição pós-moderna", algo que ele defende ser positivo. Esse é o tipo de abordagem que partidários da modernidade como Fromm e Habermas já haviam antecipado e condenado como profundamente ideológica, irresponsável e cínica. A abordagem de Lasch inclui apelos reacionários à forma familiar nuclear ocidental que os teóricos críticos tanto desprezaram, e a abordagem de

Baudrillard conduz ao abandono em larga escala de qualquer crítica política da instituição familiar ou de qualquer outra instituição.

No entanto, essas duas descrições diferentes da cultura do narcisismo ou da pós-modernidade realmente operam uma captação útil de *algo* da forma da sociedade contemporânea, sendo possível constatar reflexões desses tipos de mudança na auto-experiência ocidental em algumas recentes respostas à tecnologia moderna no movimento "*new age*". Também veremos aqui o modo pelo qual a razão tecnológica da Ilustração analisada pela Escola de Frankfurt provoca fantasias um tanto românticas sobre a natureza da "natureza", e essas fantasias passam a sustentar um meio subcultural crescente e potente no Ocidente. Uma análise da circulação de novas formas de subjetividade psicanalítica entre pessoas que fazem parte da nova era fornece a oportunidade para uma comparação com outro movimento social, mais antigo, que até agora parecia intocado pela psicanálise, o do naturismo. Esse é um movimento que outrora atraiu pessoas que desejavam fugir da civilização moderna, indo ao encontro da natureza, mas ocorre que hoje ele se encontra em rápido declínio. Assim, o argumento que perpassa este livro, o de que a psicanálise infunde a cultura e estabelece certos tipos de posições subjetivas em torno de diferentes fenômenos sociais, precisa ser lido considerando-se o porém de ainda existir esferas da cultura moderna que escapam à psicanálise. O naturismo é um movimento de pessoas que querem trabalhar e desfrutar de seu lazer despidas, havendo toda uma retórica de ingenuidade e simplicidade que parece preceder preocupações no discurso psicanalítico. Que o naturismo pareça hoje anacronístico, por outro lado, é uma evidência de que o discurso psicanalítico rapidamente se torna um meio culturalmente dominante de dimensionar o modo como entendemos o *self* e sua natureza. O naturismo foi, pois, um lugar em que a natureza se fazia bem diferente do que se lha tem na nova era. Enquanto a nova era está insatisfeita com a modernidade e olha para diante com algumas noções pós-modernas, o naturismo sabe que só estará satisfeito se olhar para trás. Com toda a retórica de retornar à natureza na nora era, busca algo novo e ora irrompe, no momento em que a modernidade parece, para muitos, ter chegado a um fim. Já o naturismo jamais desejou o que a modernidade oferecia, e, em que pese sua retórica de auto-aperfeiçoamento, ele deseja voltar à natureza original.

CULTURAS DE NARCISISMO

Após a Segunda Guerra Mundial, as esperanças da Ilustração pareceram ter entrado em colapso, encetando um tipo de cultura em que toda contrição se dissipava, sem que restasse qualquer distanciamento crítico ou potencial para a mudança. Adorno e Horkheimer (1944) indiciam a cultura de massas manufaturada como sítio ideológico para o abrandamento de conflitos e para a paralisação de qualquer movimento dialético crítico da história, e em seus escritos eventualmente é como se o anjo da história de Benjamin (1939) houvesse sido finalmente derrotado pelo capitalismo, em um barbarismo insidioso, ainda que completo. Os sintomas de sua perda de distanciamento crítico em um nível individual e social já haviam sido identificados e interpretados antes da guerra por autores da Escola de Frankfurt como uma ânsia de dissolução de conflitos e como tentativa de fingir que o conflito no mundo não existe.

A família e o fascismo

Sempre houve uma tensão nos escritos da Escola de Frankfurt entre duas abordagens psicanalíticas diferentes de poder e declínio na família nuclear ocidental, e no modo como esse aparato ideológico operou como parte do maquinário na cultura capitalista para produzir personalidades obedientes e, então, fascistas (Poster, 1978). Em uma abordagem – adotada de um ou outro modo por Reich e Fromm – uma representação do pai autoritário como rufião grotesco e incompreensível foi internalizada pela criança como superego ou incrustada ainda mais profundamente no ego. Aqui, a criança do sexo masculino foi primeiramente oprimida e depois apaziguada pela ilusão de triunfar tornando-se alguém como seu pai nas proximidades do complexo de Édipo. O medo e o ressentimento inconscientes de humilhação que ela sofreu durante esse tempo passaram a ser vistos como direcionados pelo adulto jovem para outros, para qualquer pessoa que não fosse seu pai. Mas esse foi um modo pelo qual ele poderia assumir a posição do pai enquanto crescia em uma personalidade autoritária modelada com base na própria figura que lhe havia provocado tanta dor. Esse tipo de análise pressupõe a força da família.

No entanto, uma abordagem alternativa se fez possível porque a família se encontrava esfacelada na Europa nos primeiros anos do século XX, uma vez que os pais estavam ausentes ou fracos, a criança então sentindo-se incapaz de encontrar um ponto seguro de identificação. Com isso, ele continuava preocupado com o estado imaginário de bem-aventurança narcísica que precedia o enfraquecimento necessariamente brutal e a entrada na cultura forçada pelo complexo de Édipo. Não havendo um pai forte para impedir à criança a ilusão de que era sempre possível retroceder a uma fusão narcísica com outros primeiramente amados, psiquicamente representados no ego ideal, o adulto jovem tornava-se presa de ditadores. Esses homens fortes então funcionam como o ego ideal e convidam o fraco a se fundir com eles e assim encontrar algum poder para si próprios. Tal como a primeira abordagem, e de modo muito semelhante aos escritos psicanalíticos, tem-se aí o foco na manufatura de homens. A segunda abordagem, como seria de se esperar, também é acuradamente investigada pelos que desejavam ser homens selvagens (Bly, 1990). Esse segundo tipo de análise pressupõe o declínio da família (Benjamin, 1977).

Essa segunda abordagem é adotada por Adorno (1951) em sua descrição do modo como a propaganda fascista funciona. Ele usa o trabalho de Freud (1921) sobre psicologia de massa, e sobre o modo como o líder da multidão se põe no lugar do ego ideal, e ele defende que esse processo subjaz ao apelo do fascismo. Adorno observa que a propaganda fascista está direcionada a indivíduos, e parece personalizada de modo a ser capaz de exercer apelo a cada auto-interesse particular. O líder fascista apresenta-se como um ser semelhante e falho, cada um dos indivíduos do público sentindo-o como receptor especial do amor do líder. Isso é importante, já que o líder tem de ser um pouco menos do que sobre-humano para que o seguidor seja capaz de identificar-se com ele. O seguidor, pois, tem a oportunidade não só de se submeter à autoridade, mas de ser ele próprio a autoridade, e assim o líder amado se torna quase parte de seu *self*. A linguagem da propaganda fascista funciona então não tanto pela via de seu sentido racional como por meio de sua evocação de experiências primevas de um ser confortado em uma espécie de repetição de uma canção de ninar de amor aliviante e fusionante.

As palavras na propaganda fascista, diz Adorno, "funcionam de maneira mágica" e desencadeiam a regressão para um estágio narcísico. Isso

6. Cultura e natureza após a Ilustração

funciona porque o ouvinte não aprendeu a difícil lição fornecida pela experiência de submeter a relação edípica na família, e de sobreviver a ela, e não veio a saber profundamente que é impossível superar a separação entre o *self* e outros. A pessoa é transfixada por imagens idealizadas porque elas jamais tiveram de lidar com a existência de um pai forte na família. Não resolveram os conflitos que a relação edípica provoca, e com isso não desenvolveram um superego que ajude a avaliar moralmente o que podem e o que não podem fazer e a tomar uma distância crítica em relação aos que as lisonjeiam. O fascismo antes da guerra e a cultura do consumidor depois dela, ambos dissolvem a distância crítica entre o *self* e outros e entre o *self* e a sociedade, e indivíduos narcisistas são assim sorvidos por coisas as quais eles não têm o poder de avaliar ou das quais não podem escapar.

O espelho da cultura do consumidor

A cultura de massa estimula e estrutura tipos narcisistas de experiência, e dissolve a luta pela Ilustração pessoal ou social e também uma ilusão coletiva de que as coisas podem melhorar, bastando, para isso, desejá-lo com suficiente ardor. Modos de experiência que prometem o fim de todo o conflito por meio do postulado de uma fantasia narcísica são anunciados e atuam como modelos. A experiência de visualizar esses modelos também atua por um processo de espelhamento narcisista, de modo que o espectador é atraído para um mundo em que a contradição está ausente ou onde pode ser facilmente relevada.

Tome-se o exemplo de *Branca de Neve e os sete anões*, de 1937, de Disney, onde a perversa rainha diz: "Espelho, espelho meu, existe mulher mais bela do que eu?", e estabelece uma imagem idealizada de "a mais bela" – o ego ideal. O caso do exemplo, que ilustra e reproduz o narcisismo, requer a existência de espelhos como artefatos amplamente disponíveis e a duplicação em massa de imagens na condição de mercadorias (Benjamin, 1936; Stockholder, 1987). A Rainha quer que o espelho responda o que ela é. Como primeiro aspecto do narcisismo, há então uma tentativa de fechar a lacuna entre o ego e o ideal do ego, entre o eu e o que é idealizado como perfeito. Ela apela a um espelho pela razão mesma de que a imagem que o espelho representa é não só uma imagem idealizada, mas é ainda a própria Rainha. Não só é a Rainha desejando ser de todas a mais bela, mas a esperar que a imagem idealizada pudesse, talvez, ser um reflexo perfeito do *self*. O segundo aspecto do narcisismo, portanto, é a tentativa de perder o *self* em imagens que lisonjeiem o espectador na crença de que nada mais são do que uma extensão do *self*. Quando o espelho finalmente responde que Branca de Neve é a mais bela, a rainha má é tomada de horror por haver um outro que então a separa da imagem, e esse horror da separação evoca a ansiedade de separação, que reproduz a ansiedade sentida por uma criança separada da mãe ou por uma representação do primeiro objeto de amor. O terceiro aspecto do narcisismo, portanto, é uma tentativa de evitar o horror da separação e é também a recusa em aceitar que a separação é um fato da existência adulta, com um contínuo esforçar-se para recuperar a fusão entre o *self* e o outro.

Seria possível, talvez, resolver a tensão entre as duas abordagens concorrentes da família dizendo-se que enquanto a primeira forma poderosamente forte da família se encontrava em ascendência durante o apogeu da Ilustração, a segunda forma familiar, igual e perigosamente fraca, tornou-se prevalecente enquanto a Ilustração agonizava, tendo sido substituída por uma cultura do narcisismo. O problema relacionado à lógica desse argumento é que ela nos deixa com uma nostalgia um tanto conservadora sobre o ideal seguro que a família *poderia* ter sido e um anseio pela volta de um tempo em que o Édipo poderia fazer seu trabalho de livrar-nos de Narciso. Essa é a lógica seguida por Janine Chasseguet-Smirgel e Christopher Lasch.

Narcisismo e ideologia

Uma importante fonte teórica de extensões psicanalíticas da abordagem, por Freud, do narcisismo (1914a) da cultura contemporânea é a descrição de Chasseguet-Smirgel (1985a) do poder do ego ideal. Outras vertentes de análise cultural a partir do trabalho clínico de Otto Kernberg (1975) sobre análise cultural em pacientes *borderline* e narcisistas procuram fugir a algumas das implicações mais objetáveis dessa linha de argumentação (por exemplo, Alt e Hearn, 1980). Chasseguet e Smirgel são

6. Cultura e natureza após a Ilustração

aqui bastante úteis pelo fato de não terem o menor constrangimento em explicar em minúcias aquelas implicações (seu trabalho recebeu elogios de Kernberg [1985] no prefácio de um de seus livros). Ela faz conexões entre a força da ideologia e a fantasia de grupo, para então vincular esses itens em um intoxicante coquetel psicanalítico com abordagens da criatividade, homossexualidade e perversão (Chasseguet-Smirgel, 1985b).

Uma categoria conceitual central no trabalho de Chasseguet-Smirgel é a de "Ilusão", e ela descreve a tentativa narcisista de se perder a si mesmo em uma Ilusão infantil com o intuito de explicar a aderência irracional do indivíduo a certos tipos de grupo, ou suas tentativas de se perder a si mesmo em grandes multidões. Ela defende que a principal força em tais casos não é o pai, mas que o líder é a pessoa que torna a pôr em jogo o desejo de união entre o *self* e o ideal. O líder é, pois, psiquicamente falando, muito mais uma figura de *mãe*. Grupos podem fundar-se na Ilusão, tornando-se assim arenas para o estímulo do narcisismo como forma de perversão:

> em grupos fundados na "Ilusão", o líder desempenha em relação aos membros do grupo o papel que a mãe do futuro pervertido desempenha em relação a seu filho, quando ela o faz acreditar que não tem necessidade nem de crescer nem de identificar-se a seu pai, fazendo com que sua maturação incompleta coincida com seu ego ideal.
> (Chasseguet-Smirgel, 1985a, p. 91-92)

Seria o caso de observar que isso também leva Chasseguet-Smirgel a argumentar que o incesto entre mãe e filho é mais nocivo à criança do que o incesto entre pai e filha.

Também a ideologia é uma forma de Ilusão para Chasseguet-Smirgel, pois toda ideologia se reduz à tentativa de abolir condicionamentos sociais, de dissolvê-los. Isso significa que a tentativa de estabelecer formas alternativas de disposições sociais como "ideais" miram-se também, necessariamente, em ideologia, sendo, pois, patológicas. Ideologias são "aqueles sistemas de pensamento que... prometem a satisfação da Ilusão" (Ibid., p. 91). Chasseguet-Smirgel explica o chamariz da propaganda socialista, por exemplo, como encetando o desejo de abolir todas as distinções sociais, de nivelar todas as coisas e de fingir que o mundo não precisa ser o caminho perigoso que tem sido atualmente. Os que sofrem de uma Ilusão jamais se puseram ante a realidade: "Por detrás da ideologia há sempre uma fantasia de princípio narcisista" (Ibid., p. 82). Parte crucial da resolução do complexo de Édipo é o reconhecimento da castração, e isso significa que a criança tem de reconhecer que ela não é onipotente. Há outros mais poderosos, e a criança deve aceitar as regras da sociedade. Uma pessoa narcisista, contudo, ainda acredita que a sociedade possa moldar-se a seus próprios planos, e Chasseguet-Smirgel argumenta que ideologias igualitárias são defesas contra a ansiedade de castração. Isso significa que todos, como Reich ou Marcuse, por exemplo, que tentam desafiar a sociedade dos dias atuais são acusados de reincidir em uma ilusão narcisista (Chasseguet-Smirgel e Grunberger, 1976).

Chasseguet-Smirgel é sensível a problemas de origem social e indivíduos patológicos, e deliberadamente ela persegue uma abordagem reducionista do mal-estar na cultura após a Ilustração. O narcisista, então, é também um tipo de pervertido, e alguém que não pode aceitar diferenças de gênero. O tabu do incesto não se tem incrustado em sua concepção de si mesmo e em sua relação com outros porque eles não têm precisado lidar com a existência de um outro poderoso – o pai – que se posicione entre seu desejo e seu primeiro objeto amado. O pervertido também é alguém que não pode aceitar a diferença de gênero, e esse indivíduo busca outro, como a si mesmo, para amar, em vez de transferir desejo a um objeto diferente. Por isso se diz que homossexuais revelam-se mais suscetíveis de perversão (Chasseguet-Smirgel, 1985b).

O narcisismo como um mal-estar cultural

A noção de que o papel da cultura tornou-se narcisista deu um passo a frente com Christopher Lasch (1978). Lasch acusa a cultura do consumidor moderno de pôr a perder todo e qualquer local seguro para a formação da identidade e provocar indivíduos a se apossar de bens como introjeções idealizadas de si próprios. O narcisista constrói o *self* em torno de objetos à venda na arena de trocas, objetos que sejam vazios e insuficientes, mas que pareçam plenos e perfeitos, e o *self* que então se

6. Cultura e natureza após a Ilustração

apresenta para outros pode parecer feliz e bem-sucedido. No entanto, o medo e o ódio ocultados por esse *self* superficial circulam em um interior sentido como vazio e inadequado. O narcisista é um desesperado por "relações", mas teme qualquer conexão com outros, qualquer conexão que tenha profundidade real (Kernberg, 1975). Lasch também contribuiu para o prefácio à tradução inglesa do livro de Chasseguet-Smirgel (1985a) sobre o ego ideal, e apesar de alegar alguma simpatia por causas progressivas, Lasch argumentou que a Esquerda é muito suscetível a esse tipo de patologia (Lasch, 1981). Não obstante as tentativas de defender Lasch pelos que se situam à Esquerda na teoria psicanalítica (por exemplo, Richards, 1985), é difícil não ler essa obra como não muito mais que uma queixa contra o declínio da família e em favor do retorno de seguras estruturas patriarcais. Isso compõe com tentativas, por parte dos psicólogos do ego dos Estados Unidos e pelos adeptos ingleses de Anna Freud, de patologizar a inquietude estudantil como expressão de distúrbios narcisistas (por exemplo, Wangh, 1972; Badcock, 1983).

Como observam Barrett e McIntosh (1982), Lasch está se posicionando contra formas alternativas de sexualidade, e em seu livro ele inclui ataques vituperativos a feministas lésbicas, mais precisamente a seu ódio aos homens, como um dos sintomas da cultura do narcisismo. Barrett e McIntosh argumentam que o argumento de Lasch lança mão do que havia de mais radical relacionado à psicanálise, a asserção de que a sexualidade humana não é condicionada pela biologia, mas que temos de proporcionar uma abordagem do desenvolvimento do desejo sexual que o conecte à cultura. Outros críticos psicanalíticos de Lasch também têm defendido a possibilidade de se ver o narcisismo como um aspecto necessário e saudável da experiência. Para Freud, todos os indivíduos atravessam um período narcisista na infância, o que mais tarde lhes deixa traços em relações "normais". Kovel (1988) argumenta, por exemplo, que aspectos narcisistas de relações conduzem a experiências mais cooperativas, e que eles constituem então a base positiva para sistemas de crenças morais em um desafio ao individualismo competitivo. No entanto, embora tais críticos defendam existir aspectos positivos de narcisismo, eles ainda são não necessariamente arrebatados por tendências presentes na cultura contemporânea. Aqui eles contrastam nitidamente com a análise oferecida pelos celebradores da modernidade.

PÓS-MODERNIDADE E FRAGMENTAÇÃO CULTURAL

Lyotard (1979) defende em *A condição pós-moderna* um relato escrito para o governo canadense sobre o impacto de novas tecnologias, que as "metanarrativas" abrangentes da cultura da moderna Ilustração têm encetado para as "pequenas histórias" que constituem a pós-modernidade. Em vez das tentativas socialistas e psicanalíticas de entender a opressão individual e social e de visualizar modos de encaixar a ciência a progressos históricos e ao aperfeiçoamento pessoal, estamos sujeitos a uma aviltante multiplicidade de abordagens que fazemos circular, sem jamais saber qual é melhor ou tampouco encontrar um lugar de repouso. Em vez da verdade, temos uma reflexão perpétua sobre a impossibilidade da verdade, e assim como abordagens do social se desvirtuaram na condição pós-moderna, também isso aconteceu com um sentido de identidade individual. Os sentidos pessoais de cada cidadão do Estado moderno têm dado vazão a experiências fragmentadas não passíveis de ser interpretadas para revelar a verdade da condição humana. O humanismo foi a tradução secularizada de crenças religiosas na Ilustração, mas em nossos dias isso se dissolve em hedonismo ou em um sentimento de resignação. Recebemos a "intensidade" da experiência em vez da possibilidade de entender o que uma experiência pode *significar*.

Alguns autores defendem que existe um desnível bastante nítido entre modernidade e pós-modernidade, e tal poderíamos ver como mapeando o desnível entre a era da Ilustração e a cultura do Narcisismo. Lyotard (1979) por vezes dá essa impressão, embora tente contrapor-se a isso, argumentando que o que tomamos como "pós-moderno" na condição de uma reflexão elevada sobre quem e onde estamos é uma *pré-condição* para o nascimento da própria modernidade. Alguns autores solicitamente enfatizam a continuidade com a modernidade e rastreiam as raízes do estado atual da cultura até o início do capitalismo no século XIX (Bernam, 1982; Frosh, 1991). Alguns autores divertem-se com a impossibilidade de apontar um ou outro caminho como sendo o melhor, e transformam em jogo o próprio trabalho intelectual. Dentre eles, o pior é Jean Baudrillard.

6. Cultura e natureza após a Ilustração

No espelho de Baudrillard

Baudrillard tem estado a mascatear noções de cultura como completamente determinadas pelo jogo de signos quase até um ponto de viragem durante anos, argumentando que agora, hoje, é impossível dizer o que é verdade e o que é ficção em uma cultura supersaturada com diferentes tipos de mídias que fingem proporcionar "informação". Baudrillard passou algum tempo mais, na década de 1960, trabalhando com as idéias dos situacionistas (Debord, 1967), e com sua noção de que a sociedade havia se tornado um "espetáculo" que teria domado e incorporado a si todas as formas de resistência, tendo-a "recuperado" como parte do jogo de sinos que compreendem a cultura capitalista. Ele também dá continuidade à tradição do trabalho sobre a mídia de McLuhan (McLuhan e Fiore, 1967), focado no modo como a cultura é forjada por formas de comunicação de massa. Seu trabalho tende a ser ignorado por outros autores "pós-estruturalistas" ou pós-modernos franceses, na verdade estando muito mais próximo da tradição da Escola de Frankfurt e do estilo de pensamento vigente na América do Norte do que de tendências encontradas na filosofia francesa (Levin, 1984; Kellner, 1989). A conexão com a Teoria Crítica é mais explícita quando ele está desenvolvendo abordagens de objetificação, da transformação de pessoas em coisas.

O primeiro trabalho de Baudrillard sobre a objetificação focalizou os modos pelos quais o consumo de bens sempre leva o consumidor de bens a participar do sistema significante que constitui aquele bem. Quando compramos alguma coisa, tornamo-nos certo tipo de consumidor, definido como um fragmento de mercado e simbolicamente atrelado ao objeto. Perdemos nossa identidade "própria", qualquer que seja ela, e somos atraídos por tipos de identidades que, espera-se, os consumidores ideais representem. Em sua sociologia da cultura do consumidor, ele argumentou que a aquisição de um item para a cozinha, por exemplo, vem a ser basicamente a compra de uma parte de um sistema semiótico e de seu sentido naquele sistema. Os códigos semânticos que determinam a função do objeto também vêm a definir a pessoa que se põe em sua cozinha, utilizando o objeto. Esses códigos e redes de signos para o consumidor fabricam milhares de superfícies cintilantes em que podemos ver a nós mesmos, e das quais não há escapatória para algo que esteja por detrás delas. Isso leva Baudrillard a uma preocupação com a esfera simbólica como consistindo de camadas de espelhos onde o que pode ser tomado como "realidade" é sempre já *simulado*. A cultura, assim, torna-se "simulacral" a um ponto em que o objeto original recua, distancia-se, até ser totalmente eclipsado, de modo que um simulacro é uma cópia para que nenhum objeto original exista. Essa cultura aferra-nos no lugar, e assim, para Baudrillard, "o consenso liberal democrático e a busca por direitos e por igualdade humana são mais perigosos à ordem simbólica, e na prática mais terroristas do que regimes totalitários das décadas de 1930 e 1940" (Gane, 1995, p. 118).

Baudrillard desenvolveu uma abordagem de objetificação nos poderosos sistemas de signo que compreendem a cultura contemporânea com o intuito de ir além do marxismo, que lhe parecia apelar erroneamente a algumas necessidades humanas "reais" que subjazem àquelas necessidades "falsas" que são produzidas em um sistema econômico (Kroker, 1985). Seu foco na produção de objetos por meio de processo de conotação (que funciona em grande parte do mesmo modo que a descrição, por Barthes [1957], de "mito"), conduziu-o a uma crítica de apelos na análise marxista ao uso do valor de um objeto; pois o que vem a ser "uso" senão uma parte do "valor de troca" do objeto (Baudrillard, 1973)? A noção de "uso-valor" pressupõe um sujeito que seja capaz de usar e valorizar um objeto, mas o sujeito se faz então completamente dissolvido na abordagem de Baudrillard, e tudo o que se deixa é a produção do valor por meio da troca independente de qualquer sujeito. Isso também tem conseqüências para a psicanálise, que não raro pensa saber o que as pessoas realmente necessitam sob aquilo de que elas têm consciência. O marxismo e a psicanálise, então, são para Baudrillard dois sistemas de pensamento que existem como gêmeos e que são sumariamente desmerecidos: "em paralelo aos conceitos de Carência, Escassez e Necessidade nos códigos materialistas (vulgar ou dialético), os conceitos psicanalíticos de Lei, Proibição e Repressão também se encontram enraizados na objetificação da Natureza" (Baudrillard, 1973, p. 60).

6. Cultura e natureza após a Ilustração

Embora o marxismo seja completamente arredio a certos temas psicanalíticos, Baudrillard ocupa-se de certos temas psicanalíticos para compreender o lugar do sujeito no regime de significantes que compreendem a "hiper-realidade" pós-moderna contemporânea. No entanto, a psicanálise precisa ser modificada, passando a enfocar o jogo de signos em vez de pretender descobrir necessidades biológicas ou psíquicas ocultas. Para Baudrillard, portanto, é o jogo de signos que constitui o efeito sedutor, e não outra força sexual sob a superfície. Debater o apelo do travestismo, por exemplo, ele argumenta que é o jogo de signos, *"essa transubstanciação de um sexo em signos que é o segredo de toda a sedução"* (Baudrillard, 1979, p. 135). Baudrillard (1983a) também está preocupado acerca de como as coisas fora da cultura resistem a nossas tentativas de as compreender e domesticar, com o que chamamos a "vingança do cristal". Aqui, objetos tomam vida por si próprios, e ameaçam romper a organização de significantes que outrora os continham. A experiência da morte e o medo da morte *produzem* o inconsciente como tentativa de recusar a reciprocidade de vida e morte e despender energia sem a ter de volta. O inconsciente, então, é o que resiste a mudanças e aos regimes de significantes que nos fazem pesar os custos e benefícios de nossas ações. Isso de modo algum significa que esse inconsciente ou qualquer outra resistência devam ser vistos como a sede de progressiva mudança; no entanto, por "terrorista" que a sociedade consumidora possa ser, a "caracterização central que ele apresenta é uma aceitação ativa do mundo, a aceitação do mundo da catástrofe, a catástrofe como algo naturalmente maravilhoso" (Gane, 1995, p. 121).

Lembretes de morte estão por toda a parte nas atividades de objetos contra o controle consciente e racional, em particular no que se refere a objetos inanimados. A morte, nessa revivescência de patafísica, é a vingança do objeto, a vingança "do cristal". Para Baudrillard, *morte*, a "revanche do cristal", também reside nas atividades daquelas tecnologias da mente a produzirem *selves* que possam contender na condição pós-moderna, e ela jaz oculta nas tecnologias que se pareçam com a promessa de autocompreensão e de uma vida mais plena. Para Baudrillard, tais tecnologias estão relacionadas à morte, e a psicanálise é ela própria vista como "máquina de produção, de modo algum como máquina de desejo – uma máquina que é inteiramente aterrorizante e terrorista" (Baudrillard, 1983a, p. 26). Ele é um teórico de todo sintonizado com os piores desenvolvimentos em cultura do consumidor, e chama nossa atenção para essas mudanças em parte mediante o deliciado exagero que deles fazemos. Ele é alguém capaz de digerir e regurgitar pedaços de cultura, espelhando os fenômenos mesmos da mídia e de simulação por eles descritos. Ele parece tão útil ao descrever fenômenos culturais modernos da pós-Ilustração porque suas descrições teóricas de ilustração, fetichismo e narcisismo correspondem tão intimamente ao modo como aquelas noções *estruturam* os fenômenos. Aqui, porém, trato-os como sintoma dos fenômenos, e encontraremos temas sobre os quais versa Baudrillard nos textos sobre a nova era.

O movimento da nova era é uma das contraditórias respostas à mutação pós-moderna na cultura, e traz consigo traços de tal mutação ao mesmo tempo em que desafia alguns de seus aspectos mais cínicos. As práticas da nova era celebram uma divergência de alguns dos excessos da modernidade – individualismo e industrialização – ao mesmo tempo que recuperam alguns valores humanos do mundo pós-moderno, valores esses de comunidade e de entendimento. O naturismo, por outro lado, é uma resposta um tanto radical à modernidade, e sua tentativa de fuga é um olhar de volta para o passado. O naturismo, não menos contraditório que o movimento *new age*, recusa os excessos da modernidade e lança um olhar de retorno a valores humanos que foram perdidos. Poderíamos dizer que enquanto o naturismo se encontra na cúspide do moderno, olhando para a modernidade e desgostando do que vê, o movimento *new age* está na cúspide do pós-moderno, observando e encontrando algo positivo como alternativa ao que se desgosta na modernidade.

NARCISISMO E NATUREZA NO MOVIMENTO *NEW AGE*

Ainda não adentramos uma condição pós-moderna de cultura, mesmo havendo setores narcisísticos ou pós-modernos de sociedade, e a possibilidade de ilustração e progresso, social e pessoal, ainda não acabou. Contudo, algo mudou nos últimos 50 anos em nossas imagens de natureza e nos discursos que circulam no que imaginamos ser o

6. Cultura e natureza após a Ilustração

"espaço fora" da cultura, constituindo-o e confirmando-o. No entanto, esse discurso parece muito diferente nas imagens *new age* e naturistas na natureza, na medida mesma em que atraem ou repelem o discurso psicanalítico.

Movimento *new age*

O movimento *new age* é um reflexo de mudanças em imagens da natureza, e inclui as terapias de saúde naturais e espirituais holísticas que vão desde a acupuntura até a astrologia, e da aromaterapia à projeção astral. A pós-modernidade lançou a identidade em crise, e o movimento *new age* é uma resposta à crise que encontra diferentes modos de lidar com os aspectos sedutores da cultura de consumo contemporânea, com a fetichização de pedaços do corpo e com formas narcisistas de auto-identidade. O movimento *new age* pode ser visto como tentativa de fixar sentido em uma cultura em que um sentido sempre parece escapar.

Redes de movimento *new age* tentam remontar ao real por meio de uma identificação íntima com culturas que pareçam estar mais próximas da natureza, mas eles o fazem fixando um simulacro para o qual não há original. Um exemplo é a voga da cultura americana indiana no mundo *new age*. Há um grupo na Polônia, por exemplo, que usa trajes feitos de penas, calça e mocassins e vive em tendas feitas de peles de animais. Desse modo, os membros são capazes de viver em um simulacro da cultura que romantizam, e vêem a cultura índia americana "real" como sendo menos autêntica do que a própria versão que estão a replicar. Um dos membros faz referência aos índios "reais" artificiais nos Estados Unidos: "são índios artificiais – falam inglês, vestem *jeans* e não conhecem sua própria história. A verdade é que os índios verdadeiros vivem em Bialystok" (Wiernikowska, 1992, p. 12). Há uma fixação do *self* em uma natureza "real" que é historicizada em existência, e uma tentativa de encontrar uma identidade em uma cultura pós-moderna na qual tudo é sentido como se fosse ficcional. Os índios Bialystok vivem fora da condição pós-moderna e tentam resistir a ela, encontrando pontos fixos de referência que possam determinar quem eles "realmente" são, ao mesmo tempo em que ironizam aquela nova identidade.

Naturismo

Os naturistas, por outro lado, pensam conhecer o que é real, o modo de retornar à natureza real, e o fazem celebrando o corpo desnudo: para alguns entusiastas é simplesmente "sentir-se confortável sem roupas" (Piper and British Naturism, 1992). O naturismo desenvolveu-se na virada do século na Alemanha, em um sistema de sociedades secretas devotadas a ideais arianos, e essas sociedades então passaram a ser assumidas pelo movimento nazi até seu banimento em 1933 (Connolly, 1992). Clubes no Reino Unido, como o "Spielplatz", fundado em 1937, surgiram com base nesse primeiro movimento naturista, vinculando-se à revista *Health and Efficiency*, que "foi estabelecida em 1900, tendo incorporado *Sunbathing Review* e *Vim*" (Editorial em cada edição). Naturistas gostam de perambular em lugares como Spielplatz, por eles descrito como "mata virgem" (Piper and British Naturism, 1992), mas procuram não exotizar a natureza. Muitos naturistas passam suas férias em trailers ou em chalés, e sua literatura reiteradamente afirma que as coisas devem ser simples e familiares, mesmo mundanas. Como se pode ler em um folheto produzido pelo Central Council for British Naturism (CCBN), "você não estará indo para o coração da África. Tudo o que você costuma comprar nas lojas do local onde reside muito provavelmente encontrará lá também, ainda que as marcas sejam outras" (CCBN, Individual Holidays Abroad). É difícil imaginar Baudrillard argumentando que as coisas podem ser as mesmas para um cliente sob outros nomes de marcas.

Os ideais do movimento naturista na Alemanha também estiveram atrelados a imagens da periferia da Europa e da margem do Mediterrâneo como uma espécie de lugar da verdade original, e não raro ouvimos que "naturistas são pessoas que preferem nadar, tomar banho de sol e se divertir ao ar livre sem roupas – nutrindo um respeito pelo corpo humano que tem suas origens na Grécia clássica, berço de nossa civilização" (Target, 1993, p. 10). Originalmente, o naturismo

6. Cultura e natureza após a Ilustração

dizia respeito ao estar despido ao ar livre, mas o naturismo contemporâneo também é algo que pode ser praticado *dentro de casa* e privadamente, como parte de uma tentativa de fugir ao estresse da vida pública urbana (Knott, 1993). Ele tem sido adaptado para satisfazer as mudanças na sociedade, mas ainda não absorve as noções psicoterapêuticas populares que idealizam muitos outros movimentos de auto-aperfeiçoamento no Ocidente (Giddens, 1992). A recente publicidade com vistas ao naturismo não faz referência aos meios pouco saudáveis pelos quais as pessoas são levadas a considerar estranho olhar "para nossa própria pele" e especular que isso possa dizer algo sobre "nossa atitude para com nós próprios" (Piper and British Naturism, 1992). Esse é o alcance de sua reflexão sobre o que pode significar andar despido. Você se limita a tirar suas roupas e deixa de lado as preocupações.

Há algo curioso sobre o modo como o naturismo parece escapar aos discursos psicológicos e psicanalíticos da mente e do comportamento que tanto impregnam a cultura ocidental. Há, em vez disso, um apelo à espontaneidade de estar nu, quase como se um enredamento com o pensar ou com o interpretar fosse sua ruína. Para os naturistas há ameaças, mas essas aparecem nas reações daqueles que, no mundo vestido, vêem-nos como pervertidos ou puritanos; como se tem na legenda de *Health and Efficiency*, "se você acha isso desagradável, deve ter algum problema em aceitar a humanidade" (Target, 1993, p. 12).

Tanto o naturismo *como* a *new age* desejam aceitar a humanidade e vê-la como atrelada à natureza, também apresentando opostos polares úteis em uma análise do modo como o discurso psicanalítico circula e é adotado ou rejeitado por diferentes subculturas. Categorias psicanalíticas de sedução, do fetichismo e do narcisismo estruturam o discurso do movimento *new age*, e as formas freudianas modificadas que encontramos em textos de Baudrillard bem servem como inserção nessa subcultura à medida que a ordem cultural dá sua guinada súbita para o que eventualmente é sentido como um pesadelo esquizofrênico pós-moderno. No entanto, essas categorias estão ausentes do naturismo, e podemos ver, no entanto, que as imagens da natureza não as *requerem*. As categorias são socialmente construídas, para então ajudar os participantes a reconstruir o que é tocado por eles.

Sedução

Freud realizou um importante duplo movimento conceitual em direção aos reinos do inconsciente e da sexualidade infantil, e aí se teve a inauguração da psicanálise. Foi o momento em que ele abandonou a concepção de que a sedução real sempre reside no coração de memórias patogênicas da infância. A asserção por Freud (1896), de que as crianças na verdade são "seduzidas", como recipientes passivos de atenção sexual, foi substituída por uma teoria de *fantasia* sexual em que a criança se torna a fonte ativa de desejo e um magneto para os desejos de outros. A cena traumática como um acontecimento atual foi localizada no inconsciente individual da criança, bem como atraída em direção a ele, e a repressão da fantasia como um ir de encontro com o mundo externo passou a ser vista como fonte de psicopatologia. Tal duplo movimento freudiano esteve intimamente atrelado a imagens de crianças e a sua malevolência no final do século XIX, e a psicanálise estabeleceu-se como uma imagem de fantasias inconscientes em crianças e como um recalcamento dessas imagens (Masson, 1984). Na psicanálise propriamente dita, a atividade do recalque se dá na criança. No imaginário popular, a repressão é tão direcionada à idéia de que existem tais fantasias quanto aos efeitos das fantasias em si mesmas. Podemos ver o complexo discursivo de sedução desvirtuado de um modo baudrillardiano com base na psicanálise e em ação na nova era.

O MOVIMENTO *NEW AGE* E SEUS CONTORNOS   Redes de movimento *new age* deram cabo da idéia de que forças inconscientes, pré-conscientes ou subconscientes afetam nossa consciência do mundo e que de algum modo podem ser bloqueadas. Nas redes *new age*, essas energias inconscientes são também localizadas (algumas vezes com explícita referência a idéias junguianas) em forças do inconsciente coletivo, estendendo-se então para além da humanidade de todas as formas de vida ou de seres planetários. A romanticização do mundo animal é direcionada para certos animais, e podemos explorar o modo como algumas dessas imagens de animais funcionam como representantes da natureza. Ao mesmo tempo que

6. Cultura e natureza após a Ilustração

o movimento *new age* se aferra à idéia de que há alguma coisa sob a superfície, existe, no entanto, a preocupação com a *interconexão* de experiência e idéia de tal modo que a interconexão pode ser evocada em fantasia por meio do jogo de signos. Como Baudrillard, então, a sedução se dá por meio de signos que evocam a sensualidade em vez da sensualidade em si mesma que está soçobrando na superfície.

No movimento *new age*, a revista *Kindred Spirit: The guide to personal and planetary healing* traz reportagens sobre "Uma exibição intitulada 'O Poder de Cura dos Golfinhos'" que "celebrará a conexão entre humanos e golfinhos no curso das eras" (*Kindred Spirit*: 5). Na última capa da revista encontram-se anúncios promovendo sons de baleias e golfinhos entremeados a uma trilha sonora. Uma fita para "Baleias e sons do mar" inclui mensagens sedutoras: "Dez registros de alta qualidade em 3D proporcionando uma ambiência única de agradáveis sons naturais com sugestões suaves e de caráter subliminar (não audíveis conscientemente). Esses sons lhe irão envolver e revitalizar..." (*Kindred Spirit*, 10, p. 2). Outra fita K-7 chama-se "O caminho dos golfinhos", e a promessa aqui é ainda mais sensual: "A voz cativante da música sensível de golfinhos e Medwyn proporcionam uma união alegre, terna e emotiva, devolvendo ao ouvinte o grande amor e respeito que é possível entre nossas duas espécies" (Ibid.).

A celebração da conexão entre humanos e golfinhos também é, por vezes, algo politizado como uma luta para se resistir a definições mais tradicionais de perversidade. Essa questão surgiu na imprensa popular do Reino Unido, em 1991, depois que um ativista da causa dos golfinhos, pertencente ao movimento *new age*, esteve na mira de um dono de dolfinário ávido por dar um basta a protestos organizados contra a condição cativa de seus golfinhos. O ativista foi acusado pelo dono do dolfinário de haver perpetrado atos libidinosos com determinado golfinho enquanto nadava com ele em mar aberto. As descrições detalhadas nos tablóides britânicos da introdução do pênis do golfinho entre as pernas do ativista não estavam realmente em questão no caso levado aos tribunais, já que o aspecto legal pelo qual o ativista estava sendo processado era o ter realizado aqueles atos de um modo ofensivo ao público. Representantes do povo haviam sido levados ao mar para assistir às referidas atividades no bote do proprietário do dolfinário. Ao final, o ativista foi absolvido e retomou suas atividades como jardineiro em Manchester.

Há fortes conexões entre esse viés tão simpatizante ao golfinho por parte do pensamento *new age* e de representações populares de golfinhos à medida que, de maneira variegada, homens velhos e sábios do mar trazem para o presente o conhecimento de gerações passadas (como, por exemplo, no filme *Cocoon*) e uma vez que, de maneira clara e inocente, garotos brincalhões vêem o modo como as coisas são no presente momento (como, por exemplo, as crianças no programa e filme *Flipper*). O abuso sexual de que o golfinho foi vítima, nesse caso, chegou a assustar no contexto de um pânico moral na imprensa, maior do que o que seria causado pelo abuso sexual infantil (Levidow, 1989) – o golfinho em questão, chamado "Freddy", certamente foi infantilizado nas reportagens. Os detalhes chocantes do encontro do ativista com o golfinho e o interesse lascivo nos detalhes impensáveis do que pode ter acontecido sob a água pareciam cutucar um medo de que alguma última área de inocência estaria sendo aviltada.

Para a proteção de Freddy, segundo as modernas regras legais, o que se levou em conta foi o fato de que o alegado jogo obsceno com o golfinho poderia ser *visto*. A conexão entre o visível e o obsceno é feita de maneira enérgica no trabalho de Baudrillard. Na pornografia, por exemplo, Baudrillard, argumenta que:

> o resultado final dessa degradação a uma visibilidade terrorífica do corpo (e seu "desejo") é que as aparências perdem seu segredo. Em uma cultura onde aparências são dessublimadas, tudo é materializado em sua forma mais objetiva. A cultura pornô por excelência é simplesmente uma cultura em que tudo, sempre e por toda a parte, endossa a função do real.
> (Baudrillard, 1970, p. 150-151)

Na oposição entre sedução e obscenidade subscrita por Baudrillard, os movimentos *new age* vivem no reino da sedução (em seu uso da música, das cores e do cheiro evocam uma conexão com a natureza), enquanto os velhos realistas brutos dos tempos modernos vivem no reino da obscenidade (nas práticas da exposição e da direta e comple-

6. Cultura e natureza após a Ilustração

ta visibilidade), e fazem-se tanto mais chocados pelo que é visível. É o *fato* da visibilidade mesma, mais do que a representação específica, que horroriza Baudrillard. Enquanto a sedução é troca simbólica para Baudrillard, a tentativa de se subsumir àquela troca é um fim para o erótico:

> O corpo é um véu simbólico, e nada mais do que isso; é sedução que deve ser encontrada nesse jogo de véus, onde, estritamente falando, o corpo é abolido "como tal". A sedução desempenha seu papel aí, e jamais onde o véu é rasgado com o intuito de revelar um desejo ou uma verdade.
> (Baudrillard, 1979, p. 150)

O risco da transparência e a ameaça do real assombram a celebração, por Baudrillard, do pós-moderno, e o vôo impossível da hiper-realidade no corpo desvelado realmente existente acabará em loucura. Metáforas de loucura abundam em escritos pós-modernos, e nesse caso a esquizofrenia é vista como "proximidade grande demais em relação a todas as coisas" (Baudrillard, 1983b, p. 132). A tecnologia invade e destrói o mar calmo como um lugar misterioso invisível, e o faz também aos animais que lá vivem, o movimento *new age*, tornando a investir nessas áreas com uma qualidade numinosa. Esse é o trabalho de velamento romântico realizado pela *new age* nos golfinhos. À medida que as coisas que estão distantes se tornam mais próximas, a *new age* torna a produzi-las como novos mistérios. A *new age* participa, então, de fantasias pós-modernas da natureza, em vez de tentar remeter-se diretamente ao real, mas também tenta encontrar nesses sonhos algum *sentido*. As possibilidades de sedução, com o sentido de coisas desejadas estando oculto e sendo por isso tanto mais desejado, encontram-se sob ameaça à medida que os centros urbanos simultaneamente se espalham e entram em colapso: "A perda do espaço público ocorre contemporaneamente à perda de espaço privado. Um deixa de ser espetáculo; o outro, não mais é segredo" (Ibid., p. 130). A *new age* é uma resposta poderosa a essa perda de espaço público em épocas de crise ecológica, sendo estruturada pela noção psicanalítica de sedução articulada por Baudrillard.

A SAUDÁVEL ATRAÇÃO DO NATURISMO   Há uma vaga e diferente recusa em se reconhecer, no naturismo, que o jovem inocente pode ter desejos ou ser desejado, pode seduzir ou ser seduzido. Há uma insistência em que o que fazem por certo não é erótico simplesmente por não terem roupas, e um adepto argumenta, por exemplo, em um programa da BBC destinado ao grande público, que "o público confunde naturismo com sexo e exibicionismo... isso nada tem a ver com naturismo" (Piper and British Naturism, 1992). No mesmo programa, um dos naturistas iniciantes observa que "mulheres são mais insinuantes quando parcialmente vestidas" (Ibid.), asseverando ao público que estar de todo despido nada tem de insinuante. Esse iniciante também confessa que em sua primeira visita ao centro naturista "de portas fechadas" ficou preocupado com a possibilidade de ter uma ereção, e há uma repetida discussão sobre isso em edições de *Health and Efficiency*, já que se trata de uma preocupação típica de homens no mundo "vestido" sobre o que aconteceria quando vissem um corpo desnudo. A preocupação situa-se no mundo vestido como um efeito de uma forma particular de representação, e não da representação como tal. Há também nítidas diferenças entre a publicidade para a CCBN, que traz imagens cuidadosamente dessexualizadas de corpos nus incluindo crianças, e na *Health and Efficiency*, onde os fotógrafos "jogam" com gêneros porno-*soft* e fotografam mulheres naturistas, mas sem fotos de crianças. O texto implicado nessa última é contraditório e mistura gêneros. Em uma das edições (*Health and Efficiency*, 1993, 94, p. 4), por exemplo, há seções destinadas a dúvidas de adolescentes (por exemplo, "minha amiga diz que uma banheira de hidromassagem pode tirar a virgindade. É verdade?"), desafios diretos a homens que querem saber como xavecar uma garota em uma praia de nudismo (uma boa idéia pode ser visualizar sua atitude diante das mulheres, como um todo. Não queremos ser "xavecadas"), e uma matéria de capa sobre sinais sexuais ("como saber se ela está a fim nos primeiros cinco minutos").

Existem apelos a versões de "normalidade" que afastarão a possibilidade de sedução e de ameaças perversas vindas do mundo "vestido" e as que vêm de fora das próprias relações familiares:

6. Cultura e natureza após a Ilustração

Lamentável! Uma das atuais desvantagens de uma praia naturista oficial é o número de homens fora do contexto que se reúnem para assistir a uma distância segura. São o mais das vezes homens "normais" com binóculos espiando garotas e mulheres, e há que se deplorá-los por seus problemas pessoais. Há também homossexuais à procura de parceiros. Mas essa desvantagem também existe em muitos lugares públicos, como *pubs* e clubes.

(Target, 1993, p. 42)

Em alguns clubes naturistas não são admitidos homens solteiros, e membros cujas esposas falecem podem ser excluídos (Connolly, 1992). Duas imagens conectadas aparecem nas representações de pessoas estranhas observando a praia oficial de nudismo. Uma está "olhando a uma distância segura"; e a outra é a de um homem "espiando de binóculo". Juntas essas imagens produzem uma poderosa dimensão retórica que estabelece um contraste entre a distância e a percepção mediada do pervertido com a proximidade e com a visibilidade transparente direta do naturista.

Há também diferenças entre as noções *new age* e naturista de fetichismo, e de novo a *new age* lança um olhar adiante, para um mundo estruturado pelo discurso psicanalítico moderno de Baudrillard, enquanto o naturismo lança um olhar para trás, para um tempo anterior ao moderno, anterior à psicanálise.

Fetichismo

Uma atenção erótica a uma parte particular do corpo ou a uma categoria específica do objeto é, em termos psicanalíticos, derivada de uma recusa em reconhecer, uma incapacidade de ver na ausência. É, para Freud (1927a), um repúdio à realidade, a realidade da ausência do falo, o significante do poder e da subjetividade, onde há uma expectativa quanto à fantasia da criança, e a conseqüente tentativa de localizar o falo em outra parte. O que se recusa em um ponto é marcado em outro. O repúdio da perda do objeto falha à medida que seu objeto perdido retorna em forma de fetiche. Essa compreensão de fetichismo sexual na tradição psicanalítica é transformada na discussão de Baudrillard (1970) do papel de signos na produção de desejo, na produção do fetichismo de comodidade e – o que é crucial para essa análise do lugar da *new age* no imaginário popular – essa versão da teoria do fetichismo é trazida para mais perto do discurso psicanalítico no senso comum contemporâneo.

Baudrillard dá vazão a noções populares de fetichismo, relacionadas então mais diretamente a mercadorias e à co-modificação de identidade e sexualidade do que se tem na psicanálise moderna, como uma obsessão psicopatológica com o adorno. Em valorizações opostas de perversão, tal como a prática de "homoerotismo" em que alguém consciente e ironicamente veste as roupas de seu próprio sexo (Barford, 1992), isso permite um uso progressivo e alternativo do traje. Debatendo Nico, ícone *underground* novaiorquino da década de 1960, que terminou seus dias em North Manchester, por exemplo, Baudrillard argumenta que ela "só parecia mais bela porque sua feminilidade era puramente um ato. Algo mais do que beleza, algo quase sublime que dela emanava, uma sedução diferente. A decepção a ser descoberta era a de que ela era uma falsa *drag*, uma mulher de verdade desempenhando o papel de *drag*" (Baudrillard, 1979, p. 134). O ponto aqui não é sobre se Baudrillard está certo ou errado em seu exagero de fetichismo para dar conta de todas as percepções de signos na hiper-realidade pós-moderna, mas a questão versa sobre o modo como aquela noção de fetichismo não estendida, uma noção escorada em um modo ou outro pelo desejo, se conecta ao papel de marcadores de identidade em redes *new age*. Para Baudrillard,

> alguma coisa servirá para reescrever a ordem cultural no corpo; e é isso que toma o efeito da beleza. O erótico é assim a reinscrição do erógeno em um sistema homogêneo de signos (gestos, movimentos, emblemas, heráldica corporal) cujo objetivo vem a ser um fechamento e perfeição lógica – a bastar-se em si mesma.
> (Baudrillard, 1970, p. 94)

6. Cultura e natureza após a Ilustração

ZONAS *NEW AGE* DO CORPO   Passemos a considerar o sentido do adorno nas redes *new age*. O uso da maquiagem como tal não é um bom exemplo, em parte em razão do movimento de queimar idade a partir de redes da Nova Esquerda em direção a práticas *new age* (movimento que atualmente se dá com o fluxo da esquerda rumo à terapia), e essa é uma população que ainda alimenta um antagonismo politicamente correto em relação à cosmética. A maquiagem reaparece de outras formas, no pintar do corpo em xamanismo, por exemplo, mas uma atenção mais excessiva a partes corporais vêm em forma de *piercing*. Essa prática disseminou-se a partir do centro para as bordas do movimento, das tendas feitas de pele, dos índios americanos às avenidas das metrópoles. A inserção de peças de metal marca as partes do corpo, que recebem uma atenção especial, e ficam lá afixadas. Essas partes do corpo podem representar, na visão psicanalítica clássica, o falo ausente, no ouvido, na língua, na sobrancelha ou no mamilo, ou no lábio inferior (onde o metal chama-se, em inglês, "*labret*"). Essas partes do corpo podem ser marcadas como a localização de uma ausência, inserindo um *piercing* no lábio interno ou no clitóris, ou, em uma prática cada vez mais popular no Reino Unido, marcando o próprio falo, garantia fetichista contra a ausência. Um aplicador de *piercing* tem "um *apadravya* (cinto preso com uma barra de ferro vertical, circundando a cabeça do pênis); um *ampallang* (versão lateral do instrumento acima); e o príncipe Albert (marido da rainha Vitória), não propriamente um adepto da *new age,* usava um anel em torno do prepúcio, o qual puxava para baixo, para dentro de uma das pernas das calças, e ali o mantinha puxado, como uma liga de meias femininas.

No fetichismo há, pois, um não-reconhecimento da ausência de uma conseqüente valorização de uma parte que representa o que se está perdendo. O movimento *new age,* se ainda por um lado permanece em ampla medida uma subcultura branca, por outro freqüentemente fetichiza uma nova natureza representada em corpos de outras etnias, que vão desde os índios americanos aos *inuits* do Alasca. O uso de *piercings* não só garante uma parte do corpo como ponto de referência, uma marca de identidade em um mundo de signos mutáveis, mas também conecta o corpo que recebe os *piercings* do Ocidente dedicado a corpos receptores de *piercings* de outros "fetichizados" em culturas em que a prática é uma característica definidora de associação. O que é "outro" é fetichizado, e é continuamente remarcado no corpo em práticas *new age*. Se por vezes parece uma tentativa de recuperar o que havia sido perdido ou manter presente o que pode vir a desaparecer, ele na verdade se parece a algo inteiramente novo, algo que romperá com o moderno e se empenhará em uma mudança para algo mais exótico, como se tivessem acabado de ser descobertos ao final da modernidade.

O anonimato da megacidade pós-industrial também provoca esse tipo de *fetichismo*, um investimento cada vez mais maciço de energia libidinal em processos fetichistas como mecanismos de defesa para garantir a integridade do *self*: "A metáfora do fetichismo, sempre que aparece, envolve uma fetichização do sujeito consciente ou da essência humana, uma metafísica humana" (Baudrillard, 1970, p. 89). Se a *new age* não raro transpõe o limiar da modernidade em seu futuro baudrillardiano e esse tipo de defesa pós-moderna contra uma cultura em crise, o naturismo teimosamente se recusa a dar um passo além do limiar em direção ao mundo moderno e às enfermidades que ele vê acumular-se ali.

PEDAÇOS DO CORPO NO NATURISMO   É claro que os naturistas não estão tão interessados em entrar no jogo do sistema da moda, mas ainda assim têm de negociar as atividades fetichistas do mundo vestido, e suas dificuldades ao fazê-lo manifestam-se em sua discussão sobre diferentes tipos de adorno corporal. Há alguma suspeita e oposição no naturismo quanto ao adornar do corpo nu, pois isso chamaria a atenção para o corpo no modo mesmo como as roupas o fazem. Há relatos de aparamentos de pêlos pubianos, de realização de tatuagens e de introdução de *piercings* na Fundação Naturista, atividades essas ocorridas nas proximidades de Orpington, em Kent, Reino Unido (Connolly, 1992), e a *Health and Efficiency* também tem debatido a função do barbear como um contato mais próximo em relação ao corpo real, como um desfrute em maior liberdade, e como expressão de "individualidade" (Williams, 1993). No entanto, o desejo predominante no naturismo contemporâneo está em se conseguir escapar a todas as formas do trajar.

6. Cultura e natureza após a Ilustração

Se houver no fetichismo uma desobrigação da ausência de uma valorização ausente e conseqüente da parte do que está se perdendo, no naturismo haverá uma desobrigação da possibilidade de que qualquer parte deva ser sexualizada contra o corpo limpo tomado como um todo. Aqui, a recusa do fetichismo pode ser lida como uma espécie de fetiche para a "normalidade". Um naturista descreve representações do corpo nas primeiras edições de *Health and Efficiency* como "anatomicamente incorretas" (Piper and British Naturism, 1992), por exemplo, por terem falhado em incluir a diversidade de formas e tamanhos corporais. Embora não haja muitos corpos obesos na revista, esse comentário está relacionado a um comentário sobre o papel do mundo vestido no suprimir da "individualidade". Há também, em outras abordagens naturistas, uma resistência ao mundo vestido como sendo um mundo que fetichiza a norma e que encerra os participantes em um sistema significante que privilegia certos tipos de corpo. Mas, assim como uma aceitação de uma diversidade de corpos, há uma preocupação subjacente com a normalidade que se expressa de outras maneiras. Há o argumento de que o tirar de suas roupas pode remover todas as barreiras sociais e de classe, já que essas coisas são "artificiais". Um naturista defende que naturistas estão "todos no mesmo nível", e que o naturista trata "todos como sendo iguais", sem "nenhuma diferença entre o rico e o pobre" (Ibid.). O naturismo é visto aqui como o nivelador, como se a cultura não se encarregasse de construir nossas representações do corpo. Há também o argumento segundo o qual naturistas se revelam, afinal de contas, "normais". Um naturista iniciante descreve sua ida a um clube de portas fechadas e o modo como procurou vencer a timidez inicial: "Era perfeitamente normal o encontro com famílias, e falar com seus integrantes era algo normal, como se estivessem vestidos. Não me ocorreu que não estivessem vestidos" (Ibid.).

No entanto, aqui ainda só se fala na recusa do fetichismo quanto aos itens do vestuário. Como já foi observado, outro naturista iniciante observou que "mulheres são mais insinuantes quando parcialmente vestidas" (Ibid.), e aqui é a parte que vem a ser o problema. A relutância, pelo naturismo em sua corrente dominante, em adornar o corpo, ou mesmo em usar maquiagem, pode ser interpretada como recusa à possibilidade de qualquer fetiche e como retirada para um sistema normativo que desaprova o fetichismo em si mesmo. No fim das contas, Baudrillard argumenta que o fetichismo é "a santificação do sistema como tal, da comodidade como sistema" (Baudrillard, 1970, p. 92). O naturismo então recusa fetiches, mas ele não pode escapar a processos culturais de fetichização que o envolvam no mundo vestido. O naturismo recusa o fetichismo olhando para trás e por tentar fugir à modernidade encontrando lugares, no corpo despido, onde pensa que a modernidade não o poderia alcançar.

Narcisismo

O redirecionamento de interesse libidinal para o próprio *self*, a recatexia do ego é comparada por Freud (1914a) à de um organismo unicelular. É como uma ameba emitindo partes de si mesma, os pseudópodes, pois o material nesses membros sempre retornará e será novamente absorvido no corpo da criatura. O narcisismo, que gravita em torno de uma metáfora visual, de Narciso fitando no lago sua própria imagem, encontra-se, pois, relacionado ao sorver de energia. O sentido de auto-absorção que se identifica em outros como narcisismo encontra-se atrelado a um sentido da parte de um observador que nada, nem interesse, nem atenção, nem investimento, é remetido para fora. O *self* está sendo investido como se fosse um outro. A energia libidinal está retornando do objeto para o ego, e existe, então, nesse ponto, sempre, para o narcisista, uma relação mediada com o *self*. O prazer não-mediado seria um mero auto-erotismo. Práticas corporalmente narcisistas, então, requerem outra, para a qual a disposição se faz pretendida. Para Baudrillard, essa miríade de mediações acaba por constituir a subjetividade contemporânea.

Para sujeitos pós-modernos não basta um retorno a um estágio infantil, já que noções de infância são elas próprias mediadas. Baudrillard (1986) vê as possibilidades de clonagem como o futuro modo de reprodução. Uma das conseqüências de pessoas clonando a si próprias, e de serem clones de outra é um processo de espelhamento a substituir a confusão de relações edípicas:

6. Cultura e natureza após a Ilustração

O Narciso digital substitui o Édipo triangular. A hipostasia de um duplo artificial, o clone será doravante seu anjo guardião, a forma visível de seu inconsciente e a carne de sua carne, literalmente e sem metáfora. Seu "vizinho" será doravante esse clone de uma semelhança alucinatória. E por conseqüência você jamais estará só novamente, e não mais terá segredo algum... Desse modo o amor é total. Da mesma forma, a auto-sedução. (citado em Kellner, 1989, p. 102)

A mutação, por Baudrillard, de modernas noções psicanalíticas de narcisismo engendram uma espécie de discurso psicanalítico que os movimentos *new age* habitam, e com os quais entram em embate.

DESEJO MEDIADO PELA *NEW AGE* Nas redes *new age* há sempre um sentido de mediação, ou por meio de energias fluindo através de chacras, linhas *ley* e assim por diante, ou por meio de rituais em comunidades que seguem algum tipo de orientação espiritual. Quanto mais perto da conexão imediata com essas redes, a autotrepanação encontra-se na verdade a grande distância da extremidade. Mas é a própria distância do núcleo do movimento *new age* que pode ajudar a marcar um ponto em que a *new age* termina e práticas corporalmente mais cruas se iniciam. Essa distância faz da autotrepanação um exemplo instrutivo para uma comparação com outros temas da *new age*. A autotrepanação serve como ponto limite para marcarmos as fronteiras da *new age*. Versões mais aceitáveis de trepanação em círculos *new age* devem ser encontradas em coisas como a osteopatia craniana.

A moderna autotrepanação foi advogada pela primeira vez por um holandês, Dr. Bart Huges, que desenvolveu uma teoria de "volume de sangue cerebral" como a razão de sangue pela matéria no cérebro, uma razão que poderia ser aumentada ficando-se de ponta-cabeça ou restabelecendo o crânio a seu estado de infância, isso cortando-se e removendo um pequeno disco de osso do crânio com uma broca. Um dos seguidores de Huges, Joseph Mellen, descreve o modo como conseguiu fazer uma perfuração em sua própria cabeça, em uma terceira tentativa, com uma trepina (instrumento especial para trepanagem) que ele encontrou em uma loja de equipamentos cirúrgicos: "Deu-se um sugar profundamente ameaçador, e então o som de um borbulhar" (citado em Sieveking, 1991, p. 43). Uma amiga que o auxiliava, Amanda Feilding, usou na operação uma broca elétrica regulada no mínimo; a lâmina mais afiada ficava no meio, mas ela conseguiu fazer o furo após manejar a broca durante meia hora. Por duas vezes ela se candidatou ao parlamento britânico em uma "trepanação livre junto ao Serviço Nacional de Saúde". Descreve o sentimento que lhe veio depois como uma "economia interna de um agradável levitar sobre a barreira da pobreza" (Feilding, 1991, p. 44).

Feilding (1991) fala sobre um sentimento de pós-trepanação de perda do ego, e o interpreta como uma consciência elevada. A autotrepanação promete um retorno à infância, por meio do serrar do orifício, para que com isso a pessoa se torne de novo uma criança de mente aberta, mas é algo que ainda não está no núcleo das fantasias de adeptos da *new age* que mais receberam um tratamento psicanalítico. Essa distância das noções psicanalíticas de narcisismo é aparente se considerarmos o prognóstico oferecido para modos narcisistas de ser na condição pós-moderna de hiper-realidade oferecida por Baudrillard. A extensão do narcisismo por Baudrillard vai de par com sua exacerbação de categorias psicanalíticas, e nesse caso o simulacro do *self* que se multiplica na condição pós-moderna também significa o fim da psicanálise pós-moderna. Para o sujeito pós-moderno, o estado infantil idealizado encontra-se ele próprio sempre mediado.

A autotrepanação é uma expressão da *new age* de caráter razoavelmente local e limitado, encontrando-se na cúspide da modernidade – um olhar para o interior, pode-se dizer. Redes *new age* também procuram elaborar os paradoxos narcisistas em um mundo mais amplo, onde o "outro" pós-colonial retorna para se fundir a centros ex-coloniais, trabalhando por meio de e com, por exemplo, a idealização e a defesa de "populações indígenas". Não é uma questão de abrir a cabeça para deixar os cérebros saírem, mas de abri-la para o que é "natural", por meio do ritual xamanista, *world music* ou atividade política em torno de questões de desenvolvimento que se tornaram mais importantes. Para retornar a algo que é natural, a *new age* encontra algo fixo em alguma relação alucinatória, sempre uma relação mediada com a natureza. O narcisismo é também reproduzido por meio da tela da

6. Cultura e natureza após a Ilustração

televisão e do computador, de modo que "o grupo conectado ao vídeo também é unicamente seu próprio terminal. Ele se registra a si mesmo, regula-se a si mesmo e se auto-administra eletronicamente. A auto-ignição, a auto-sedução" (Baudrillard, citado em Kellner, 1989, p. 148).

Linha direta do naturismo com o que ele quer   Enquanto as fantasias narcisistas sobre a cultura vestida, as quais se fazem crivadas de sentidos psicanalíticos de *self*, e outras, podem ser esperadas para infundir o modo como naturistas falam do corpo e da natureza, o discurso naturista na verdade se põe teimosamente contra isso. Um folheto da CCBN divulga um conselho de um panfleto naturista americano "Ousar ficar nu", trazendo a seguinte caracterização da infância:

> Não se preocupem com seus filhos, eles gostam de nós, nasceram nus e para eles não há nada melhor do que brincar peladinhos com seus amigos. Só quando ficam mais velhos é que aprendem sobre atitudes sociais e então terão aprendido a aceitar o corpo humano sem os pruridos alimentados pelas crianças não-naturistas.
> (CCBN)

Quanto a isso, então, o naturismo deve ser visto como uma posição *contrária*, e em parte definida contra noções psicanalíticas de infância. Para começar, o discurso psicanalítico não vê as brincadeiras infantis como "inocentes", e a aceitação do corpo no naturismo promete um retorno imediato à natureza. À medida que o naturismo participa da cultura psicanalítica contemporânea – seja na cultura do narcisismo (Lasch, 1978) ou em um êxtase hiper-real de comunicação (Baudrillard, 1983b) – ele o faz *recusando* a categoria do narcisismo.

A ausência de concepções psicanalíticas de uma relação narcisística com o corpo no naturismo também suscita algumas questões sobre a circulação de formas do *self* no discurso no âmbito da cultura ocidental. Existem amplas diferenças entre os naturistas e os adeptos da *new age*, as quais são veiculadas pelos objetos do discurso psicanalítico. Existem diferenças entre a América do Norte e partes da Europa continental, por um lado, como locais onde a psicanálise conhecera uma implantação de fôlego e de profundo enraizamento no imaginário popular, e o clima e trabalho social higienista anti-erótico na Grã-Bretanha, por outro, bem onde o senso comum mais rasteiro tende a recusar a conversa sobre sensualidade e repressão. Textos naturistas explorados neste capítulo receberam um tom de "prata da casa" para um tratamento pelos conceitos psicanalíticos.

Há também importantes diferenças de classe na percolação de idéias psicanalíticas. Não raro se argumenta que um vocabulário psicanalítico para o auto-entendimento é um dos códigos elaborados peculiares da classe média (Gellner, 1985), e é isso que os psicoterapeutas procuram quando avaliam se alguém tem suficiente "orientação psicológica" para se beneficiar de uma cura pela fala (Coltart, 1988). O caráter de classe do discurso psicanalítico pode ser significativo quando estamos tentando abordar por que o naturismo não parece ter assumido noções psicodinâmicas na medida mesma das redes *new age*. Parece ser o caso de que o movimento naturista, ao menos no Reino Unido, é composto da classe trabalhadora ou de homens e mulheres da classe média-baixa, enquanto um olhar de relance a qualquer brochura envernizada revelará que o movimento *new age* é amplamente de classe média, e que os locutores do evento anual "Festival of Mind, Body and Spirit" incluem uma boa amostragem de representantes da "fauna" do movimento.

PSICANÁLISE E PÓS-MODERNIDADE

A relação entre a psicanálise e a pós-modernidade tem sido explorada de dois modos principais; ou pelo uso da psicanálise como moderno sistema da Ilustração de pensamento para se compreender desenvolvimentos nessa cultura pós-moderna, os quais são formas que reproduzem a patologia narcisista, ou por meio do uso de idéias pós-modernas para reelaborar a psicanálise para torná-la compatível com o estado modificado de coisas. Esse uso da psicanálise com base na tradição de relações de objeto para se compreender a pós-moder-

6. Cultura e natureza após a Ilustração

nidade incluiu Young (1989), escrevendo de sua perspectiva kleiniana, que a vê como "espoliativa e rancorosa", e Frosh (1989, 1991), que também se utiliza dos escritos de Bion e vê a mudança na própria cultura. Bom uso também tem sido feito do trabalho quase kleiniano de Fairbairn visando a exploração de mecanismos esquizóides e de fantasias narcisistas no capitalismo contemporâneo (Richards, 1984b), e de noções winnicottianas de espelhamento e de zonas transicionais (Finlay, 1989).

Algo da *dialética* da ilustração na condição pós-moderna é mantido em descrições de Frosh (1991) sobre a cultura contemporânea como um tempo de fluidez e turbulência, e de contradições difíceis que devem ser vistas como abrindo oportunidades e também posicionando ameaças. O aspecto positivo é o de que existem sempre sentidos mais profundos a ser descobertos, e a teoria kleiniana é vista como capaz de responder à sensação de ameaça e incompreensão que a modernidade e em seguida a pós-modernidade produziram por teorizar a ameaça como estando no interior do *self*. Os sentimentos de ameaça são os sentimentos destrutivos (instinto de morte, posição paranóide-esquizóide, inveja) que podem ser sobrepujadas por meio de reparos. Os pós-modernistas são perigosos porque incentivam as pessoas a seguir no curso de um ponto final extremo as opções que o modernismo inaugura, mas que os modernistas sempre utilizaram cuidadosa e criticamente, correndo o risco de romancear a psicose como escapatória do social. Baudrillard, é claro, representa o ponto terminal desse argumento, e ele se mostra satisfeito em celebrar tudo o que amedrontava os velhos modernos ilustrados. Ostensivamente, formas "pós-modernas" de psicanálise desprezam a possibilidade de mudar coisas para melhor e, tal como Chasseguet-Smirgel, tendem a descrever a atividade política como sintomática da psicopatologia.

A *new age* tenta escapar à modernidade e encontra alguma coisa de valor nas torções psicanalíticas sobre narcisismo, fetichismo e sedução que Baudrillard descreve tão bem, enquanto o naturismo tenta evitar a modernidade e retornar a algo pré-psicanalítico. São duas reações contraditórias completamente diferentes à moderna cultura da Ilustração, cada qual falhando em atacar as características contraditórias daquela cultura e a necessidade de um envolvimento dialético com ela. A tradição da Escola de Frankfurt ainda se atém à agenda do compromisso dialético, com um enfoque hoje voltado para o trabalho de Axel Honneth (1994, 1995), sucessor de Habermas na terceira geração da Escola, e uma ênfase no "reconhecimento" descrito por Hegel como razão para identidade e verdade (Alexander e Lara, 1996). Honneth recorre a teorias de relações de objeto para relacionar Hegel à psicanálise, movimento esse que também tem sido feito por algumas autoras feministas (por exemplo, Benjamin, 1984, 1988).

Enquanto esses elos são forjados para manter uma abordagem progressiva crítica da sociedade e da subjetividade contra os pós-modernistas, elos semelhantes têm sido realizados durante muitos anos na psicanálise francesa. O psicanalista que proporciona uma abordagem mais congenial à condição pós-moderna e produz uma abordagem com ênfase no papel do narcisismo como aspecto inescapável do desenvolvimento humano, além de proporcionar um ponto de contato conceitual entre as tradições alemã e francesa da teoria social psicanalítica, particularmente em seu uso de Hegel, é Jacques Lacan. Este livro não toma nem a psicanálise nem a pós-modernidade como ponto de partida, mas tem seu enfoque nas formas de discurso e prática que urdem essas coisas como locais para a subjetividade contemporânea. A seguir, na terceira parte do livro, examinaremos o modo como a subjetividade lacaniana se deixa urdir no tecido moderno (e pós-moderno).

Terceira Parte

PÓS-TEORIAS: A SUBJETIVIDADE E O SOCIAL

> *Europeus necessitam de explicações fáceis; opta-*
> *rão sempre por uma mentira simples em detrimento*
> *de uma verdade contraditória.*
> Peter Hoeg ([1992]1993, p. 300) Miss Smilla's Fee-
> ling for Snow

A teoria psicanalítica nas tradições lacania-
na e pós-lacaniana é marcada por confusões e mal-entendidos, e isso
por pelo menos três razões.

Em primeiro lugar, em parte porque a leitura de Freud por Lacan
(1977, 1979) não é, como ele defende, um "retorno a Freud", mas uma
representação da teórica da psicanálise que traz noções de lingüística estrutural e de fenomenologia como contribuição aos primeiros
escritos de Freud. A versão das relações de objeto do discurso psicanalítico debatido na Primeira Parte deste livro parte dos últimos
escritos de Freud, e a versão da Escola de Frankfurt discutida na
Segunda Parte teve suas raízes muito mais nas obras de seu período
intermediário. Aí se tem já um paradoxo, típico na teoria lacaniana,
que é a versão mais vanguardista que a psicanálise assumiu desde as
primeiras abordagens do inconsciente de Freud (1990), e alguns pós-
lacanianos hoje vêem Freud como incorrendo em erro após essas primeiras abordagens (Laplanche, 1996). Em segundo lugar, confusão e
mal-entendido têm sido exacerbados pelas traduções elípticas e eli-
tistas e pelas explicações de Lacan na língua inglesa datadas do início
da década de 1970. Uma versão do discurso lacaniano então veio a

ser importada, constituída por considerações sobre cinema, literatura e cultura, bem como o argumento de que ela poderia ser reduzida a malabarismos complicados de significadores e significantes (Coward e Ellis, 1977; Lemaire, 1977). Isso não só serviu para obscurecer o que havia de mais freudiano sobre essa versão do discurso psicanalítico, mas também pareceu divertir-se em seu estatuto como teoria elevada que tem necessariamente de ser esotérica e apartada da prática clínica. Um paradoxo marca a recepção dessa versão da teoria freudiana, qual seja, o de que a psicanálise lacaniana e a pós-lacaniana, tão difícil de ser compreendida no mundo de língua inglesa, é na verdade a mais globalmente disseminada como prática clínica, e – sumamente organizada no campo freudiano – predomina nas culturas de língua francesa, portuguesa e espanhola (Roudinesco, 1990).

A terceira razão pela qual a teoria lacaniana é marcada por confusão e mal-entendido está em ela se destinar a perturbar e desenredar a idéia de que é possível ter certo conhecimento do *self* como um centro não-dividido ou de construir um modelo seguro de sociedade ou cultura que os *selves* individuais pudessem observar, mapear e neles circular. Noções lacanianas de subjetividade e o social vêem esses dois lados da equação – a subjetividade e o social, o dentro e o fora, o sujeito inconsciente e a linguagem – como interconectados, à medida que cada qual constitui o outro e o faz parecer como se fossem coisas separadas. Foi sempre um erro ver Lacan como "estruturalista" ou mesmo como "pós-estruturalista", mas os discursos psicanalíticos lacaniano e pós-lacaniano efetivamente funcionam hoje na problemática mais ampla de escritos pós-modernos. A mutação lacaniana do discurso psicanalítico que circula em respostas pós-modernas a crises político-culturais do capitalismo tardio alimentam certos tipos de espaços de fantasia e posições de sujeito. Esse discurso psicanalítico reforça e reproduz formas de espaço social e de subjetividade que são incertas, ansiosas e diametralmente contraditórias.

A estrutura da experiência humana e a segunda natureza que ata indivíduos a estruturas sociais são vistas por teóricos lacanianos como propriedades discursivas que são também *materiais*. A linguagem que temos de falar para entrar na ordem simbólica que estrutura a cultura e define qual natureza humana acreditamos possuir também entra

Terceira Parte: Pós-teorias: A subjetividade e o social

em nós, e nos enfeitiça a cada momento que promete fornecer acesso direto a realidades e relações. A linguagem nos fornece meios para articular nossos desejos, mas também ao mesmo tempo transforma a experiência em algo simbolicamente mediado e separado do que se supõe que pode ser expresso, e que se esvanece no inconsciente como um espaço de fantasia constituído naquele momento mesmo. O capítulo 7 descreve como essas operações discursivas formam o inconsciente e como o uso, por Lacan, de uma lingüística estrutural vem a ser uma metáfora para essa cisão fenomenológica. Então nos voltamos para as variedades do espaço pós-moderno na realidade virtual que provoca esse cindir fenomenológico, e em como novas formas de "ciberpsicologia" constituem um sujeito lacaniano em certas práticas discursivas. Essas práticas discursivas que estruturam espaços pós-modernos são locais na cultura contemporânea em que mutações lacanianas de teoria psicanalítica circulam e produzem posições de sujeito marcadas por noções distintas de memória e de ansiedades sobre a realidade.

A teoria lacaniana chegou a sustentar a promessa, para alguns marxistas, de desenvolver uma abordagem superior de ideologia, e dos modos em que os sujeitos eram "interpelados" em posições no simbólico (Althusser, 1970). A representação errônea do *self* como uma espécie de "centro" que poderia operar independentemente do contexto social é, para Lacan, preparada pela primeira relação imaginária com a mãe orientada pela demanda por alimento, calor e contato sensual, e por um reconhecimento de si mesmo em uma relação especular com ela, a qual na verdade vem a ser um "desreconhecimento" de si como unitário. O que se parece à percepção mais direta e aproblemática, e à representação de si mesmo e de outros, então, revela-se como a mais completamente errônea. Essa abordagem lacaniana tem seu valor para atrair a atenção para o modo como a ideologia opera por meio da mediação, mas também conduz à conclusão pessimista de que para alguns autores é impossível fugir à ideologia produzindo-se uma representação melhor e com isso, talvez, nossa única escapatória fosse encetando um movimento para fora da representação. No capítulo 8, veremos como essa narrativa lacaniana seguiu seu curso com o trabalho de Julia Kristeva. Há sempre uma contraparte para a ilusão de auto-suficiência que é a de que seria possível expressar demandas verdadeiras de alguém em outro lugar, e voltaremos aos modos como tentativas de escapar ao capitalismo em Esquemas de Comércio de Trocas Locais *[Local Exchange Trading Schemes]* falham em encontrar seu lugar e no modo como reproduzem certas formas de subjetividade estruturada pela tentativa desesperançada de escapar à representação.

A psicanálise gravita em torno da tentativa de transformar a teoria em ação, e a análise radical do indivíduo em práticas sociais em uma práxis que mudaria a cultura ao mesmo tempo em que transformaria o moderno *self*. A tradição lacaniana desconsidera a possibilidade de uma mudança política pessoal radical, e assim, em que pese seu ceticismo sobre o Real, ela ainda tenta apreender o modo como eventos históricos pessoais e políticos têm uma base material ao mesmo tempo em que são sempre mediados. Também aqui retornamos a um dos pontos de partida da teoria psicanalítica, e a tentativa de abordar o modo como eventos reais na infância, que eram sedutores e traumáticos, podem ser reapresentados e compreendidos. No capítulo 9, passaremos em revista o modo como o inconsciente lacaniano gravita em torno da possibilidade de verdade e do núcleo de mentiras que estruturam o sujeito. O espaço da fantasia do inconsciente e a idéia de que alguém possa encontrar a verdade ali funcionam como engodo que em geral evita a mudança, mais do que a catalisa. Isso, nós o exploramos por meio de uma consideração da teoria de Jean Laplanche (1989) da sedução geral, da abordagem de Jean-François Lyotard (1974) da banda libidinal e da leitura de Lacan por Slavoj Zizek (1989) sobre mecanismos de transferência. Cada autor chama a atenção para o modo como mecanismos lacanianos operam na cultura e o fazem como cenários para a produção de formas lacanianas de subjetividade. Variedades diferentes de discurso psicanalítico estruturam grande parte da psicoterapia como uma tecnologia do *self* em lugares privados e na esperança de que algo possa ser apanhado e reparado ou renovado, mas formas culturais pós-modernas levam o discurso psicanalítico lacaniano a domínio público, onde somos recrutados para posições subjetivas que frustram aquela tarefa. O discurso terapêutico funciona como um espaço na cultura moderna e pós-moderna, onde o sujeito é encontrado, aberto, desemaranhado e perdido.

7
ORDENS SIMBÓLICAS, SUJEITOS E CIBERESPAÇO

Cada ruptura histórica, cada advento de um novo significante-mestre muda retroativamente o sentido de toda a tradição, reestrutura a narrativa do passado, torna-a passível de ser lida em um modo outro e novo... no sintoma, o conteúdo reprimido está retornando do futuro, e não do passado.
Slavoj Zizek (1989, p. 56) The Sublime Object of Ideology

Jacques Lacan teve uma formação como psiquiatra na década de 1920 e como psicanalista na de 1930. Acabou sendo expulso da International Psychoanalytical Association em 1963 (com queixas contra ele dirigidas no tocante a sua prática de duração variável das sessões psicanalíticas, a sua declarada hostilidade à psicologia do ego americana e a seu comportamento autoritário). Estabeleceu seu próprio grupo, que ele periodicamente extinguia e retomou até sua morte, em 1981. A liderança do movimento lacaniano então passou a Jacques-Alain Miller, seu genro (Roudinesco, 1990). Existem três componentes cruciais na obra de Lacan (J. A. Miller, 1985): a lingüística estrutural fundada por Saussure (1974); o Sujeito como categoria filosófica desenvolvida a partir de uma versão da fenomenologia de Hegel (1807); e a "fase do espelho" 'derivada do estudo empírico de crianças. Esse terceiro elemento, que conecta a abordagem lacaniana do espelhamento e do desreconhecimento a noções do desenvolvimento da criança e do narcisismo alinhadas à corrente dominante da psicanálise, será discutido no capítulo 8. Os primeiros dois elementos – estruturalismo e fenomenologia – redimensionam o modo como o discurso psicanalítico opera, e os tipos de espaço que se encontram abertos para o sujeito que fala em seu âmbito. Juntos, constroem um universo dualista de epistemologia e ontologia (de conhecimento e de ser) em que a lingüística estrutural delimita o sistema alienante de signos no qual temos de atar e perder a nós mesmos, e a fenomenologia define a atividade do sujeito em busca de reconhecimento de outros à medida que tentamos utilizar e quebrar o sistema.

Este capítulo passa em breve revista o uso por Lacan da lingüística estrutural e da parafernália teórica de significadores e significados que o fazem parecer, a muitos seguidores de língua inglesa da década de 1970 e início da de 1980, como se essa fosse simplesmente uma psicanálise "estruturalista" prescrita pela fórmula "Freud + Saussure = Lacan" (por exemplo, Bird, 1982). O estruturalismo ajuda-nos a captar algo da natureza da ordem simbólica como sistema de signos que a tudo abrange e inclui a linguagem que, conforme aprendemos, é reconhecida como humana e que governa identidades sociais em versões culturalmente específicas do princípio de realidade. Então nos voltamos para a teoria do sujeito de Lacan, a qual se utiliza de noções da leitura de Kojève (1969) da fenomenologia hegeliana, pois é essa tradição que fornecia a Lacan uma fórmula de desejo como sendo o desejo do outro (Dews, 1987; Macey, 1995). A fenomenologia gravita em torno da tentativa de captar os modos pelos quais tentamos compreender o horizonte do sentido que nos faz ser quem somos, e origina uma abordagem da experiência que é verdadeira para o mundo interno, mas também formado em relação a outros. Essas duas tradições teóricas concorrentes fornecem o cenário para o "retorno a Freud" por Lacan e para o reencontro da abordagem, por Freud, de memória como *Nachträglichkeit*, ou "ação deferida", na qual o entendimento presente faz o passado vir a ser. Estruturalismo e fenomenologia, e o surrealismo que Lacan encontrou na década de 1930, distorcem representações da realidade e a ilusão de que seria possível observar ou tocar a realidade diretamente. Em escritos de Lacan, o Real funciona como um local impossível de certeza e se encontra em relação com outros, em algum lugar onde ten-

7. Ordens simbólicas, sujeitos e ciberespaço

tamos encontrar pontos de referência seguros, só para constatar que estão faltando.

Será, então, o caso de se perguntar que tipos de cenários dariam sentido às especificações lacanianas de subjetividade. E é aí que o caráter "pós-moderno" da mutação a que Lacan submeteu Freud se torna aparente, ainda que o próprio Lacan de modo algum fosse um pós-modernista. A idéia de que estamos sob a égide de uma era pós-modernista, e de que todas as reivindicações à verdade, à integridade pessoal, ao progresso e ao entendimento racional ora estejam se dissolvendo pôs em jogo uma série de celebrações e ansiedades quanto à natureza e à evaporação de linguagem e realidade (conforme vimos no capítulo 6). No processo, algumas das especulações sobre a relação entre tecnologia e humanidade em escritos de ficção científica na última metade do século adentraram a linguagem e o mundo da vida de sujeitos pós-modernos (Bukatman, 1993; Broderick, 1995). Os futuros descortinados por textos de ficção científica lançam nova luz sobre o que nos tornamos. Novas formas de experiência e relações sociais são criadas em ficção científica, e essas novas formas oferecem pontos de vantagem distintos, diferentes vestimentas de posições de sujeito a partir das quais o presente pode ser visualizado. E, à medida que o passado é reinterpretado pelos novos "significantes-mestres", nesses textos o que tomamos como realidade em tecnologia e natureza começa a se esfacelar. Não raro isso chega ao ponto em que não se mostra com clareza qual realidade será a correta na miríade de realidades alternativas que são descritas.

A realidade virtual na ficção científica, e então no espaço pós-moderno eletronicamente mediado nos dias que correm também proporciona à cultura contemporânea uma arena para a representação e a experiência de algo muito diferente do tipo da psicologia moderna até aqui demandada pelo mundo "real" (Macauley e Gordo-López, 1995). Os textos que fluem através da ficção científica, e através do *hardware* discursivo de tecnologia de informação e de realidade virtual encontram-se infundidos de teoria psicanalítica. Esses textos – em novelas, filmes, televisão e em *software* – têm sido escritos e reescritos em uma cultura psicanalítica, e os que lhes falam e vivem em seu escopo tornam-se então, em um ou outro grau, sujeitos psicanalíticos.

Contudo, as formas de discurso psicanalítico, e assim também a subjetividade, reproduzidas nesses textos, encontram-se tão próximas quanto se pode chegar da psicologia pós-moderna, armazenando no ser um novo fluido e uma "ciberpsicologia" eletronicamente dispersa, circunscrita e dependente do *software* (Gordo-López e Parker, em breve). Representações de realidade virtual e do *self* online evocam e reproduzem formas de subjetividade estruturadas em linha com mutações pós-modernas da psicanálise que circulam em textos lacanianos. Passaremos a explorar essa formas de subjetividade e ansiedades sobre linguagem, memória e realidade na segunda metade deste capítulo. Mas antes, retornemos às mutações lacanianas "pós-modernas" da psicanálise.

A LINGÜÍSTICA DE LACAN

É claro que a linguagem tem sempre sido crucial para a psicanálise (Forrester, 1980). A psicanálise tradicional vê o inconsciente como ser "fora" da linguagem e "anterior" a ela, e a capacidade humana para a criatividade, para a imaginação e para fantasia é o que torna possível o uso da linguagem (Freud, 1915c). Essa idéia por vezes se expressa no slogan segundo o qual "o inconsciente é a condição para a linguagem". Lacan inverte o sentido desse argumento, defendendo que "linguagem" – compreendida em seu sentido mais amplo para incluir todos os sistemas de signos, sejam eles verbais ou visuais, comportamentais ou táteis – é necessária não só para a comunicação, mas também para o emergir da subjetividade consciente e de um "inconsciente" outro em relação à consciência: "o momento em que o desejo se torna humano é também aquele em que a criança nasce para a linguagem" (Lacan, 1977, p. 103). Para Lacan, então, o inconsciente não existe antes da linguagem, mas é dela um efeito tanto quanto o é a consciência, e desse modo precisamos voltar-nos para aquele *slogan* freudiano tradicional, versando sobre ler "a linguagem como condição para o inconsciente" (cf. Archard, 1984).

7. Ordens simbólicas, sujeitos e ciberespaço

Há uma complicação adicional, a de que o inconsciente não é, de acordo com Lacan, empurrado "para fora" da linguagem quando extraído do consciente, muito mais estando atrelado à estrutura da linguagem. Lacan argumenta que "o inconsciente é estruturado como uma linguagem" (1979, p. 20) ou que ele é "articulado como um discurso" (1977, p. 193), e isso porque o processo de aprender uma linguagem envolve um duplo movimento; a criança adentra a linguagem e se torna capaz de desfrutar da consciência que entretece para ela, e a linguagem adentra a criança para dar aquele efeito de consciência, mas também para levar a criança ao incompreensível, ao não-dito, a sentidos latentes que fluem através de uma cultura. A linguagem cinde-se entre o que pode e o que não pode ser dito, e desse modo a criança falante é cindida entre o de que tem consciência e o que é lançado em "outro lugar", o inconsciente. A linguagem, que pertence à população geral de "outros" em sociedade, condiciona e nessa medida estrutura o inconsciente, e assim, mesmo quando se funde à história pessoal idiossincrática da criança, "o inconsciente é o discurso do Outro" (Ibid.).

Referências a teorias específicas da lingüística aparecem bem tardiamente na obra de Lacan, com as primeiras referências a Roman Jakobson e à "lingüística estrutural" na década de 1950 e, anos depois, a Ferdinand de Saussure (Macey, 1988). Saussure (1974, p. 16) argumentou que "uma ciência que estuda a vida de signos no âmbito da sociedade é concebível; seria parte da psicologia social e, conseqüentemente, da psicologia geral; devo chamá-la semiologia". Essa ciência de signos estava para ser realizada no período do alto estruturalismo na França e a partir daí em outros lugares nas décadas de 1950 e 1960, com Saussure celebrado como pai fundador de uma abordagem que se dissemina pela antropologia, pela filosofia e pela teoria política (Pettit, 1975; Hawkes, 1977). Saussure, que na verdade usou o termo "sistema" em vez de "estrutura", estabelece quatro distinções principais – língua-palavra, diacrônico, sincrônico, significador-significado, paradigmático-sintagmático – como a base para essa nova ciência, e podemos ver como cada um desses redefine a psicanálise no assumir lacaniano do estruturalismo.

Língua e palavra

Saussure recorre a uma distinção entre o sistema simbólico geral, que ele referiu como "langue" (que traduz como "linguagem"), e as manifestações daquele sistema nos enunciados de membros individuais de uma comunidade de linguagem que ele chamou "parole" (ou "fala"). Não é possível compreender "sentidos" que sejam inerentes a uma cultura lançando um olhar às idiossincrasias da palavra [parole], pois os sentidos são dados pelo sistema compartilhado de relações a que indivíduos recorrem para fazer sentido um ao outro. A tarefa da lingüística estrutural, então, é reconstruir a língua [langue]. Isso conduz antropólogos estruturalistas como Claude Lévi-Strauss (1958) a se apoderar de idéias de Saussure e a tomar como objeto de estudo o sistema de regras e relações em uma cultura que funciona independentemente da intenção individual, e que condiciona o modo como um indivíduo dará sentido a seu comportamento.

Lacan estava para ver a lingüística estrutural como uma torção adicional no "descentramento" do ser humano; Copérnico havia argumentado que os planetas não gravitam em torno da terra, Darwin derrubara o ser humano do pedestal a que estava alçado em relação ao restante do reino animal, e Freud mostrara que cada consciência individual não era senão parte de processos de pensamento inconsciente. A descrição de sentido por Saussure como sendo uma função de um sistema de linguagem do qual não podemos estar completamente conscientes, para Lacan, seguia de par com a psicanálise. A lingüística de Saussure "cujo modelo é a operação combinatória", é algo que está "funcionando espontaneamente, por si mesmo, de um modo pré-subjetivo", e "é essa estrutura lingüística que confere seu estatuto ao inconsciente. É essa estrutura, em todo o caso, que nos garante o existir, sob o termo inconsciente, algo definível, acessível e objetificável" (Lacan, 1979, p. 20, 21).

Essa psicanálise, então, é também uma alternativa ao humanismo, e opera como parte do terreno de "anti-humanismo" teórico no pensamento estruturalista e pós-estruturalista (Homer, no prelo):

7. Ordens simbólicas, sujeitos e ciberespaço 295

Símbolos na verdade envolvem a vida do homem [sic] em uma rede de maneira total... a ponto de emprestar as palavras que os farão fiéis ou renegados, a lei dos atos que o seguirão no lugar mesmo em que ele ainda não está e até para além de sua morte. (Lacan, 1977, p. 68)

Diacrônico e sincrônico

A lingüística tradicional esteve focada na produção histórica de sentidos, como um estudo "diacrônico" do modo como um termo se modifica com o tempo. Contudo, como observou Saussure, isso na verdade não nos ajuda a compreender o real significado do termo para nós nos dias atuais. O que precisamos fazer, então, é mudar para um estudo "sincrônico" de linguagem que atente para o modo como o termo funciona como parte de um sistema completo e realmente existente. Esse sistema, pois, redefine o modo como compreenderemos o "passado", e o sentido que havemos de tirar dos vários significados que até agora têm sido atrelados a um termo.

Poder-se-ia argumentar que a psicanálise jamais se preocupou com uma reconstrução acurada do passado, e que o processo de vir a compreender o sentido de eventos passados implica em adequá-los ao lugar, ao sistema de sentidos que estrutura o mundo da vida interior ao paciente. Freud freqüentes vezes procurou fazer os sentidos remontarem à infância, e nessa medida sua abordagem foi mais diacrônica do que sincrônica. O passo de Lacan, no entanto, é insistir que mesmo tal esforço ostensivamente diacrônico é atribuído com base no sistema de sentidos que o paciente lhe tem disponível como adulto. Sentidos que estão indisponíveis para o paciente não lhe estão vedados à revelia da vida dos dias atuais, e embora haja um processo de recalque necessitando ser rastreado para se compreender por que certas coisas são difíceis de pensar, essas coisas têm significado porque são "memórias" que funcionam para nós de certos modos neste momento, e que passarão a funcionar de outro modo na medida do prosseguimento da análise. A memória elabora um processo de *Nachträglichkeit* ou "ação deferida", e Lacan descreve o processo de análise da seguinte forma:

Identifico a mim mesmo na linguagem, não só por perder a mim mesmo como objeto. O que se realiza em minha história não é o passado perfeito do que era, uma vez que não é mais, ou mesmo o presente do indicativo do que tem sido no que sou, mas o futuro do pretérito do que devo ter sido pelo que sou no processo de me tornar.

(Lacan, 1977, p. 86)

Significador e significado

Para Saussure, o sistema ("língua" em cada momento "sincrônico") é feito de signos, e cada signo compreende um "significador", que é a imagem ou inscrição perfeita, e um "significado", que é o conceito atrelado a ela (Saussure não está preocupado aqui com o referente, que é a coisa a que o conceito corresponde no mundo). Pessoas diferentes podem ter significados diferentes idiossincráticos atrelados ao significador, e isso torna um estudo da rede geral de termos (significadores) ainda mais importante se o sentido (significado) de qualquer termo particular deve ser compreendido. A relação entre o significador e significado em um signo é, diz Saussure, como os dois lados de uma folha de papel, porém, ele argumenta que essa relação é arbitrária. Não há razão pela qual qualquer imagem sonora particular (o mundo que você ouve quando eu falo) deva estar conectado a um conceito (aquele que você pensa quando me ouve). Saussure argumenta que, no decorrer do tempo, e ele aqui está se referindo a longos períodos históricos, o desenvolvimento da linguagem pode envolver uma mudança na relação entre significador e significado, de tal modo que o significado (conceito) pode "deslizar" sob os significadores para ser atrelado a novos significantes (sons). Tal deslizar também, é claro, mudará o sistema geral de signos, e com isso o sentido de signos particulares.

Aqui é possível fazer uma conexão com a distinção de Freud (1915c) entre o consciente e o inconsciente como compreendendo "apresentações de palavras" e "apresentações de coisas", respectivamente. Esse mapear de conceitos a partir da lingüística estrutural em conceitos psicanalíticos serve para enfatizar o modo como conceitos ("apresentações de coisas" de Freud) estão atrelados a inscrições ("apresentações de palavras") como os dois aspectos dos signos que constituem a linguagem. Sentidos inconscientes, então, atam-se à linguagem como uma espécie de face inferior da rede de sentidos conscientes; estão colados à estrutura de linguagem, muito mais do que estão "fora" dela. Lacan leva ainda mais longe esse mapeamento conceitual para argumentar que o "deslizar" de significados sob significadores é um processo que ocorre continuamente no curso da vida de um sujeito falante, geralmente com o efeito de ambigüidade e incerteza de sentido para falantes, e por vezes como um processo de repressão. Contudo, Lacan argumenta que o inconsciente também consiste de significantes em vez de significados, e que a repressão ocorre por meio de significadores resvalando "sob" a rede de significadores, como se no âmbito de significados. Para Lacan, então, o significador não se refere a um significado, mas a *outro significador* (e esse movimento "lateral" de significador para significador em vez de para algo mais pleno de sentido também faz sua forma de psicanálise mais congênita a pós-modernistas). Isso significa que nossa experiência de subjetividade, mediante os muitos outros significadores atrelados ao significador "eu" está continuamente se modificando, e somos incapazes de encontrar um lugar de repouso estável onde saibamos o que queremos dizer quando nos referimos a nós mesmos: "o sujeito é sempre uma coisa evanescente que incide sob a cadeia de significadores" (Lacan, 1973, p. 194). Um sentido de *"self"* depende então da organização da linguagem, e o "eu" aponta para um conceito que não está realmente ali e, desse modo, argumenta Lacan (1977, p. 89), o "ego" é formado de um núcleo verbal... dependente do significador".

Paradigmático e sintagmático

Para Saussure, os termos na linguagem só podem ser definidos mediante sua relação com outros termos. Não há sentidos reais, definíveis sem essa diferenciação, e desse modo o sentido é uma função das diferenças no sistema: "na linguagem só há diferenças sem termos positivos" (Saussure, 1974, p. 120). Essas diferenças estruturam-se em duas dimensões ao longo dos eixos "paradigmático" e "sintagmático". O eixo paradigmático especifica a série de termos que pode ser substituída em qualquer ponto em uma seqüência gramatical. Por exemplo, na frase "o gato está sentado no tapete", o termo "gato" pode ser substituído por "cachorro" ou "bebê", "está sentado" poderia ser substituído por "está" ou "cavouca o", e "tapete" poderia ser substituído por "cadeira" ou chão", dentre os muitos diferentes termos disponíveis. O sentido gramatical de uma frase não seria modificado, já o sentido, sim. O eixo sintagmático organiza as diferentes combinações com termos de posição em várias relações entre si. Em um cardápio, por exemplo, "sopa, prato principal e doce" define relações dentro das quais diversas substituições paradigmáticas podem ser feitas, mas o eixo sintagmático estaria especificando a necessidade de uma seqüência no ingerir dos alimentos.

A concepção de linguagem reforça o anti-humanismo da abordagem estruturalista, já que as pessoas não produzem o sentido novamente a cada vez que falam. Em vez disso, é o sentido que produz em nós tal como se estivéssemos inscritos nos eixos paradigmáticos e sintagmáticos que dispõem o modo como podemos ordenar nossas vidas e que coisas alternativas podemos fazer a cada momento. Como Lacan o coloca, "não sou um poeta, mas um poema. Um poema que está sendo escrito, ainda que se pareça a um sujeito" (Lacan, 1979, viii). As conseqüências da distinção de Saussure entre os eixos paradigmáticos e sintagmáticos de substituição e combinação para a psicanálise lacaniana ficam mais claras se atentarmos para o modo como correspondem à abordagem dada por Jakobson.

Jakobson, metáfora e metonímia

Lacan recorre ao trabalho de Jakobson (1975) sobre a afasia para conectar Saussure à psicanálise. A descrição clínica de Jakobson das duas dimensões da linguagem um pouco difere da de Saussure, mas para os propósitos de Lacan elas correspondem suficientemente bem, com a dimensão paradigmática aparecendo na abordagem de Jakobson como o "eixo de seleção" e a dimensão sintagmática como o "eixo de combinação".

7. Ordens simbólicas, sujeitos e ciberespaço   299

No eixo de seleção, este passível de ser pensado como um eixo vertical, podemos fazer itens de um tipo similar representar qualquer item particular, e Jakobson estava interessado no modo como uma categoria de sofrimento afásico padece de uma "desordem semelhante" na qual eles, os referidos itens, parecem incapazes de fazê-lo. Esses afásicos são incapazes de pensar em itens alternativos a partir desse eixo, e Jakobson demonstra que sua fala está intimamente atrelada ao contexto como uma conseqüência desse contexto; ele dá o exemplo de um paciente cometendo um ato falho ao comentar o nome de um objeto (uma caneta) na mão de um examinador (o que seria selecionar um termo para ele), mas em vez disso continua uma descrição desse objeto (dizendo, por exemplo, "escrever"). A fala do paciente é, então, "meramente reativa: ele facilmente entabula uma conversa, mas com dificuldades para iniciar um diálogo" (Jakobson, 1975, p. 77). Uma expressão crucial da dificuldade desse paciente está em ele ter perdido a capacidade de usar a metáfora, pois a metáfora atua junto ao eixo de seleção.

No eixo de combinação, por outro lado, somos capazes de ajustar termos em uma seqüência (que geralmente será uma seqüência gramatical) para realizar efeitos diferentes. Podemos pensar no eixo como um eixo horizontal, e aqui itens se mostram conectados uns aos outros por relações de contigüidade, pois é como se eles estivessem juntos um do outro ao longo daquela dimensão. O segundo grupo de afásicos, pela descrição de Jakobson, havia perdido a capacidade de reunir itens de modo significativo, sofrendo do que ele chamou "desordem de continuidade". O estilo de fala para esse grupo foi "telegráfico", e "quanto menos uma palavra depende gramaticalmente do contexto, mais forte é sua tenacidade na fala da afasia com uma desordem de contigüidade" (Ibid., p. 86). Para tais pacientes, isso, pois, dificulta a compreensão da relação entre palavras que costumam existir em combinação, sendo apreendidas tão-somente como palavras distintas e separadas (por exemplo, "graças", "ação" e "Ação de graças"). Uma expressão crucial de sua dificuldade está em sua perda da capacidade de usar a metonímia, já que a metonímia atua ao longo do eixo de combinação.

Lacan então conecta a elaboração por Jakobson dessas dimensões verticais e horizontais com a abordagem, por Freud (1900), dos sonhos. Em sonhos, dois aspectos de grande importância do trabalho de sonho (à parte as "considerações de representabilidade" e "revisão secundária") são "condensação" e "substituição". Lacan defende que condensação, como o pressionar juntas de diferentes idéias em uma imagem, é um processo de metáfora. A metáfora condensa idéias que não podem ser expressas em linguagem, e o desvio extra, então acrescentado por Lacan, está em asserir que a repressão é um processo metafórico em que um significador deslizou sob outros significadores, "o que fixa em um sintoma a significação inacessível para o sujeito consciente em que o sintoma pode ser resolvido – um sintoma sendo uma metáfora em que a carne ou função é tomada como elemento significante" (Lacan, 1977, p. 166). Em contrapartida, Lacan argumenta que o deslocamento, como a substituição de um termo por outro, é executado por um processo de metonímia. Assim como o inconsciente é formado, a metonímia fixa-se para então deslizar de uma experiência do primeiro objeto de amor ideal como algo "próximo" ao que é desejado, de modo que estamos "eternamente nos esticando para adiante, em direção ao *desejo de alguma outra coisa* – da metonímia" (Ibid., p. 167). Se a repressão e a sintomatologia são vistas como formas de metáfora, o desejo é uma forma de metonímia: "querendo ou não, o sintoma é uma metáfora, visto que *é* uma metonímia" (Ibid., p. 175). Portanto, o estruturalismo fornece uma linguagem para o "retorno a Freud" por Lacan, e um sentido de processos inconscientes como que enraizados no simbólico, mas para compreender como o sujeito de Lacan emerge em relação ao inconsciente como "o discurso do Outro", é o caso de nos voltarmos para a fenomenologia.

O SUJEITO DE LACAN

A categoria do "sujeito" não é a mesma que a do "self" ou a do "ego", e também não é, na psicanálise lacaniana, uma entidade discreta única. Lacan não descreve o que o sujeito *é*, mas recorre a numerosas tradições para mostrar aspectos de sua natureza e o modo como esta se expressa na linguagem, na memória e em tentativas de tocar o real. Lacan desenvolve uma interpretação do sujeito na abordagem

7. Ordens simbólicas, sujeitos e ciberespaço

de Freud, e recorre à fenomenologia como uma tradição alternativa, e também a noções surrealistas.

O tema de Freud

A passagem a seguir ocorre em *A interpretação dos sonhos*:

> os pensamentos oníricos a que somos conduzidos por interpretação não podem, a partir da natureza das coisas, ter quaisquer fins definidos; ele está fadado a se lançar em cada direção na rede intrincada de nosso mundo de pensamento. Em algum ponto onde esse intrincado é particularmente cerrado emerge o desejo do sonho, como um cogumelo emerge de um micélio.
> (Freud, 1900, p. 672)

Freud argumenta que o emaranhado de associações não pode ser esboçado para se chegar a uma interpretação definitiva, e até mesmo o lugar do sonhante, como uma espécie de centro imaginário do sonho, é posto em questão. Freud (Ibid., p. 662) também defende que "o que quer que interrompa o progresso do trabalho analítico é uma resistência", mas, embora algo esteja resistindo, Freud não está propondo que esse algo, que não entende e não quer entender, seja um agente consciente ou deliberado. Também para Lacan, seria um erro imaginar que o inconsciente contém uma espécie de homúnculo com suas próprias intenções. Em vez disso, ele se ocupa do modo como "o sujeito" é algo cindido entre a linguagem que eles têm de falar e os sentidos inconscientes recalcados que deles se evadem.

A cisão inicia-se com a separação que ocorre quando a criança concebe a si mesma como algo separado da mãe, mas como poderosamente conectado a, identificado ao primeiro objeto de amor. Mesmo esse primeiro sentido de si mesmo como algo separado é posicionado contra um fundo de fragmentação e desamparo (como veremos ao considerar a fase do espelho, no capítulo 8). Contudo, essa cisão é composta adicionalmente pela entrada na ordem simbólica, e mesmo o sentido de subjetividade que perpassa o micélio de significantes no inconsciente não deixará de encontrar sua forma no significante insuficiente "eu": "penso que não sou, razão pela qual estou onde não penso. Palavras que tornam sensível para um ouvido adequadamente sintonizado àquela ambigüidade elusiva, o anel de sentido foge de nossa apreensão ao longo do fio verbal" (Lacan, 1977, p. 166). Lacan não raro tem pruridos em não falar sobre *o que* pode ser recalcado e cindido e tentar encontrar voz como se houvesse uma coisa, e usa termos como "estar lá" ou "querer ser" para evocar algo da natureza processual do que é "ser" um ser humano. Em alguns aspectos, no entanto, a esperança de que uma "verdade" do sujeito possa ser expressa atrela-se, como em sua notável reelaboração da descrição por Freud (1033a, p. 112) dos objetivos da psicanálise como "onde o id estava, o ego deve estar. É o trabalho da cultura – de modo não dessemelhante ao dreno do Zuider Zee". A imagem do dreno do Zuider Zee nos conduz a uma trilha errada, isto é, à idéia de que o reino do ego civilizado deva ser estendido para suplantar o território do id não-civilizado. Parte do problema aqui está na tradução Standard Edition para o inglês, passível de ser corrigida fazendo-se observar que o "id" traduz o *Es* como sendo o alemão para "it" e "ego" traduz *Ich* como o alemão para "Eu". Lacan (1977, p. 128) também observa que "Freud não disse 'das Es', nem 'das Ich', como costumava fazer ao designar as agências", e argumenta que Freud em todo caso usou esses designadores "a fim de manter essa distinção fundamental entre o verdadeiro sujeito do inconsciente e o ego como constituídos em seu núcleo por uma série de identificações alienantes" (Ibid.). Somos conduzidos a uma tradução correta, que seria "onde se esteve, lá devo estar", e Lacan então leva isso ainda um passo adiante para argumentar que o objetivo da psicanálise não é substituir "it" por "eu", mas permitir que o "eu" venha a emergir de dentro do "it"; "tenho de chegar ao lugar onde aquilo estava" (Ibid., p. 171).

Lacan, então, opôs-se terminantemente ao trabalho dos "psicólogos do ego" americanos (por exemplo, Harmann, 1939), que assumiram que o objetivo da psicanálise foi o de fortalecer o ego por meio de um tipo de identificação com a saudável parte "livre de conflitos" do ego do analista. Lacan lutou para reencontrar uma abordagem do inconsciente como algo que toca e transforma cada aspecto da expe-

7. Ordens simbólicas, sujeitos e ciberespaço   303

riência, e como fonte de algo mais próximo à verdade do que um ego destinado a se adaptar ao princípio de realidade da cultura norte-americana:

> em um fato verdadeiro, essa dimensão do inconsciente que estou evocando havia sido esquecida, como Freud previra muito claramente. O inconsciente para sua mensagem graças aos ativos praticantes da ortopedia que se tornaram os analistas da segunda e terceira geração, ocupando-se em psicologizar a teoria analítica, acobertando essa lacuna. (Lacan, 1979, p. 23)

Para manter a lacuna aberta, Lacan recorreu à fenomenologia, e, até certo ponto, a seu envolvimento com os surrealistas.

Fenomenologia

Lacan foi um dos muitos intelectuais franceses presentes às conferências de Alexandre Kojève sobre Hegel em Paris, na década de 1930, e é a versão de Kojève (1969) da dialética hegeliana do reconhecimento e da consciência que funda o "retorno" lacaniano a Freud (Dews, 1987; Macey, 1995).

A dialética hegeliana reside em um conto de fadas antropológico para descrever as origens da consciência humana e uma reconstrução da fenomenologia da infância como algo que repete aquela narrativa no ocaso da consciência de cada indivíduo à medida que se tornam conscientes de si mesmos e dos outros. Para Kojève, essa é uma história sem fim e um tanto mais brutal do que a originalmente contada por Hegel (Riley, 1981). No início da história humana há uma batalha por reconhecimento, uma tentativa de obter reconhecimento do outro a fim de se tornar consciente. Tal reconhecimento é necessário para que uma subjetividade apareça, e, quando desejamos outra, é seu desejo por nós que desejamos. A busca de reconhecimento é uma batalha porque o vencedor será aquele a quem se garante a posição de estar sujeito ao desejo do outro, enquanto o outro que lhe dá desejo terá sido reduzido a um objeto, a um meio para um fim. Aquele outro que perdeu a batalha então, como Sartre (que também assistiu às palestras de Kojève) o coloca, "parece a mim e aparece para ele próprio como não-essencial. Ele é o *Escravo*, eu sou o *Mestre*; para ele eu sou essência" (Sartre, 1943, p. 237). Essa relação Mestre-Escravo é uma *dialética* porque o Escravo, é claro, de modo algum é "não-essencial", sendo, isto sim, absolutamente essencial à posição do Mestre. Uma consciência da dependência do Mestre em relação ao Escravo começa a se manifestar em cada um deles, de modo que há uma reversão de posições; o Escravo ganha reconhecimento do Mestre, e o Mestre que havia sido humilhado até ser um mero fornecedor de reconhecimento torna-se Escravo.

É possível então ler a relação com o primeiro outro na infância como uma batalha similar, mas uma batalha, em grande medida, mais incerta e desagradável do que a descrita pelo humanista Carl Rogers (1961), também ele influenciado pela abordagem de Hegel, mas viu o dar reconhecimento pelos pais como um processo necessário, ainda que benigno e recíproco. Hegel (1807) descreveu a dialética Mestre-Escravo como chegando a um tipo de síntese em que ambas as partes ganhariam, mas a apresentação de Kojève, apropriada por Lacan, viu tese e antítese como continuando a estruturar o desejo em um tipo de "ver-visto" da infância até a morte:

> o desejo do sujeito só pode ser confirmado em sua relação por meio da competição, por meio de uma absoluta rivalidade com o outro, em vista do objeto em direção ao qual se está direcionado. E, cada vez que chegamos perto, em um dado sujeito, a essa alienação primitiva, surge a agressão mais radical – o desejo pelo desaparecimento do outro na medida mesma em que ele apóia o desejo do sujeito.
> (Lacan, 1988, p. 170)

Podemos imaginar a narrativa desenvolvimental que a dialética pode esboçar. A dialética Mestre-Escravo volta a ser desempenhada na relação entre criança e mãe, onde a criança é um objeto e fonte de desejo para a mãe, e, assim sendo, onde a mãe deseja o desejo da criança. A dialética se reverte quando a criança se torna capaz de experimentar

7. Ordens simbólicas, sujeitos e ciberespaço

(a ilusão de) controle onipotente, e se torna o recipiente do desejo da mãe, da (que se imagina ser) atenção não-dividida. A criança assim se torna *um sujeito*, e a dialética incessantemente reverte para trás e para diante no desenvolver de relações entre criança e pai, até que o pai vem a assumir a posição de filho, talvez fisicamente dependente da prole (cf. Benjamin, 1988). Relacionamentos entre amantes podem também ser interpretados como "ver-visto" de dependência e onipotência, à medida que a relação desenvolve para cada um, enquanto o outro é desejoso do desejo de um outro, e à medida que os pares passam de posições de vulnerabilidade ao poder, em declarações de amor e ameaças de rejeição, em demandas por amor e no medo de ser rejeitado. A análise cultural lacaniana pode então levar isso ainda mais longe com enfoque na "contemplação", e a experiência de olhar para um outro (que é desejado, mas investido das fantasias de desejar o espectador como sujeito) e ser olhado (no que alguém é desejado, mas investido de fantasias que o reduzem a um objeto) (por exemplo, Mulvey, 1975; Rose, 1986).

Lacan (1979) então usa essa dialética para estabelecer distinções entre três níveis conceituais. Existe *necessidade*, que é biologicamente amarrada, instintual, e satisfeita por um objeto. Existe *demanda*, como um chamado para um outro por reconhecimento, chamado esse em que a expressão de necessidades desempenhará um papel na orientação de uma demanda por desejo. Tais demandas não podem ser satisfeitas, pois nunca se sabe sobre que base a demanda está sendo satisfeita. A criança não sabe, por exemplo, se a comida é fornecida com cautela ou com exasperação. E existe desejo, que emerge na lacuna entre necessidade e demanda, onde uma demanda é experimentada mesmo quando a necessidade orientadora tiver sido subtraída. Esse desejo é insaciável, e é metonímico em sua estrutura, visto que somos conduzidos pela tentativa desesperançada de encontrar o objeto "original" fantasiado, que na verdade jamais existiu como tal e é aquele que Lacan chama o "objeto pequeno a". Esse entrejogo de necessidade, demanda e desejo também provoca um giro impossível de volta ao recriar do objeto em fantasia e no encontrar do trauma que o fez desaparecer, e aqui de novo encontramos a noção do construir do passado na psicanálise lacaniana: "reordenar contingências passadas conferindo-lhes o sentido de necessidades que estão por vir, como as constituídas pela pequena

306 | Cultura Psicanalítica

liberdade por meio da qual o sujeito as torna presentes" (Lacan, 1977, p. 48). A percepção de que esse orientar para fazer algo real era impossível, e de que o real em si mesmo era mais e menos do que parecia é uma lição que Lacan aprendeu com os surrealistas.

Surrealismo

Os surrealistas fundaram o jornal *Littérature* em Paris, em 1919, e a primeira edição incluiu o trabalho de Philippe Soupault e André Breton sobre a escrita automática:

> nós de fato observamos que a mente, uma vez liberta de todas as pressões críticas e hábitos atrelados a escola, proporcionou imagens e não proposições lógicas; e que se adotamos o que o psiquiatra Pierre Janet chamou a prática da escrita automática, produzimos textos em que encontramos um "universo" ainda inexplorado.
> (citado em Roudinesco, 1990, p. 12)

Já havia então um profundo interesse por questões psiquiátricas e psicanalíticas no movimento surrealista, e a discussão de Freud (1920) sobre a pulsão de morte inspirou Breton e outros a investigar os elos entre sexo, morte e suicídio. Na época do "Manifesto Surrealista" de 1924, Breton poderia definir o surrealismo como "puro automatismo psíquico", pelo qual propomos expressar o real funcionamento do pensamento, verbalmente, na escrita, ou por quaisquer outros meios. Como ditação de pensamento, na ausência de qualquer controle exercido pela razão e independentemente de quaisquer preocupações estéticas ou morais (citado em Macey, 1988, p. 51). Lacan esteve próximo dos surrealistas no início da década de 1930, tendo contribuído para seus periódicos.

Os elos mais estreitos de Lacan foram com Salvador Dali, e eles debatiam o "método crítico paranóico" de Dali, que defendia ser a paranóia "pseudo-alucinatória" uma vez que, embora envolvesse uma representação ilusória de realidade, também se ancorava em uma tenta-

7. Ordens simbólicas, sujeitos e ciberespaço

tiva crítica de encontrar sentido. Esse método paranóico está presente em suas pinturas (com "Metamorfose de Narciso" sendo o exemplo mais conhecido) onde, explica ele,

> é por meio de um processo completamente paranóide que se faz possível obter uma dupla imagem, isto é, a representação de um objeto que (sem a mais leve distorção anatômica ou figurativa) é simultaneamente a representação de outro objeto, similarmente carente de qualquer deformação ou anormalidade que possa revelar qualquer disposição.
> (citado em Roudinesco, 1990, p. 100)

Um tema que perpassa o último trabalho de Lacan é o de que é nas ilusões de paranóia que o "verdadeiro sujeito" pode ser capaz de emergir, e tal paranóia tem suas raízes no narcisismo, uma experiência de amor e de cisão.

Lacan deixou sua marca junto aos surrealistas em sua tese de doutorado, de 1932, sobre a psicose. O caso discutido na tese foi o de Aimée, funcionária de estrada de ferro, 38 anos, que tentara assassinar uma conhecida atriz. O caso foi relatado, divulgado e então desapareceu. Lacan estava focalizando e efetivamente celebrando um motivo favorito para os surrealistas na década de 1930, no qual eles buscavam por manifestações de verdade irracional, natural, e tentaram descobri-la em "beleza convulsiva", e esse motivo aparece vez por outra nos escritos posteriores de Lacan (Mitchell e Rose, 1982). Tal "beleza convulsiva" devia ser encontrada em mulheres que se voltavam contra a sociedade e assassinavam seus funcionários. Uma série de casos chegou aos jornais franceses da época, e o tema da duplicação de identidade foi um frêmito adicionado no caso das irmãs Papin: "elas se arremessam nos corpos de suas vítimas, despedaçando-se em suas faces, expondo seus genitais, lacerando suas coxas e nádegas, e besuntando-as uma com o sangue da outra. Então elas lavam os instrumentos utilizados em seus ritos de atrocidades, limpam-se e vão dormir na mesma cama" (Lacan, citado em Macey, 1988, p. 69).

Lacan argumenta que Aimée foi tema de uma série de figuras de mulheres poderosas (a mais importante delas sendo sua irmã mais velha), e a construção de um poderoso ego ideal *[ego-ideal]* como símbolo de perfeição conduziu a um ideal (Ibid., p. 71). O diagnóstico de Lacan foi "paranóia de autopunição", e mais tarde ele desenvolveu o argumento de que cisão e duplicação do sujeito estão na base de todas as experiências humanas do *self*. Quando desejamos um desejo do outro, desejamos um outro modelado à imagem de nossos próprios *selves* (e veremos como essa noção aparece na abordagem por Lacan da fase do espelho no capítulo 8). Desse modo, na abordagem estruturalista da organização de linguagem e subjetividade e na descrição fenomenológica da dialética de reconhecimento e reconstrução do passado, Lacan move-se em preocupações surrealistas com alguma realidade verdadeira a um tempo irracional e impossível sob a superfície que tenta irromper em atos de desafio sensuais, assassinos e belos. A descrição por Lacan do simbólico, do sujeito e do surreal ressoou com movimentos de vanguarda na década de 1930 olhando-se para a natureza de base como um local de resistência, mas agora encontramos algo próximo da subjetividade lacaniana fabricada em tecnologia contemporânea.

SUBJETIVIDADE CYBERPUNK E ESPAÇO PÓS-MODERNO

Descrições lacanianas de subjetividade são eventualmente vistas como "pós-modernas" (por exemplo, Finlay, 1989), mas precisamos localizar a "condição pós-moderna e as novas formas de subjetividade que ela provoca em desenvolvimentos materiais na economia e na tecnologia. A verdade existente nas transformações culturais que Lyotard (1979) identificou reside no reestruturar econômico da indústria às portas de uma revolução tecnológica pós-guerra na Europa e na América, e em um período de "capitalismo tardio" (Jameson, 1984) em vez de, como alguns autores "pós-marxistas" desejaram com fervor, um novo "pós-capitalismo" (cf. Mandel, 1974). Na verdade, o sumário original para o estudo de Lyotard, a emergência de tecnologia de informação deve ainda estar no foco de autores desejosos de localizar fantasias pós-modernas em condições materiais. O inchaço do setor de serviços no primeiro mundo após a Segunda Guerra Mundial foi alavancado pela chegada de novas tecnologias engendradas pela cir-

7. Ordens simbólicas, sujeitos e ciberespaço

culação massificada de informações como entretenimento, e isso inclui a realidade virtual. A disseminação do correio eletrônico em instituições acadêmicas e simulações surreais de cenários de conflito em instituições acadêmicas são apenas duas expressões da emergência de novos espaços possibilitada por essas mudanças econômicas. A ciência da computação no capitalismo tardio nos dias de hoje tem criado as condições materiais para que os sujeitos se movimentem, interajam e pensem em novas variedades de espaço (Benedikt, 1991). A tecnologia da informação tem originado uma série de realidades alternativas que podem ser vividas pelos sujeitos humanos fora dos espaços fechados e cada vez mais restritos nas cidades do mundo industrializado (Makulowich, 1993).

Representações culturais de espaço pós-moderno inauguradas por novas tecnologias encontram-se disseminadas na ficção científica, e uma parcela considerável da população é capaz de experimentar a realidade virtual em substituição a filmes, à televisão e às novelas. Qualquer abordagem do apelo de tais representações precisa atentar para a circulação massificada da teoria psicanalítica e para a preparação de temas que então serão capazes de atuar na realidade virtual. O espaço pós-moderno não é, em última instância, um recém-nascido plenamente constituído com base na tecnologia da computação. Como uma variedade de espaço mental, ele só é capaz de receber sujeitos já escolados na cultura de vida da máquina e em realidades paralelas alternativas. Os habitantes desse espaço tecnológico encontram-se, em alguns sentidos, vivendo na ficção científica.

Em ficção científica projetamos fantasias futuristas para sermos então apanhados por essas fantasias tanto porque elas parecem confirmar o que tem sido o tempo todo profundamente verdadeiro e estado oculto a respeito da natureza humana e do destino da humanidade como porque, acreditamos, finalmente iremos ao encontro dessas fantasias quando chegarmos ao futuro. A ficção científica reside no ardil retórico de antecipar o futuro como uma série de possibilidades, extensões do presente. Ela é "identificação projetiva" temporal (para retornar por um momento à terminologia kleiniana) como profecia científica e representação de estruturas de identidade de grupo em um reino que nos abarcará à medida que nos adiantarmos no tempo. A ficção científica é também uma espécie de crença religiosa em ação, já que projeta a partir do presente no futuro nossa subordinação a um poder mais elevado, ao poder da tecnologia, e à possibilidade de nosso fundir com uma forma mais elevada de ser, de uma civilização mais inteligente. Os terrores de forças do mal ainda estão ali, e não raro muito mais demoníacos que os do presente. Há uma tensão entre diferentes variedades de ficção científica narrativa, e é possível ver a incerteza e a escassez de veracidade na especulação em ficção científica como diversão, progressiva e otimista (Squire, 1991). A ligação entre tecnologia e necessidade subjetiva não precisa ocasionar a dominação da "natureza" nem operar como uma sanção para a guerra, e manifestos em favor de "cyborgs", por exemplo, também têm consistido em verdadeiras reivindicações de um diferente modo feminista e socialista de pensar o *self* (Haraway, 1991). Algumas das mais interessantes descrições sintomáticas pela ficção científica da subjetividade tecnológica provêm do subgênero *cyberpunk*. Aqui o futuro está muito próximo, e próximo o suficiente para alguns autores defenderem tratar-se de uma realidade substitutiva para um setor de trastes contemporâneos em alta tecnologia (Rushkoff, 1944).

Linguagem

No romance *cyberpunk* de William Gibson, *Neuromancer*, a seguinte caracterização do ciberespaço é fornecida pela introdução em *off* a um dos programas de realidade virtual em que Case, a personagem principal, se embrenha:

> "Ciberespaço. Uma alucinação consensual diariamente vivenciada por bilhões de operadores legítimos, em todas as nações, por crianças sendo instruídas em conceitos matemáticos. (...) Uma representação gráfica de dados abstraídos dos bancos de cada computador no sistema humano. Inimaginável complexidade. Linhas de luz dispostas no não-espaço da mente, agrupamentos e construções de dados. Tal como o afastar das luzes da cidade..."
> (Gibson, 1984, p. 67)

7. Ordens simbólicas, sujeitos e ciberespaço

Esse espaço simbólico é já tal qual o inconsciente compreendido em termos psicanalíticos, e esse sistema de linguagem invade o sujeito como um inconsciente para eles. Em um romance posterior de Gibson, o protagonista embrenha-se em um dossiê eletrônico: "Sobreveio, e de novo de maneira gradual, um fluxo tremulante e não linear de fato e dado sensorial, uma espécie de narrativa oculta em surreais cortes abruptos e justaposições" (Gibson, 1986, p. 40).

O *Snow Crash* de Neal Stephenson descreve algo semelhante em "Metaverse" como "uma estrutura ficcional feita em código" (Stephenson, 1992, p. 197), e aqui "pessoas são peças de *software* chamadas avatares. Elas são corpos audiovisuais que as pessoas usam para se comunicar no Metaverse" (Ibid., p. 33). *Selves* como software também aparecem em outras abordagens, como o *Software* de Rudy Rucher, no qual um dos personagens chegou a bom termo com sua subjetividade simbolicamente mediada:

> O cérebro de Cobb Anderson fora dissecado, mas o *software* que constituiu sua mente havia sido preservado. A idéia de "*self*" é, em última instância, apenas uma idéia a mais, um símbolo no *software*. Cobb sentiu a si próprio como jamais havia sentido. E, como nunca, Cobb desejou que esse *self* continuasse a existir como *hardware*.
> (Rucker, 1982, p. 149)

No *Vurt* de Jeff Noon, o simbólico é um local de identidade e sensualidade e dor que penetra e forma o sujeito, como o descobrem Des e Scribble: "'vocês vieram por conhecimento', disse a figura. "Haverá prazer. Porque o conhecimento é *sexy*. Também haverá dor. Porque o conhecimento é tortura'..." (1993, p. 170). A linguagem, nessas abordagens, não é um mero recurso para que o sujeito fale, e há um sentido do próprio sistema de linguagem que nos confere um sentido de autodesvio e de sabotar nossa tentativa de dar algum sentido ou de compreender a nós mesmos.

Memória

Nos escritos de Gibson há noções psicanalíticas do passado em relação a outros, e nos modos em que significantes outros recriam uma forma de realidade para o sujeito:

> A intimidade da coisa era algo horrendo. Ela derrotou ondas de transferência bruta, canalizando todo o seu desejo para ir de encontro a um sentimento que era afinado ao amor, à ternura obsessiva que um espectador veio a sentir pelo tema de prolongada observação.
> (Gibson, 1986, p. 41)

A futura realidade virtual tomada por Noon como forma e uso tecnológico de um modelo para descrever o modo como formas de *self* são destruídas e recriadas em níveis diferentes do simbólico por meio de diferentes penas químicas coloridas. Algumas penas recompõem o passado em algo bonito: "O amarelo curioso é o exato oposto. Ele faz do passado um pesadelo, para então deixá-lo no desamparo, sem esperança de libertação" (Noon, 1993, p. 209).

A obra *Fools*, de Cadigan, gira em torno de Marva, um método de representação que visa a esboçar a estrutura interna de uma série de memórias que passam a habitá-la e que devem ser representadas como se fossem reais. Marva oscila entre diferentes versões de verdade e do passado, e o romance oscila de um tipo de subjetividade para outro à medida que diferentes formas de memória são ativadas. Nesse ponto, Marva percebe que "o futuro foi estabelecido muito antes de eu vir a existir, foi só meu passado que mudou" (Cadigan, 1992, p. 144). Uma das coisas persistentes e problemáticas sobre a memória é a tentativa de se atrelar a algo que realmente aconteceu:

> Às vezes você danifica uma lembrança ruim em algum lugar que lhe dá pruridos de estar sendo usado. Você se vê empreendendo uma pequena excursão pela cena do crime de outra pessoa – tudo porque teve a lembrança do que aconteceu e de onde aconteceu. Como a memória de algum modo

7. Ordens simbólicas, sujeitos e ciberespaço

313

sabe que está na cabeça errada, ela quer voltar para aquela de onde começou.
(Cadigan, 1992, p. 103-104)

Aqui, uma lembrança como um processo que sempre haverá de nos enfeitiçar e de nos trair. Em vez de simplesmente relembrar acontecimentos passados, essas representações nos habitam e constituem o que somos. A memória retroativamente transforma quem imaginamos que somos e conduz a um futuro que então confere nova forma ao que era.

Realidade

Há também uma poderosa ansiedade sobre o real em escritos *cyberpunks*. Em *Neuromancer*, um dos personagens precisa ser reconstruído como agente eficaz em uma instituição psiquiátrica de Toulon: "comer, excretar, masturbar-se era o que ele conseguia mais. Ocorre que a estrutura subjacente de obsessões estava lá" (Gibson, 1984, p. 146). O real do corpo é referido como "carne", mas mesmo ali há uma incerteza sobre se aquele real não seria apenas ilusão. Mais adiante, no romance, Case encontra uma namorada de tempos passados, que ele pensa estar morta, e se depara com um "lugar":

> Tal pertencia, tomou conhecimento – lembrou – à medida que ela o puxava para baixo, para a carne, o corpo que os *cowboys* ridicularizavam. Era uma coisa ampla, para além do conhecer, um mar de informação codificada em espiral e feromônios, imbricação infinita que só o corpo, a seu modo brando, poderia alguma vez ter lido.
> (Gibson, 1984, p. 285)

Mesmo aqui, porém, revela-se a figura de Linda, um produto do simbólico, e só atua como elemento do real à medida que Case a investe de sentido como o real, como carne.

Em alguns *cyberpunks*, o real é uma espécie de "carne" fantasiada, e a ela é preciso escapar:

A vida real tem parecido tão física por esses dias; bastante *carnal*, portanto. E o sujeito que transfixa a você, mais do que faz a qualquer outro? Como posso ir mais alto? Como poderei sair desse buraco? Como conseguir viver como o Gato? Em outras palavras; deixe-me depositar minhas mãos em algumas PLUMAS DE CONHECIMENTO.

(Noon, 1993, p. 117)

Na descrição de Stephenson (1992) sobre o Metaverso, a qual teria sido apreciada por surrealistas, a realidade é um lugar que fascina, mas que não pode ser alcançado, e a vida no Metaverso é real para

o borrifar liberal de pessoas em branco-e-preto – pessoas que estão acessando o metaverso por meio de terminais públicos, e transformadas em preto e branco defumado e granulado. Uma porção desses psico-fãs lugar-comum, dedicados à fantasia de apunhalar alguma atriz, levando-a à morte.

(Noon, 1993, p. 38)

Em vez de ser um ponto de referência estável, a "realidade" nesse subgênero da ficção científica é tão incerta quanto qualquer outra âncora. Mesmo quando caracterizações mais extremas do real – não raro como carne – aparecem nesse escrito, ainda são rapidamente suplantados e se dissolvem em *software*.

Escritos *cyberpunk* nos impelem para as fronteiras de uma nova "ciberpsicologia", e claramente há especificações para a subjetividade no *cyberpunk* que estão muito próximas do que encontramos em escritos lacanianos. É como se essa mutação pós-moderna do discurso psicanalítico viesse a encetar seu caminho por espaços tecnológicos que são suportes materiais para a condição pós-moderna em setores da cultura contemporânea. O *cyberpunk* tem um público massificado, e nessa medida ele também se vê emperrado em fantasias de linguagem, memória e realidade que já estão razoavelmente disseminadas entre pessoas que talvez jamais tenham navegado na *net*. Podemos ampliar aquele público da *net* ainda mais, mas se quisermos olhar para algumas das representações da subjetividade pela ficção científica em filmes e

7. Ordens simbólicas, sujeitos e ciberespaço

assemelhados, a seção a seguir neste capítulo fará uma análise do filme de 1990, *Total Recall* (Verhoeven, 1990), inspirado em uma pequena história escrita 25 anos antes por Philip K. Dick. Encontraremos nos escritos de Dick, e também no filme, alguns perturbadores complexos pós-modernos e lacanianos que atraem um público e lhe proporcionam uma série distinta de posições de sujeito.

LEMBRANÇA VIRTUAL

Histórias e romances de Philip K. Dick gravitam em torno de modernas questões paranóicas e pós-modernas "o que é real e o que é a realidade? (Freedman, 1984). Em *Martian Time-Slip* (1964), por exemplo, cuja história se passa em Marte em 1994, diferentes personagens resvalam em confusões esquizofrênicas, nas quais não fica claro qual ilusão está estruturando as ilusões dos outros. A abordagem nesse livro, a exemplo das de muitos outros livros de Dick, é deliberada e explicitamente constituída pelos escritos do analista existencialista Ludwig Binswanger, e Dick estava para sucumbir a episódios psicóticos e períodos sob intensa medicação, e por fim a si mesmo. Em *Ubik* (1969), a narrativa gravita em torno da raça que encontrará a comodidade misteriosa que há de capturar a inversão do tempo, mas ocorre que o protagonista não sabe se está sendo levado por alguém em situação de meia morte criogênica, ou se ele já foi morto e está meramente recebendo ordem de algum dos sobreviventes. *Ubik*, e Dick, têm estado relacionados ao moderno predicamento (Hebdige, 1986) no qual a realidade é revelada como fantasia, e a fantasia é apenas realidade. Tentativas de atrelar *Ubik* de maneira mais íntima a uma crítica de co-modificação foram reduzidas a nada quando críticos literários franceses visitaram Dick em 1974, e ele prontamente os denunciou ao FBI (Sutin, 1989).

O trabalho de Dick não combina facilmente com o otimismo tecnológico da ideologia dominante nos Estados Unidos nas décadas de 1960 e 1970, e é compreensível que, olhando-se para trás, a visão da ficção científica de Asimov de novos mundos no espaço, em que robôs ajudariam seres humanos, por exemplo, deveria ser mais popular do que a incerteza de Dick sobre a que visões elas serviriam. A transformação no ambiente cultural no período de 25 anos, a recepção e as leituras mutáveis da obra de Dick são aspectos sintomáticos de uma desilusão com a noção de progresso e com a tentativa de encobrir aquela desilusão para torná-la aceitável. O que Dick viu como um pesadelo psicótico em que a realidade se dissolve faz-se então, na suposta condição pós-moderna, uma celebrada incerteza em que ansiedades sobre o que sucederá ao real são mais cuidadosamente administradas e mantidas, a bem dizer, "a rédea curta". A entrada na realidade virtual requer essa mudança, já que o sujeito deve ser capaz tanto de abandonar pontos de referência em geral tomados por pressupostos e retornar a eles quando for o tempo de deixar o terminal. Há sempre algum nível de ansiedade que mantém o sujeito atado a uma imagem do real como um local a partir do qual fluem à medida que se movem ao longo de canais de ciberespaço.

We can remember it for you wholesale

Existem algumas diferenças entre a breve história "We can remember it for you wholesale" (Dick, 1966a) e o filme *Total Recall* (Verhoeven, 1990), ambos sintomáticos da modernidade estilo década de 1960 e da velocidade com que noções pós-modernas têm sido absorvidas pela mídia de massa. Ansiedades sobre a natureza do "real" que estruturam tanto a história como o livro apontam para direções ligeiramente distintas. Por essa razão será instrutivo comparar a breve história de Dick, originalmente publicada na revista de divulgação científica *Science Fiction & Fantasy* em 1966, com a versão do filme que atingiu as massas em 1990.

Em "We can remember it for you wholesale" (Dick, 1966a), o protagonista, Douglas Quail, segue para "Rekal Incorporated" [traduzível como "lembrança incorporada"] para se submeter a um "implante de memória extrafactual" (Ibid., p. 208), o que viria em substituição a férias em Marte, essas um desejo ardente que ele não poderia realizar. O implante proporcionaria, na condição de real, uma lembrança como se fosse uma viagem de verdade, só que mais barata, e Quail

7. Ordens simbólicas, sujeitos e ciberespaço

opta pelo roteiro "agente secreto" – missão para a qual teria sido designado. Durante a implantação das lembranças, Rekal descobre que Quail na verdade já tem um conjunto de lembranças, e, ante o risco de provocar um "interlúdio psicótico" (Ibid., p. 212) transplantando falsas lembranças sobre verdadeiras e estabelecendo, com isso, uma confusão entre as duas, eles o levam de volta para casa sem o implante. Infelizmente, a polícia Interplan, para quem Quail em Marte trabalhara de fato, como assassino, descobriu que a memória real e profunda da missão viera à tona. Há uma solução fácil para o problema: matar Quail, fazendo assim com que seu desejo de retornar a Marte deixasse de lhe vir à lembrança; daí a necessidade de implantar outra memória que lhe fosse "de caráter mais vital do que as lembranças-padrão" (Ibid., p. 222). Uma memória que o remetesse "a um desejo de fantasia último e absoluto" e mais profundo e que então satisfizesse aquele desejo "de retrospecção substitutiva e repositória" (Ibid., p. 223). Somente fazendo-o voltar para antes do desejo de ir a Marte, indo ao encontro de um desejo anterior, o tal desejo de ir a Marte (que o faria recordar a missão de agente secreto, tornando a expor a Interplan) seria evitado. Com a ajuda de um psiquiatra, Quail é ajudado a chegar a um "sonho grotesco" (Ibid., p. 223) de sua infância, no qual pequenas formas de vida alienígenas são salvas por ele e, em retribuição a seu gesto, elas prometem não invadir a Terra enquanto Quail estiver vivo. A fantasia de Quail passa a ser então a de ele, pelo simples fato de existir, manter o resto do mundo a salvo, e o psiquiatra lhe explica: "é aí que se assenta sua psique; essa é uma fantasia infantil que subsiste por toda a sua vida" (Ibid., p. 224). Rekal começa a implantar essa lembrança, a torná-la "real", mas torna a descobrir que Quail na verdade já a possui.

Em alguns aspectos, esse é o argumento básico de *A hora da zona morta*: o que a vítima lembra como realidade é algo mais poderoso do que poderiam imaginar – e fazê-lo com temor – os ocupantes do poder ao tentar suprimi-la. A realidade em si se dissolve e se reforma à volta do protagonista no momento em que a autoridade tenta avaliá-la como parte da realidade. Portanto, nessa história da década de 1960 o desnudamento é mais moderno do que pós-moderno. Descobrimos que a verdade do desejo de Quail é a verdade que ele representa, o beneficiado pelas forças de mistificação ideológica e o modo como tal será perdido na ausência da verdade. A confusão quanto à natureza da memória e da realidade está ancorada na conexão que o herói é capaz de fazer com uma narrativa particular (nesse caso, a narrativa de adiamento de uma invasão alienígena).

Total Recall

O filme *Total Recall* (Verhoeven, 1990) administra essa confusão entre identidade e memória de um modo diferente. No caso, o protagonista, chamado "Quaid" (representado por Arnold Schwarzenegger), obcecado pelo desejo de ir a Marte, é posto pela companhia Rekal em uma máquina, a "cadeira de implante" (em oposição à "mesa higiênica" da versão da década de 1960), para inserir o pacote de lembranças "férias como agente secreto". Nessa versão, parte da fantasia em Marte de Quaid gravita em torno de uma mulher, e o desenlace da narrativa está em ele ser capaz de voltar para essa mulher ao conhecê-la, quando em sua missão como agente secreto.

A narrativa geral de *Total Recall* ajuda-nos a esquecer a questão que se coloca a Quaid, sobre de qual memória é correta, mas o ponto de viragem entre diferentes realidades ao mesmo tempo suscita e abranda uma ansiedade sobre o passado, sobre a natureza da ordem simbólica e sobre o lugar do Real em termos caracteristicamente pósmodernos. Na metade do filme há uma cena em que Quaid organiza uma viagem a Marte para tentar dar algum sentido à confusão provocada pelos acontecimentos em Rekal, e também para descobrir quem foi o agente secreto da missão. A essa altura da narrativa, já vimos Quaid deixar Rekal após terem descoberto que as lembranças reais já se encontram exatamente no lugar em que tentaram implantar a falsa memória. Um médico de Rekal entra no quarto de hotel de Quaid e conta-lhe que ele, Quaid, ainda está na cadeira de implante da Rekal na Terra, ele tendo de reconhecer que é desse modo que ele pode ser trazido para a realidade. É quando a esposa de Quaid entra na sala e pede ao marido que ele retorne.

Esposa: Quero que você volte para mim.

Quaid: Ah... saco!

Médico: O que é um "saco", Quaid? Você estar em um episódio paranóide desencadeado por um trauma neuroquímico agudo, ou o fato de realmente ser um agente secreto invencível vindo de Marte, vítima de uma conspiração interplanetária para fazê-lo pensar ser um simples operário da construção civil? Pare com essas autopunições Doug. Você é um homem bom e bem-sucedido de quem [sic] é uma bela esposa que o ama.

Esposa: Sim, eu o amo.

Médico: Você tem a vida inteira pela frente, mas é preciso que volte à realidade.

Quaid: Ok, considerando isso, o que é que tem?

Médico: Tome isso.

(Ele tem nas mãos uma pequena pílula vermelha.)

Quaid: Que é isso?

Médico: É um símbolo de seu desejo de voltar à realidade. Dentro de seu sonho você adormecerá.

Quaid: Tudo bem, suponhamos que você esteja dizendo a verdade e que é tudo um sonho... Então eu puxaria este gatilho e isso não teria a menor importância?

Esposa: Doug, não!

Médico: Não fará a menor diferença para mim, Doug, mas as conseqüências para você serão devastadoras. Para você eu estarei morto, e, com ninguém para o guiar, você estará em permanente estado de psicose.

Então Quaid põe a pílula na boca, ao mesmo tempo em que continua a segurar a arma contra a cabeça do médico. Olha para ele e percebe uma gota de suor em seu rosto. Cospe a pílula e depois mata o médico e sua própria esposa. O filme prossegue, a realidade torna a seguir seu curso, e ficamos sabendo que Quaid está "realmente" em Marte.

Podemos rastrear a influência do discurso psicanalítico nesse texto organizando a leitura em torno de complexos discursivos. Há uma preocupação com uma nova ordem de sentido, mais elevada, que opera como poderoso sistema simbólico, com o passado sendo algo reconstruído, e com uma realidade que reside fora, na qualidade de coisa intangível, ainda que crucial para o modo como a subjetividade é elaborada.

O SIMBÓLICO   O "retorno a Freud" por Lacan tem linguagem, organizada na ordem simbólica, constituindo o inconsciente no momento mesmo em que a criança começa a falar. A entrada no simbólico faz a criança cindir-se entre o consciente e o inconsciente, e o reino da imagem unificada imaginária produzida no estágio do espelho é a um só tempo confirmado e sabotado pela linguagem à medida que ela inaugura toda uma variedade de diferentes posições do sujeito.

No extrato de *Total Recall*, Quaid é convidado a retornar à ordem simbólica, mas esse "retorno" é mediado por um "símbolo", a pílula que o médico lhe oferece. E o uso do símbolo não funcionará sozinho, já que deve ser conduzido pelo desejo – aqui um "desejo de retorno à realidade". Quaid tem de "retornar à realidade" e seu desejo é também suscitado pelo desejo do outro. Em termos lacanianos, o desejo é sempre o desejo do outro, e nesse caso a "bela esposa" acena da ordem simbólica que estrutura a fantasia paranóide em que Quaid está enredado; tendo já declarado querer que ele "volte" para ela, afirma que o ama – em uma réplica a palavras do voto de casamento, um dos pontos de ancoragem do desejo heterossexual no simbólico – quando o médico diz que ela ama Quaid, com "sim, eu o amo". O que está se querendo dizer é que a escolha que Quaid tem de fazer é dimensionada pela existência continuada *no sonho*. Se ele se recusar a tomar a pílula, continuará no sonho. Não deixará imediatamente a ilusão de estar em Marte, "a vítima de conspiração interplanetária", se engolir a pílula, mas adormecerá no sonho. Portanto, o sonhar não se contrapõe diretamente à realidade, mas é habitado por ela. É como se a vida inconsciente de Quaid fosse ela própria estruturada pela ordem simbólica, podendo ele entrar no simbólico ou permitir-se um vôo fútil a partir do simbólico, em "permanente psicose", mas sem escapar com nenhuma forma de racionalidade ou *self* permanecendo intacto.

A relação entre sonho e "realidade" reverte-se na psicanálise lacaniana. Aquele que sonha encontra no sonho a revelação de uma verdade, a verdade do sujeito perpetuamente obscurecido pelas excentricidades do princípio de realidade e que então é compreendido como

7. Ordens simbólicas, sujeitos e ciberespaço

princípio artificial de todo dependente da ordem simbólica. O sujeito em relação com o simbólico, nesse arcabouço teórico, também está próximo de um dos escritos mais paranóides de Dick. Em *The Game Players of Titan* [Os jogadores de Titã] (Dick, 1963), por exemplo, só mesmo da metade para o final do livro se revelará que o jogo disputado pelos Homens-Pássaros pelas cidades e por seus companheiros na Terra não passa de um jogo maior que os *vugs* de Titã estão disputando para consolidar sua invasão. Os membros do time Pretty Blue Fox começam perdendo partes da Califórnia no primeiro nível, que é também o mais imediato, de sua matriz de jogo simbólica, mas eles entram então em uma ordem simbólica de maior amplitude, que estrutura as diferentes percepções dos titânicos e dos terráqueos, a fim de travar uma disputa pela Terra. Há um movimento progressivo, então, de um nível mais inferior para um nível mais superior, e para as últimas estruturas do primeiro.

AÇÃO ADIADA   Assim como o simbólico organiza a primeira relação com a mãe, e assim como o espelhamento que torna possível o (des)reconhecimento do *self* como único e não dividido *self* possível, assim também ele produz uma versão da "história" para o sujeito. A psicanálise com um outro significante é então conduzida no âmbito de uma relação transferencial em que o passado do sujeito é recriado como algo que "era para ter sido", algo apreendido no momento em que é formado como realidade para eles.

O que está em jogo na escolha por Quaid entre que história acreditar quando confrontado pelo médico da Rekal é a posição que ele tomará em relação a diferentes narrativas do passado. Em um dos roteiros, apresentado pelo médico, o primeiro trauma é o "neuromecânico" desencadeado no "episódio paranóide". Se Quaid não reconhece que ele é "operário da construção civil", com "a vida inteira pela frente", e atira no médico, esse segundo trauma será "devastador". O que tem sido até então um "episódio paranóide" se tornará uma "psicose permanente". O segundo trauma então *reconstituirá* o primeiro trauma como a causa originária primária do vôo de Quaid partindo da realidade, e mesmo ações que têm lugar na fantasia (as quais "não farão a menor diferença" para o médico) provocarão um desastre. No segundo cenário, o escolhido por Quaid, o segundo trauma, contendo a cena em que a realidade é posta em questão quando ele atira no médico, confirma o primeiro trauma, que é a memória sepultada da missão assassina em Marte, como causa eficiente da cadeia de acontecimentos. A ação de Quaid em cada um dos roteiros assim recria o passado, encontrando nesse passado recriado a causa do atual estado de coisas.

O retorno da memória real recalcada, ativada pelo desejo de Quaid de retornar à cena, encontra-se alinhado com a descrição de Lacan (1977, p. 86) da análise como provocando o "futuro do pretérito do que devo ter sido pelo que sou no processo de tornar-se". Mesmo na história original, essa estrutura de ação deferida ocorrerá ela própria na visita de Quaid a Rekal, "a qual mais cedo ou mais tarde tinha de acontecer" (Dick, 1966a, p. 206), mas que então constitui o que tem de acontecer novamente, e sempre novamente, como conseqüência da visita. *Counter Clock World* [Mundo contra o relógio] (Dick, 1967) é uma versão mais perturbadora do mesmo processo, com personagens submetidos à "fase Hobart", na qual o tempo é revertido e a jornada da vida acontece da morte para o nascimento, apagando, de maneira ansiosa e persistente, o que eles conhecem e os traços do que saberiam por antecipação ao longo do caminho.

O REAL   O argumento lacaniano de que o real "é o oposto do possível" (Lacan, 1073, p. 167) é estruturado no filme com a representação de alguns pontos de ancoragem impossíveis e traumáticos em torno dos quais gravitam fantasias conscientes e inconscientes. A "coisa" traumática é a que parece resistir à simbolização, sendo porém o que estrutura a ordem simbólica.

Não é uma questão fácil para Quaid retornar à "realidade", pois o que é fantasia e o que é real encontra-se confuso e indeterminado. Vários pontos de ancoragem são identificados – "trauma neuroquímico", a "bela esposa" – para que Quaid se defina contra si mesmo. A coisa mais "real" que poderia fazer Quaid voltar atrás, contudo, é ela própria um artefato sem sentido construído no âmbito da fantasia. A pílula é um "símbolo" de um "desejo de retornar à realidade", mas só pode funcionar como função do simbólico, e não como algo que reside completamente fora dele. Diferentes formas de fantasia, todas estrutu-

7. Ordens simbólicas, sujeitos e ciberespaço

radas pela ordem simbólica, invadem a vida consciente e a inconsciente do sujeito. Nesse caso, o ingerir da pílula produz um efeito "dentro do sonho", mas é também estruturado pelo próprio sistema simbólico a quem o sujeito está sendo convidado a retornar. O que parece ser uma dura realidade, externa e resistente à linguagem, nesse caso só é eficaz à medida que o sujeito o investe de sentido.

Embora Quaid veja sua esposa e o médico com seus próprios olhos, ainda assim ele encontra dificuldades para distinguir entre o que é real e o que é ilusório. É sintomático da recuperação de temas pós-modernos na filmografia moderna que seja *visto*, por fim, o que leva Quaid à verdade. Ele vê o médico suar e conclui que, se está com medo, atirar nele *fará* "a diferença". Quaid precipita-se para a realidade que ele toma como verdadeira. De novo, então, o filme gerencia as ansiedades ante à realidade que o pós-modernismo provoca. Essa representação de ansiedade pós-moderna sobre a natureza da realidade ancora-se, finalmente, em uma fantasia de observação direta e não-mediada do real. A realidade virtual é, pois, submetida a verificação por uma visão real mesmo em um texto de ficção científica que põe em questão noções de realidade. Essa realidade vigorará para o ser temporal, mas não se constituirá na garantia de segurança buscada pelo sujeito. O filme forja essa incerteza e conforta o público, mas se alguém do público ficasse tentado a abordar Dick para saber mais após ter visto o filme, tornaria a encontrar aquela realidade conturbada.

No romance de Dick *Now Wait for Last Year* [*Agora espere pelo ano passado*], por exemplo, o Real torna-se uma coisa traumática impossível e amedrontadora fora do simbólico, pressionando-o, no entanto, em direção ao mundo da vida do sujeito:

> a impenetrabilidade até mesmo dos menores objetos a sua volta agora parecia quase infinita; sentava-se rija, incapaz de mover-se, impossibilitada de lançar seu grande corpo em qualquer relação com os pesados objetos que, de maneira esmagadora, a cercavam e pareciam pressioná-la cada vez mais... Os objetos haviam perdido sua herança do familiar; gradualmente se tornavam frios, remotos e – hostis. No vácuo deixado pelo declínio em sua relação com eles, as coisas

a sua volta chegavam a seu isolamento original em relação às forças domesticadas que normalmente emanavam da mente humana; tornaram-se cruas, abruptas, com extremidades recortadas capazes de cortar, ferir, infligir feridas fatais.
(Dick, 1966b, p. 73-74)

Representações de espaço e subjetividade pós-modernos

Essa exploração das fantasias coletivas de espaço pós-moderno tem se focado sobretudo nos escritos de autores norte-americanos que absorveram categorias psicanalíticas de sua cultura e as reelaboraram, com ou sem intenção, em abordagens de tecnologias emergentes da mente e dos futuros que essas tecnologias permitiam entrever. Alguns autores da América do Norte, do oeste da Europa e do Japão já vivem nesse espaço pós-moderno, e elementos da tecno-*intelligentsia* compradora do Terceiro Mundo já foram recrutados para tal. Para a maior parte do público de *Total Recall*, no entanto, esse espaço existe somente como fantasia, e esses autores de ficção científica estavam apenas antecipando algo que quase tocavam, mas que ainda não conseguiam diretamente vivenciar. Personagens dos romances de Philip K. Dick, por exemplo, ainda usam papel carbono para escrever cartas, e William Gibson usava uma máquina de escrever manual ao criar seus primeiros romances *cyberpunk*, com seu conhecimento de editor de texto, sem falar de *e-mails* e *internet*, que ganhara de segunda mão de seus amigos. A questão aqui, então, não é nem tanto sobre em que medida essas formas de subjetividade realmente podem ser encontradas no ciberespaço – se uma "ciberpsicologia" quase lacaniana é construída para os habitantes da *net* – à medida que essa versão do discurso psicanalítico circula em representações de ciberespaço como um lugar para onde poderíamos escapar, e como esse discurso psicanalítico se enquadra em certos tipos de posições subjetivas à medida que esperamos escapar da vida moderna mundana. A fragmentação pós-moderna lacaniana opera como alternativa pós-romântica à sociedade capitalista, e no próximo capítulo veremos como isso ocorre, focalizando tentativas de desenvolver novas comunidades contratuais de caráter livre contra a exploração e a alienação econômicas.

8
MANEIRAS DE ESPELHAR E IMAGINAR A ECONOMIA LOCAL, OU DE ESCAPAR A ELA

> *De onde vêm as idéias corretas? Caem do céu? Não. São inatas à mente? Tampouco. Elas vêm da prática social, e tão-somente dela. Procedem de três tipos de prática social: a luta pela produção, a luta de classes e a experimentação científica.*
> Mao Tsé-Tung ([1963]1971, p. 502) De onde vêm as idéias corretas?
> Registros selecionados dos trabalhos de Mao Tsé-Tung

A psicanálise e a política sempre têm estado interligados de alguma forma, mesmo quando analistas e ativistas fazem o máximo para se manter afastados. Descrições de processos psicodinâmicos não raro se revelam prescrições sobre o que é normal, e desse modo a psicanálise muitas vezes tem sido vista como sujeição aos que se preocupam com mudanças políticas. Contudo, a psicanálise lacaniana tornou-se abertamente entremeada de política radical na França, na década de 1960. No "maio de 68", por exemplo, os manifestos em apoio aos protestos estudantis foram assinados por 70 psicanalistas, e analistas lacanianos tiveram ativa participação nos acontecimentos. Já em 1963, o filósofo do partido comunista Louis Althusser convidara Lacan para apresentar seus seminários na École Normale, e em 1968 Lacan foi convidado a se retirar em razão da influência nociva que ele supostamente estaria exercendo sobre os alunos (Turkle, 1992). Althusser usou o trabalho de Lacan para desenvolver uma abordagem sobre o controle da ideologia sobre os indivíduos dos "Aparatos Ideológicos de Estado", e seu trabalho impeliu muitos jovens do Partido Comunista ainda mais para a esquerda, sobretudo em direção ao maoísmo. Lacan e Mao eram vistos por alguns, como Jacques-Alain Miller e pelos que gravitavam em torno do jornal *Tel Quel*, como tento ambos quebrado a ortodoxia, como a do velho freudianismo e a do marxismo. Julia Kristeva, que desenvolveu uma crítica interna à psicanálise para radicalizar suas abordagens da linguagem e da subjetividade, foi uma das envolvidas com o *Tel Quel*. Este capítulo passará em revista o modo como Althusser e Kristeva tentaram compreender a formação do sujeito individual, o modo como o sujeito se encontrava atrelado à ideologia e poderia a ela resistir.

As conexões entre correntes lacanianas e maoístas não terminaram nada bem, com, já no final da década de 1970, alguns de seus mais preeminentes intelectuais ativistas da assim chamada *Nouvelle Philosophie* utilizando os aspectos mais reacionários do trabalho de Lacan e concluindo, como o próprio Lacan sempre insistira, que esperanças revolucionárias eram sempre uma expressão de psicopatologia.

> Se o sujeito não é passível de ser reduzido ao significante, sendo ao mesmo tempo dependente do significante, não pode haver sujeito para além da linguagem exterior. O máximo que se pode esperar daí é que, por meio da análise, o sujeito possa ser levado a uma aceitação trágica de sua própria alienação, e da inacessibilidade última da verdade.
> (Dews, 1980, p. 8)

No decorrer da década de 1980, houve um efeito de mão dupla nesse fatídico liame entre psicanálise e política no meio intelectual francês, com teóricos da política usando Lacan para justificar a sua rápida mudança para a extrema direita, e com o autoritarismo do Partido Comunista e da política maoísta abastecendo grupos no Grupo Freudiano:

8. Maneiras de espelhar e imaginar a economia local, ou de escapar a ela

Dever-se-ia abertamente reconhecer que grande parte da crítica à alegada natureza "totalitária" e "stalinista" das comunidades lacanianas contém uma boa dose de alusão: sim, o "espírito", o princípio estruturador, que se expressava desordenadamente no Partido Stalinista, encontrou sua forma apropriada na comunidade lacaniana de analistas.

(Zizek, 1994, p. 171)

A tentativa, por alguns autores, de esboçar um liame entre a psicanálise e a esquerda e o feminismo na França, e o desapontamento ante seu fracasso, marcam a trajetória dos registros de Althusser e Kristeva sobre Lacan. No entanto, o que eles deixaram são abordagens do modo como o capitalismo se encontra estruturado em torno de uma ordem simbólica que alinha os seus temas, e o modo como tentam escapar à ordem capitalista geralmente reproduz as mesmas estruturas ideológicas. Isso não equivale a dizer que não há elementos de transformação positiva nessas tentativas de escapatória, e na seção final deste capítulo mostrarei como essas abordagens operam na condição de quadros conceituais para a compreensão dos trâmites dos envolvidos em Local Exchange Trading Systems (LETS) [Sistemas Mercantis de Trocas Locais] na tentativa de encontrar uma alternativa à ordem econômica capitalista. As diferentes descrições por Lacan e Kristeva da relação entre a ordem simbólica estruturada no mundo moderno pelo capitalismo fornece poderosas lentes através das quais se pode visualizar os LETS porque esses tipos de descrições já estão presentes *na cultura capitalista* como diferentes recursos discursivos justapostos, que têm de ser reforçados pelos que querem desafiar aquela cultura. Mas primeiramente, um pouco mais sobre Lacan.

O ESPELHO E A MATRIZ

Escritos lacanianos sobre a linguagem gravitam em torno de uma preocupação com o modo como a linguagem, de todos os tipos, organizada na ordem simbólica, não só produz necessidade, demanda e desejo, bem como o sentido individual de si mesmo como sujeito unitário racional, mas também, contínua e necessariamente, *representa* essas coisas de maneira *equívoca*. Representação e representação equívoca, no entanto, não são algo confinado à linguagem. Existem processos de reconhecimento e reconhecimento equívoco do *self* e de outros que ocorrem no imaginário e expressam uma matriz para que o "eu simbólico" apareça. A fundação para essa matriz é, de acordo com Lacan (1977), manifesta na fase do espelho. É na fase do espelho que o sujeito desenvolve os rudimentos de um "ego",

e então é preparado para a sua imersão não só na linguagem, mas também, de acordo com Althusser, na ideologia. Uma compreensão psicanalítica da construção da subjetividade humana na fase do espelho também é necessária para o nosso entendimento do modo como nos fazemos sujeitos à ideologia e à Lei do pai por meio de processos de interpelação.

Observando a fase do espelho

Nessa abordagem da fase do espelho, apresentada pela primeira vez em 1936, Lacan dispõe o terceiro dos componentes de seu sistema teórico identificado por Miller (J. A. 1985), mas esse componente (diferentemente do estruturalismo e da teoria do sujeito discutida no capítulo 7) supostamente reside na evidência observacional empírica. Existem três tipos de dados empíricos citados por Lacan. O primeiro é elaborado por Lorenz e Tinbergen ao inculcar, em estudos etológicos que demonstram a importância do provedor de cuidados como primeiro objeto para o animal recém-nascido, e nessa medida Lacan é seguidor de Freud ao fundar sua descrição da experiência humana em evolução. O segundo é o fenômeno do "transitivismo", debatido no trabalho de Bühler (1930), em que crianças de aproximadamente 18 meses mimetizam, reproduzem e parecem vivenciar com a mesma intensidade as emoções de outros. Aqui estão atos de intensa identificação que Lacan verá como um mecanismo fundamental para a formação do ego. O terceiro tipo de dados diz respeito a observações de crianças diante de espelhos – espelhos reais que são fascinantes para as crianças. Lacan observou que essas imagens de espelho mantêm um

8. Maneiras de espelhar e imaginar a economia local, ou de escapar a ela | 329

contínuo fascínio para a criança, havendo uma diferença qualitativa entre esse fascínio, a novidade e o tédio que outros primatas demonstram diante de um espelho. Com base nisso ele formulou sua descrição da fase do espelho.

A fase pré-especular

A fase do espelho é um ponto de viragem tão crucial para a criança humana em razão do que ela tem até então vivenciado. Os processos identificados na "fase pré-especular" correspondem aproximadamente ao nível do real na teoria lacaniana, embora aquela experiência do real ocorra ali sempre já mediada. Até cerca de seis meses de idade a criança experimenta o seu corpo como fragmentado, como coleção de partes e experiências não coordenadas, como imagens e fantasias dessas partes. Há pouca distinção entre o que está na criança e fora dela, e pouco sentido do que é a relação entre movimentos iniciados pelo sistema motor que afeta o corpo e movimentos realizados pelos que tomam conta da criança. Não há dentro e fora, e desse modo a criança está, como insistia Freud, *desamparada*. A criança humana é marcada, observa Lacan, pela "prematuridade" de seu nascimento.

A criança é um *it*, pois muito embora tenha um sexo biológico, ela não tem gênero. Não teve a menor oportunidade de internalizar uma imagem do que é como um ser distinto e, desse modo, nenhum sentido de diferença sexual, de variedades masculinas e femininas de ser social. É também, nas palavras de Freud, "polimorfamente perversa", e as pulsões tem objetivos, mas não objetos fixos. Embora haja objetos do mesmo tipo, esses são partes fantasiadas do corpo e movimentos e estímulos congelados e erotizados. Existem muitas fontes para as pulsões que circundam o corpo da criança, essas que, à medida que se desenvolve uma consciência do interno e do externo, tornar-se-ão localizadas nas margens, nas bordas entre o dentro e o fora. A fronteira física entre sujeito-corpo e o que não o é estará erotizada como marcador de diferenciação sexual e de contato com outros. A falta de uma fronteira entre o dentro e o fora significa que a criança *se torna* o que ela experimenta e fantasia, e as experiências fragmentadas de que ela se apodera se tornam representadas como parte da criança, e a ela completamente identificadas. A conexão necessária, imediata e direta entre a pulsão e uma experiência de pedaços do corpo impossibilitam uma concepção unicamente biológica dos instintos em seres humanos. As "pulsões" devem ser, como Freud argumentou, fenômenos estranhamente compostos às margens do fisiológico e do físico.

Para Lacan há três conseqüências dessa conexão direta entre a pulsão e a experiência. A primeira é a de que existem experiências que se tornam parte das pulsões fantasiadas, e posteriormente inconscientes; Lacan descreve essas como representações mentais de castração, mutilação, desmembramento, deslocação, evisceração, devoramento e explosão do corpo. Aqui podemos notar vínculos com imagens violentas na pintura surrealista e também conexões com fantasias destrutivas atribuídas a crianças pequenas por Melanie Klein – cujo trabalho Lacan prometeu traduzir e poderia tê-lo feito, não tivesse perdido o manuscrito (Macey, 1988). Em segundo lugar, há uma confusão entre o corpo real da criança e experiências desse mesmo corpo fantasiadas de modo diferente. As partes do corpo só podem ser compreendidas pela via de sua *diferença* em relação a outras partes, e desse modo se tornam parte de um sistema significante rudimentar. No entanto, a criança é incapaz de conceitualizar o que as experiências significam, não sendo, então, "signos cheios". Em vez disso, elas são o que Lacan chama "cartas", significantes abstratos desconectados do corpo. Essas pequenas letras só significam desejo, e deveríamos notar aqui o modo pelo qual, mesmo antes da linguagem, mesmo antes do desenvolvimento do ego, o desejo é necessariamente mediado. A terceira conseqüência da conexão direta entre pulsão e experiência é a de que partes do corpo identificadas como prazerosas ou "desejáveis" não incluem somente partes do corpo físico (os órgãos ou zonas erógenas). Os objetos de desejo contidos pelas pequenas letras incluem o olho, que Freud (1905a) já havia incluído em sua lista de zonas erógenas, objetos da contemplação dos tomadores de conta, bem como sua voz. Esses são transformados em significantes do desejo, e desse modo haverá sempre partes, e não necessariamente "fetiches" em um sentido clínico, tal permanecendo sexualmente estimulante para o sujeito em sua vida posterior.

A fase do espelho

A criança rompe esse universo cercado e incompreensível de experiência entre os seis e os oito meses de vida, durante a "fase do espelho", para então adentrar o imaginário. Ela reconhece a sua imagem em um espelho como imagem de si mesma, como imagem de seu corpo que se tornará a base de sua representação do *self*, do "ego" e o faz por meio de uma identificação com uma *Gestalt* de seu próprio corpo, como uma "forma integral", mas essa forma é apenas uma imagem, uma ilusão que não corresponde ao que realmente é. O "ego" construído a partir dessa imagem "representa" o sujeito para si mesmo de modo peculiar, e Lacan está preocupado com o modo como essa representação é uma *representação equivocada*. O ego, então, faz-se construído com base em uma representação equivocada, em um reconhecimento equivocado de si mesmo. Ao mesmo tempo que a criança se identifica com uma *Gestalt* de seu próprio corpo, ela se identifica com a mãe. Ou seja, ela é capaz de fazer algum sentido da mãe (ou de reconhecê-la, de maneira equivocada como um ser inteiro (e não só como uma coleção de partes fantasiadas desconexas), como algo em si mesmo.

Por isso, a criança só vivencia a fase do espelho como relação com outros, a mãe se fazendo relacionar por meio de uma imagem, compreendida como se fosse aquela imagem espelho *Gestalt* do *self* da criança. O que é desejado em relação ao objeto da mãe há de ser então uma imagem idealizada do "*self*" que é "projetada" para fora. Por essa razão, o desejo, entre outras coisas, diz respeito à fantasia de encontrar imagens do *self* em outros, outros como o *self* de alguém, e desse modo o narcisismo tanto é um estágio necessário na produção da identidade do *self* como uma força persistente na produção de relações posteriores. A mãe reforça a *Gestalt* por meio de uma atenção contínua, e a irrupção dessa imagem continuamente presente libera as fantasias de fragmentação que têm sido desviadas pela formação desse sentido relativamente seguro do *self*. Há agora um contraste contínuo entre a descoordenação motora sentida pela criança e as pulsões conectadas a significantes de desejo e a imagem que ela tem de si mesma, que é o "ego" rudimentar. O "ego", portanto, é reforçado por imagens da mãe como um "ego ideal", e aí não se tem uma agência completamente formada; está-se ainda em uma relação frágil com a mãe e com as projeções fantasiadas internas de si mesmo na imagem da mãe como uma tela de projeção.

Uma parcela crucial da identificação com a mãe se dá com o desejo pelo desejo do outro, tal que uma simetria e identidade é estabelecida entre a experiência de contemplação (desejante) e de ser contemplado em (ser desejado). Quando isso se faz mapeado em relações de gênero à medida que a criança adentra o simbólico, as fantasias evocadas pela contemplação reproduzem a subjetividade sexuada em um nível imaginário inconsciente. A imagem "do espelho" também é desejada por ser mais do que uma folha lisa refletindo, e o espelho pode ser tomado como metáfora da mãe "refletindo" de volta para a criança suas próprias ações e dando a ela um sentido completamente intencional (sendo esse o movimento feito por Winnicott [1967], por exemplo, em sua leitura da abordagem por Lacan da fase do espelho). A partir do real, pois, como um conjunto de dados biológicos que têm sido vivenciados até então sem qualquer contemplação de sua origem ou sentido, desenvolve-se um sentido imaginário de posição a partir da qual se vivencia o real. Essa mediação imaginária se compõe pela entrada da linguagem, na ordem simbólica em que existe mediação não só de identidade do *self*, mas também da identidade de outros.

Para alguns autores, como Althusser e Kristeva, essa é uma mediação "ideológica". Kristeva focou-se na relação entre o espaço "semiótico" como forma de significação anterior ao imaginário, e no simbólico como organizado por estruturas patriarcais. Althusser, por quem passaremos em primeiro lugar, voltou-se para o modo como o simbólico chamou sujeitos a lugares próprios para manter o capitalismo.

IDEOLOGIA E INTERPELAÇÃO

Althusser (1970) se utilizou da abordagem de Lacan para explicar como funciona a ideologia. A ideologia, como sistema simbólico, porém, faz com que nós próprios atuemos, e, para compreender como isso acontece, temos de compreender como a criança entra no simbólico.

A entrada na linguagem

Enquanto a fase do espelho nos confere um sentido do *self* no imaginário, depositando uma matriz para o desenvolvimento do ego, temos de adentrar a linguagem para sermos capazes de nos referir a nossos *selves* e conceitualizar a nós mesmos como separados. Essa entrada no simbólico modifica-nos radicalmente, pois quando entramos no simbólico, também ele entra em nós. Essa dupla entrada apresenta dois aspectos. Em primeiro lugar, à medida que entramos no simbólico, obtemos significantes para o *self*, o ser "eu" mais crucial. Quando aprendemos a utilizar o significante "eu", o ego emerge como "núcleo verbal" no âmbito da matriz do "ego ideal" formado na fase do espelho. Uma conseqüência disso está em o sujeito se tornar cindido entre o discurso falado e um "fora" desse discurso.

No discurso falado, o significante "eu" é utilizado para fazer referência a uma localização, e tem-se aí o reconhecimento por outros falantes que também operam a partir da assunção de que o seu uso de "eu" se refere a uma localização semelhante para eles, dentro deles. Esse "eu" também existe em um sistema de significantes em relação com um "você", e assim, de modo constitutivo, desse "você". A relação entre a criança e a mãe, portanto, é transformada à medida que a criança fala de uma posição na linguagem ("eu") para uma posição na linguagem (marcada pelos outros como "vocês") bem como a partir da posição de "ego" para a mãe "fantasiada" (e aí ainda se tem uma relação com um outro que é uma mãe particular). Aqui há um paradoxo, pois a fala do sujeito está o mais próximo que pode chegar para expressar a si mesma; enquanto significantes inconscientes jamais podem se compatibilizar com o significante "eu", eles ao menos têm uma conexão mais próxima com ele do que faz o sujeito em relação ao ego, que é construído com base em um reconhecimento equivocado de si mesmo como todo na fase do espelho.

Ao mesmo tempo, há um sentido de ser fora do discurso, no qual as associações com o significante "eu" são gerais para a cultura, sendo produzidas pelas diferenças entre os signos no simbólico. A capacidade de utilizar significantes em uma linguagem requer a aquisição de uma rede de significantes, e esses não correspondem à experiência da criança. Para aprender a falar, a criança deve recalcar esse "lado de baixo" da linguagem, e esse lado de baixo da linguagem se torna o inconsciente. Tem-se aqui uma mesma relação contínua, ainda que recalcada, entre o sujeito e o restante do sistema da linguagem, e essa é a relação inconsciente entre o (significantes inconsciente do) sujeito que fala e outros, um outro generalizado. Esse outro, o simbólico, também contém um sistema de categorias para a especificação de seres individuais que legitimam o (des)reconhecimento do "ego" como repositório de pensamento racional.

O segundo aspecto da dupla entrada na linguagem é o de que o uso da linguagem também nos permite lidar com a separação da mãe, pois os termos em linguagem são substituídos pela mãe. Freud (1920) descreve o seu neto, Ernst, jogando um carretel para depois torná-lo a jogar e controlar a ausência de sua mãe, Sophie. Quando Ernst diz *"fort!"* ("lá") e *"da!"* (aqui) com a ausência e a presença do carretel na linha, ele não só administra a sua experiência de perda, de Sophie sua mãe, como também a substitui com termos na linguagem. Caracteristicamente, os termos tornam-se "eu" (separado, suficiente) "perco" (tenho uma experiência que recebe sentido na linguagem, entendida racionalmente pelo ego) e "você" (um outro diferente de mim).

Sujeição à ideologia

O uso por Althusser (1970) da psicanálise para compreender a força da ideologia está focado no modo como o simbólico é por nós organizado e nos organiza como sujeitos. A obra de Althusser representa o ponto em que o estruturalismo, tendo se tornado influente como sistema de explicação em muitos campos acadêmicos, adentrou o marxismo. Pareceu, então, para alguns marxistas, como se a teoria lacaniana fosse a chave para destravar a ideologia (por exemplo, Jameson, 1977), embora essa esperança tenha hoje se evaporado completamente (Homer, 1996). O impacto disso, para Althusser (e com base nisso tanto mais para autores pós-althusserianos) é o de que o marxismo passa do determinismo econômico, concebido como a "base" para um atentar ao poder da cultura, descrita por alguns marxistas tradicionais como a "superestrutura".

8. Maneiras de espelhar e imaginar a economia local, ou de escapar a ela | 335

Althusser, que durante algum tempo esteve em análise com Lacan, justificou o seu uso da psicanálise, contra a ortodoxia do Partido Comunista, para fornecer com isso uma compreensão da ideologia. Althusser (1964, p. 182) argumentou que "Freud tinha de pensar a sua descoberta [do inconsciente] em conceitos importados"; isto é, o seu trabalho foi afetado pelas idéias biológicas dominantes em seu tempo, mas o desenvolvimento da lingüística estrutural poderia, naquele momento, resgatar Freud. Era possível produzir uma nova ciência cujo objeto seria o "inconsciente", embora Althusser reconhecesse que o termo "inconsciente" traz em si conotações biologísticas infelizes, e que deveria ser abandonado tão logo um termo melhor fosse encontrado. Althusser também defendeu a opacidade dos escritos de Lacan argumentando que este estaria lutando contra conceitos dominantes, de modo que não lhe foi possível ser muito claro, já que tal clareza se daria à custa de ser absorvido por esses conceitos.

A ideologia atua mediante duas dimensões da experiência, o imaginário e o simbólico. A criança vive "no modo da fascinação imaginária do ego, sendo ela própria aquele outro, qualquer outro, cada outro, todos os outros da identificação narcísica primária, jamais se mostrando capaz de ocupar a distância objetificante do terceiro face ao outro ou a si mesmo" (Ibid., p. 193). Quando ocupa a distância do terceiro, com a figura de poder identificando-se à lei do pai, é no simbólico que ele ocupa posições dadas pela linguagem. Ou seja, ele pode agir como se, ou como se algum dia ele vier a ser o "terceiro termo" na posição estrutural disposta na família nuclear para o pai. Ambos esses aspectos são governados pela estrutura da ordem simbólica que reserva um lugar para a criança antes de ela nascer, que determina o ritmo da nutrição e do conforto – e, com isso, as condições para a sua separação da mãe – e que aloca os primeiros papéis fundamentais relacionados aos cuidados em uma classe e base de gênero mediante a estrutura da família: "Lacan demonstra a eficácia da ordem, a Lei que se faz assentar à espera de cada criança nascida antes mesmo de seu nascimento, dela se apoderando antes de seu primeiro choro, atribuindo-lhe seu lugar e papel e, com base nisso, a sua destinação fixa" (Ibid., p. 195).

Como parte do simbólico, então, a ideologia é definida por Althusser como "uma estrutura de desreconhecimento" [*misrecogni-*

tion] em que o sujeito compreende o seu lugar de maneira equívoca *[misunderstands]*, sendo formado em uma posição na sociedade como um portador de sociedade":

> Freud descobriu para nós que o sujeito real, o indivíduo em sua essência única, não tem a forma de um ego, centrada no "ego", na "consciência" ou na "existência" – seja isso a existência do para si mesmo, do corpo próprio ou do "comportamento" – que o sujeito humano é descentrado, constituído por uma estrutura tampouco provida de um "centro", exceto no desreconhecimento imaginário do "ego", isto é, nas formações ideológicas em que ele se reconhece a si próprio.
> (Althusser, 1964, p. 201)

O processo-chave no poder dessa estrutura de desreconhecimento é a "interpelação", e Althusser aqui usa Lacan para mostrar como a ideologia atua por meio dos "aparatos ideológicos de Estado" para compreender "a reprodução das condições de produção" (Althusser, 1970, p. 123). Althusser (Ibid., p. 162) argumenta que "toda ideologia chama ou interpela indivíduos concretos como sujeitos concretos, pelo funcionar da categoria do sujeito". Isso significa que a noção do "indivíduo" e nosso entendimento do termo "eu", bem como a compreensão, por nós, de nosso nome próprio, é ideológica. O processo de chamamento, de invocação "recruta" sujeitos ao modo de um policial ao invocar "ei, você aí", e o reconhecimento deles próprios, freqüentemente manifesto em movimentos físicos à medida que esses sujeitos que têm sido chamados se põem a reconhecer e a aceitar o seu lugar no simbólico, reforça as categorias utilizadas.

A forma que serve de modelo para essa produção de sujeitos individuais é um grande Sujeito com quem nos identificamos. O Sujeito pode ser Deus ou um líder, ou um ícone cultural exemplar, e existe "a duplicação do Sujeito em sujeitos e do Sujeito em si mesmo em um sujeito-Sujeito" (Ibid., p. 168). A estrutura da ideologia em que cada sujeito se identifica ao Sujeito é uma espécie de estrutura especular em que cada sujeito tem a garantia de que o seu reconhecimento de, por exemplo Deus o Sujeito, conduzi-los-á a serem reconhecidos:

8. Maneiras de espelhar e imaginar a economia local, ou de escapar a ela | 337

a estrutura especular duplicada da ideologia garante simultaneamente: 1. A interpelação de "indivíduos" como sujeitos; 2. sua sujeição ao Sujeito; 3. O reconhecimento de cada outro e, finalmente, o reconhecimento, pelo sujeito, de si mesmo; 4. A garantia absoluta de que é tudo realmente assim, e de que, conquanto os sujeitos reconheçam o que eles realmente são e se comportem de acordo, tudo estará em ordem: Amém – "Que assim seja"
(Althusser, 1970, p. 168-169)

Sujeito a classe

Um dos principais problemas envolvendo a abordagem de Althusser é o de que ele cinde a sua consideração do trabalho de "Aparatos Ideológicos de Estado" em dois: existe uma abordagem psicanalítica do sujeito derivada de Lacan, e também uma abordagem marxista razoavelmente ortodoxa da sociedade equivalente a divisões de classe e luta de classes. A família, por exemplo, é vista como local para a reprodução das condições de produção, mas não há consideração do modo como a família reproduz padrões de gênero e sexualidade. Althusser toma a Lacan como estando alinhado a uma teoria de sustentação do capitalismo e da concepção de sujeito, mas sem corroborar uma noção de patriarcado: "embora ele tenha utilizado algumas idéias lacanianas para pensar a ideologia e o 'sujeito', Althusser continuou completamente incólume a elas ao se debruçar sobre seus assuntos teóricos usuais na condição de marxista" (Barrett, 1993, p. 172). O que obtemos de Althusser é uma abordagem da ordem simbólica estruturada pelo "Aparato Ideológico de Estado" (da escola e da família, por exemplo) chamando sujeitos para seus lugares, e uma insistência de que seria impossível pensar em uma sociedade sem algum tipo de cimento ideológico. O que encontraremos em Kristeva é uma tentativa de pensar em como outros tipos de significação se entretecem no simbólico e sobre que tipos de resistência podem ser possíveis.

ESPAÇO SEMIÓTICO

Julia Kristeva chegou a Paris em 1965, vinda da Bulgária, e logo assumiu papel importante na cena intelectual francesa, participando de debates tortuosos e acalorados sobre estruturalismo e pós-estruturalismo, e sobre a relação entre linguagem e subjetividade. Kristeva defendia que o espelhamento que constitui o ego e prepara a criança para a sua imersão no simbólico também se dá em um sistema significante – a *semiótica* – que continua a pulsar e a tecer o seu caminho no curso da vida adulta. Kristeva foi

> a única autora que leva aos limites o compromisso entre psicanálise e semiótica... um compromisso que de muitos modos pareceu se atravancar nos conceitos de "identificação", "interpelação" e na "posição do sujeito na linguagem, que havia sido trazida, pela via da psicanálise lacaniana, para fortalecer a teoria althusseriana de ideologia e de Estado.
> (Rose, 1993b, p. 42)

Em suas primeiras obras esse compromisso se dava por meio de uma identificação com o maoísmo, a qual se expressava em uma abordagem quase que a um tempo antropológica e turística do feminismo e em "uma nova humanidade":

> na China, uma tradição – enquanto houve a tentativa de livrá-la de seu fardo hierárquico-burocrático-patriarcal – tornou possível que (como a havia partir do *anatômico*) deixasse de haver diferença *simbólica* entre duas entidades metafísicas (homens e mulheres) – e sim muito mais uma diferenciação sutil em cada lado da barreira biológica, diferenciação essa que seria reconhecida por uma lei social só para sempre tornar a ser contestada.
> (Kristeva, 1974a, p. 198-199)

Em sua obra posterior há uma mudança tripartite que perpassa três níveis, com uma rejeição da idéia de que é possível introduzir a

8. Maneiras de espelhar e imaginar a economia local, ou de escapar a ela

política diretamente no inconsciente, o abandono da política em favor de uma "concepção altamente individualista de dissidência e valor" e uma atenção à formação de identidade sexual com a concepção de que "identidade é algo necessário, mas desde que parcial e, por essa razão, traz consigo duplo risco – a ruína de toda identidade, uma aderência a normas psíquicas que a si mesma se cega" (Rose, 1993b, p. 47). Aqui passaremos em revista a sua abordagem da semiótica, da abjeção e do *othering* antes de encetar o caminho em que sua noção do simbólico circula no discurso psicanalítico em tentativas de retornar à "economia local".

Simbólico, semiótica e o chora

Para Kristeva, o encontro da criança com a significação ocorre na fase do espelho e na entrada no simbólico. Assim como o nível do imaginário de reconhecimento e desreconhecimento na abordagem de Lacan, no entanto, a fase do espelho já se organiza em torno de um sistema significante que Kristeva chama de *semiótica*. Ela define a semiótica como funcionamento "pré-signo, que é interno à linguagem, mas também capaz de autonomia, dando origem a outros sistemas significantes" (Kristeva, 1974b, p. 40). A semiótica é produzida em um espaço ou "receptáculo" que Kristeva chama o *chora*, e esse espaço é fornecido pelo corpo da mãe: "O corpo da mãe é, por essa razão, o que media a lei simbólica organizando relações sociais e se torna o princípio ordenador do *chora* semiótico" (Ibid., p. 26). Esse *chora* funciona como o primeiro local seguro para que o sujeito vivencie a significação, participe dela e, antes da fase especular narcisística descrita por Lacan, ela opera na vida posterior como um local imaginário de comunicação perfeita ao qual o adulto falante fragmentado, que está sujeito à lei do simbólico, pode querer retornar.

Essa estrutura de significação foi outrora um estágio desenvolvimental e um aspecto da constituição de sentido que será necessária para a bem-sucedida negociação da linguagem na condição de um adulto: "O *chora* é uma modalidade de significação em que o signo lingüístico ainda não está articulado como a ausência de um objeto e como a distinção entre o real e o simbólico" (Ibid., p. 26). Contudo, existe uma separação radical que ocorre quando a criança sai do *chora* e adentra a linguagem. Quando a criança aprende a falar, e com isso se insere no simbólico, é preciso que haja um rompimento no espaço do *chora*, e desse modo o aprendizado da linguagem é "um confronto agudo e dramático entre o posicionar-se-para-identificar e a motilidade do *chora* semiótico" (Ibid., p. 47). Uma vez sendo o chora estruturado pelo corpo da mãe, ele é identificado como um local "feminino" de significação, e a esfera simbólica que gravita em torno dos homens será vivenciada como local "masculino".

Seria tentador ler as considerações de Kristeva como abordagem que situa a semiótica contra o simbólico, e que promete um caminho para fora do sistema geral de signos organizador do social que funciona ideologicamente para ratificar e garantir as posições do poderoso e do impotente em seu âmbito. Somos então tentados a imaginar que as mulheres podem ser capazes de retornar para a semiótica como um ponto de resistência à ordem simbólica patriarcal e à Lei do pai. No entanto, Kristeva não propõe que a semiótica ou o *chora* possa operar independentemente do simbólico, e a única esperança de mudança se dá por meio da reconfiguração do modo pelo qual alguém opera em relação ao outro:

> A teoria de Kristeva é uma teoria das modalidades de linguagem e, precisamente, ela não pretende ser um simples modelo isomórfico de desenvolvimento ontogênico. Como tal, a *semiótica* só é inteligível por meio da linguagem, como uma escorregadela da língua, ritmo, trocadilho ou prosódia, por exemplo; a relação do sujeito falante com a sua estruturação pré-edípica não é posta por Kristeva como relação passível de produzir uma sexualidade "natural" ou "autônoma".
>
> (Pajaczkowska, 1981, p. 155)

Na verdade, Kristeva tem palavras duras para os que imaginam poder escapar à Lei da significação socialmente estruturada.

8. Maneiras de espelhar e imaginar a economia local, ou de escapar a ela

Rejeição e abjeção

Kristeva tem a entrada no simbólico como inevitável, e, a exemplo de outros psicanalistas, vê a separação da mãe e a submissão à lei do pai como dolorosa, ainda que necessária: "essa transformação da motilidade semiótica serve para removê-la de sua clausura auto-erótica e maternal e, pela introdução do rompimento significante/significado, permite que produza significação" (Kristeva, 1974b, p. 48). A entrada no simbólico é o ponto em que a criança simultaneamente aprende a falar e "descobre" a castração; ela é capaz de alcançar algum poder como sujeito falante reconhecido como membro de uma comunidade de linguagem, mas também perde aquele poder quando a sua ilusão de onipotência é obscurecida. A descoberta da criança, de que ela é agora impotente de um modo distinto, dá-se de modo diferente para homens e mulheres em um sistema simbólico que se organiza em torno do poder dos homens; com meninos aprendendo que direitos de fala são dependentes de sua subordinação ao simbólico, e garotas aprendendo que elas têm de aprender a falar como subordinadas dentro e fora do simbólico.

O que criança e adultos têm de aprender, então, é a não possibilidade de retornar ao espaço semiótico do *chora* e de romper o simbólico. Por um lado, a fantasia de retorno será um abandono da linguagem: um reconhecimento da castração é a condição de possibilidade para o campo simbólico, e essa operação

> constitui signos e sintaxe: isto é, linguagem, como *separação* de um presumido estado de natureza, de prazer fundido à natureza de modo que a introdução de uma rede articulada de diferenças, que dali em diante se referem a objetos e só desse modo se fazem separadas de um sujeito, podem constituir um *sentido*.
> (Kristeva, 1979, p. 23)

Por outro lado, Kristeva argumenta que tentativas da parte de "correntes radicais feministas", por exemplo, de escapar e construir um tipo de "contra-sociedade", só terminarão com algo "constituído como uma espécie de alter ego da sociedade oficial, no qual todas as possibilidades, reais ou fantasiadas para a *jouissance* [prazer sexual e lingüístico] encontram refúgio (Ibid., 27). Pior do que isso, a "lógica do contrapoder" faz-se por fim conduzida à violência, e ela cita o "grande número de mulheres em grupos terroristas" como evidência para tal. O caso do feminismo radical que recusa um contrato simbólico com homens é um exemplo, mas Kristeva toma essa lógica de "contrapoder fetichista" como aplicável a todas as revoltas contra a sociedade a operar como se houvesse um lugar seguro no exterior, e como se desse local se pudesse lançar um ataque ao sistema:

> esse é o produto inevitável do que chamamos uma negação do contrato sócio-simbólico e seu contra-investimento como o único meio de autodefesa na luta pela salvaguarda de uma identidade. Esse mecanismo de tipo paranóide está na base de todo e qualquer envolvimento político.
> (Kristeva, 1979, p. 28)

Por outro lado, Kristeva argumenta que tentativas da parte de "correntes feministas radicais", por exemplo, de escapar e construir uma espécie de "contra-sociedade", terminarão com algo "constituído como uma espécie de alter ego da sociedade oficial, em que todas as possibilidades reais ou fantasiadas de *jouissance* [prazer sexual e lingüístico] buscam refúgio (Ibid., p. 27). Essa expulsão do que é sentido como desagradável para o sujeito faz-se então levada mais longe por Kristeva (1980) em sua abordagem da abjeção. A separação da mãe chama à baila uma série de objetos simbolicamente representados, mas também envolve a produção de algo *abjeto* como o que escapa do ordenamento do desejo no mundo social: "alguma coisa rejeitada, da qual não se faz parte, da qual não se projeta como se o faz de um objeto. O caráter misterioso do imaginário e a ameaça real... acenam para nós e acabam por nos engolfar" (Ibid., p. 4).

Essa abjeção é produto da primeira tentativa de se separar da mãe, e desse modo se manifesta na cultura pela figura do "feminino monstruoso" que está na base de grande parte do imaginário dos filmes de terror:

8. Maneiras de espelhar e imaginar a economia local, ou de escapar a ela

O que é comum a todas essas imagens de terror [em filmes como *Alien*] é a bocarra voraz, o misterioso buraco negro significando a genitália feminina como um sinal monstruoso que ameaça dar à luz a uma prole igualmente horrível, ao tempo mesmo em que ameaça incorporar tudo o que estiver em seu caminho. Essa é a mãe geradora arcaica, construída no âmbito da ideologia patriarcal como "buraco negro". É claro que esse é também o buraco pela ausência do pênis; à visão horripilante dos genitais da mãe – prova de que a castração pode ocorrer.

(Creed, 1987, p. 63)

O abjeto é, pois, algo expelido, então, e aquele algo desagradável pode ser uma representação de alguma coisa já "externa" ou de alguma coisa interna ao *self* – que pode ser até mesmo o próprio *self*.

Outros para nós mesmos

Os escritos de Kristeva durante o final da década de 1980, à parte o seu trabalho clínico mais importante sobre a depressão, têm trilhado o caminho que, sentido como tão diferente e "estranho" para nós, é produto de fantasias que estão em nós mesmos. Quando adentramos a comunidade simbólica transformamo-nos em uma espécie de sujeito que é auto-idêntico e o "mesmo", mas temos também de reconhecer os outros como simultaneamente entremeados em nossa própria identidade e como "diferentes" de nós. A psicanálise nos fornece um meio de pensar sobre a mesmidade e a diferença: "Com a noção freudiana do inconsciente, a involução do estranho na psique perde o seu aspecto patológico e integra na unidade assumida de seres humanos uma *alteridade* que é a um só tempo biológica e simbólica e se torna parte integral do *mesmo*" (Kristeva, 1988, p. 181).

Em *Estranhos para nós mesmos*, Kristeva explora as fantasias de alteridade na simbólica francesa, porém extrai daí algumas conclusões um tanto banais: "pelo reconhecer de nossa misteriosa estranhidade não devemos nem sofrer com isso, nem desfrutá-lo a partir de fora. O estranho está dentro de mim, de modo que somos todos estranhos. Se eu sou um estranho, não há estranhos" (Ibid., p. 192). Dever-se-ia observar que essa posição liberal generosa não a fez parar de igualmente convocar comunidades imigrantes na França a serem tolerantes, insistindo em que devem mostra alguma gratidão e respeito pela cultura francesa. De novo, temos de localizar a sua ruminação um tanto quanto desapontadora na alteridade, no contexto de suas abordagens anteriores da relação entre a simbólica e a semiótica. Não só é a relação entre os dois uma relação de equilíbrio e entretecimento, mas também nós, no *chora*, tornamos a aprender que temos de nos sujeitar a um sistema significante para sermos de algum modo sujeitos; "o *chora* semiótica é não mais do que o lugar onde o sujeito é a um só tempo gerado e negado, o lugar onde a sua unidade sucumbe antes do processo de mudanças e estases que o produzem" (Kristeva, 1974b, p. 28). O tema de Kristeva, portanto, é continuamente brindado com a esperança de alguma coisa fora do simbólico, mas temos de aprender que eles só podem encontrar um modo semiótico alternativo de significação *no* simbólico. Estamos agora a grande distância de Mao: "Idéias não caem do céu. Elas surgem das pequenas coisas, dos detalhes do cotidiano, do corpo, das relações amorosas, da paixão" (Kristeva, citada em Hughes-Hallet, 1992, p. 26).

Cumplicidade de Kristeva com a psicanálise

Kristeva tem sido acusada de ser uma das "filhas zelosas" da psicanálise, na trilha de Freud e Lacan, e de reelaborar cautelosamente abordagens do simbólico e da semiótica para fazer com que se entrelacem e complementem uma à outra em vez de se ater a pontos de resistência (Grosz, 1990). O seu trabalho posterior sobre religião tem sido alvo de elogios pelo psicanalista americano e conservador Otto Kernberg, que observa, em seu prefácio à tradução inglesa de *No princípio era o amor: psicanálise e fé* (Kristeva, 1985), que o "tema subjacente" é o descompromisso crítico, ainda que apreciativo, de um analista lacaniano em relação ao seu pano de fundo teórico, à medida que ela enceta o seu caminho ao encontro da tendência contemporânea domi-

8. Maneiras de espelhar e imaginar a economia local, ou de escapar a ela 345

nante do pensamento psicanalítico francês" (Kernberg, 1986, ix). Há um eco tendendo mais para o patético nesse saudar pelo "pensamento dominante" em uma tentativa, por algum seguidor, de dar conta de sua mudança de algum compromisso radical, com o argumento de que "essa mudança de ênfase resultou de seu aprofundar de um compromisso pessoal com a prática analítica" (Lechte, 1990, p. 208). No lugar de um "destronar por demais severo do Pai – de identidade", agora "o seu trabalho demanda um esforço para que se chegue a certo equilíbrio entre as experiências social e psíquica de indivíduos – entre linguagem (simbólica) como sentido e como não-sentido (semiótico) (potencialmente) poético" (Ibid., p. 108-109).

Como observa Butler (1993, p. 165), Kristeva "alternadamente posiciona e nega a semiótica como um ideal antecipatório". Embora ela nos diga que a semiótica seja uma dimensão da linguagem regularmente premida, também concede ser ela um tipo de linguagem que jamais pode ser consistentemente mantida". Há também uma questão geral, que é "como sabemos que o objeto instintual do discurso de Kristeva não é uma construção do próprio discurso?" (Ibid., p. 173). A resposta deve ser, certamente, a de que todos os objetos instintuais e processos que ela e outros psicanalistas debatem são construções no discurso. O argumento nesse livro é o de que eles agora funcionam como construções razoavelmente duradouras que passam a desempenhar um papel em formas de construção da subjetividade em outros fenômenos culturais para então, no processo, serem sentidos como tanto mais verdadeiros aos que falam o discurso psicanalítico.

Na próxima seção, veremos de que modo noções de discurso psicanalítico articuladas de maneira tão convincente por Althusser e Kristeva articulam elas próprias duas molduras discursivas que estruturam os modos como alguns grupos têm se mobilizado contra o capitalismo nos últimos anos, tentando escapar a suas garras.

TROCA E DÉBITO LOCAL

Há uma disseminada resistência ao capitalismo em diversos países de língua inglesa (Austrália, Canadá, Nova Zelândia, Reino Unido e

EUA), que tem se desenvolvido desde a década de 1980 e que atua com base na premissa de que é possível construir um espaço econômico que seria cooperativo e comunicativo. Essa resistência é organizada em LETS. As iniciais "LETS" no Reino Unido significam "Local Exchange Trading Systems" [Sistemas Mercantis de Trocas Locais] (Seyfang, 1994), mas no Canadá, onde a idéia surgiu primeiro, em 1983, há um remeter mais ambicioso ao "Local Employment and Trading System" (Dobson, 1993). Em 1993 havia dez sistemas LETS no Canadá e dez nos Estados Unidos, 80 sistemas na Nova Zelândia e 200 na Austrália, além de 200 também no Reino Unido, o maior, com quatro centenas de membros estando em Manchester (Seyfang, 1994). O LETS opera mediante um sistema de contabilidade em duas entradas, no qual bens ou serviços prestados são registrados em unidades imaginárias de moeda como um crédito para quem fornece e em débito para quem recebe. O registro de trocas significa que o sistema permanece local e que um acúmulo de reservas é desaconselhável. Uma série de metáforas é utilizada para explicar como o sistema opera, e nós as examinaremos abaixo.

Seyfang (1994) observa que tentativas de implementar formas alternativas de moeda remontam pelo menos ao século XVII. De um modo geral, esses experimentos têm sido orientados por princípios socialistas e por uma hostilidade ao capitalismo. No início do século XIX, Robert Owen, por exemplo, introduziu um sistema nos moinhos New Lanak, na Escócia, chamado "Notas de Trabalho Eqüitativo". Recentemente, aquele espírito socialista utópico foi acrescido de uma agenda verde e de uma política comunitária local preocupada com a proteção de reservas. Os esquemas LETS são parte desse novo movimento. Aquele ímpeto socialista verde é reconhecido no Canadá, embora também haja tentativas de distanciar os LETS de uma identificação política explícita com qualquer partido particular (Dobson, 1993). No Reino Unido, diz-se, "há muito pouco sobre o LETS que o torne inerentemente compatível com qualquer tradição política" (Seyfang, 1994, p. 14), isso mesmo o Partido Verde tendo se comprometido com o LETS e tendo havido abordagens brilhantes em algumas revistas de esquerda (Brosnan, 1994; Gosling, 1994; Rowthorn, 1994). Também tem havido uma torrente de artigos no diário liberal de esquerda do Reino Unido *The Guardian* (Jukes, 1994; Vidal, 1994; Gibbs, 1995).

8. Maneiras de espelhar e imaginar a economia local, ou de escapar a ela

A análise neste capítulo está focada em livros, artigos e folhetos que são ou simpáticos ao desenvolvimento de LETS ou o promovam ativamente. A análise se organiza em torno de dois complexos discursivos, o "simbólico" e o "sócio-simbólico", e do modo como cada complexo constrói outro para si mesmo em dois complexos discursivos adicionais, quais sejam, o "imaginário" e o "semiótico". Como nos capítulos precedentes, o argumento não é tanto o de que podemos usar a teoria psicanalítica para interpretar ou patologizar o LETS (embora isso possa ser realmente uma das funções da análise), mas que noções particulares do social e da subjetividade reunidas e cristalizadas nos escritos de Althusser e de Kristeva circulam no espectro mais amplo da cultura, e desse modo suas versões do discurso psicanalítico têm seu papel na estruturação do modo como os LETS são descritos e exercidos. Nesse caso, a análise se aplica também ao campo discursivo em que o LETS opera, e a complicação é um pouco maior em razão do modo como cada complexo constrói outro que parece mapear um complexo nos demais complexos, sem que o faça, assim, exatamente. Há, então, dois arcabouços discursivos sobrepostos, cada qual estruturando o modo como uma ordem alternativa de trocas cooperativas podem ser contrapostas à ordem simbólica capitalista. Um arcabouço discursivo é o do tipo discutido por Althusser, e o outro é o do tipo elaborado por Kristeva.

O primeiro arcabouço discursivo consiste no complexo discursivo do *simbólico*, que é quase althusseriano em aspecto e que constitui um complexo discursivo do imaginário como outro. Com isso, pois, mantém-se aberto um espaço discursivo para que o LETS funcione contra o capitalismo como um lugar de valores reais e de exemplo moral inocentes. Tem-se, ao mesmo tempo, um segundo arcabouço, um pouco diferente, consistindo no complexo discursivo do *sócio-simbólico* (que habita o mesmo espaço discursivo que a simbólica althusseriana). Tem-se aí um complexo discursivo um pouco diferente da semiótica, que é quase kristevana em caráter (e que habita praticamente o mesmo espaço discursivo do imaginário althusseriano). Essa semiótica luta contra o sócio-simbólico como um local de oposição mantido no lugar por noções de dinheiro natural e de ponderada recusa moral. A análise, então,

348 | Cultura Psicanalítica

procura captar os aspectos contraditórios do LETS e os modos como diferentes representações nos dois arcabouços discursivos da economia e da economia local coexistem em seu interior. Uma variedade de posições subjetivas é construída nesse campo discursivo; agendas e conseqüências políticas diferentes se dão como noções concorrentes de LETS à medida que é apresentada uma alternativa ao capitalismo.

Simbólico e imaginário (arcabouço discursivo I)

O primeiro arcabouço discursivo consiste de dois complexos discursivos que juntos estruturam uma espécie particular de oposição conceitual entre capitalismo e uma ordem simbólica descrita por Althusser, e desse modo o anseio dos ativistas dos LETS alternativos é visto como um local imaginário. Essa oposição entre representações de capitalismo e do LETS inaugura certos tipos de posições de sujeito, mas também condiciona e patologiza participantes.

SIMBÓLICO   O complexo discursivo do simbólico é estruturado em torno do modelo althusseriano da inteira ordem simbólica da cultura como organizada em torno do capitalismo como o motivo-chave, e com o campo social sendo tratado como se fosse equivalente à classe. Esse sistema de classe é um mecanismo perigoso e abrangente, pleno de poderes, desafiado pela esperança de que "comunidades locais possam reaver à força algum poder de inimputáveis bancos, supermercados, chanceleres, e do sistema econômico infernal misterioso e supranacional" (Vidal, 1994, p. 25). Um dos iniciadores do LETS no Reino Unido, por exemplo, refere-se à abertura do esquema e fá-lo contrastar com o "interesse oculto" na economia nacional (in Ibid.). O LETS é definido contra esse sistema econômico, pois "a moeda corrente do LETS não é dinheiro capitalista" (Seyfang, 1994, p. 20), e os tipos de problemas identificados dizem respeito à falta de controle das pessoas sobre o sistema nacional: "a moeda corrente nacional é móvel, e é facilmente exportada das economias locais por bancos e firmas com interesses externos; se é reimportada, o é geralmente sob controle externo" (Ibid., p. 1).

8. Maneiras de espelhar e imaginar a economia local, ou de escapar a ela 349

IMAGINÁRIO A simbólica althusseriana constitui o complexo discursivo do imaginário como o seu outro, como um local infantil embebido no olhar fixo do adulto. A posição que o LETS demarca nessa relação com o simbólico estrutura-se em torno dos modos da infância e da comunicação reflexiva com outros não contaminados pelo mundo adulto.

O modo infantil se expressa no grupo de iniciais "LETS" que são então atreladas a outras palavras para evocar entusiasmo pelo projeto, endereçando-se ao leitor como se ele fosse uma criança como em "LETS get going!"[1] (folheto de Manchester para projeto piloto, 1993) ou "LETS abolish money"[2] (Gosling, 1994). Primeiras introduções ao LETS no Canadá se dão por meio de um jogo de tabuleiro tipo "Banco Imobiliário" chamado LETSPLAY (Dobson, 1993, p. 80). No pacote do competidor reproduzido na visão geral de Dobson (Ibid., p. 184) do LETS há uma página com a demanda "Pense no que você pode fazer pelos outros", e as primeiras sugestões individuais de competidor convidam o leitor a preencher espaços em que se lê "gosto de:" e "odeio:". A posição infantil que é demarcada contra a ordem simbólica adulta também se expressa em muitas críticas do LETS em jornais, que fazem um apanhado da variedade de termos locais aficionados escolhidos por membros para suas próprias moedas ("Bobbins" em Manchester, "Pigs" em Scunthorpe, "Acorns" em Totnes e assim por diante) reunindo-os para lançar alguma luz à atividade de troca, como se a troca fosse um jogo.[3]

---

[1] Slogan pautado em expressão intraduzível, por se utilizar da homonímia, em inglês, entre a sigla LETS é o significado de "let's", usado no sentido de "vamos". Obviamente sem reproduzir o trocadilho, a tradução seria "vamos em frente". (N. do T.)

[2] O mesmo se aplica a esse caso. Aqui a tradução seria "vamos abolir o dinheiro". A sigla LETS servindo também para o que seria o "let's" de "vamos". (N. do T.)

[3] Alguns slogans intraduzíveis relacionando as "moedas" adotadas nas diversas cidades com o uso que se pode fazer delas: "Take a few pigs along to the Pie in the Sky café and watch payment go bob-bob-bobbin' along" (Vidal, 1994); "Twelve acorns for a hair cut" (Kellaway, 1993). Esta última seria o equivalente a "doze *acorns* por um corte de cabelo". (N. do T.)

Há também, nessa relação imaginária construída como alternativa ao simbólico, uma noção de reflexão direta e imediata entre os membros de um esquema local e a troca imediata: "o que o LETS na verdade faz é criar dinheiro somente quando algo é trocado, de modo que o suprimento em dinheiro se equipara exatamente à demanda" (Seyfang, 1994, p. 18). A tarefa, então, é espelhar alguma coisa, reelaborá-la, e transformá-la em algo melhor: "pelo completo internalizar dos custos de produção, a eficiência será melhorada com benefícios sociais e ambientais" (Ibid., p. 3), com isso "modificando a natureza e o sentido social da troca" (Ibid., p. 27). Se esse primeiro arcabouço discursivo althusseriano é importante, uma estrutura conceitual muito mais poderosa é fornecida por noções kristevanas de moedas circulantes de sentido e poder.

Sócio-simbólico e semiótica (arcabouço discursivo II)

O segundo arcabouço discursivo consiste de dois complexos discursivos que juntos estruturam outra espécie particular de oposição conceitual entre capitalismo e uma ordem econômica alternativa progressiva. Agora encontramos o capitalismo sendo retratado de modo semelhante aos elaborados por Kristeva, e a oposição à ordem econômica dominante traz consigo um conjunto ligeiramente diferente de posições subjetivas para participantes e riscos um pouco diferentes quando falam sobre si próprios e suas esperanças em algo melhor do que o capitalismo.

SÓCIO-SIMBÓLICO   O complexo discursivo do sócio-simbólico é constituído como lugar artificial e masculinizado compreendendo tudo o que se deve abjurar.

A questão aqui não é tanto a de unidades de moeda corrente na economia nacional e internacional serem formas de moeda *per se*, mas que a economia consiste de "dinheiro egoísta" (Seyfang, 1994, p. 26). A tarefa do LETS, então, é desafiar o que acontece quando o dinheiro egoísta transforma todos os membros da comunidade em pessoas egoístas: "alguma coisa como o LETSystem é a chave necessária para

8. Maneiras de espelhar e imaginar a economia local, ou de escapar a ela

resolver o problema de nossa dependência em relação a bens que o dinheiro pode comprar, e a destruição que se segue a essa dependência" (Dobson, 1993, p. 78). Uma das formas retóricas que reproduzem essa imagem do sócio-simbólico é tratá-lo como um lugar onde há acúmulo de recursos, e desse modo necessariamente o acúmulo e exercício de poder sobre outros: uma das vantagens do LETS, então, está no fato de a ênfase nas funções de troca ser um "desincentivo ao papel do dinheiro como *reserva de valor*" (Seyfang, 1994, p. 18). Diferentemente da ordem simbólica que acumula unidades de moeda corrente, e assim, como pareceria, de unidades de força, "não é possível para aqueles com reservas de dinheiro LETS ter poder sobre outros" (Ibid., p. 20).

Se os LETS são abastecidos como alternativa semiótica, como se estivessem no *chora* como o espaço do corpo da mãe, encontram-se então em oposição a algo que é, em sua quintessência, masculino. Aqui o sócio-simbólico não é tão "capitalista" (como o é em seu primeiro arcabouço discursivo althusseriano) feito ordem patriarcal organizada pela Lei do pai: "a economia 'de mercado', onde ainda utilizamos linguagem de caçador", "a economia competitiva da caça, do rebanho, da permuta e da guerra", "direcionada para fora" (Dobson, 1993, p. 58). Como em uma dependência, a destrutividade do sócio-simbólico invade o sujeito, e tem de ser arrancada pela raiz e expelida:

> Dever-se-ia observar que me tomou duas horas de teorização e escrita para purgar (ainda que de maneira imperfeita) conceitos monetários do vocabulário com que agora descrevo o LETSystem e suas funções. Nossa indoutrinação no sistema monetário e em seus imperativos é incrivelmente profunda.
> (Dobson, 1993, p. 88)

SEMIÓTICO   O complexo discursivo da semiótica é criado ao longo das linhas da abordagem, por Kristeva, de um lugar como algo seguro, como se fosse o *chora* criado pelo corpo da mãe, mais perto do feminino e da natureza.

A noção de comunidade na semiótica é como que um lugar seguro, passível de ser contido como lugar seguro contra a ameaça de separação que o simbólico forçará. O folheto de recrutamento nacional para o LETS no Reino Unido, por exemplo, defende que "o LETS traz de volta o espírito comunitário" usando então uma metáfora empregada vez por outra na literatura canadense, que é "ajuda a vedar os vazamentos na economia local, mantém o dinheiro na localidade". Um folheto local repete a mensagem "o dinheiro vivo sai da comunidade local" (folheto em Manchester para projeto piloto, 1993). O livreto de apresentação "Círculo Comunitário" para o esquema canadense se inicia com uma descrição de "O Barril de nossa comunidade e como ele vaza", o problema sendo que "nossas comunidades agora dependem quase que inteiramente de *inputs* da economia 'mundial' nacional-internacional, e de *outputs* que escapam para aquela economia mundial", de modo que a promessa é a de que "talvez algum dia não venhamos a necessitar de muitos *inputs* de fora, ou de um bombear" (in Dobson, 1993, p. 172-174). Um certo artigo reproduzido no folheto de recrutamento LETS do Reino Unido deixa claro que tais "*inputs*" devem ser evitados: "o comércio interno *[intertrade]* entre sistemas efetivamente ocorre, mas na verdade estamos recorrendo ao LETS para incrementar o desenvolvimento local".

Como seria de se esperar, a comunidade é identificada com um contato frente a frente, com o folheto de Manchester tomado por um projeto piloto (1993), por exemplo, evocando repetidas vezes a "comunidade local" e "pessoas locais" na condição de organizadores. A comunidade é tão importante que mesmo um autor simpático a ela cometeu a desdenhosa observação, qual seja, "a não ser que você tenha uma identidade comunal por algo importante, não há razão para LETS, exceto para fraudar impostos" (Rowthorn, 1994, p. 31). Um dos entrevistados por Seyfang (1994, p. 54) diz "em certo sentido, embarcar no LETS é como livrar-se de alguma coisa... ganhar algo". Em certas abordagens há a concepção de que um potencial é mantido em retração pelo sistema reinante, e desse modo "toda a luta se dá para criar estruturas que dêem livre curso à realização da cooperação" (Jukes, 1994, p. 4). O LETS consiste de "dinheiro convivial" (Seyfang, 1994, p. 26). Ele também se parece a um "dinheiro natural", com a tarefa de "destravar as restrições que o uso de dinheiro universal impôs ao dinheiro natural que todos nós possuímos por força de nossas habilidades aprendidas e inatas" (Dobson, 1993, p. 78). Por ser natural, ele é também algo "real": "a moeda corrente LETS,

8. Maneiras de espelhar e imaginar a economia local, ou de escapar a ela

que jamais escasseia, possui tão-somente "valor de troca" e representa valor real" (Seyfang, 1994, p. 19).

O LETS é retratado como algo capaz de substituir a separação alienante e os equívocos que ocorrem no sócio-simbólico com a comunicação aberta e transparente. Um aspecto disso está em o LETS ser visto como sistema autônomo significante; Seyfang (1994, p. 8) descreve o LETS como um "sistema de informação". Dobson (1993, p. 83) cita a crença em que "a comunicação necessária interpessoal, juntamente com as vantagens econômicas de se lidar com um outro em vez de fazê-lo com forças de alienação de valor são suficientes tanto para o desenvolvimento social como para o econômico". Outro aspecto relacionado está em que as relações são construídas com base na confiança: um ativista local no Reino Unido argumenta que o LETS "restaura a fé que as pessoas têm umas nas outras, os elos entre essas pessoas, e as ajuda" (in Vidal, 1994, p. 25). Essa fé nos outros garante a participação continuada de membros: "o LETS se baseia em princípios de confiança e apoio comunitário, e em geralmente pressupõe-se que tal não será um problema; a resultante perda de credibilidade social sendo já sanção suficiente" (Seyfang, 1994, p. 9). Essa é a "economia interna do coração, plantando e coletando, na qual o fluxo que sustenta, o fluxo sacro da *dádiva* pode funcionar dia a dia em vez de o fazer como *caridade* rara" (Dobson, 1993, p. 59). O "LETS é um sistema de moeda corrente livremente criada, descentralizada, não tangível e isenta de interesses" (Seyfang, 1994, p. 5), e defende-se que o registro de "pagamento" por uma tarefa equivale a

> verdadeiro crédito – é confiança. O fornecedor de bens e serviços confia no compromisso livremente assumido e *na capacidade* de todos os outros membros, *e da própria comunidade*, de que poderão executar serviços ou valor, e efetivamente o farão, ou fornecerão bens de valor, de modo que mais tarde se possa receber valor em troca de alguém que se encontra sistema.
>
> (Dobson, 1993, p. 140)

Muito embora ele nem sempre seja explícito, há um poderoso expediente retórico usado para defender o LETS, que está em ser um sistema econômico que, comparativamente com o capitalismo, é mais afeito ao feminino. A primeira abordagem em uma série de artigos sobre o LETS na *Red Pepper*, revista de esquerda do Reino Unido, por exemplo, foi sobre o esquema de trocas de mulheres asiáticas usando "motis" (termo hindu para "pérolas") como moeda corrente local, e a observação de que o LETS "tem um valor especial para as mulheres" (Gosling, 1994, p. 28). Um dos advogados do LETS no Canadá defende que o esquema está mais próximo da atividade de mulheres em uma sociedade de caça e coleta, onde "os *coletadores* (em sua maior parte mulheres e crianças) alimentam a maior parte da tribo na maior parte do tempo com uma colheita natural de raízes, frutas silvestres, vegetais e outras miudezas", e isso ainda hoje continua, pois "a economia cooperativa do recolhimento do lar, do plantar e do coletar é *direcionada para o interior*" (Dobson, 1993, p. 59).

Nessa medida, o complexo discursivo da semiótica opera nesse arcabouço discursivo como um padrão nas abordagens dos ativistas LETS que proporcionam um escopo um pouco diferente de posições de sujeito, diferente das especificadas pelo complexo discursivo do imaginário (no primeiro arcabouço discursivo). Esse complexo discursivo kristevano da semiótica opera em relação à ordem econômica capitalista representada e reproduzida como certo tipo de sistema significante para os participantes e organizado em torno do complexo discursivo do sócio-simbólico, enquanto o complexo discursivo althusseriano do imaginário opera em uma relação com o capitalismo organizado como um espaço conceitual pelo complexo discursivo do simbólico. Esses dois campos discursivos sobrepostos ajudam, cada um deles, os participantes do LETS a compreender o seu inimigo e a construir as formas de organização que as possam suplantar. Contudo, cada campo discursivo estrutura a agenda do LETS de tal modo que a fantasia de escapar ao capitalismo sirva para obscurecer o modo como aquela fantasia se faz, ela própria, parte da ideologia capitalista. Assim como Althusser e Kristeva trabalharam com recursos discursivos capitalistas que eram, não obstante suas pretensões radicais, parte da moeda corrente comum da cultura capitalista, o LETS recorre a fontes discursivas que podem acabar por enlear ativistas no próprio sistema de regras e regulamentações que tentam desfazer.

Regras e regulamentações

A ordem simbólica descrita por Althusser nos leva a pensar que não há escapatória, e que qualquer tentativa em contrário estará fadada a se enredar em uma relação especular com o simbólico que reproduz esse simbólico no momento mesmo em que ele se define em relação com ela. A abordagem por Kristeva do simbólico (que neste capítulo se faz presente pelo termo "sócio-simbólico") tem como certa a nossa impossibilidade de nos movermos para além do simbólico, mas, não obstante isso, Kristeva nos convida a pensar que a semiótica é um modo alternativo de significação, e que deve ser possível urdir nosso caminho pela linguagem de um modo diferente. Em ambas as abordagens, a estrutura de significação reinante é algo que nos prende e nos atrai para "outro lugar", sentido como mais seguro, mas ainda atado à Lei.

Pode haver algum modo de pensar a respeito que encontre uma forma de regressão *sem* se imaginar que estamos simplesmente "fora" do simbólico? Althusser e Kristeva, cada qual a seu modo, sustentam uma versão do discurso psicanalítico que problematiza essa possibilidade, mas se considerarmos o discurso psicanalítico mais como entrelaçado na história do que como um regime estático de verdade estaríamos mais capacitados a nos vincular ao que é progressivo acerca de formas alternativas de vida e de formas alternativas do sistema econômico.

Recentemente, um leitor questionou um diário britânico a respeito de "qual a diferença entre uma regra e uma regulamentação?" Se não há diferença alguma, por que as pessoas fazem referência a "regras e regulamentações"? A resposta do jornal foi a seguinte:

a aparente redundância de "regras e regulamentações" remonta à lei inglesa dos séculos que seguiram à conquista normanda, quando os governantes falavam francês e os governados, inglês. Quando se tornou uma questão de lei, pares de palavras – um deles conhecido de falantes de francês, o outro dos de inglês – passaram a ser utilizados. Daí termos "aid" [ajuda] e "abet" [cumplicidade], "fair" [justeza] e "equitable" [igualdade], "let" [permissão] ou "hindrance" [obstrução]. Essa divisão de classe também se vê pelos termos ingleses usados nas refeições. O nome do animal, servido ou caçado pelos governados é de raiz anglo-saxônica: assim, "cow" [vaca], "sheep" [carneiro], "pig" [porco] (ou "boar" [javali]) e veado. Já a refeição, consumida pelos governantes, é conhecida por uma palavra de raiz francesa: "beef" [bife], "mutton" [carne de carneiro], "pork" [carne de porco] e "venison" [carne de veado].

(*The Guardian*, 16 de agosto de 1995, p. 4)

O simbólico em si mesmo contém traços históricos de dominação, e é quando nos situamos como parte da história que imaginamos algo diferente. De modo similar, quando a prática discursiva do LETS é situada como parte de uma história de resistência, somos mais capazes de apreciar o que é progressivo a seu respeito e o tipo de sistema alternativo que ele pode prefigurar.

Para fazê-lo temos de operar o tipo de dupla viragem histórica que Zizek (1989) realiza em sua análise do sintoma em Freud e da mercadoria em Marx. Zizek, um lacaniano-hegeliano natural da Eslovênia, vendo essas questões ao mesmo tempo de dentro e de fora do capitalismo e da psicanálise ocidental, ajuda-nos a ver por que Althusser e Kristeva estão certos em investir contra simples apelo às coisas fora do simbólico e em como o LETS cai na armadilha de apelar à parte central de sua prática. Althusser e Kristeva podem simplesmente fazer as vezes de desmancha-prazeres, duvidando da possibilidade de irromper para fora do simbólico, mas estão sendo verdadeiros para Lacan, e talvez para Freud. O ponto da análise do sonho (como vimos no capítulo 7) está em não encontrar o núcleo oculto do sonho, e Freud (1900) fala de um "micélio" arvorando-se sem um centro. Como Zizek (1989, p. 11) observa, a tarefa não está em chegar ao significado latente, e sim muito mais em perguntar "por que os pensamentos de sonho latentes assumiram tal forma, por que se transpuseram para a forma de sonho?", o mesmo sendo o caso para Marx:

8. Maneiras de espelhar e imaginar a economia local, ou de escapar a ela

o mesmo vale para as mercadorias: o problema real não está em penetrar o "âmago oculto" da mercadoria – a determinação de seu valor pela quantidade do trabalho contido em sua produção – mas em explicar por que o trabalho assumiu a forma do valor da mercadoria, por que se pode afirmar o seu caráter social somente na forma de mercadoria de seu produto.

(Ibid.)

Zizek argumenta que o marxismo muito se aproxima da psicanálise, então, em sua tentativa de mostrar como as coisas vieram a ser do que jeito que elas são em vez de tentar recuperar coisas reais que jazem ocultas sob a superfície, como se tivessem sido recalcadas e se encontrassem no inconsciente esperando para ser libertadas ou como se existissem como valores verdadeiros, ocultos pelas maquinações da economia capitalista. E como se não bastasse, noções psicanalíticas de repressão produzindo o que é recalcado enraízam-se em uma espécie de sistema econômico tão alienante justamente por nos atrair para a busca de algo mais com que podemos nos pôr em conexão, algo cuja falta é sentida de maneira tão evidente: o estado "normal" do capitalismo é o revolucionar permanente de suas próprias condições de existência; desde o início o capitalismo "se putrefica, sendo estigmatizado pela contradição e pela discórdia mutilantes, por um desejo imanente de equilíbrio (Zizek, 1989, p. 52). O capitalismo se constrói em torno de uma falta que não pode ser satisfeita, e os que a ele estão submetidos sentem aquela falta e tentam encontrar algo que os faça sentir inteiros. O LETS também tenta suprir a tal falta e restaurar o equilíbrio, sendo por esse motivo que ele reproduz aquilo a que tenta escapar. Então podemos nos perguntar, onde Zizek é por tal conduzido, e pela tarefa de tentar encontrar a verdade em psicanálise como uma psicoterapia. Voltaremos a essa questão mais adiante.

9
COISAS REAIS, RECUPERAÇÃO E TERAPIA

> *Tudo o que venho fazendo é parte de minha catarse pessoal... O meu trabalho é uma espécie de auto-retrato. Todo o mergulho no erotismo e o tratamento que dou às minhas fantasias sexuais resulta de minha própria luta interior com o modo como fui criada... Diz respeito a minha própria luta interior contra a repressão.*
>
> Madonna, citada em J. Pareles (1994, p. 2) Alone again naturally

A psicanálise estrutura as relações sociais na sociedade ocidental. A teoria psicanalítica enceta o seu caminho através da cultura, estabelecendo posições subjetivas em toda uma variedade de movimentos sociais alternativos e munindo os participantes com material discursivo com base no qual possam se formar a si próprios e acreditar que o que eles têm feito é verdadeiro. A imagem popular da psicanálise como "cura pela fala" é a de uma série de técnicas para deslindar a linguagem dos pacientes e descobrir que coisas reais aconteceram para causar sua miséria histérica. A prática psicanalítica, contudo, tem se mostrado menos certa quanto à relação entre a linguagem, a verdade e a realidade (por exemplo, Hobson, 1986; Lomas, 1987; Scott, 1996), e Freud desde o início se mostrou pessimista quanto à possibilidade de fazer mais do que transformar "a miséria histérica em uma infelicidade comum" (Freud, 1895b, p. 393).

A viragem para o discurso na psicanálise francesa tem sido tanto mais insistente à medida que se revela que a linguagem não pode ser despelada para revelar algo real e verdadeiro, mas tem havido um duplo movimento bastante peculiar nessa tradição. Por um lado, há uma forte ênfase no não-reconhecimento da formação da identidade pessoal e na "impossibilidade" do real, e uma correspondente suspeita dos que argumentam serem capazes de encontrar os referentes reais para as coisas que sentimos sob o discurso ou fora dele. Essa suspeita é reforçada pelo uso, por Lacan, do estruturalismo. Por outro lado, há também uma busca pela "verdadeira fala", e essa forma de psicanálise mantém aberta a possibilidade de o sujeito encontrar a si mesmo nas lacunas do discurso, lá onde ele não pensa. Essa esperança de apreender e de falar um núcleo de verdade é teoricamente conduzida pelo uso, por Lacan, da fenomenologia. A hostilidade de Lacan (1992a, p. 302) aos psicólogos do ego americanos se deve ao "objetivo moral" de sua prática, que ele via como "normalização psicológica", mas que insistia em ver o objetivo moral de sua psicanálise como auxiliando o paciente a seguir a linha de seu desejo, pois "a única coisa de que se pode se sentir culpado é de se dar relativa guarida ao desejo de alguém" (Lacan, 1992b, p. 319). Na psicanálise lacaniana, o analista não responde à demanda por felicidade vinda do paciente, e desse modo "levar uma análise até seu fim é nem mais nem menos do que ter encontrado o limite em que a problemática do desejo é suscitada" (Lacan, 1992c, p. 300).

Existem duas questões que precisamos levar em conta em uma avaliação do desenvolvimento da concepção lacaniana da prática psicanalítica e das imagens culturais dos objetivos do trabalho psicoterapêutico. A primeira é que essa tradição tem sido elaborada e desafiada, estendida quase a um ponto de ruptura por diversos outros autores. Enquanto instituições psicanalíticas lacanianas organizadas pelo Campo Freudiano e ainda conduzidas por Jacques-Alain Miller estão certas de saber para onde os leva o trabalho de Lacan como prática terapêutica, há diversas dissidências menos certas a respeito, as quais se engajaram no discurso psicanalítico lacaniano e pressionaram na direção do legado lacaniano certas dobras distintivas. Alguns autores, como Lyotard, fizeram oposição explícita a Lacan e emprega-

9. Coisas reais, recuperação e terapia

ram tradições teóricas já bem diferentes, incluindo uma abordagem nietzschiana do "real" bastante em voga na França na década de 1970 (cf. Deleuze e Guattari, 1977). Outros, como Laplanche, puseram-se a trabalhar de maneira mais cautelosa na problemática lacaniana e apelaram ao Freud dos primórdios para que lhes fornecesse uma abordagem sobre como as coisas são tornadas reais para o sujeito em seu primeiro encontro com o social. E analistas culturais lacanianos, como Zizek, são fiéis e críticos, mostrando os aspectos contraditórios de escritos de Lacan e trabalhando em suas fendas a fim de mostrar como a linguagem forma o sujeito em torno de um núcleo traumático do real. Lyotard, Laplanche e Zizek têm se mostrado influentes como comentadores de psicanálise e da cultura psicanalítica, e também têm ajudado a elaborar algumas das formas de discurso e de prática constitutivas daquela cultura.

A segunda questão é a de que, se for o caso de compreender como as transformações lacanianas da psicanálise são desempenhadas na cultura, precisamos levar a sério as condições mais amplas de possibilidade para a formação de prática terapêutica. A cultura moderna, com suas fontes criadoras na Ilustração ocidental do século XVIII, esboça e anuncia narrativas de sentido pessoal, de progresso e de ciência. A filosofia moderna compreendeu-se a si mesma como o "espelho da natureza" (Rorty, 1980), e a psicologia moderna desenvolveu o projeto de espelhar com precisão e de medir o comportamento. A psicanálise também é um esforço completamente moderno. Reside na crença de que a auto-reflexão intensa e dolorosa garantirá o autoconhecimento, isto é, um esforço progressivo, e que um entendimento racional, mesmo científico do desenvolvimento mental, será de auxílio aos praticantes.

Agora, a suposta mutação do todo da cultura em uma "condição moderna" redunda em sérios problemas para noções psicanalíticas tradicionais, já que um pós-modernista consumado desconfiará de metáforas de profundidade; não há *self* ou experiência interna a ser recuperada do passado do paciente, não há passo a ser dado para o auto-entendimento, e não há narrativa, científica, ou alguma outra, que poderia ser privilegiada em relação a qualquer outra. A condição pós-moderna é um mundo de superfícies e um perpétuo presente. Os perigos que isso reserva para uma concepção terapêutica do *self* incluem uma recusa em se levar a sério queixas sobre o passado (Burman, 1997). O argumento segundo o qual os terapeutas só podem implantar "memórias" em pacientes quando olharem as coisas sob a superfície poderia ser visto como expressão do espírito pós-moderno, muito embora o zelo com que esse argumento é aventado e combatido também seja evidência de que algumas noções modernas de certeza e verdade ainda hoje estão, felizmente, vivas e passam bem. É claro que a idéia de um *self* profundo, "primitivo", jazendo sob a superfície não é apenas uma noção psicanalítica. A psicanálise se apropria de imagens do *self* e de outros que se desenvolveram por força da Ilustração, reelabora essas imagens e então as lança em direções diferentes que agora sentimos como naturais, como partes de nosso senso comum de todos os dias.

Este capítulo enfoca noções psicanalíticas que sustentam o discurso terapêutico e explora os meios pelos quais podemos compreender o trabalho do discurso terapêutico na formação de temas pelo reemprego do recurso metodológico analítico do "complexo discursivo". Essa abordagem do discurso terapêutico volta-se para o conteúdo, mas então há de se argumentar que precisamos dar um passo a mais para contemplar o modo como aspectos formais da comunicação em setores da cultura pós-moderna também se encontram estruturados em torno de padrões psicanalíticos de raciocínio. Para fazê-lo, então, precisamos ir bem além de Freud. Os desenvolvimentos na escrita psicanalítica, incluindo os trabalhos de Lacan, Laplanche e Zizek, seguem a mudança pós-moderna de ênfase do interior do *self* para padrões de discurso, e talvez não surpreenda que esses desenvolvimentos tenham sido vistos primeiramente no reino da teoria "pós-estruturalista" francesa que nutriu a especulação de Lyotard segundo a qual "grandes narrativas" de aperfeiçoamentos culturais e individuais estariam ultrapassadas e teriam dado margem a toda uma miríade de "pequenas histórias". Os diagnósticos grandiosos sobre uma nova "pós-modernidade" convenientemente ignoram o fato de que muitas pessoas ainda vêem utilidade em pensar no papel da história econômica, social e pessoal em suas vidas, mas fazem atentar para alguns dos efeitos das novas formas discursivo-tecnológicas que compreendem o capitalismo tardio. Este

9. Coisas reais, recuperação e terapia

capítulo também estará voltado, então, para alguns dos efeitos dessas novas formas sobre o discurso terapêutico.

Novas formas tecnológicas diversificam os modos como conceitos terapêuticos modernos posicionam aqueles envolvidos no trabalho de autocompreensão psicanalítica. Essa visão geral e análise encontra-se focada no que é *dado* a terapeutas e pacientes, e defender-se-á que uma abordagem da criatividade em psicoterapia deve incluir um entendimento das condições discursiva e tecnológica, bem como dos limites àquela criatividade. Em primeiro lugar, no entanto, será o caso de perscrutar alguns dos desenvolvimentos no discurso psicanalítico lacaniano na obra de Lyotard, Laplanche e Zizek.

MENTIRAS SINCERAS

Em cada um desses vieses pós-modernos do trabalho a psicanálise sem querer se deixar deslindar a partir do interior; e a autodesconstrução na condição de processos psíquicos é localizada no discurso em vez de o seu no interior auto-anexado de mentes individuais. No, entanto, ao mesmo tempo em que a psicanálise é posta em questão, novas formas tecnológicas fornecem infra-estrutura material para a "condição pós-moderna" também proporcionam um cenário para algumas novas variedades de teoria psicanalítica e de novas versões do discurso terapêutico.

A banda libidinal de Lyotard

Apesar do papel progressivo de alguns analistas lacanianos radicais nos acontecimentos de maio de 1968 em Paris, a viragem "estruturalista" e, a partir daí, a "pós-estruturalista" para o discurso no pensamento intelectual francês tenderam a conduzir a um pessimismo profundo quanto à possibilidade de mudança entre os que participavam daquela viragem. A viragem para o discurso também foi, para muitos, uma viragem a se dar a partir da política. A análise lacaniana, a exemplo de outras formas de psicanálise, insiste em que o mundo e a psique sejam mais complicados e resistentes a mudanças do que os revolucionários gostariam de acreditar, e o compromisso crítico de Lyotard com a psicanálise em seu livro *Economia Libidinal* (1974) é tanto mais crítico aos que apelariam a alguma atividade ou experiência humana que nem sempre se encontra já alienada. Esse texto também é importante porque, a exemplo do trabalho de Baudrillard (discutido no capítulo 6) ele prefigura discussões sobre o fracasso da ilustração da cultura ocidental, e reúne algumas caracterizações lacanianas da psicanálise pelo pós-modernismo. Por vezes se defendeu que o trabalho de Lyotard (1979) sobre "a condição pós-moderna" seria uma nova fase em seus escritos a partir do "fim morto" da *Economia Libidinal* (por exemplo, Dews, 1987, p. 143), mas o livro realmente antecipa alguns dos modos pelos quais as esperanças de libertação serão escarnecidas e os padrões de intensidade na superfície da cultura, celebrados em sua obra tardia. Hoje, são poucas as referências que o próprio Lyotard faz ao seu livro, referindo-se a ele como "livro mal, o livro da maldade que todos os que escrevem e que pensam ficam tentados a escrever" (Lyotard, 1988, p. 13), mas ainda assim é um texto importante à medida que dá voz a algo sintomático sobre o modo como a ordem simbólica é vivenciada em nossos dias em algumas variedades de discurso psicanalítico. Idéias naquele texto também abastecem imagens de linguagem culturais contemporâneas, a subjetividade e o autotrabalho "terapêutico".

Dews (1987, p. 134) defende que a diferença crucial entre Lyotard e Lacan versa sobre o que a consciência faz com nosso entendimento do mundo e de nós mesmos: "Estar consciente de um objeto é estar consciente – ainda que de maneira implícita – de consciência *daquele* objeto. Então, uma distância do objeto é construída no próprio conceito de consciência". Como conseqüência dessa posição, Lyotard retorna à concepção nietzschiana – e freudiana – de que a própria consciência é já uma forma de exclusão e de repressão" (Ibid.). Se esse for o caso, o papel da reflexão ou do entendimento será tomado de surpresa pela mesma "distância", em "exclusão e repressão". A noção de "banda libidinal" na abordagem de Lyotard funciona aqui como algo próximo do processo primário descrito por Freud, mas que também está íntima e necessariamente atrelado a formas de pensamento *sobre* o processo primário. A banda libidinal produz um arranjo de forças libidinais

9. Coisas reais, recuperação e terapia

ou de "intensidades" que não podem escapar à representação, e com isso a atividade de refletir sobre o desejo é ela própria uma organização particular da banda libidinal, em um processo de alargamento e compactação. Poderíamos pensar na banda libidinal como aquilo que segue a ordem simbólica de Lacan em direção ao sujeito à medida que esse sujeito aprende a falar e que ao mesmo tempo incita e estrangula a esperança de escapar.

Na teoria lacaniana, o termo *"jouissance"* é utilizado para fazer referência ao tipo de prazer sexual de que o sujeito desfruta como algo que está simultaneamente fora e dentro da linguagem (Benvenuto e Kennedy, 1986). Lyotard traz esse elo para dentro e para fora da representação de maneira mais exacerbada em *Economia Libidinal*, para então interpretar suas implicações. Em primeiro lugar, em se tratando de uma reflexão sobre a sociedade, temos de abandonar a esperança de sair da ordem simbólica para compreender o que ela pode estar fazendo conosco:

> no imenso e vicioso circuito de trocas capitalistas, seja de mercadorias ou "serviços", parece que *todas as modalidades de jouissance* são possíveis e que nenhuma delas cai no ostracismo. Nesses circuitos, é tanto mais uma parte da banda libidinal que se torna clara em seu polimorfismo efêmero e amorfo. Agora, por essa razão, temos de abandonar completamente a crítica.
>
> (Lyotard, 1974, p. 139-140)

Com isso, Lyotard, toma distância de grupos marxistas e libertários dos quais ele um dia fora membro nas décadas de 1950 e 1960, e recorre a alguns dos argumentos mais pessimistas em psicanálise para advertir outros sobre o engodo da política radical: "pois o que acontece a quem quer que seja, sem querer reconhecer que a economia política é libidinal, é que ele [sic] reproduz em outros termos a mesma fantasia de uma região externalizada onde o desejo estaria protegido" (Ibid., p. 107).

Em segundo lugar, em se tratando da reflexão sobre o *self* na psicoterapia psicanalítica, Lyotard lança fogo contra lacanianos que caem na armadilha de pensar que ainda pode haver uma "cura" e retrata a teoria lacaniana como um esforço que "resulta de uma simples inversão que garante o sujeito, cinde em duas a mesma meta-unidade de um segundo nível, que obviamente não é a da consciência em si mesma, mas muito mais uma unidade de linguagem" (Ibid., p. 125). A operação da banda libidinal atrelada à linguagem por certo faz essa "meta-unidade" lingüística completamente impossível. Dews (1987, p. 138) observa que embora Lyotard ainda, nessa época, pareça apelar em outros ensaios a uma "economia puramente libidinal", que forneceria uma fonte de resistência, "ele já apreendeu que isso é impossível: qualquer ação, qualquer discurso, qualquer estrutura estética pode servir como transportador de intensidade igualmente bom ou igualmente ruim". Se tudo o que se puder esperar são diferentes variedades de intensidade da banda libidinal, então o simbólico teve êxito na saturação do núcleo do sujeito, lavando e desperdiçando qualquer ponto de resistência à opressão ou repressão. Com isso, Lyotard toma alguns aspectos da exorbitância lacaniana da linguagem a seu extremo lógico, e intensidades de experiência na superfície da linguagem substituem toda e qualquer experiência de encontrar um sujeito de profundidade subjazendo a ela. O simbólico, então, penetra e satura o sujeito mediante a banda libidinal.

Significantes enigmáticos de Laplanche

Um dos paradoxos da viragem lacaniana para o discurso é o de que enquanto ele arrasta a psicanálise para adiante, em direção à órbita da teoria estruturalista e pós-estruturalista, redimensionando a abordagem de Freud à luz de abordagens de vanguarda da linguagem e da textualidade, há também um retorno aos primeiros escritos de Freud para se encontrar uma garantia de sua releitura e desafiar a ortodoxia da IPA. Esse retorno é marcado da maneira mais crucial no argumento de Laplanche (1996, p. 8), segundo o qual "em 1990 o método analítico já está completo" e a partir daí a psicanálise passou a se degenerar: "na década que se seguiu a 1900, a psicanálise passou por uma mudança que foi importante ao tempo mesmo em que foi desastrosa, com a apa-

9. Coisas reais, recuperação e terapia

rição de códigos de leitura cujos nomes são *simbolismo* e *tipicalidade*" (Ibid.). O simbolismo é oposto por Laplanche por prometer uma tradução direta do sonho ou da fala do paciente em uma narrativa que é correta. Laplanche observa que somente em edições posteriores de sua *A interpretação dos sonhos* (1900) Freud propõe a existência de certos símbolos passíveis de ser interpretados dessa maneira. O engodo da tradução direta utilizando-se a teoria psicanalítica como um tipo de livro de sonhos ou livro-texto simbólico também corta em linha transversal a atividade da livre associação e a atividade do paciente que traça conexões. O outro código de leitura a que Laplanche denomina "tipicalidade" é aquele em que o analista imagina que certos tipos de sonho, texto ou caso podem ser desencerrados utilizando-se certo código. "O método psicanalítico, em seu momento originário, atua não com chaves, mas com chaves de parafusos. Mais desmantela travas do que as abre. Só assim, pelo quebrar e entrar, consegue-se chegar ao terrível e risível tesouro de significantes do inconsciente" (Laplanche, 1996, p. 12). A questão crucial para a psicanálise, então, é a de como a repressão opera em detrimento do *que* está sendo recalcado, como fazemos a nós próprios, mais do que realmente somos como "verdadeiros *selves*".

Laplanche desafia alguns dos mais dúbios postulados modernos da teoria freudiana, e prontamente se presta a desatrelar a psicanálise de abordagens que se pretendem capazes de trazer à tona um verdadeiro *self* das profundezas do inconsciente, e tem-se aí a noção de que o "id" é "algo primordial e primevo" (Laplanche, 1989, p. 28). Trata-se mais de um estranho que vive dentro de nós como resultado do próprio processo que constitui o aparelho psíquico e o recalque" (Ibid., p. 28-29). Em representações culturais da experiência, incluindo as que são estruturadas pelo discurso psicanalítico, há uma elisão entre o que é sentido como mais profundamente enterrado e as coisas que imaginamos ter acontecido primeiro em nossa própria experiência pessoal ou na história da humanidade. Laplanche insiste que "original" e "mais profundo" não são sinônimos" (Ibid., p. 39). A pesquisa equivocada por reais experiências ocultas em grande parte da psicanálise leva Laplanche a perguntar "o gesto de separação vem antes do resultado de separação? Ou ele *estabelece* o elemento de que se separa?" (Ibid., p. 29).

Laplanche foi um daqueles que, na tradição lacaniana, fez-se responsável pela recuperação da noção freudiana de *Nachträglichkeit*, o modo como a memória reconstrói a si mesma em torno de um acontecimento traumático para torná-lo traumático (Laplanche e Pontalis, 1964), e ele resume essa posição quando diz "são sempre necessários dois traumas para fazer um trauma, ou dois eventos distintos para produzir a repressão" (Laplanche, 1989, p. 88). Isso lega à psicanálise o problema sobre como abordar acontecimentos traumáticos reais, e ele argumenta que o abandono por Freud da "teoria da sedução" se deve a sua

> confusão entre a contingência do comportamento sexual adulto assim chamado "perverso" e a natureza geral da situação de sedução. Freud deixa de lado a sua "neurótica", enquanto talvez tivesse sido melhor adentrá-la em maior profundidade, notavelmente na direção da sedução fundamental e primária.
> (Laplanche, 1992, p. 189)

Laplanche tenta ir mais fundo, e dar conta da produção do trauma, argumentando que comunicações pelos pais à criança produzem um "trauma" em virtude de certos elementos discursivos sexualizados serem incompreensíveis para a criança. Essas comunicações, passíveis de provocar confusão, medo e tendo um aspecto "sedutor" são o que Laplanche chama "significantes enigmáticos".

Um exemplo que ele dá com freqüência é a mensagem da mãe quando ela oferece o seio à criança. A criança não sabe quais são as fantasias da mãe, mas sabe que existem fantasias de certa espécie: "o que se percebe é que esse gesto tem alguma coisa de outro sentido, outro sentido que chega ser desconhecido da própria mãe" (Laplanche, 1990a, p. 22). Os pais fazem amor, ou se abstêm de fazer amor por causa da criança, e nessa medida enviam tais enigmáticas mensagens a ela: "os pais não estão completamente conscientes do que o prazer sexual significa para eles, da fantasia sexual por detrás de seu próprio intercurso" (Ibid., p. 23). Pais se beijando na presença da criança seria outro caso (Laplanche, 1990b). As "mensagens enigmáticas" comunicadas à

9. Coisas reais, recuperação e terapia

criança são parcialmente inconscientes porque a criança está lutando para dar significado a sentidos que não podem ser apreendidos por ela consciente e parcialmente porque o adulto está enviando as mensagens de maneira não intencional, de maneira "inconsciente": "para a criança, o adulto tem um inconsciente, que se deixa inflamar pela relação com a criança pequena que ele um dia foi. Essas mensagens são o mais das vezes não-verbais – atos de carinho, micagens, gestos; mas eventualmente são também verbais" (Laplanche, 1996, p. 11). Ele resume isso no enunciado de que "o *enigma* é em si mesmo uma *sedução*, e seus mecanismos são inconscientes" (Laplanche, 1989, p. 128).

Laplanche observou que "*a psicanálise invade o cultural*, não só como forma de pensamento ou doutrina, mas como um modo de ser" (Ibid., p. 12), e sua atenção às condições culturais que tornam possível o discurso psicanalítico e a subjetividade psicanalítica também é importante para Zizek.

O *Che vuoi* de Zizek

A psicanálise eventualmente promete encontrar "a verdade". Zizek insiste em que quando cavamos fundo no inconsciente devemos compreender quão impossível isto é. Ele dá o exemplo da visita de Freud às cavernas Skocjan, na Eslovênia, onde encontrou o prefeito anti-semita de Viena, Lueger. Não só as cavernas eram uma perfeita metáfora para o inconsciente, mas a palavra "Lueger" traz nítidas associações com o alemão *Lüge* – mentira. O encontro de Freud chama a atenção para a diferença entre as terapias *new age* que prometem encontrar o verdadeiro *self* e a psicanálise: "o que descobrimos no âmago mais profundo de nossa personalidade "ma *mentira* fundamental, constitutiva, primordial, o *proton pseudos*, a construção fantasmática por meio da qual nos esforçamos em ocultar a inconsistência da ordem simbólica em que habitamos" (Zizek, 1960, p. 1). Para Zizek, o inconsciente e a ordem simbólica fazem voltas em torno de um "núcleo traumático" do real, e essa fantasia de uma "coisa" horrível sentida como tão perdida nos leva a atacar os que, segundo imaginamos, a podem ter roubado. Os comentários de Zizek (1990) sobre a derrocada da Iugoslávia, por exemplo, ressaltam o modo pelo qual as diferentes comunidades imaginam todas que os outros sejam responsáveis pelo "roubo do deleite" e das casas na fantasia de que outros possuem a "coisa" misteriosa que mantém uma nação unida e que forma o núcleo da identidade nacional e pessoal.

Zizek argumenta que o que a psicanálise lacaniana força-nos a reconhecer é que nós não encontraremos a verdade em nós mesmos, mas nas mentiras que estruturam nossa existência em torno de um núcleo traumático do real, o núcleo traumático que estrutura a ordem simbólica.

Há três aspectos para essa fantasia de verdade. O primeiro é aquele segundo o qual, ao contrário de muitos outros na tradição lacaniana, Zizek está se comprometendo em um tipo de crítica da ideologia, já que se ocupa em deslindar o modo como a ordem simbólica opera. Existem três aspectos nessa fantasia de verdade. Ele dá o exemplo dos julgamentos stalinistas, em que o superego do partido mantinha a "realidade" para o sujeito e o incitava a confessar crimes que não havia cometido porque a alternativa única era a total perda da realidade. A confissão aqui é um modo de ligar o sujeito à Lei, e enquanto a Lei controla o sujeito, o superego convida o sujeito a participar, com entusiasmo:

> A Lei é a agência de proibição que regula a distribuição de desfrute na base de uma renúncia comum e compartilhada (a "castração simbólica"), à medida que o superego assevera que o desfrute *permitido*, a liberdade de desfrutar se reverte em obrigação de desfrutar – este que, deve-se acrescentar, é o modo mais eficaz de bloquear o acesso ao desfrute.
> (Zizek, 1991, p. 237)

O segundo aspecto é aquele segundo o qual, se a psicanálise nos "liberta" de alguma coisa, ela o faz do medo de que nossa existência seja dependente de outros, pois então compreendemos a necessidade de deixar esmorecer a esperança de "existir" como uma substância do *self*:

> em contraste com a noção de que posso estar absolutamente certo unicamente das idéias que estão em minha própria mente, à medida que a existência de realidade fora de mim mesmo já é uma inferência conclusiva, a psicanálise rei-

9. Coisas reais, recuperação e terapia

vindica que a realidade fora de mim definitivamente existe; o problema é muito mais o de que *eu mesmo* não existo.
(Zizek, 1994, p. 170)

A psicanálise é um espaço em que podemos falar e eventualmente agir da mesma forma sem temer o outro.

Isso nos conduz ao terceiro aspecto da fantasia da verdade, que é onde nos fazemos recrutar em formas de ideologia contendo em si a demanda de que possamos agir em resposta a um chamado de interpelação, ou de "cura" de sujeitos (com o exemplo paradigmático de um policial chamando "ei, você aí!"), mas ele observa existirem dois aspectos dessa cura. Tanto quanto nossos protestos de inocência quando somos intimados pela Lei, há um profundo e incompreensível sentimento de culpa, o qual se compõe do sentimento de que talvez venha a ser a nossa própria ignorância da causa da culpa o crime que perpetramos mais profundamente:

> o que temos aqui é a inteira estrutura lacaniana do sujeito cindida entre inocência e culpa abstrata, indeterminada, confrontada com um chamado não-transparente emanando do Outro ("Ei, você aí!"), um chamado em que não está claro para o sujeito o que o Outro realmente quer dele ("Che vuoi?").
> (Zizek, 1994, p. 60)

E assim, "aprioristicamente ao reconhecimento ideológico, temo um momento intermediário de interpelação obscena e impenetrável sem identificação", e com isso "tem-se já um sujeito sobrenatural que precede o gesto de subjetivização" (Ibid., 61).

Para Zizek, esse sujeito é uma "falta", algo perdido na estrutura da ordem simbólica que é representado por um significador, o qual o sujeito se encontra desesperado para ler como algo verdadeiro sobre si próprio, algo traumático na ordem simbólica que ele reveste. A chave aqui está em que a questão que o Outro lança ao sujeito, *Che vuoi*, a que Zizek (1989, p. 111) traduz como "você está me dizendo isso, mas o que você está querendo com isso, qual o seu objetivo?" Desse modo "o sujeito é continuamente pressionado, forçado em direção a um significante que o representa para o outro" (Ibid., 113), e assim,

O sujeito é automaticamente confrontado com um certo *"Che vuoi?"*, com uma questão do Outro. O Outro se dirige a ele como se ele próprio *[sic]* possuísse a resposta à questão de por que tem ele esse mandato, mas questão, é claro, é irrespondível. O sujeito não sabe por que ele está ocupando esse lugar na rede simbólica. Sua própria resposta a esse "Che vuoi?" do Outro só pode ser a pergunta histérica "por que sou o que se supõe que sou, por que tenho este mandato?" (Zizek, 1994, p. 113)

Mais adiante traçaremos as vias pelas quais a leitura e elaboração do discurso psicanalítico por Lyotard, Laplanche e Zizek se dispõem em setores modernos da cultura contemporânea, mas primeiro há que se abordar o discurso terapêutico como um fenômeno *moderno*.

DISCURSO TERAPÊUTICO MODERNO

Há algo de quintessencialmente moderno relacionado à psicanálise e, a exemplo de muitos movimentos modernos, há uma tensão entre dois impulsos em oposição. Por um lado, a psicanálise funda-se na idéia de que o auto-aperfeiçoamento e o entendimento vêm de um pesquisar no interior do *self* e no entender-se com fantasias que estruturam o passado do indivíduo. A força de uma interpretação psicanalítica pode estar aqui em situar o problema no sujeito, e aqueles que sofrem passam então a ser vistos como querendo realmente "ir fundo" em seu sofrer (Lomas, 1987). Por outro lado, há uma tentativa de compreender de maneira racional o que é *realmente* o caso, e essa é a dinâmica em abordagens de relações de objeto anglo-americanas. Em tais abordagens, a mudança do foco de atenção do papel do pai, qual seja, o de proibir o que a criança quer, para o papel da mãe, de prover a criança de uma idéia do que ela pode querer, também têm ocasionado um olhar direcionado ao modo como diferentes variedades de maternagem realmente afetam a criança (por exemplo, Stern, 1995; cf. Cushman, 1991).

O *slogan* de uma recente campanha publicitária da British Telecom dizia "It's good to talk" ["É bom falar"] (e, o que é um tanto bizarro, foi apropriado e utilizado por um dos candidatos legalistas em eleições locais

9. Coisas reais, recuperação e terapia

no norte da Irlanda em 1995). O ponto crucial da campanha da British Telecom esteve em incentivar pessoas a usar mais o telefone, mas há outra mensagem moral poderosa sendo transmitida, e ela diz respeito ao valor do falar *per se*. Para se compreender como a mensagem funciona, como ela soaria a milhões de pessoas como um trocadilho ligando telecomunicações e psicoterapia, de algum modo precisamos abordar as "condições de possibilidade" discursivas para que esse tipo de fala apareça. Os benefícios da terapia dinâmica são freqüentemente anunciados pelos que a ela se submetem com um zelo evangelizador. Barbra Streisand falou sobre a sua psicanálise em um *show* em Londres em abril de 1994:

> ela contou que passou a gostar de si mesma "incondicionalmente" à medida que envelhecia. Ao introduzir a canção *On a Clear Day*, ela disse: "Poder cantar isso foi algo que me custou 2.700 horas em vários divãs a US$300.000 sessão. Mas agora vale cada hora e cada centavo".
> (*The Guardian*, 24 de abril, p. 24)

A questão aqui, no entanto, não é simplesmente a de as pessoas poderem decidir que a psicanálise seria boa para elas porque celebridades a vendem de maneira entusiástica, mas como a de a cultura levar o discurso terapêutico a pessoas que de outro modo jamais procurariam um terapeuta. Precisamos ser capazes de captar o modo como noções terapêuticas perpassam e estruturam o senso comum contemporâneo.

Complexos discursivos com conteúdo terapêutico

Podemos fazê-lo conceitualizando o discurso terapêutico enquanto organizado por complexos discursivos. O discurso terapêutico será descrito aqui como composto de complexos discursivos padronizados, em uma primeira instância, em torno de conceitos freudianos. O discurso terapêutico se organiza em torno de três complexos discursivos – intelectualização, trauma e transferência. Essa leitura se encontra focada no conteúdo do discurso terapêutico, e alguns exemplos ilustrativos serão descrições de lugares em que ele aparece.

Intelectualização   Freud (1925b) faz uma distinção entre elementos ideacionais e afeto, e essa distinção é então empregada para descrever o modo como o paciente pode proporcionar uma abordagem de sua experiência que é formalmente correta, ainda que não *sentida*. A intelectualização em psicanálise é também debatida por Anna Freud (1936) em seu trabalho sobre mecanismos de defesa. Há um grupo de postulados no complexo discursivo de intelectualização sobre a relação entre a fala e a experiência. Ele capta a distinção inicial de Freud (1895, 1900) entre o reino de "apresentações de coisas" que compreende o inconsciente, e o reino de "apresentações de mundo" que forma a consciência. Embora Freud (1915c) defendesse que apresentações de coisa no inconsciente não fossem as coisas reais em si mesmas e completamente livres de elaboração interpretativa, o objetivo da psicanálise seria, ainda assim, o de alcançá-las e conectar-se a elas. Não é algo suficiente bom permanecer ao nível das apresentações de mundo, simplesmente falar sobre um acontecimento, mesmo com essa fala representando de maneira precisa o que o problema é. Deve haver uma combinação de fala e tom emocional para que se tenha uma autêntica experiência de cura catártica e plena de perspicácia.

A questão do tom emocional se faz importante em uma justaposição clássica em programas televisivos sobre a natureza animal no Ocidente. Um caso em questão é aquele no qual o narrador fala em tons calmos e doces sobre uma cena de um leão espreitando, matando e estripando animais selvagens na savana africana. Eis aí o contraste entre a profunda brutalidade da vida no meio natural e o processo civilizado de luta e compreensão que ressalta o que é ilustrado como aspecto necessário e trágico da natureza – e, por implicação, da natureza humana. Essa justaposição entre natureza selvagem e narração suave estrutura o encontro terapêutico à medida que terapeuta e paciente, juntos, descobrem a mais miserável dor e raiva, transformando-a, porém, em discurso e com um tom emocional racional e respeitoso. Não é apenas um caso de fala adocicada e sobreposta a emoções desagradavelmente violentas que são escavadas durante a terapia. A questão é muito mais a de que um discurso terapêutico incita certo tipo de conversa a respeito do que jaz sob a superfície como algo que irá operar em relação a outro tipo de fala que tece comentários sobre o que está acontecendo. Desse modo, as convenções de comentários nesses programas sobre vida selvagem é

9. Coisas reais, recuperação e terapia

tão completamente antropomorfizada que por vezes se torna difícil não experimentar esses animais como sendo *nós* (Coward, 1985).

Fóruns para uma conversa pública sobre a experiência humana na cultura ocidental expressam exatamente esses tipos de noção sobre o que é falado e sobre o que é de fato profundamente sentido. Tome-se o exemplo da televisão confessional, em programas americanos como "Oprah Winfrey" ou "Ricki Lake". O que faz atentar para os modos como sujeitos em situação confessional são mobilizados e dispostos nesses programas é a pela qual o discurso parece estar aberto e ser dirigido, quando *na verdade* reproduz a idéia de que existem variedades de experiência por demais profundas para ser transmitidas a outros. O ponto em que mais perto se chega dessa "real comunicação", somos levados a acreditar como espectadores, é quando o protagonista do programa desnuda a sua alma irrompendo em soluços e lágrimas. Quando isso acontece, o anfitrião do programa teve êxito em abrir os mais íntimos segredos do sujeito, mas naquele momento também sentimos que abandonamos a linguagem e que estamos observando a descoberta de algo que não pode ser comunicado diretamente a nós. Igualmente sintomático desse complexo discursivo de intelectualização que estrutura a fala confessional televisual é o modo como os sujeitos são trazidos como representantes de diferentes grupos de apoio que vão desde o mais óbvio, como os Alcoólicos Anônimos, até (em um exemplo de 1994, sobre "Donaghue") "mulheres que continuam com namorados que as enganam". Esses representantes podem falar sobre o que os une, mas é na natureza dessa forma de auto-ajuda específica que imaginamos que a experiência não pode ser posta em uma linguagem comum. O desespero compartilhado reside sob a superfície como algo que tem de ser tocado por aqueles que vivenciaram os mesmos tipos de problemas se for o caso de serem confortados, mas só pode ser compreendido em um nível intelectual pelos que estão fora. Uma das coisas que aprendemos ao assistir a tais programas é que deve haver uma lacuna entre o que pensamos e o que sentimos.

TRAUMA   O segundo complexo discursivo gravita em torno de acontecimentos que estão no coração da psicanálise, é claro; os diferentes modos de conceitualizar de que modo medos ou choques, reais ou imaginários são trazidos até o presente e representados em sintomas, forma a história do nascimento da psicanálise (cf. Freud e Breuer, 1893-1895;

Freud, 1926). O trauma é visto em escritos psicanalíticos como um aumento excessivo de estimulação que é poderoso a ponto de o sujeito não poder lidar com ele, e que assim faz violar, de algum modo, os mecanismos protetores que normalmente permitem ao sujeito lutar pela vida. Um dos efeitos de uma "violação" no escudo protetor está em se ter como que um "corpo estranho" contido na psique. Como complexo discursivo, o trauma funciona como um ponto de ancoragem em uma abordagem do modo como indivíduos experimentam a relação entre o passado e o presente e constroem elementos do passado como as causas do desespero presente.

Outro exemplo contemporâneo servirá para ilustrar os modos como o surgimento de preocupações psicanalíticas na cultura ocidental está atrelado a imagens do desenvolvimento da criança. Em sua narrativa, o filme da Disney, *O Rei Leão*, estrutura-se em pelo menos três temas psicanalíticos. O primeiro deles, o predicamento de quê o bebê príncipe leão, Simba, está ele próprio em um Hamlet freudianizado – seu pai é assassinado por seu tio, que então assume o lugar do rei (cf. Freud, 1942). Simba não pode desafiar o tio, pois sente ter sido *ele* o responsável pela morte do pai. Em segundo lugar, em mais uma viragem psicanalítica, Simba viu o tio matar seu pai, mas essa imagem "esquecida" só retorna em um momento posterior do trauma, quando ele é forçado a combater o tio. Em terceiro lugar, há um momento terapêutico em que Simba, após contemplar o céu e lamentar a morte do pai: "Você disse que sempre estaria lá para mim, mas vejo que não está". Ele é incitado pelo xamã mandril em romper a superfície fácil dos prazeres da vida governados pelo princípio do "Hakuna Matata" (o equivalente suaíli para "sem preocupações"), que envolve negar o passado, aceitando, em vez disso, quem ele realmente é. O mandril o realiza pela paradoxal artimanha retórica de bater levemente na cabeça de Simba com uma varinha e declarar, ao ser desafiado, "o que importa está no passado". "Mas é algo que machuca", Simba diz, e é quando, ao voltar o rosto para o passado que dói, ele está curado, curado do presente que machuca. Noções psicanalíticas e terapêuticas estão embutidas no filme e em muitas outras narrativas culturais. Isso significa que as soluções que eles anunciam são na verdade construções relativamente duradouras, e temos de olhar para como esses construções fixam formas de subjetividade.

9. Coisas reais, recuperação e terapia

Alguém pode ver o complexo discursivo do trauma em ação nos modos pelos quais os efeitos de acontecimentos assustadores em desastres públicos são representados. Logo após os primeiros relatos de uma tragédia e de os números de mortos ou feridos aparecerem nos jornais ou na televisão podemos esperar abordagens por conselheiros de trauma ou entrevistas com terapeutas ou outros profissionais falando sobre a importância de um apoio terapêutico aos sobreviventes. O termo "desordem por estresse pós-traumático" é hoje parte do discurso cotidiano que pretende explicar como sobreviventes de tais incidentes *devem* vivenciá-los. É interessante observar os modos como tradições em terapias as mais hostis à psicanálise, a partir de dentro da tradição cognitiva, por exemplo, captaram o que se tem como noção essencialmente psicodinâmica e a medicalizaram (por exemplo, Ryle, 1990). Desse modo somos convidados a pensar que o que parece ser um processo cognitivo direto é na verdade algo que tem de ser assumido como existindo em um nível mais profundo e temporariamente distante da mente, e assim esquecemos o modo como imagens de estresse e dissociação da personalidade encontram-se historicamente constituídas (Hacking, 1995). Esse componente do discurso terapêutico nos convida e mesmo nos incita a descobrir em algum lugar passado e sepultado em seu corpo e história uma causa ainda potente para o nosso estado de descontentamento presente e consciente.

Transferência   No trabalho clínico psicanalítico o paciente retoma padrões de percepção e experiência de outro significante na figura do psicoterapeuta psicanalítico ou psicanalista. A transferência, para Freud, era antes de qualquer outra coisa um problema (p. e., Freud, 1905b), mas a idéia de que a transferência é um componente necessário da relação terapêutica se tornou central para a psicanálise (Freud, 1912). Essas comunicações não raro exigirão decodificação e interpretação, de modo que o seu sentido transferencial seja "revelado". Em um retorno para a fala do sujeito, o analista comunica uma questão ao paciente, "você está endereçando isso a seu pai?", por exemplo, e assim por diante. A estrutura de poder na situação analítica é tal que o paciente pode, finalmente, dar seu assentimento a tal questão. Em um discurso terapêutico fora da situação analítica, a transferência opera como padrão de conceitos que captam e anunciam os modos pelos quais cada relação é o refazer de antigas relações, o modo, segundo

378 | Cultura Psicanalítica

Freud, como cada processo de encontrar um objeto é na realidade, realidade psíquica, o "reencontrar" de um objeto.

É possível encontrar uma hoste de exemplos de discurso psicanalítico na cultura popular, e imagens de transferência percorrem muitos desses exemplos. Alguns são bem explícitos, como na canção "Mother" ["Mãe"], da banda britânica "The Police", da década de 1970, que conduz ao atormentado coro "Every girl I go out with turns into my mother in the end" ["Cada garota com quem eu saio ao final se transforma em minha mãe"]. Essa representação de relações encontra-se também em sintonia com as ansiedades dos dias atuais quanto à produção de dor por meio da profecia, em que tal é sentido como se a separação de fato estabelecesse o trauma. Alguns dos elementos que se tem aí são também assombrantes e misteriosos no modo como evocam imagens transferenciais clássicas de repetição em relações. As representações de trauma e transferência aqui são de coisas que não podem ser apreendidas em um nível puramente intelectual. Sinead O'Connor, em uma canção do álbum, *The Lion and the Cobra*, por exemplo, inicia com a lembrança de uma questão remetendo a outra, "I said would you be my lover" [Eu disse você seria meu amante], e termina com o grito angustiado, repetido algumas vezes, "It's just like you said it would be" [É exatamente como você disse que seria"]. A questão aqui novamente é o tom emocional transmitido naquele grito de desespero ao se reconhecer que os padrões de relações podem ser previstos e que os mais profundos serão os piores.

Essa experiência que os sujeitos da cultura psicanalítica têm de si próprios como portadores de padrões de relação se evidencia no modo como as pessoas que ouvem programas de aconselhamento no rádio hoje em dia *iniciam* com uma abordagem de sua infância. Não precisam mais ser convidados pelo apresentador a relacionar seus problemas dos dias atuais com relações passadas. A expectativa, por parte do demandante, de que falem de seu passado, também se faz aparente nas admoestações, aliás frustradas, feitas pelo anfitrião – motivado por toda uma hoste de problemas legais enfrentados por alguns programas na rede Talk Radio do Reino Unido – para que se limitem a descrever o problema atual. O poder do complexo discursivo de transferência pode ser visto em uma recente série de filmes americanos sobre rom-

9. Coisas reais, recuperação e terapia

pimento de fronteiras. Exemplos incluem *Final Analysis* e *The Prince of Tides*, onde há representações de psicoterapia nas quais o tabu de terapeutas dormindo durante as seções é quebrado. Para que essa representação de relações terapêuticas funcione, para que públicos sejam fisgados pela idéia de que há algo excitante e perigoso acontecendo, deve haver alguma noção de transferência potente e culturalmente estruturada vertendo ali. Além de verter, ela é também reproduzida, pois sim, quando a narrativa do filme confirma que o rompimento da fronteira em certo sentido equivale ao incesto. O que parece ser uma simples narrativa romanceada é visto como sendo, na verdade, padrões subjacentes mais profundos a sabotarem o romance. Esses filmes sobre terapia reproduzem, pois, certas noções sobre relações e memória que se encontram incrustadas no discurso terapêutico. Esse discurso estrutura uma narrativa que generaliza para todos os espectadores algo sobre como devemos compreender nossos sentimentos em relação a outros significantes como repetições de sentimentos para com primeiros objetos familiares, à medida que são imbuídos de transferência.

Essas breves descrições de complexos discursivos destinam-se a mapear algo da forma do discurso terapêutico, e o modo pelo qual o conteúdo do discurso terapêutico se faz caracterizar por temas de intelectualização, transferência e trauma. Essas noções são reproduzidas através do terreno da cultura popular. Estão ao mesmo tempo profundamente enraizadas em uma concepção clássica freudiana do sujeito. Desse modo, ilustram o modo como a psicanálise invadiu a cultura moderna. O truque retórico freqüentemente realizado aqui, nessas narrativas culturais, é confundir o que reside mais profundamente sepultado com o que na verdade vem primeiro. Representações populares da subjetividade psicanalítica tratam essas duas coisas como sinônimas, o que se evidencia em *O Rei Leão*, onde temos uma narrativa sobre os fundamentos da subjetividade humana projetada, como em outros documentários do mundo animal, em nosso passado evolutivo distante. Também se faz evidente em episódios da série *Jornada nas Estrelas*, por exemplo, onde a narrativa é projetada para o século XXIV, quando seres humanos, com a ajuda de conselheiros betazóides, que nascem empáticos, podem chegar a uma compreensão do que está enterrado em camadas mais profundas uma vez que *sempre* estiveram ali. Mas eles nem sempre estiveram ali, e agora, com mutações pósmodernas em alguns setores da cultura moderna, o que eles são aqui também está mudando.

TECNOLOGIAS DISCURSIVAS PÓS-MODERNAS DO *SELF*

A psicanálise também corre o risco de individualizar a angústia e a impotência dos que sofrem, *e* ela busca uma explicação para o modo como aquela angústia pode ter surgido. Tanto localiza o problema nas profundezas irracionais como tenta compreender racionalmente como aquele problema aparece. Quanto a isso, a psicanálise traz os elementos mais progressivos bem como os mais dúbios da Ilustração para a cultura moderna. A tensão entre esses aspectos da psicanálise é manifesta no modo como se tenta chegar a uma compreensão da prevalência do abuso sexual infantil (Glaser e Frosh, 1993; Scott, 1996). Os aspectos mais dúbios da Ilustração e da misoginia psicanalítica têm sido particularmente sentidos, como seria de se esperar, pelas mulheres, e talvez não surpreenda que o questionamento mais radical do conhecimento psicanalítico vindo de dentro do movimento tenha procedido de autoras feministas. Uma mudança progressiva tem se feito notar, por exemplo, nos escritos de Cixous (1976) e Irigaray (1985), da crítica interna, para a desconstrução de categorias psicanalíticas, e então para a reelaboração da subjetividade, de modo que ela própria é vista como forma de desconstrução (Moi, 1985). A subjetividade, nesses escritos lacanianos e pós-lacanianos, não se organiza em torno de estruturas familiares, sendo um fluido móvel, não fluido. Esses autores têm sido os responsáveis pela viragem da psicanálise em algo que se parece mais a algo pós-moderno do que moderno.

Contudo, o apelo à desrazão, ao lúdico e aos ritmos do corpo nesses escritos psicanalíticos feministas continua a ser um apelo a características essenciais de um sujeito – desta vez, o sujeito feminino. Podemos observar um paradoxo, aqui, nesse apelo a um *self* verdadeiro em um paradigma pós-moderno, e vê-lo como mais um indicador de que uma revolução pós-moderna, e de caráter pleno, em cultura, felizmente ainda não se realizou plenamente. Há algo da realização de desejos que infunde grande parte dos escritos pós-modernos, a idéia de que falar de modo diferente equivaleria a dissolver estruturas psíquicas e sociais. No entanto, as coisas estão mudando rapidamente na cultura, e os modos como estruturas sociais influenciam a psique são hoje mediados por transformações em formas de comunicação na modernidade tardia. Essas transformações também provocam alguma mutação em noções psicanalíticas tradicionais.

Complexos discursivos como formas tecnológicas

Em vez de se focar no conteúdo, agora nos voltaremos ao modo como formas de comunicação reproduzem e transformam a subjetividade psicanalítica. Os três complexos discursivos já descritos serão o ponto de partida, mas agora serão explorados em relação a estruturas particulares de experiência provocadas por novas formas de tecnologia, por novas estruturas discursivo-tecnológicas.

Em cada caso, estaremos seguindo os caminhos pelos quais a noção, na própria abordagem moderna de Freud, é transformada no decurso de escritos "pós-modernos" pós-lacanianos. O argumento aqui versa sobre um discurso terapêutico mutante, mas há que se levar em conta que uma simples mudança de ênfase do sentido individual para o discurso, do indivíduo para o social, ou da verdade para a incerteza, por si só não dissolve narrativas psicanalíticas. Cada forma tecnológico-discursiva descrita é, em certo sentido, uma inversão de um dos complexos discursivos terapêuticos. Mais especificamente, à medida que os complexos discursivos de intelectualização, de transferência e de trauma provocam uma oposição conceitual entre o que é aparente e o que temos de imaginar ser realmente o caso sob a superfície, essas novas formas tecnológicas – banda libidinal, significantes enigmáticos e o *Che vuoi* – situam o que é realmente o caso *no* que é aparente. Até esse ponto a psicanálise está ela própria se desenleando, mas somente até certo ponto, pois ela ainda se defronta com uma oposição que divide o aparente do que é "realmente" o caso, ainda que com o último embutido no primeiro. Passemos às três formas.

BANDA LIBIDINAL   Na psicanálise freudiana existe uma oposição entre consciência, o reino de apresentações do mundo, e o inconsciente, o reino de representações de coisa. O processo de "cura" consiste no retorno a partir do que é aparente – o reino de palavras e nossa tentativa de defesa usando palavras em estratégias de intelectualização – para o que é atual, o reino de coisas e a experiência real. Na narrativa terapêutica, então, apresentações de coisas virão a ser privilegiadas sobre apresentações de palavra. O movimento lacaniano, contudo, subverte esse privilégio enraizando o próprio inconsciente na linguagem. A ordem simbólica se torna o ponto de viragem para o inconsciente em cada indivíduo, e a criança só se torna um sujeito falante com um inconsciente quando entra na ordem simbólica e, ao mesmo tempo, é adentrada por ela (Lacan, 1977). O que é real, como a verdade do sujeito que é revelada no inconsciente do sujeito, é agora visto como jazendo sob ou fora da linguagem, mas contido *nela*. A noção por Lyotard (1974) da banda libidinal pressiona a ordem simbólica tanto mais para o sujeito, ao ponto em que se torna impossível imaginar que poderia haver alguma escapatória, e ao ponto em que se torna impossível imaginar que a reflexão sobre o que está acontecendo se dê a uma notável distância dele, isto é, do sujeito.

Considere os locais tecnológicos a seguir e os modos pelos quais reproduzem essa transformação lyotardiana e o surgimento do primeiro complexo discursivo tecnológico, a banda libidinal. A música ambiente, por exemplo, é a manifestação do simbólico como estruturado em torno da banda libidinal e incitando-a em todas as esferas da vida. A tecnologia da música ambiente permite à banda libidinal invadir e pervagar toda atividade como um acompanhamento. Não há escapatória da música ambiente em muitos locais, tanto que o ritmo e tom dessa música, não raro de maneira cautelosa e a verter de um centro, é planejado e transmitido para as mais diferentes partes (Lanza, 1995). A brecha entre trabalho intelectual e compromisso emocional faz-se assim dissolvida à medida que a música ambiente leva a banda libidinal para todos os lugares em que algum dos aspectos da brecha pode ser vivenciado. A música ambiente permite ao simbólico organizar intensidades de experiência para o sujeito.

De modo semelhante, e atendo-se à tecnologia musical para fornecer um segundo exemplo, o karaokê convida o sujeito a tomar parte em

9. Coisas reais, recuperação e terapia

performances já estruturadas. A banda libidinal, aqui, é o que confere sentido ao sujeito. Ele tem de cantar conforme a música, e a expressão do sujeito é atrelada a um sistema de regras que o transcende. A máquina do karaokê possibilita ao sujeito participar, mas fazê-lo sobre uma trilha sonora previamente preparada, na qual não só há narrativa musical, mas também a velocidade de execução está fora do controle do indivíduo. De novo uma resposta intelectual ao mesmo tempo se faz estruturar por algo exterior, "simbólico", ao sujeito. Ocorre que ele também estrutura o desfrute do sujeito à medida que nós cantamos com a banda libidinal. Como um terceiro exemplo poderíamos tomar o correio eletrônico *("e-mail")* que proporciona um sistema de comunicação passível de definir estreitos parâmetros para o que pode ser dito e para quem pode ser dito. O *e-mail* também define como outras coisas fora da linguagem podem ser expressas de um modo muito mais claramente definido do que a conversação cara a cara. As regras referentes ao insultar outros em debates na *internet* são parte de um sistema de "*net*iqueta" conhecido como "*flaming*"[1], e as séries de sorrisos ou carinhas franzindo o sobrolho, as quais se dispõem em colunas, sinais de pontuação e parênteses [por exemplo, :-)], produzem uma subjetividade de todo contida nos limites do sistema (Makulovich, 1993). O espaço simbólico para reflexão intelectual faz-se como que coetâneo ao da emoção, e as regras que atam a ordem simbólica ao mesmo tempo estruturam aspectos da experiência. Tem-se sugerido que, por essa razão, o *e-mail* é passível de proporcionar o ambiente para uma análise lacaniana perfeitamente realizada (Gordo-López, 1995).

O que essas novas formas tecnológicas compartilham é a capacidade de transformar a relação entre pensamento e emoção, e entre linguagem e inconsciente, de um modo que o que quer que possa ser intelectualizado a respeito é, ainda assim, conceitualizado como residindo dentro dos parâmetros estabelecidos pela ordem simbólica. Quando falamos contra

---

[1] "Flaming" não há tradução em português, nem se tem termo algum usado com esse fim. O adjetivo "flaming", literalmente "flamejante", em linguagem coloquial é utilizado para acrescentar uma idéia de fora e especialmente de raiva a algo que se diz. (N. do T.)

o pano de fundo da música ambiente ou do uso do karaokê ou do *e-mail*, podemos imaginar que ainda estamos realmente nos expressando, mas o modo como refletimos sobre o que dizemos é completamente estruturado pela organização daqueles meios simbólicos. Aquilo com o qual temos de nos conectar não é mais sentido como estando fora da linguagem, mas está, isto sim, estritamente codificado por ela.

SIGNIFICANTES ENIGMÁTICOS   Em grande parte dos escritos psicanalíticos, o trauma é visto como algo tendo ocorrido em um ponto específico do tempo, e como algo a que temos de retornar. Há então uma oposição entre o passado e o presente, na qual o passado é privilegiado como lugar de ação, e o presente é visto como a cena de seus efeitos. A noção lacaniana de *Nachträglichkeit* ou "ação deferida" enfatiza, contra isso, tratar-se de uma combinação de eventos que produzem um sentido do passado como traumático. A noção, por Laplanche (1989), de "significantes enigmáticos" é útil para compreender como hoje estamos posicionados, a maior parte do tempo, em relação ao conhecimento, em relação com a ordem simbólica. Em alguns casos, a tecnologia pós-moderna deliberadamente põe ante nós enigmas e convida o sujeito a adentrar um novo universo simbólico para encontrar a resposta.

Como um primeiro exemplo, a disponibilidade fácil de pequenos jogos de vídeo, como "Game Boys", constrói um mundo de níveis de sentido onde a relação entre os níveis é impossível e enigmática, e eles provocam no sujeito uma busca pela saída. Esses mundos de sentido são estruturados em torno de enigmas para os quais há soluções imediatas, porém não duradouras. A máquina propõe uma série de problemas insolúveis que fazem o jogador galgar vários níveis, sem que jamais haja um sentido ou resposta subjacente ao conjunto de questões que compreendem o jogo. O jogador é seduzido por uma série de enigmas que permanecem incompreensíveis até o fim. O *"walkman"*, como segundo exemplo, fornece ao sujeito uma arena privada, mas uma arena que ainda se situa em um espaço simbólico mais amplo e que está localizada em relação a outros sujeitos que não sabem o que está sendo ouvido (Moebius e Michel-Annan, 1994). O *walkman*, a exemplo de outras formas tecnológicas, produz uma nova relação entre usuários, e nesse caso o ansiado isolamento do sujeito conhece o paralelo do misto

9. Coisas reais, recuperação e terapia

de exclusão e ressentimento protagonizados pelos não-usuários que se encontram nas proximidades. Esse misto de exclusão e ressentimento também estrutura questões da parte dos que estão fora e, não obstante, são obrigados a ouvir o tilintar percussivo de uma música que nem sabem qual é. É então que a experiência do usuário funciona como enigma para os que estão fora, os que acabam ocupando a posição de curiosos e irritados, infantis e impotentes.

Um terceiro exemplo, a tecnologia telefônica, hoje torna possível um posicionar da questão "quem está chamando" por meio de um dispositivo identificador de chamadas, pelo qual a pessoa que recebe o telefonema ou pode ver o número de quem faz a ligação estampado no visor de um dispositivo BINA antes de atender a chamada, ou automaticamente avisa quem fez a chamada caso esta não tenha sido atendida a tempo, ou ainda a pode rastrear, em caso de trote. O recurso do identificador de chamadas no Reino Unido foi vetado um dia antes de seu lançamento amplamente divulgado pela mídia, o que poderia ser tomado como sintomático da importância do enigma, do seu papel reescrito no momento mesmo em que parecia possível solucioná-lo. O sistema do telefone oferece a possibilidade de mais informações sobre quem está se dirigindo ao sujeito, mas ainda assim o sujeito se vê diante de uma série de enigmas sobre quem está chamando e o porquê de estar chamando. Cada uma dessas formas tecnológicas promete uma resposta a questões problemáticas, mas estão estruturadas de modo a acompanhar cada resposta com o sentido de que o problema jaz embutido no tecido do sistema e nele é intangível.

CHE VUOI   A terceira forma tecnológico-discursiva acarreta uma transformação no complexo discursivo da transferência; da relação entre o paciente, que repete padrões passados, e do psicoterapeuta psicanalítico ou psicanalista – os receptores desses padrões. O que se privilegia nessa relação de oposição entre paciente e analista é a direção de comunicação. O paciente envia a transferência na forma de características imputadas e questões em sua fala dirigida ao analista. Se na análise freudiana tradicional essas comunicações serão decodificadas, e o paciente, perguntado sobre se elas podem estar se dirigindo a alguma outra figura significante quando ele, analisando, está falando ao analista, a tradição lacaniana da psicanálise, por sua vez, trabalha de modo bem diferente.

Para os lacanianos, a relação de transferência estrutura a comunicação entre paciente e analista pela produção de significantes que são os significantes de demandas prévias que se mostram importantes em relações passadas. A transferência, então, não é tanto um fenômeno emocional subjacente; ela é mais um fenômeno de caráter discursivo, e o analista não tem de responder a partir da posição "imaginária" em que essa repetição de significantes o situa. Recusando-se a responder, eles recusam, com isso, a posição do imaginário outro (como a representação da mãe real), mas assume a posição do "Outro" (como a representação da ordem simbólica que estrutura a linguagem e o inconsciente). O outro será então o campo simbólico a partir do qual procede a questão *Che Vuoi*, e desse modo o paciente é remetido à situação psicanalítica de tal modo que a sua própria posição simbólica e seu, desejo são postos em questão. A escola lacaniana, tendo em Zizek um dos autores mais importantes a versar sobre a cultura, transforma a abordagem freudiana ortodoxa da relação de transferência com a noção do *Che vuoi*, isto é, ela transforma a experiência de ser remetido que continuamente assombra o sujeito e estrutura a sua experiência de si e dos outros. A questão *"Che vuoi"* faz o sujeito responder a uma questão a partir do Outro, a partir da própria ordem simbólica que define quem ele deve ser. O que é de fato o caso na relação desse modo se localiza assim na própria relação, em vez de o ser no passado do sujeito.

Se nos voltarmos agora para formas contemporâneas de tecnologia, podemos encontrar arenas às quais o sujeito é remetido, sendo-o exatamente dessa maneira. Um exemplo está na disseminação de telefones móveis, de modo que a ordem simbólica não só está presente em cada espaço privado e nos lugares mais remotos, mas ela pode transmitir uma chamada ao sujeito, incitando-o a responder. Com os telefones móveis, a chamada é endereçada, ao indivíduo especificamente e ao local particular, e o sujeito recorre a um sistema de comunicação em que a questão é tida como assumida, ainda que raramente falada, como a questão sobre "por que você está me dizendo isso" A diferença crucial entre telefones móveis e os velhos telefones fixos é a de que a questão pode agora ser su-

9. Coisas reais, recuperação e terapia

gerida para o sujeito onde quer que ele esteja. Os leitores que vez por outra estão em um ônibus ou em uma viagem de trem com alguém usando um telefone celular reconhecerão o inamistoso *Che vuoi* dirigido àquela pessoa por todos os demais como as camadas do Outro e como algo bastante palpável. As redes de indivíduos envolvidos por essa tecnologia são assim bem maiores do que a dos que efetivamente possuem telefones celulares. Um segundo exemplo é o de que CD Roms interativos, nos quais questões podem ser postas ao sistema, mas nos quais há uma série de roteiros pré-definidos para o conhecimento, roteiros estes estruturados em torno da questão tantas vezes dirigida ao usuário "você tem certeza de que deseja..."? As questões são estruturadas de antemão, mas são acionadas em resposta ao envolvimento do usuário com a tecnologia, e então retransmitidas como se o fossem a partir de uma pessoa viva. Com isso, o espaço eletrônico estrutura um sujeito para responsabilizá-lo afetivamente e o atrair para o sistema simbólico e refletir sobre o que ele quer e sobre onde ele está.

Um terceiro exemplo é o do desenvolvimento de tecnologias que permitem a grande número de indivíduos serem saudados de maneira pessoal por meio de malas diretas que trazem o nome do endereçado em vários pontos da carta. Uma transformação tecnológica da ordem simbólica permite que se chame cada sujeito, convidando-se cada sujeito a se perguntar *por quê*... por que ele tem sido chamado. Não raro é a questão que inicia a comunicação "por que você?", antecipando a resposta do sujeito "por que eu?" Novamente, o que é real está contido na estrutura, em vez de fora dela, no desejo idiossincrático do indivíduo. A pessoa deixa de ser simplesmente incentivada a pensar relações como repetições transferenciais a partir de significantes outros sobre os quais se tem conhecimento e sobre os quais se tem alguma memória pessoal distinta. Agora, o sistema simbólico por meio do qual eles conduzem relações é capaz de construir formas de tratamento pessoal e implantá-las em regimes de memória sobre os quais não possuem controle. Essas novas formas discursivas produzem e reproduzem a transferência, antecipada em marcha ré pelo sistema, como qualidade da própria tecnologia. O discurso psicanalítico, então, percorre formas de tecnologia da informação, e o modo como se dirige aos sujeitos é, também ele, transformado pela tecnologia.

CONTRADIÇÕES E TRANSFORMAÇÕES ANALÍTICAS

Até aqui traçamos o modo como o discurso psicanalítico se transmuta ao circular por novas formas tecnológicas de comunicação. Agora podemos querer perguntar como ele estrutura o modo como uma pessoa, seja terapeuta ou paciente, participa do empreendimento terapêutico.

O que a prevalência do moderno discurso terapêutico significa para a prática? Uma conseqüência é a de que quando estamos considerando o conteúdo de um sistema terapêutico, temos de atentar para o modo como noções de intelectualização, trauma e transferência emergem como formas discursivas. Uma das virtudes da psicoterapia psicanalítica está em entrar em um embate com essas estruturas discursivas de experiência. Enquanto outras variedades de psicoterapia ignoram a relação de transferência, procurando evitar noções de trauma e assim deixando de devidamente considerar a intelectualização ao operar como defesa, as abordagens psicanalíticas dão conta desses processos. Se isso ocorre porque tais terapeutas legitimamente acreditam que o modelo psicanalítico da mente, que inclui esses processos, é verdadeiro, em detrimento de devidamente abordar a influência de formas culturais, a conseqüência a se extrair daí é a de que os complexos discursivos continuam a ser levados a sério e tratados como tópicos na terapia em vez de ficarem à mercê de forças não-reconhecidas e potencialmente destrutivas. Um dos riscos de uma prática psicoterapêutica psicanalítica que se revela falha em refletir sobre o caráter cultural e historicamente específico de seu pensamento está na reprodução desses complexos como características de vidas de pessoas na medida mesma em que são tomados como necessários à subjetividade humana, e insiste-se na existência de experiências particulares, a princípio passíveis de serem recuperadas e residindo, de algum modo "misterioso", "fora" da linguagem (Burman, 1997). Em suma, considerados simplesmente como os *conteúdos* do discurso terapêutico, os complexos discursivos de intelectualização, trauma e transferência proporcionam ao terapeuta recursos culturais válidos que podem ser transformados em boa vantagem, chegando mesmo a emprestar poderes ao paciente.

9. Coisas reais, recuperação e terapia

O que pode então significar, na prática, a transformação pós-moderna do discurso psicanalítico terapêutico em novas tecnologias, e o caráter formal dos complexos discursivos como estruturas discursivo-tecnológicas? Uma conseqüência a se extrair daí é que devemos situar a prática da psicoterapia como uma força estrutural em um contexto cultural rapidamente mutável. Isso significa que devemos estar atentos ao poder do terapeuta como participante na ordem simbólica, como parte do regime de verdade que define como deve a subjetividade deve ser. Significa um dever se estar atento ao modo como uma questão, "por que você está me dizendo isso?" sempre se estrutura na relação entre cliente e terapeuta, e não pode ser evitada. E isso significa que temos de ser capazes de compreender os modos como o discurso psicanalítico ele próprio era como um "significante enigmático" em discurso terapêutico. Existem arenas tecnológicas cada vez mais disseminadas, e de potente caráter pós-moderno, servindo à fabricação da subjetividade, e embora estas não tenham chegado a substituir o empreendimento terapêutico pós-moderno de auto-conhecimento e melhoria da miséria histérica, elas são um complicador à tarefa do terapeuta.

As novas formas tecnológico-discursivas a compreender uma condição pós-moderna para algumas pessoas por algum tempo afetarão o que elas esperam ganhar com a terapia e onde imaginam que a verdade reside. O problema aqui é que o sujeito não sabe o que a verdade é; ninguém sabe; e o diálogo terapêutico mais ostensivamente aberto pode ocultar em seus domínios, em virtude de sua estrutura como discurso psicanalítico embutido e novas tecnologias do *self*, uma posição para o cliente a qual lhe é incapacitante *[disempowering]*. Isso ressalta o modo como qualquer sistema de fala terapêutica transmite um enigma ao sujeito, e o posiciona em um regime de verdade. Aí pode não ser bom falar.

Discurso psicanalítico: construção e desconstrução

Imagens freudianas do *self* são centrais à moderna cultura da Ilustração, sendo entretecidas com a estrutura de grupos, nosso senso de individualidade e a organização da linguagem como força material em relações humanas. A estrutura da experiência moderna em cultura capitalista é crivada por descrições e prescrições proporcionadas por autores como Bion, Winnicott e Klein, e essas descrições e prescrições nos fazem imaginar que sabemos o que a natureza humana é, ainda que apenas como "segunda natureza". Formas psicanalíticas de linguagem fazem essas abordagens perpassar a cultura e dispõem posições subjetivas a partir das quais falamos.

As crenças que temos acerca de nós mesmos são constituídas como formas de ideologia que fazem mais do que nos desvirtuar. Elas nos constroem, e são os meios pelos quais falamos com outrem sobre nós mesmos, meios dos quais não podemos escapar. Autores críticos – de Fromm e Marcuse a Reich e Habermas, e mesmo a Lasch e Baudrillard – procuram tomar alguma distância dessas formas ideológicas, e mesmo quando são sumamente pessimistas quanto às possibilidades de fazer algo melhor, ainda assim nos ajudam a refletir sobre como a psicanálise é a um tempo um recurso e um tópico, ao mesmo tempo chave e fechadura. Nessa tradição crítica, infundimos a psicanálise até podermos utilizá-la para tomar distância e nos refazermos em relações sociais que dela não necessitem: "a terapia psicanalítica é necessária somente quando ela não é possível, e possível somente quando não é mais necessária" (Zizek, 1994, p. 15).

A prática psicanalítica aqui é uma certa espécie de ação, e o discurso psicanalítico também serve de baliza para o modo como compreendemos nossas ações em relações e grupos, e para o modo como a ação é descarregada por certos padrões de libido, certas linhas de força que permitirão ou frustrarão a felicidade. Em uma síntese dialética ideal entre razão e desejo, teoria e experiência, o debate psicanalítico em trabalho crítico também acena para a promessa de uma práxis que trará realização, ao mesmo tempo em que dispõem as condições para a realização de outros. O discurso psicanalítico, mesmo em seus momentos mais pessimistas, têm levado as pessoas a pensar que ele é capaz de aumentar a felicidade individual, e mesmo a soma total de felicidade humana, mas para dar cabo disso nossa ação ou práxis deve envolver uma mudança pessoal. Seja o que se tem em Lacan, Althusser, Kristeva, Lyotard, Laplanche ou Zizek, o discurso psicanalítico sempre encontra seu caminho de volta à verdade, e o encontra dentro de nós.

9. Coisas reais, recuperação e terapia

Este livro traçou os vários modos pelos quais processos psicanalíticos podem ser encontrados em fenômenos culturais. O modo como esses processos saturam e sustentam fenômenos culturais e as maneiras como esses fenômenos reproduzem e transformam processos psicanalíticos. Se a teoria psicanalítica nas teorias que aqui exploramos, e nos fenômenos culturais que examinamos, de maneira persistente e incansável tentou encontrar a sua fonte no *self*, nosso interesse foi aqui o de situá-la como uma função de discurso na cultura ocidental, no discurso psicanalítico.

BIBLIOGRAFIA

ADLER, A. (1930) *The Science of Living*. London: George Allen and Unwin.

ADORNO, T. W. (1951) Freudian theory and the pattern of fascist propaganda. In A. Arato e E. Gebhardt (eds.) (1978) *The Essential Frankfurt School Reader*. Oxford: Blackwell.

ADORNO, T. W. (1973) *Filosofia da Música Nova, Perspectiva, 2002*: Allen Lane.

ADORNO, T. W. e Horkheimer, M. ([1944]1979) *Dialectic of Enlightenment*. London; Verso.

ADORNO, T. W., Frenkel-Brunswik, E., Levinson, D. e Sanford, R. (1950) *The Authoritarian Personality*. New York: Harper and Row.

ALEXANDER, J. C. e Lara, M. P. (1996) Honneth's new critical theory of recognition. *New Left Review*, 220: 126-136.

Alt, J. e Hearn, F. (1980) Symposium on narcissism: the Cortland conference on narcissism. *Telos*, 44: 49-58.

ALTHUSSER, L. ([1964]1971) Freud and Lacan. In *Lenin and Philosophy, and Other Essays*. London: New Left Books.

ALTHUSSER, L. ([1970]1971) Ideology and Ideological State Apparatuses (notes towards an investigation). In *Lenin and Philosophy, and Other Essays*. London: New Left Books.

AMENDOLA, S. (1992) Animal mutilations: 'legitimate questions'. *Enigmas: Strange Phenomena Investigations*, August-September: 17-20.

ANON. (1992) Iron dong. *Casablanca*. Pilot Issue: 23.

ANTHONY, A. (1992) Wild at heart. *The Guardian Weekend*, 17 October.

ARCHARD, D. (1984) *Consciousness and the Unconscious*. London: Hutchinson.

ARMISTEAD, N. (ed.) (1974) *Reconstructing Social Psychology*. Harmondsworth: Penguin.

BADCOCK, C. (1983) *Madness and Modernity: A Study in Social Psychoanalysis*. Oxford: Blackwell.

BAKAN, D. ([1958]1990) *Sigmund Freud and the Jewish Mystical Tradition*. London: Free Association Books.

BALLARD, J. G. (1995) Introduction. *Crash*. London: Vintage.

BANYARD, G. (1992) Right to reply. *UFO Brigantia*, 52: 32-33.

BARBOUR, L. (1993) Consensual relationships. *AUT Woman*, 29: 2.

BARFORD, D. (1992) Pleasures and pains. *The Psychoanalysis Newsletter*, 9: 2-3.

Barrett, M. (1993) Althusser's Marx, Althusser's Lacan. In E. A. Kaplan e M. Sprinker (eds.) *The Althusserian Legacy.* London: Verso.

Barrett, M. e McIntosh, M. (1982) Narcissism and the family: a critique of Lasch. *New Left Review,* 135: 35-48.

Barthes, R. ([1957]1973) *Mythologies.* London: Paladino.

Basterfield, K. (1991) Abused by aliens. *Fortean Times,* 58: 48-51.

Baudrillard, J. (1970) Fetishism and ideology: the semiological reduction. In J. Baudrillard (1981) *For a Critique of the Political Economy of the Sign.* St Louis: Telos Press.

Baudrillard, J. ([1973]1975) *The Mirror of Production.* St Louis: Telos Press.

Baudrillard, J. (1979) The ecliptic of sex. In P. Foss e J. Pefanis (eds.) (1990) *Jean Baudrillard, Revenge of the Crystal: Selected Writings on the Modern Object and Its Destiny, 1968-1983.* London: Pluto Press.

Baudrillard, J. (1983a) Revenge of the crystal: an interview with Jean Baudrillard by Guy Bellavance. In P. Foss e J. Pefanis (eds.) (1990) *Jean Baudrillard, Revenge of the Crystal: Selected Writings on the Modern Object and Its Destiny, 1968-1983.* London: Pluto Press.

Baudrillard, J. (1983b) The ecstasy of communication. In H. Foster (ed.) (1985) *Postmodern Culture.* London: Pluto Press.

Baudrillard, J. (1986) Clone boy. Z/ G, 11: 12-13.

Baudrillard, J. (1988) *Selected Writings.* Cambridge: Polity Press.

Baumann, Z. (1989) *Modernity and the Holocaust.* Cambridge: Polity Press.

Bell, D. (1996) Primitive state of mind. *Psychoanalytic Psychotherapy,* 10 (1): 45-57.

Benedikt, M. (ed.) (1991) *Cyberspace: First Steps.* Cambridge, MA: MIT Press.

Benhabib, S. e Cornell, D. (eds.) (1987) *Feminism as Critique.* Oxford: Polity Press.

Benjamin, J. (1977) The end of internalization: Adorno's social psychology. *Telos,* 32: 42-64.

Benjamin, J. (1984) Master and slave: the fantasy of erotic domination. In A. Snitow, C. Stansell e S. Thompson (eds.) *Desire: The Politics of Sexuality.* London: Virago.

Benjamin, J. (1988) *The Bonds of Love.* New York: Pantheon.

Benjamin, W. (1936) The work of art in the age of mechanical reproduction. In W. Benjamin *(1973) Illuminations.* London: Fontana.

Benjamin, W. (1939) Theses on the philosophy of history. In W. Benjamin (1973) *Illuminations.* London: Fontana.

Bentley, M. (1937) The nature and uses of experiment in psychology. *American Journal of Psychology*, 50: 454-469.

Benvenuto, B. e Kennedy, R. (1986) *The Works of Jacques Lacan: An Introduction*. London: Free Association Books.

Berger, P. L. (1965) Towards a sociological understanding of psychoanalysis. *Social Research*, 32: 26-41.

Berman, M. ([1982]1983) *All That Is Solid Melts Into Air: The Experience of Modernity*. London: Verso.

Bettelheim, B. ([1976]1978) *The Uses of Enchantment: The Meaning and Importance of Fairy Tales*. Harmondsworth: Pelican.

Bettelheim, B. ([1983]1986) *Freud and Man's Soul*. Harmondsworth: Peregrine.

Bhaskar, R. (1989) *Reclaiming Reality: A Critical Introduction to Contemporary Philosophy*. London: Verso.

Billig, M. (1976) *Social Psychology and Intergroup Relations*. London: Academic Press.

Billig, M. (1979) *Fascists: A Social Psychological Study of the National Front*. London: Academic Press.

Billig, M. (1982) *Ideology and Social Psychology: Extremism, Moderation and Contradiction*. Oxford: Blackwell.

Billig, M. (in press) Freud and Dora: repressing an oppressed identity. *Theory Culture & Society*, 14(3): 29-55.

Bion, W. (1961) *Experiences in Groups, and Other Papers*. London: Tavistock Publications.

Bion, W. ([1962]1984) *Learning from Experience*. London: Karnac Books.

Bion, W. (1970) *Attention and Interpretation*. London: Heinemann.

Bird, J. (1982) Jacques Lacan - the French Freud? *Radical Philosophy*, 30: 7-14.

Black, M. (1992) *A Cause for Our Times: Oxfam the First 50 years*. Oxford: Oxfam.

Bléandonu, G. (1994) *Wilfred Bion: His Life and Works 1897-1979*. London: Free Association Books.

Bly, R. ([1990]1991) *Iron John: A Book About Men*. Shaftsbury, Dorset: Element Books.

Boadella, D. (1985) *Wilhelm Reich: The Evolution of His Work*. London: Arkana.

Boadella, D. (1988) Biosynthesis. In J. Rowan e W Dryden (eds.) *Innovative Therapy in Britain*, Buckingham: Open University Press

Bocock, R. (1976) *Freud and Modern Society*. London: Van Nostrand Reinhold.

Boswell, J. (1994) *The Marriage of Likeness: Same-Sex Unions in Pre-Modern Europe*. London: HarperCollins.

Bowlby, J. (1944) Forty-four juvenile thieves: their characters and home lives. *International Journal of Psychoanalysis,* 25: 19-53 e 107-28.

Bowlby, J. (1973) *Attachment and Loss, Vol. II: Separation: Anxiety and Anger.* Harmondsworth: Penguin.

Brewer, M. (1979) Ingroup bias in the minimal intergroup situation: a cognitive motivational analysis. *Psychological Bulletin,* 86: 307-334.

Brinton, M. ([1970]1975) *The Irrational in Politics.* London: Solidarity Pamphlet 35.

British Psychological Society (1988) *The Future of the Psychological Sciences: Horizons and Opportunities for British Psychology.* Leicester: British Psychological Society.

Broderick, D. (1995) *Reading by Starlight: Postmodern Science Fiction.* London: Routledge.

Brookesmith, P. (1995) Do aliens dream of Jacob's sheep? *Fortean Times,* 83: 22-30.

Brookman, J. (1993) Sex, romance, and the single academic. *Times Higher Education Supplement* (Research Students Service Supplement), 1087: iii.

Brosnan, J. (1994) Manchester notes. *Red Pepper,* 6: 32-33.

Bruins, J. J. e Wilke, H. A. M. (1993) Upward power tendencies in a hierarchy: power distance theory versus bureaucratic rule. *European Journal of Social Psychology,* 23: 239-254.

Buck-Morss, S. (1977) *The Origin of Negative Dialectics: Theodor W. Adorno, Walter Benjamin, and the Frankfurt Institute.* Hassocks, Sussex: Harvester Press.

Bühler, C. (1930) *The First Year of Life.* New York: Day.

Bukatman, S. (1993) *Terminal Identity: The Virtual Subject in Post-Modern Science Fiction.* Durham, NC: Duke University Press.

Bulhan, H. A. (1981) Psychological research in Africa. *Race and Class,* 23 (1): 25-81.

Bullard, T. (1991) Interview with Eddie Bullard. *Fortean Times,* 60: 46-49.

Burman, E. (ed.) (1990) *Feminists and Psychological Practice.* London: Sage.

Burman, E. (1992) Developmental psychology and the postmodern child. In J. Doherty, E. Graham e M. Malek (eds.) *Postmodernism and the Social Sciences.* London: Macmillan.

Burman, E. (1994) *Deconstructing Developmental Psychology.* London: Routledge.

Burman, E. (1995) Constructing and deconstructing childhood: images of children and charity appeals. In J. Haworth (ed.)

Bibliografia

Psychological Research: Innovative Methods and Strategies. London: Routledge.

Burman, E. (1997) False memories, true hopes and the angelic: revenge of the postmodern on therapy. *New Formations,* 30: 122-134.

Burman, E. e Parker, I. (eds.) (1993) *Discourse Analytic Research: Repertoires and Readings of Texts in Action.* London: Routledge.

Burnell, P. (1991) *Charity, Politics and the Third World.* Hemel Hempstead: Harvester Wheat-sheaf.

Burston, D. (1991) *The Legacy of Erich Fromm.* Cambridge, MA: Harvard University Press.

Butler, J. (1993) The body politics of Julia Kristeva. In K. Oliver (ed.) *Ethics, Politics and Difference in Julia Kristeva's Writing.* London: Routledge.

Cadigan, P. (1992) *Fools.* London: HarperCollins.

Carter, C. (1996) Believing in everything and nothing: the cult of the Xfiles. *Sightings: Investigating Alien Phenomena,* 1 (2): 38-45.

Carter, M. e Brule, T. (1992) Of mice and men. *Elle,* abril.

Cathie, S. (1987) What does it mean to be a man? *Free Associations,* 8: 7-33.

Chaplin, J. e Haggart, C. (2ª) *The Mass Psychology of Thatcherism.* London: West London Socialist Society.

Chasseguet-Smirgel, J. (1985a) *The Ego Ideal: A Psychoanalytic Essay on the Malady of the Ideal.* London: Free Association Books.

Chasseguet-Smirgel, J. (1985b) *Creativity and Perversion.* London: Free Association Books.

Chasseguet-Smirgel, J. e Grunberger, B. ([1976]1986) *Freud* or *Reich? Psychoanalysis and Illusion.* London: Free Association Books.

Chodorow, N. J. (1985) Beyond drive theory: object relations and the limits of radical individualism. *Theory and Society,* 14: 271-319.

Cixous, H. (1976) The laugh of the medusa. *Signs,* 1: 875-899.

Cocks, G. (1985) *Psychotherapy in the Third Reich: The Goring Institute.* Oxford: Oxford University Press.

Colman, A. (1991a) Psychological evidence in South African murder trials. *The Psychologist,* 4 (11): 482-486.

Colman, A. (1991b) Are there theories at the bottom of his jargon? *The Psychologist,* 4 (11): 494-495.

Coltart, N. E. C. (1988) The assessment of psychological-mindedness in the diagnostic interview. *British Journal of Psychiatry,* 153: 819-820.

Condor, S. (1989) 'Biting into the future': social change and the social identity of women. In S. Skevington and D. Baker (eds.) *The Social Identity of Women.* London: Sage.

Connolly, C. (1992) Just come as you are. *The Independent on Sunday,* 16 August: 2-4.

Cornet, B. (1995) Telepathy, abduction, aliens and a scientist! *Encounters,* 1: 57-65.

Coward, R. (1985) *Female Desire.* London: Paladin.

Coward, R. e Ellis, J. (1977) *Language and Materialism: Developments in Semiology and the Theory of the Subject.* London: Routledge and Kegan Paul.

Creed, B. (1987) Horror and the monstrous-feminine: an imaginary abjection. *Screen,* 28 (1): 44-70.

Curt, B. (1994) *Textuality and Tectonics: Troubling Social and Psychological Science.* Buckingham: Open University Press.

Cushman, P. (1991) Ideology obscured: political uses of the self in Daniel Stern's infant. *American Psychologist,* 46 (3): 206-19.

Dalal, F. (1988) The racism of Jung. *Race and Class,* 29 (1): 1-22.

Däniken, E. von (1976) *Chariots of the Gods.* London: Pan.

Danziger, K. (1990) *Constructing the Subject: Historical Origins of Psychological Research.* Cambridge: Cambridge University Press.

Davies, B. e Harré, R. (1990) Positioning: the discursive production of selves. *Journal for the Theory of Social Behavior,* 20 (1): 43-63.

Debord, G. ([1967]1977) *Society of the Spectacle.* Detroit: Black and Red.

Deleuze, G. e Guattari, F. (1977) *Anti-Oedipus: Capitalism and Schizophrenia.* New York: Viking Press.

Dews, P. (1980) The 'new philosophers' and the end of leftism. *Radical Philosophy,* 24: 2-11.

Dews, P. (1987) *Logics of Disintegration: Post-structuralist Thought and the Claims of Critical Theory.* London: Verso.

Dews, P. (1992) *Autonomy and Solidarity: Interviews with Jurgen Habermas* (2ª ed.). London: Verso.

Dick, P. K. (1963) *The Game Players of Titan.* New York: Ace.

Dick, P. K. (1964) *Martian Time-Slip.* London: Victor Gollancz.

Dick, P. K. (1966a) We can remember it for you wholesale. In P. K. Dick (1991) *We Can Remember it For You Wholesale: Collected Stories of Philip K. Dick, Vol. 5.* London: HarperCollins.

Dick, P. K. ([1966b]1993) *Now Wait for Last Year.* New York: Vintage.

Dick, P. K. ([1967]1990) *Counter-Clock World.* London: HarperCollins.

Dick, P. K. ([1969]1973) *Ubik.* London: HarperCollins.

Dicks, H. (1960) Notes on the Russian national character. In E. Trist e H. Murray (eds.) *(1990) The Social Engagement of Social Science: A Tavistock Anthology: Vol. 1, The Socio-Psychological Perspective.* London: Free Association Books.

Dobson, R. V. G. (1993) *Bringing the Economy Home From the Market.* Montréal: Black Rose Books.

Doi, T. (1990) The cultural assumptions of psychoanalysis. In J. W. Stigler, R. A. Schweder e G. Herdt (eds.) *Cultural Psychology: Essays on Comparative Human Development.* Cambridge: Cambridge University Press.

Doise, W. (1978) *Groups and Individuals.* Cambridge: Cambridge University Press.

Donzelot, J. ([1977]1979) *The Policing of Families.* London: Hutchinson.

Dvorchak, R. J. e Holewa, L. (1991) *Milwauke Massacre: Jeffrey Dahmer and the Milwauke Murders.* London: Robert Hale.

Dyer, C. (1993) High court judge urges sex bar between lawyers and their clients. *The Guardian,* 20 December.

Easthope, A. (1984) Nineteen eighty-four. In C. Norris (ed.) *Inside the Myth: Onoeh, Views from the Left.* London: Lawrence and Wishart.

Easthope, A. (1986) *What a Man's Gotta Do.* London: Paladino

Edley, N. e Wetherell, M. (1995) *Men in Perspective: Practice, Power and Identity.* London: Prentice-Hall.

Einstein, A. (1933) Why war? In A. Richards (ed.) (1985) *Civilization, Society and Religion: Group Psychology, Civilization and its Discontents and Other Works, Pelican Freud Library Vol. 12.* Harmondsworth: Pelican.

Eiser, J. R. (1980) *Cognitive Social Psychology: A Guidebook to Theory and Research.* London: McGraw-Hill.

Elias, N. (1994) *The Civilizing Process.* Oxford: Blackwell.

Ellemers, N., Doosje, B., Van Knippenberg, A. e Wilke, H. (1992) Status protection in high status minority groups. *European Journal of Social Psychology,* 22: 123-140.

Elliott, A. e Frosh, S. (eds.) (1995) *Psychoanalysis in Contexts: Paths Between Theory and Modern Culture.* London: Routledge.

Engels, F. ([1884]1972) *Origin of the Family, Private Property and the State.* New York: Pathfinder Press.

Estés, C. P. (1995) *Women Who Run With the Wolves: Contacting the Power of the Wild Woman.* London: Rider.

Evans, C. (1973) *Cults of Unreason.* London: Harrap.

Evans, G. (1993) Cognitive models of class structure and explanation of social outcomes. *European Journal of Social Psychology,* 23: 445-464.

Eysenck, H. J. e Wilson, G. C. (1973) *The Experimental Study of Freudian Theories.* London: Methuen.

Faludi, S. (1992) *Backlash: The Undeclared War Against Women.* London: Chatto and Windus.

Farr, R. M. e Moscovici, S. (eds.) (1984) *Social Representations.* Cambridge: Cambridge University Press.

Fee, D. (1992) Masculinities, identity and the politics of essentialism: a social constructionist critique of the men's movement. *Feminism and Psychology,* 2: 171-176.

Feilding, A. (1991) Interview with Amanda Feilding. *Fortean Times,* 58: 44-45.

Finlay, M. (1989) Post-modernizing psychoanalysis/psychoanalyzing post-modernity. *Free Associations,* 16: 43-80.

Finnigan, M. (1995) Sexual healing. *The Guardian,* 10 de janeiro.

Forna, M. (1992) The hole truth. *The Guardian,* 4 de dezembro: 9.

Forrester, J. (1980) *Language and the Origins of Psychoanalysis.* London: Macmillan.

Foucault, M. ([1966]1970) *The Order of Things.* London: Tavistock.

Foucault, M. ([1969]1986) *The Archaeology of Knowledge.* London: Tavistock.

Foucault, M. ([1976]1981) *The History of Sexuality, Vol. I: An Introduction.* Harmondsworth: Pelican.

Fox, N. (1995) Postmodern perspectives on care: the vigil and the gift. *Critical Social Policy, 15* (213): 107-125.

Freedman, C. (1984) Towards a theory of paranoia: the science fiction of Philip K. Dick. *Science Fiction Studies,* 11: 15-24.

Freeman, J. ([1970]1983) *The Tyranny of Structurelessness.* London: Dark Star Press.

Freud, A. (1936) *The Ego and the Mechanisms of Defence.* London: The Hogarth Press.

Freud, S. (1895a) On the grounds for detaching a particular syndrome from neurasthenia under the description 'anxiety neurosis'. In A. Richards (ed.) (1979) *On Psychopathology, Pelican Freud Library Vol. 10.* Harmondsworth: Pelican.

Freud, S. (1895b) The psychotherapy of hysteria. In A. Richards (ed.) (1974) *Studies on Hysteria, Pelican Freud Library Vol. 3.* Harmondsworth: Pelican.

Freud, S. (1896) The aetiology of hysteria. In J. Strachey (ed.) (1962)

Bibliografia

The Standard Edition of the Complete Psychological Works of Sigmund Freud, Vol. 4. London: The Institute of Psycho-Analysis and The Hogarth Press.

Freud, S. (1900) The interpretation of dreams. In A. Richards (ed.) *The Interpretation of Dreams, Pelican Freud Library Vol. 4.* Harmondsworth: Pelican.

Freud, S. (1905a) Three essays on the theory of sexuality. In A. Richards (ed.) (1977) *On Sexuality, Pelican Freud Library Vol. 7.* Harmondsworth: Pelican.

Freud, S. (1905b) Fragment of an analysis of a case of hysteria ('Dora'). In A. Richards (ed.) (1977) *Case Histories I: 'Dora' and Little Hans', Pelican Freud Library Vol. 8.* Harmondsworth: Pelican.

Freud, S. (1907) Obsessive actions and religious practices. In A. Richards (ed.) (1985) *The Origins of Religion, Pelican Freud Library Vol. 13.* Harmondsworth: Pelican.

Freud, S. (1909a) Analysis of a phobia in a five-year-old boy ('little Hans'). In A. Richards (ed.) (1977) *Case Histories I: 'Dora' and 'Little Hans', Pelican Freud Library Vol. 8.* Harmondsworth: Pelican.

Freud, S. (1909b) Family romances. In A. Richards (ed.) (1977) *On Sexuality, Pelican Freud Library Vol. 7.* Harmondsworth: Pelican.

Freud, S. (1910) A special type of choice of object made by men. In A. Richards (ed.) (1977) *On Sexuality, Pelican Freud Library Vol. 7.* Harmondsworth: Pelican.

Freud, S. (1911a) Psychoanalytic notes on an autobiographical account of a case of paranoia (dementia paranoides) (Schreber). In A. Richards (ed.) (1979) *Case Histories II: 'Rat Man', Schreber, 'Wolf Man', Female Homosexuality, Pelican Freud Library Vol. 9.* Harmondsworth: Pelican.

Freud, S. (1911b) Formulations on the two principles of mental functioning. In A. Richards (ed.) (1984) *On Metapsychology: The Theory of Psychoanalysis, Pelican Freud Library Vol. 11.* Harmondsworth: Pelican.

Freud, S. (1912) The dynamics of transference. In J. Strachey (ed.) (1958) *The Standard Edition of the Complete Psychological Works of Sigmund Freud, Vol. XII.* London: The Institute of Psycho-Analysis and The Hogarth Press.

Freud, S. (1912-1913) Totem and taboo: some points of agreement between the mental lives of savages and neurotics. In A. Richards (ed.)

(1985) *The Origins of Religion, Pelican Freud Library Vol.* 13. Harmondsworth: Pelican.

Freud, S. (1914a) On narcissism. In A. Richards (ed.) (1984) *On Metapsychology: The Theory of Psychoanalysis, Pelican Freud Library Vol.* 11. Harmondsworth: Pelican.

Freud, S. (1914b) Remembering, repeating and working-through (further recommendations on the technique of psychoanalysis 11). In J. Strachey (ed.) (1958) *The Standard Edition of the Complete Psychological Works of Sigmund Freud, Vol. XII.* London: The Institute of Psycho-Analysis and The Hogarth Press.

Freud, S. (1915a) Instincts and their vicissitudes. In A. Richards (ed.) (1984) *On Metapsychology: The Theory of Psychoanalysis, Pelican Freud Library Vol.* 11. Harmondsworth: Pelican.

Freud, S. (1915b) Thoughts for the times on war and death. In A. Richards (ed.) (1985) *Civilization, Society and Religion: Group Psychology, Civilization and its Discontents and Other Works, Pelican Freud Library Vol.* 12. Harmondsworth: Pelican.

Freud, S. *(1915c)* The unconscious. In A. Richards (ed.) (1984) *On Metapsychology: The Theory of Psychoanalysis,*

Pelican Freud Library Vol. 11. Harmondsworth: Pelican.

Freud, S. (1920) Beyond the pleasure principle. In A. Richards (ed.) (1984) *On Metapsychology: The Theory of Psychoanalysis, Pelican Freud Library Vol.* 11. Harmondsworth: Pelican.

Freud, S. (1921) Group psychology and the analysis of the ego. In A. Richards (ed.) (1985) *Civilization, Society and Religion: Group Psychology, Civilization and its Discontents and Other Works, Pelican Freud Library Vol.* 12. Harmondsworth: Pelican.

Freud, S. (1923a) The infantile genital organization (an interpolation into the theory of sexuality). In A. Richards (ed.) (1977) *On Sexuality, Pelican Freud Library Vol.* 7. Harmondsworth: Pelican.

Freud, S. (1923b) *The Ego and the Id.* In A. Richards (ed.) (1984) *On Metapsychology: The Theory of Psychoanalysis, Pelican Freud Library Vol.* 11. Harmondsworth: Pelican.

Freud, S. (1924) The dissolution of the Oedipus complex. In A. Richards (ed.) (1977) *On Sexuality, Pelican Freud Library Vol.* 7. Harmondsworth: Pelican.

Freud, S. (1925a) A note upon the 'mystic writing-pad'. In A. Richards (ed.) (1984) *On Metapsychology: The Theory of Psychoanalysis,*

Bibliografia

Pelican Freud Library Vol. 11. Harmondsworth: Pelican.

Freud, S. (1925b) Negation. In A. Richards (ed.) (1984) *On Metapsychology: The Theory of Psychoanalysis, Pelican Freud Library Vol. 11.* Harmondsworth: Pelican.

Freud, S. (1926) Inhibitions, symptoms and anxiety. In A. Richards (ed.) (1979) *On Psychopathology, Pelican Freud Library Vol. 10.* Harmondsworth: Pelican.

Freud, S. (1927a) Fetishism. In A. Richards (ed.) (1977) *On Sexuality, Pelican Freud Library Vol. 7.* Harmondsworth: Pelican.

Freud, S. (1927b) The future of an illusion. In A. Richards (ed.) (1985) *Civilization, Society and Religion: Group Psychology, Civilization and its Discontents and Other Works, Pelican Freud Library Vol. 12.* Harmondsworth: Pelican.

Freud, S. (1930) Civilization and its discontents. In A. Richards (ed.) (1985) *Civilization, Society and Religion: Group Psychology, Civilization and its Discontents and Other Works, Pelican Freud Library Vol. 12.* Harmondsworth: Pelican.

Freud, S. (1933a) New introductory lectures on psychoanalysis. In A. Richards (ed.) (1973) *New Introductory Lectures on Psychoanalysis, Pelican Freud*

Library Vol. 2. Harmondsworth: Pelican.

Freud, S. (1933b) Why war? In A. Richards (ed.) (1985) *Civilization, Society and Religion: Group Psychology, Civilization and its Discontents and Other Works, Pelican Freud Library Vol. 12.* Harmondsworth: Pelican.

Freud, S. (1940a) An outline of psychoanalysis. In A. Richards (ed.) (1986) *Historical and Expository Works on Psychoanalysis, Pelican Freud Library Vol. 15.* Harmondsworth: Pelican.

Freud, S. (1940b) Splitting of the ego in the process of defence. In A. Richards (ed.) (1984) *On Metapsychology: The Theory of Psychoanalysis, Pelican Freud Library Vol. 11.* Harmondsworth: Pelican.

Freud, S. (1942) Psychopathic characters on the stage. In A. Richards (ed.) (1985) *Art and Literature, Pelican Freud Library Vol. 14.* Harmondsworth: Pelican.

Freud, S. (1953-1974) *The Standard Edition of the Complete Psychological Works of Sigmund Freud* (24 Vols.) London: Hogarth Press.

Freud, S. (1950) Project for a scientific psychology. In J. Strachey (ed.) (1966) *The Standard Edition of the Complete Psychological Works of Sigmund Freud, Vol. I.* London: The Institute of Psycho-Analysis and The Hogarth Press.

Freud, S. e Breuer, J. (1893-1895) Studies on Hysteria. In A. Richards (ed.) (1974) *Studies on Hysteria, Pelican Freud Library Vol. 3*. Harmondsworth: Pelican.

Fromm, E. (1932) The method and function of an analytic social psychology: notes on psychoanalysis and historical materialism. ln A. Arato e E. Gebhardt (eds.) (1978) *The Essential Frankfurt School Reader*. Oxford: Blackwell.

Fromm, E. ([1942]1960) *The Fear of Freedom*. London: Routledge and Kegan Paul.

Fromm, E. ([1956]1963) *The Sane Society*. London: Routledge and Kegan Paul.

Fromm, E. (1962) *Beyond the Chains of Illusion: My Encounter with Marx and Freud*. London: Abacus.

Fromm, E. (1967) *Psychoanalysis and Religion*. New York: Bantam Books.

Fromm, E. (1974) *The Anatomy of Human Destructiveness*. London: Cape.

Frosh, S. (1987) *The Politics of Psychoanalysis: An Introduction to Freudian and Post-Freudian Theory*. London: Macmillan.

Frosh, S. (1989) Melting into air: psychoanalysis and social experience. *Free Associations, 16*: 7-30.

Frosh, S. (1991) *Identity Crisis: Modernity, Psychoanalysis and the Self* London: Macmillan.

Fukuyama, F. (1992) *The End of History and the Last Man*. Harmondsworth: Penguin.

Gane, M. (1995) Radical theory: Baudrillard and vulnerability. *Theory, Culture and Society, 12*: 109-123.

Gauld, A. O. e Shotter, J. (1977) *Human Action and its Psychological Investigation*. London: Routledge and Kegan Paul.

Gay, P. (1988) *Freud: A Life For Our Time*. New York: W. W. Norton and Co.

Gellner, E. (1985) *The Psychoanalytic Movement, or The Coming of Unreason*. London: Paladin.

Gergen, K. J. (1989) Social Psychology and the Wrong Revolution. *European Journal of Social Psychology, 19*: 463-484.

Gergen, K. J. (1991) *The Saturated Self: Dilemmas of Identity in Contemporary Life*. New York: Basic Books.

Gibbs, G. (1995) Growing from tiny acorns. *The Guardian*, 25 de abril: 13.

Gibson, W. ([1984]1993) *Neuromancer*. London: HarperCollins.

Gibson, W. ([1986]1993) *Count Zero*. London: HarperCollins.

Giddens, A. (1992) *The Transformation of Intimacy: Sexuality, Love and*

Bibliografia

Eroticism in Modern Society. Cambridge: Polity Press.

Gilligan, C. (1982) *In a Different Voice: Psychological Theory and Women's Development.* Harvard: Cambridge, MA: Harvard University Press.

Gilman, S. L. (1993) *Freud, Race, and Gender.* New York: Princeton University Press.

Gittins, D. (1993) *The Family in Question: Changing Households and Familiar Ideologies* (2ª ed.). Basingstoke: Macmillan.

Glaser, D. e Frosh, S. (1993) *Child Sexual Abuse* (2ª ed.). London: Macmillan.

Goffman, E. (1959) *The Presentation of Self in Everyday Life.* New York: A. Knopf.

Gordo-López, A. J. (1995) Boundary objects and the psycho-techno-complex: psychology, resistance and regulation. Unpublished PhD thesis, University of Manchester.

Gordo-López, A. J. e Parker, I. (eds.) (forthcoming) *Cyberpsychology.*

Gosling, P. (1994) Lets abolish money. *Red Pepper,* 6: 28-29.

Greenberg, J. e Mitchell, S. (1983) *Object Relations in Psychoanalytic Theory.* Cambridge, MA: Harvard University Press.

Grinberg, L. (1985) Bion's contribution to the understanding of the individual and the group. In M. Pines (ed.) *Bion and Group Psychotherapy.* London: Routledge.

Grinberg, L., Sor, D. e Bianchedi, E. T. De (1975) *Introduction to the Work of Bion: Groups, Knowledge, Thought, Transformations, Psychoanalytic Practice.* London: Maresfield Library.

Groddeck, G. ([1923]1950) *Book of the It.* New York: Basic Books.

Gronemeyer, M. (1992) Helping. In W. Sachs (ed.) *The Development Dictionary: A Guide to Knowledge as Power.* London: Zed Books.

Grosskurth, P. (1986) *Melanie Klein.* London: Hodder and Stoughton.

Grosz, E. (1990) *Jacques Lacan: A Feminist Introduction.* London: Routledge.

Grünbaum, A (1984) *The Foundations of Psychoanalysis: A Philosophical Investigation.* Berkeley, CA: University of California Press.

Gwyther, M. (1993) Doctors in disgrace. *The Observer,* 11 de outubro.

Habermas, J. (1969) The movement in Germany: a critical analysis. In J. Habermas (1971) *Toward a Rational Society.* London: Hcincmann.

Habermas, J. (1970) On systematically distorted communication. *Inquiry,* 13: 205-218.

Habermas, J. (1971) *Knowledge and Human Interests.* London: Heinemann.

Habermas, J. (1982) The entwinement of myth and enlightenment: re-reading *Dialectic of Enlightenment*. *New German Critique*, 26: 13-30.

Habermas, J. (1985) A philosophico-political profile. *New Left Review*, 151: 75-105.

Hacking, I. (1995) *Rewriting the Soul: Multiple Personality and the Science of Memory*. Princeton, NJ: Princeton University Press.

Haeberlin, H. K. (1980) The theoretical foundations of Wundt's folk psychology. In R. W. Rieber (ed.) *Wilhelm Wundt and the Making of Scientific Psychology*. New York: Plenum Press.

Halliwell, L. (1980) *Halliwell's Teleguide*. London: Paladino

Haraway, D. (1991) *Simians, Cyborgs and Women*. London: Free Association Books.

Harper, D. J. (1996) Accounting for poverty: from attribution to discourse. *Journal of Community and Applied Social Psychology*, 6: 249-265.

Harré, R. (1979) *Social Being: A Theory for Social Psychology*. Oxford: Blackwell.

Harré, R. (1983) *Personal Being: A Theory for Individual Psychology*. Oxford: Blackwell.

Harré, R. (ed.) (1986) *The Social Construction of Emotion*. Oxford: Blackwell.

Harré, R. e Secord, P. E. (1972) *The Explanation of Social Behavior*. Oxford: Blackwell.

Harris, B. e Brock, A. (1991) Otto Fenichel and the left opposition in psychoanalysis. *Journal of the History of the Behavioral Sciences*, 27: 157-164.

Harris, B. e Brock, A (1992) Freudian psychopolitics: the rivalry of Wilhelm Reich and Otto Fenichel, 1930-1935. *Bulletin of the History of Medicine*, 66: 578-612.

Hartmann, H. ([1939]1958) *Ego Psychology and the Problem of Adaptation*. New York: International Universities Press.

Harvey, D. (1989) *The Condition of Postmodernity: An Enquiry into the Origins of Cultural Change*. Oxford: Blackwell.

Hawkes, T. (1977) *Structuralism and Semiotics*. London: Methuen.

Hayter, T. (1971) *Aid as Imperialism*. Harmondsworth: Pelican.

Hebdige, D. (1986) A Report on the western front: postmodernism and the politics of style. *Block*, 12: 4-26.

Heelas, P. e Lock, A. (eds.) (1981) *Indigenous Psychologies: The Anthropology of the Self*. London: Academic Press.

Hegel, G. W. F. ([1807]1971) *The Philosophy of Mind*. Oxford: Oxford University Press.

Bibliografia

Heimann, P. (1950) On countertransference. *International Journal of Psycho-Analysis*, 31: 81- 84.

Hewstone, M., Jaspars, J. e Lalljee, M. (1982) Social representations, social attribution and social identity: the intergroup images of 'public' and 'comprehensive' schoolboys. *European Journal of Social Psychology*, 12: 241-271.

Hewstone, M., Johnston, L. e Aird, P. (1992) Cognitive models of stereotype change: (2) perceptions of homogeneous and heterogeneous groups. *European Journal of Social Psychology*, 12: 235-250.

Hinchcliffe, M. (1992) Releasing Wildness. *Asylum*, 6 (2): 33.

Hinshelwood, R. D. (1983) Projective identification and Marx's concept of man. *International Review of Psycho-Analysis*, 10: 221-226.

Hinshelwood, R. D. (1985) Projective identification, alienation and society. *Group Analysis*, 3: 241-254.

Hinshelwood, R. D. (1996) Convergences with psychoanalysis. In I. Parker e R. Spears (eds.) *Psychology and Society: Radical Theory and Practice*. London: Pluto Press.

Hirst, P. e Woolley, P. (1982) *Social Relations and Human Attributes*. London: Tavistock Publications.

Hobart, M. (ed.) (1993) *An Anthropological Critique of Development: The Growth of Ignorance*. London: Routledge.

Hobson, R. (1986) *Forms of Feeling: The Heart of Psychotherapy*. London: Tavistock.

Höeg, P. ([1992]1993) *Miss Smilla's Feeling for Snow*. London: Flamingo.

Hollway, W. (1989) *Subjectivity and Method in Psychology: Gender, Meaning and Science*. London: Sage.

Homer, S. (1996) Psychoanalysis, representation, politics: on the (im)possibility of a psycho-analytic theory of ideology? *The Letter: Lacanian Perspectives on Psychoanalysis*, Summer: 97-109.

Homer, S. (in press) The terrain of theoretical anti-humanism. *Free Associations*, 43.

Honneth, A. (1994) The social dynamics of disrespect. *Constellations*, 1 (2): 255-269.

Honneth, A. (1995) *The Struggle for Recognition: The Moral Grammar of Social Conflicts*. Cambridge: Polity Press.

Höpfl, H. (1996) Authority and the pursuit of order in organizational performance. *Studies in Cultures, Organizations and Societies*, 2: 67-78.

Horder, J. (1991) Huggers on the warpath. *The Guardian*, 31 de agosto.

Horney, K. (1967) *Feminine Psychology*. New York: W. W. Norton & Co.

Hough, P. e Randles, J. (1992) *Looking for the Aliens: A Psychological, Scientific and Imaginative Investigation*. London: Blandford.

Howarth, I. (1988) Chartered psychologists: what can we claim for them? *The Psychologist, 1* (3): 96-98. Howarth, I. (1989) Open letter to British Psychological Society academic members.

Howitt, D. e Owusu-Bempah, J. (1994) *The Racism of Psychology: Time for Change*. Hemel Hempstead: Harvester Wheatsheaf.

Hughes-Hallett, L. (1992) Egghead out of her shell. *Independent on Sunday,* 9 de fevereiro: 26.

Hurme, H. (1995) Wild man or golden bird: cultural readings of masculinity. *Culture and Psychology,* 1: 477-486.

Ingleby, D. (1985) Professionals and socializers: the 'psy-complex'. *Research in Law, Deviance and Control,* 7: 79-109.

Irigaray, L. (1985) *This Sex Which Is Not One*. New York: Cornell University Press.

Isbister, J. N. (1985) *Freud: An Introduction to His Life and Work*. Cambridge: Polity Press.

Israel, J. e Tajfel, H. (eds.) (1972) *The Context of Social Psychology, A Critical Assessment*. London: Academic Press.

Jackson, R. (1981) *Fantasy: The Literature of Subversion*. London: Methuen.

Jacoby, R. (1977) *Social Amnesia: A Critique of Conformist Psychology from Adler to Laing*. Hassocks, Sussex: Harvester Press.

Jacoby, R. (1983) *The Repression of Psychoanalysis*. New York: Basic Books.

Jakobson, R. (1975) Two aspects of language and two types of aphasic disturbances. In R. Jakobson e M. Halle (1975) *Fundamentals of Language*. The Hague: Mouton.

Jameson, F. (1977) Imaginary and symbolic in Lacan: Marxism, psychoanalytic criticism, and the problem of the subject. *Yale French Studies,* 55/56: 338-395.

Jameson, F. (1984) Postmodernism, or the cultural logic of late capitalism. *New Left Review,* 146: 53-92.

Jaques, E. (1951) *The Changing Culture of a Factory*. London: Routledge e Kegan Paul.

Jaques, E. (1953) On the dynamics of social structure: a contribution to the psycho-analytic study of social phenomena deriving from the views of Melanie Klein. In E. Trist e H. Murray (eds.) (1990) *The Social Engagement of Social Science: A Tavistock Anthology: Vol. 1, The Socio-Psychological*

Bibliografia

Perspective. London: Free Association Books.

Jay, M. (1973) *The Dialectical Imagination: A History of the Frankfurt School and the Institute of Social Research.* London: Heinemann.

Jiménez-Domínguez, B. (1996) Participant action research. In I. Parker e R. Spears (eds.) *Psychology and Society: Radical Theory and Practice.* London: Pluto Press.

Jovanovic, C. (1995) Reading and living images of masculinity: comments on Parker's 'wild men'. *Culture and Psychology,* 1: 487-496.

Jukes, N. (1994) Nick Jukes started a local exchange trading scheme. *The Guardian,* 7 de outubro: 4.

Jung, C. G. ([1959]1987) *Flying Saucers: A Modern Myth of Things Seen in the Sky.* London: Ark.

Jung, C. G. (1983) *Jung: Selected Writings.* London: Fontana Press.

Jung, C. G. (1989) *Aspects of the Masculine.* London: Routledge.

Kakar, S. (1985) Psycho-analysis and non-Western cultures. *International Review of Psycho-Analysis,* 12: 441-448.

Keat, R. (1981) *The Politics of Social Theory: Habermas, Freud and the Critique of Positivism.* Oxford: Blackwell.

Keat, R. (1986) The human body in social theory: Reich, Foucault and the repressive hypothesis. *Radical Philosophy,* 42: 24-32.

Kellaway, L. (1993) Twelve acorns for a hair cut. *Financial Times,* 30 de novembro: 20.

Kellner, O. (1989) *Jean Baudrillard: From Marxism to Postmodernism and Beyond.* Cambridge: Polity Press.

Kernberg, O. (1975) *Borderline Conditions and Pathological Narcissism.* New York: Jason Aronson.

Kemberg, O. (1985) Foreword to J. Chasseguet-Smirgel, *Creativity and Perversion.* London: Free Association Books.

Kemberg, O. (1987) Foreword to J. Kristeva, *In the Beginning Was Love: Psychoanalysis and Faith.* New York: Columbia University Press.

Kerrigan, W. (1993) Students and lechers I. *The Observer Magazine,* 3 de outubro: 22-23.

Kershaw, A. (1991) How new man became new lad. *The Independent on Sunday,* 14 de abril.

Kirsch, B. (1993) To PC or not to PC. *The Lecturer,* 15 de dezembro.

Klapman, J. W. (1948) *Group Psychotherapy: Theory and Practice.* London: William Heinemann Medical Books Ltd.

Klein, O. B. (1985) *Jewish Origins of the Psychoanalytic Movement.*

Chicago: University of Chicago Press.

Klein, M. (1928) Early stages of the Oedipus conflict. In J. Mitchell (ed.) (1986) *The Selected Melanie Klein.* Harmondsworth: Peregrine.

Klein, M. (1930) The importance of symbol formation in the development of the ego. In J. Mitchell (ed.) (1986) *The Selected Melanie Klein.* Harmondsworth: Peregrine.

Klein, M. (1935) A Contribution to the psychogenesis of manic-depressive states. In J. Mitchell (ed.) (1986) *The Selected Melanie Klein.* Harmondsworth: Peregrine.

Klein, M. (1946) Notes on some schizoid mechanisms. In J. Mitchell (ed.) (1986) *The Selected Melanie Klein.* Harmondsworth: Peregrine.

Klein, M. (1955) The psycho-analytic play technique: its history and significance. In J. Mitchell (ed.) (1986) *The Selected Melanie Klein.* Harmondsworth: Peregrine.

Klein, M. (1956) A study of envy and gratitude. In J. Mitchell (ed.) (1986) *The Selected Melanie Klein.* Harmondsworth: Peregrine.

Knight, C. (1974) *Sex and the Class Struggle: Selected Works of Wilhelm Reich.* London: Chartist.

Knott, C. (1993) No car but plenty of drive. *Health and Efficiency,* 94 (4): 24-25.

Kojève, A. (1969) *Introduction to the Reading of Hegel: Lectures on the Phenomenology of Spirit.* New York: Basic Books.

Kovel, J. (1983) *Against the State of Nuclear Terror.* London: Pan.

Kovel, J. (1988) *The Radical Spirit: Essays on Psychoanalysis and Society.* London: Free Association Books.

Kozulin, A. (1994) *Psychology in Utopia: Toward a Social History of Soviet Psychology.* Cambridge, MA: MIT Press.

Kreeger, L. (1975) *The Large Group: Dynamics and Therapy.* London: Maresfield.

Kristeva, J. ([1974a]1986) *About Chinese Women.* London: Marion Boyars.

Kristeva, J. ([1974b]1984) *Revolution in Poetic Language.* New York: Columbia University Press.

Kristeva, J. ([1979]1981) Women's time. *Signs: Journal of Women in Culture and Society,* 7 (1): 13-35.

Kristeva, J. ([1980]1982) *Powers of Horror: An Essay on Abjection.* New York: Columbia University Press.

Kristeva, J. ([1985]1987) *In the Beginning Was Love: Psychoanalysis and Faith.* New York: Columbia University Press.

Bibliografia

Kristeva, J. ([1988]1991) *Strangers to Ourselves*. Hemel Hempstead: Harvester Wheatsheaf.

Kroker, A. (1985) Baudrillard's Marx. *Theory Culture and Society*, 2 (3): 69-83.

Kuhn, T. S. (1970) *The Structure of Scientific Revolutions* (2ª ed.). Chicago: Chicago University Press.

Kvale, S. (ed.) (1992) *Psychology and Postmodernism*. London: Sage.

Lacan, J. (1973) Of structure as an in-mixing of an otherness prerequisite to any subject whatsoever. In R. Macksey e E. Donato (eds.) *The Structuralist Controversy: The Languages of Criticism and the Sciences of Man*. Baltimore, MD: Johns Hopkins University Press.

Lacan, J. (1977) *Écrits: A Selection*. London: Tavistock.

Lacan, J. (1979) *The Four Fundamental Concepts of Psychoanalysis*. Harmondsworth: Penguin.

Lacan, J. (1988) The see-saw of desire. In J.-A. Miller (ed.) *The Seminar of Jacques Lacan, Book I: Freud's Papers on Technique* 1953-54. Cambridge: Cambridge University Press.

Lacan, J. (1992a) The moral goals of psychoanalysis. In J.-A. Miller (ed.) *The Seminar of Jacques Lacan, Book VII: The Ethics of Psychoanalysis*. London: Routledge.

Lacan, J. (1992b) The paradoxes of ethics or Have you acted in conformity with your desire? In J.-A. Miller (ed.) *The Seminar of Jacques Lacan, Book VII: The Ethics of Psychoanalysis*. London: Routledge.

Lacan, J. (1992c) The demand for happiness and the promise of analysis. In J.-A. Miller (ed.) *The Seminar of Jacques Lacan, Book VII: The Ethics of Psychoanalysis*. London: Routledge.

Langer, M. (1989) *From Vienna to Managua: Journey of a Psychoanalyst*. London: Free Association Books.

Lanza, J. (1995) *Elevator Music: A Surreal History of Muzak Easy Listening and Other Moodsong*. London: Quartet.

Laplanche, J. (1989) *New Foundations for Psychoanalysis*. Oxford: Blackwell.

Laplanche, J. (1990a) The Kent seminar. In J. Fletcher and M. Stanton (eds.) (1992) *Jean Laplanche: Seduction, Translation and the Drives*. London: Institute of Contemporary Arts.

Laplanche J. (1990b) The Freud Museum seminar. In J. Fletcher e M. Stanton (eds.) (1992) *Jean Laplanche: Seduction, Translation and the Drives*. London: Institute of Contemporary Arts.

Laplanche, J. (1992) The drive and its object-source: its fate in the transference. In J. Fletcher and

M. Stanton (eds.) *Jean Laplanche: Seduction, Translation and the Drives*. London: Institute of Contemporary Arts.

Laplanche, J. (1996) Psychoanalysis as anti-hermeneutics. *Radical Philosophy*, 79: 7-12.

Laplanche, J. e Pontalis, J.-B. ([1964]1986) Fantasy and the origins of sexuality. In V. Burgin, J. Donald e C. Kaplan (eds.) *Formations of Fantasy*. London: Methuen.

Laqueur, T. (1990) *Making Sex: Body and Gender from the Greeks to Freud*. Cambridge, MA: Harvard University Press.

Lasch, C. (1978) *The Culture of Narcissism: American Life in an Age of Diminishing Expectations*. New York: W. W. Norton & Co.

Lasch, C. (1981) The Freudian left and cultural revolution. *New Left Review*, 129: 23-34.

Le Bon, G. (1896) *The Crowd: A Study of the Popular Mind*. London: Ernest Benn Ltd.

Lechte, J. (1990) *Julia Kristeva*. London: Routledge.

Lemaire, A. (1977) *Jacques Lacan*. London: Routledge and Kegan Paul.

Letourneau, M. (1992) The most famous encounter in France. *International UFO Library Magazine*, 1 (3): 24-25 e 76.

Levidow, L. (1989) Witches and seducers: moral panics for our time. In

B. Richards (ed.) *Crises of the Self: Further Essays on Psychoanalysis and Politics*. London: Free Association Books.

Levidow, L. (1995) Castrating the other: the paranoid rationality of the Gulf War. *Psychoculture*, 1 (1): 9-16.

Lévi-Strauss, C. ([1958]1972) *Structural Anthropology*. Harmondsworth: Penguin.

Levin, C. (1984) Baudrillard, critical theory and psychoanalysis. *Canadian Journal of Political and Social Theory/Revue canadienne de théorie politique et sociale*, 8 (1/2): 35-52.

Lewin, K. (1946) Action research and minority problems. *Journal of Social Issues*, 2: 34-46.

Lichfield, J. (1991) The new all-American man. *The Independent on Sunday*, 2 de junho.

Lichtman, R. (1990) Psychoanalysis: critique of Habermas's prototype of critical social science. *New Ideas In Psychology*, 8 (3): 357-374.

Lomas, P. (1987) *The Limits of Interpretation: What's Wrong with Psychoanalysis?* Harmondsworth: Pelican.

Lorenz, K. (1966) *On Aggression*. London: Methuen.

Lorenzer, A. ([1970]1976) Symbols and stereotypes. In P. Connerton (ed.) *Critical Sociology: Selected Readings*. Harmondsworth: Penguin.

Bibliografia 413

Lukács, G. ([1923]1971) *History and Class Consciousness.* Cambridge, MA: MIT Press.

Lyotard, J.-F. ([1974]1993) *Libidinal Economy.* London: The Athlone Press.

Lyotard, J.-F. ([1979]1984) *The Postmodern Condition: A Report on Knowledge.* Manchester: Manchester University Press.

Lyotard, J.-F. (1988) *Peregrinations.* New York: Columbia University Press.

Macauley, W. R. e Gordo-López, A. (1995) From cognitive psychologies to mythologies: advancing cyborg textualities for a narrative of resistance. In C. H. Gray, H. J. Figueroa-Sarriera e S. Mentor (eds.) *The Cyborg Handbook.* London: Routledge.

McDougall, W. ([1908]1948) *An Introduction to Social Psychology.* London: Methuen.

McDougall, W. ([1920]1927) *The Group Mind.* New York: G. P. Putnam and Sons.

McLuhan, M. e Fiore, Q. (1967) *The Medium is the Massage: An Inventory of Effects.* Harmondsworth: Penguin.

Macey, D. (1988) *Lacan in Contexts.* London: Verso.

Macey, D. (1995) On the subject of Lacan. In A. Elliott e S. Frosh (eds.) *Psychoanalysis in Contexts: Paths between Theory and Modern Culture.* London: Routledge.

Maguire, M. (1995) *Men, Women, Passion and Power: Gender Issues in Psychotherapy.* London: Routledge.

Makulowich, J. S. (1993) Awesome sites. *World Wide Web Newsletter,* 1: 13 e 20.

Malinowski, B. ([1927]1960) *Sex and Repression in Savage Society.* London: Routledge and Kegan Paul.

Mandel, E. (1974) *Late Capitalism.* London: New Left Books.

Mao Tse Tung ([1963)1971) Where do correct ideas come from? *Selected Readings from the Works of Mao Tse Tung.* Peking: Foreign Languages Press.

Marcuse, H. ([1955)1974) *Eros and Civilization: A Philosophical Inquiry into Freud.* Boston, MA: Beacon Press.

Marcuse, H. (1972) *One Dimensional Man.* London: Abacus.

Marsh, P., Rosser, E. e Harré, R. (1974) *The Rules of Disorder.* London: Routledge and Kegan Paul.

Martin, H. e Flanagan, J. (1993) The undesirable side of academic affairs. *The Independent on Sunday,* 23 de maio: 8.

Marx, K. (1844) A Contribution to the critique of Hegel's philosophy of right. Introduction. In (1975) *Marx, Early Writings.* Harmondsworth: Penguin.

Marx, K. (1845) Concerning Feuerbach. In (1975) *Marx, Early Writings.* Harmondsworth: Penguin.

Marx, K. e Engels, F. ([1848]1965) *Manifesto of the Communist Party.* Peking: Foreign Languages Press.

Masson, J. M. ([1984]1985) *The Assault on Truth: Freud's Suppression of the Seduction Theory.* Harmondsworth: Penguin.

Masson, J. ([1988]1990) *Against Therapy.* London: Fontana.

Mead, G. H. (1934) *Mind, Self and Society: From the Standpoint of a Social Behaviorist.* Chicago, IL: Chicago University Press.

Meissner, W. W. (1990) The role of transitional conceptualization in religious thought. In J. H. Smith e S. A. Handelman (eds.) *Psychoanalysis and Religion.* Baltimore, MD: Johns Hopkins University Press.

Menzies-Lyth, I. (1959) The functioning of social systems as a defence against anxiety: a report on a study of the nursing service of a general hospital. In I. Menzies-Lyth (1988) *Containing Anxiety in Institutions Vol. I.* London: Free Association Books.

Miller, A. (1985) *Thou Shalt Not Be Aware: Society's Betrayal of the Child.* London: Pluto Press.

Miller, J.-A. (1985) The mainstream of Lacan's thought. Paper presented at the Cambridge Psychoanalytical Study Group conference on Transmission and Psychoanalysis, Trinity College, Cambridge.

Miller, L., Rustin, M., Rustin, M. e Shuttleworth, J. (eds.) (1989) *Closely Observed Infants.* London: Duckworth.

Millett, K. (1975) *Sexual Politics.* London: Virago.

Milne, T. (ed.) (1991) *The Time Out Film Guide* (2ª ed.). Harmondsworth: Penguin.

Mitchell, J. (1974) *Psychoanalysis and Feminism.* Harmondsworth: Pelican.

Mitchell, J. (1986) Introduction. In *The Selected Melanie Klein.* Harmondsworth: Peregrine.

Mitchell, J. e Rose, J. (eds.) (1982) *Feminine Sexuality: Jacques Lacan and the École Freudienne.* London: Macmillan.

Moebius, H. e Michel-Annan, B. (1994) Colouring the grey everyday: the psychology of the walkman. *Free Associations,* 32: 570-576.

Moi, T. (1985) *Sexual/Textual Politics: Feminist Literary Theory.* London: Methuen.

Moore, S. (1988) Getting a bit of the other: the pimps of postmodernism. In R. Chapman e J. Rutherford (eds.) *Male Order: Unwrapping Masculinity.* London: Lawrence and Wishart.

Bibliografia

Moscovici, S. (1972) Society and theory in social psychology. In J. Israel e H. Tajfel (eds.) *The Context of Social Psychology: A Critical Assessment.* London: Academic Press.

Moscovici, S. (1976) *La psychoanalyse: son image et son public* (2ª ed.). Paris: Presses Universitaires de France.

Moscovici, S. (1986) *The Age of the Crowd.* Cambridge: Cambridge University Press.

Mowbray, R. (1995) *The Case Against Psychotherapy Registration: A Conservation Issue for the Human Potential Movement.* London: Transmarginal Press.

Mulvey, L. (1975) Visual pleasure and narrative cinema. *Screen,* 16 (3): 6-18.

Nietzsche, F. (1977) *A Nietzsche Reader.* Harmondsworth, Penguin.

Noon, J. (1993) *Vurt.* Littleborough: Ringpull Press.

O'Connor, N. e Ryan, J. (1993) *Wild Desires and Mistaken Identities: Lesbians and Psychoanalysis.* London: Virago.

O'Hagen, S. (1991) The re-invented man. *Arena,* maio e junho: 22-23.

Ollman, B. (1972) Introduction. In L. Baxandall (ed.), *Sex-Pol: Essays, 1929-1934.* New York: Vintage Books.

Ostrander, S. e Schroeder, L. ([1970]1973) *PSI: Psychic Discoveries behind the Iron Curtain.* London: Abacus.

Oxaal, I. (1988) The Jewish origins of psychoanalysis reconsidered. In E. Timms e N. Segal (eds.) *Freud in Exile: Psychoanalysis and its Vicissitudes.* New Haven, CT: Yale University Press.

Packard, V. ([1957J1958) *The Hidden Persuaders.* New York: Cardinal.

Pajaczkowska, C. (1981) Introduction to Kristeva. *m/f,* 5/6: 149-157.

Paludi, M. A. e Barickman, R. B. (1993) *Academic and Workplace Sexual Harassment,* New York: SUNY Press.

Pareles, J. (1994) Alone again naturally. *The Guardian,* 1 de novembro: 2.

Parker, I. (1989) *The Crisis in Modern Social Psychology, and How To End It.* London: Routledge.

Parker, I. (1992) *Discourse Dynamics: Critical Analysis for Social and Individual Psychology.* London: Routledge.

Parker, I. (1995) Discursive complexes in matcrial culture. In J. Haworth (ed.) *Psychological Research: Innovative Methods and Strategies.* London: Routledge.

Parker, I. (1997) Discourse analysis and psychoanalysis. *British Journal of Social Psychology, 36.*

Parker, I. e Shotter, J. (eds.) (1990) *Deconstructing Social Psychology*. London: Routledge.

Parker, I., Georgaca, E., Harper, D., McLaughlin, T. e Stowell-Smith, M. (1995) *Deconstructing Psychopathology*. London: Sage.

Pettit, P. (1975) *The Concept of Structuralism: A Critical Analysis*. Berkeley, CA: University of California Press.

Phillips, A. (1988) *Winnicott*. London: Fontana.

Philp, H. L. ([1956]1974) *Freud and Religious Belief*. Westport, CT: Greenwood Press.

Pines, M. (ed.) (1985) *Bion and Group Psychotherapy*. London: Routledge and Kegan Paul.

Piper, S. e British Naturism (1992) *Full Frontal* (BBC2 Television Community Access Programme). Northampton and London: British Naturism and British Broadcasting Corporation.

Plant, S. (1993) *The Most Radical Gesture: The Situationist International in a Postmodern Age*. London: Routledge.

Poster, M. (1978) *Critical Theory of the Family*. London: Pluto Press.

Pribram, K. e Gill, M. (1976) *Freud's Project Reassessed*. London: Hutchinson.

Prynn, J. (1996) 'Hands off' rule for car instructors. *The Times*, 11 de abril.

Radley, A. e Kennedy, M. (1992) Reflections upon charitable giving: a comparison of individuals from business, 'manual' and professional backgrounds. *Journal of Community and Applied Social Psychology*, 2: 113-129.

Randles, J. (1992a) J. R. comments... *Northern UFO News*, 158: 2-3.

Randles, J. (1992b) Magpie speaks out. *Northern UFO News*, 157: 11-12.

Ratner, C. (1971) Totalitarianism and individualism in psychology. *Telos*, 7: 50-72.

Reich, W. (1929) Dialectical materialism and psychoanalysis. In L. Baxandall (ed.) (1972) *Sex-Pol: Essays, 1929-1934*. New York: Vintage Books.

Reich, W. (1932a) The imposition of sexual morality. In L. Baxandall (ed.) (1972) *Sex-Pol: Essays, 1929-1934*. New York: Vintage Books.

Reich, W. (1932b) Politicizing the sexual problem of youth. In L. Baxandall (ed.) (1972) *Sex-Pol: Essays, 1929-1934*. New York: Vintage Books.

Reich, W. (1934a) What is class consciousness? In L. Baxandall (ed.) (1972) *Sex-Pol: Essays, 1929-1934*. New York: Vintage Books.

Reich, W. ([1934b]1971) *What is Class Consciousness?* London: Socialist Reproduction. Reich,

Bibliografia

W. ([1942]1968). *The Function of the Orgasm: Sex-Economic Problems of Biological Energy.* London: Panther.

Reich, W. ([1946]1975) *The Mass Psychology of Fascism.* Harmondsworth: Pelican.

Reich, W. ([1951]2ª) *The Orgone Accumulator: Its Medical and Scientific Use.* London: Rising Free.

Reicher, S. (1982) The determination of collective behavior. In H. Tajfel (ed.) *Social Identity and Intergroup Relations.* Cambridge: Cambridge University Press.

Reicher, S. (1991) Politics of crowd psychology. *The Psychologist,* 4 (11): 487-491.

Ribera, A. (1992) Abductions in Spain: a certain pattern. *International UFO Library Magazine,* 1 (3): 19 e 44.

Richards, B. (1984a) Civil defence and psychic defence. *Free Associations,* Pilot Issue: 85-97.

Richards, B. (1984b) Schizoid states and the market. In B. Richards (ed.) *Capitalism and Infancy: Essays on Psychoanalysis and Politics.* London: Free Association Books.

Richards, B. (1985) The politics of the self. *Free Associations,* 3: 43-64.

Richards, B. (1986) Military mobilizations of the unconscious. *Free Associations,* 7: 11-26.

Richards, B. (1989) *Images of Freud: Cultural Responses to Psychoanalysis.* London: Dent.

Richards, B. (1994) The cultural predicaments of psychoanalysis. *Free Associations,* 32: 549-569.

Rickert, J. (1986) The Fromm-Marcuse debate revisited. *Theory and Society,* 15: 351-400.

Rieff, P. (1973) *The Triumph of the Therapeutic.* Harmondsworth: Penguin.

Riley, D. (1983) *War in the Nursery: Theories of the Child and Mother.* London: Virago.

Riley, P. (1981) Introduction to the reading of Alexandre Kojeve. *Political Theory,* 9 (1): 5-48.

Roberts, A. (1992) Editorial. *UFO Brigantia,* 52: 3-5.

Rogers, C. R. (1961) *On Becoming a Person.* Boston, MA: Houghton Mifflin.

Roiser, M. e Willig, C. (1996) Marxism, the Frankfurt School, and working-class psychology. In I. Parker and R. Spears (eds.) *Psychology and Society: Radical Theory and Practice.* London: Pluto Press.

Rorty, R. (1980) *Philosophy and the Mirror of Nature.* Oxford: Blackwell.

Rose, J. (1986) *Sexuality in the Field of Vision.* London: Verso.

Rose, J. (1993a) *Why War?: Psychoanalysis, Politics, and the Return to Melanie Klein.* Oxford: Blackwell.

Rose, J. (1993b) Julia Kristeva - take two. In K. Oliver (ed.) *Ethics, Politics and Difference in Julia Kristeva's Writing*. London: Routledge.

Rose, N. (1985) *The Psychological Complex: Psychology, Politics and Society in England, 1869-1939*. London: Routledge and Kegan Paul.

Rosemont, F. (1978) *André Breton and the First Principles of Surrealism*. London: Pluto Press.

Roudinesco, E. (1990) *Jacques Lacan and Co.: A History of Psychoanalysis in France, 1925-1985*. London: Free Association Books.

Rowan, J. (1987) *The Horned God: Feminism and Men as Wounding and Healing*. London: Routledge and Kegan Paul.

Rowthorn, B. (1994) Does money make the world go round (interview). *Red Pepper,* 6: 30-31.

Rucker, R. ([1982]1985) *Software*. London: ROC.

Rushkoff, D. (1994) *Cyberia: Life in the Trenches of Hyperspace*. London: Flamingo.

Russell, J. (1993) *Out of Bounds, Sexual Exploitation in Counselling and Therapy*. London: Sage.

Rustin, M. (1991) *The Good Society and the Inner World: Psychoanalysis, Politics and Culture*. London: Verso.

Rutter, P. (1992) *Sex in the Forbidden Zone*. London: Mandala.

Ryan, M. (1982) *Marxism and Deconstruction: A Critical Articulation*. Baltimore, MD: Johns Hopkins University Press.

Ryle, A. (1990) *Cognitive-Analytic Therapy: Active Participation in Change*. Chichester: Wiley.

Samuels, A. (1985) *Jung and the Post-Jungians*. London: Routledge and Kegan Paul.

Samuels, A. (1993) *The Political Psyche*. London: Routledge.

Sartre, J.-P. ([1943]1969) *Being and Nothingness: An Essay on Phenomenological Ontology*. London: Methuen.

Saussure, F. de (1974) *Course in General Linguistics*. London: Fontana.

Schachter, S. e Singer, J. (1962) Cognitive, social, and physiological determinants of emotional state. *Psychological Review,* 69 (5): 379-399.

Schatzman, M. (1973) *Soul Murder: Persecution in the Family*. London: Allen Lane.

Schnabel, J. ([1994]1995) *Dark White: Aliens, Abductions, and the UFO Obsession*. Harmondsworth: Penguin.

Scott, A. (1996) *Real Events Revisited: Fantasy, Memory and Psychoanalysis*. London: Virago.

Secord, P. F. (1991) Deconstructing social psychology? Why? How? *Contemporary Psychology,* 38: 33-34.

Segal, H. (1987) Review of 'Against the State of Nuclear Terror'. *Free Associations,* 9: 137-142.

Segal, H. (1995) From Hiroshima to the Gulf War and after: a psychoanalytic perspective. In A. Elliott and S. Frosh (eds.) *Psychoanalysis in Contexts: Paths between Theory and Modern Culture.* London: Routledge.

Sekoff, J. (1989) Amnesia, romance and the mind-doctor film. In B. Richards (ed.) *Crises of the Self: Further Essays on Psychoanalysis and Politics.* London: Free Association Books.

Seyfang, C. J. (1994) The Local Exchange Trading System: Political Economy and Social Audit. MSc thesis, University of East Anglia, Norwich.

Sharaf, M. ([1983]1984) *Fury on Earth: A Biography of Wilhelm Reich.* London: Hutchinson.

Shaw, W. (1994) *Spying in Guru Land: Inside Britain's Cults.* London: Fourth Estate.

Shotter, J. (1975) *Images of Man in Psychological Research.* London: Methuen.

Shotter, J. (1984) *Accountability and Selfhood.* Oxford: Blackwell.

Sieveking, P. (1991) Holes in the head. *Fortean Times,* 58: 42-43.

Simon, B. (1993) On the asymmetry in the cognitive construal of ingroup and outgroup: a model of egocentric social categoriza-tion. *European Journal of Social Psychology,* 23: 131-148.

Smith, J. (1993) Students and lechers II. *The Observer Magazine,* 3 October: 22-23.

Squire, C. (1991) Science fictions. *Feminism and Psychology,* 1 (2): 181-199.

Stanton, M. (1990) Psychoanalysis in British universities, the Kent case. *Free Associations, 19:*104-113.

Stephenson, N. ([1992]1993) *Snow Crash.* London: ROC.

Stern, D.N. (1985) *The Interpersonal World of the Infant: A View from Psychoanalysis and Developmental Psychology.* New York: Basic Books.

Stevens, A. (1986) The archetypes of war. In I. Fenton (ed.) *The Psychology of Nuclear Conflict.* London: Coventure.

Stevens, W. C. (1992) Ali 'grays' are not reticulans: reticulan extraterrestrials misjudged. *International UFO Library Magazine,* 1 (3): 16-17 and 42.

Stigler, J.W., Schweder, R.A. e Herdt, G. (eds) (1990) *Cultural Psychology: Essays on Comparative Human Development.* Cambridge: Cambridge University Press.

Stockholder, E. (1987) Mirrors and narcissism. *Theory, Culture and Society,* 4: 107-123.

Strachey, J. (1966) Editor's introduc-tion. In J. Strachey (ed.) (1966)

The Standard Edition Of the Complete Psychological Works of Sigmund Freud, Vol. I. London: The Institute of PsychoAnalysis and The Hogarth Press.

Strieber, W. ([1987]1988) *Communion, A True Story: Encounters with the Unknown.* London: Arrow Books.

Sulloway, E. J. ([1979]1980) *Freud, Biologist of the Mind: Beyond the Psychoanalytic Legend.* London: Fontana.

Sutin, L. ([1989]1991) *Divine Invasions: A Life Of Philip K. Dick.* London: Paladin.

Szasz, T. (1979) Sigmund Freud: the Jewish avenger. In T. Szasz, *The Myth of Psychotherapy:*

Mental Healing as Religion, Rhetoric, and Repression. Oxford: Oxford University Press.

Tajfel, H. (1970) Experiments in intergroup discrimination. *Scientific American,* 223: 96-102.

Tajfel, H. (1972) Some developments in European social psychology. *European Journal of Social Psychology,* 2: 307-323.

Tajfel, H. (1979) Individuals and groups in social psychology. *British Journal of Social and Clinical Psychology,* 18: 183-191.

Tajfel, H., Billig, M., Bundy, R. e Flament, C. (1971) Social categorisation and intergroup behaviour. *European Journal of Social Psychology,* 1: 149-175.

Tan, S.-L. e Moghaddam, EM. (1995) Reflexive positioning and culture. *Journal for the Theory of Social Behaviour,* 25 (4): 387-400.

Target, G. (1993) As nature intended. *Health and Efficiency,* 94 (4): 10-13.

Tatham, P. (1991) *The Making of Maleness: Men, Women and the Flight of Daedalus.* London: Kamac.

Timms, E. e Segal, N. (eds.) (1988) *Freud in Exile: Psychoanalysis and its Vicissitudes.* London: The Hogarth Press.

Toussaint-Samat, M. (1992) *A History of Food.* Oxford: Blackwell.

Trist, E. e Murray, H. (eds.) (1990) *The Social Engagement of Social Science: A Tavistock Anthology: Vol. 1, The Socio-Psychological Perspective.* London: Free Association Books.

Trotsky, L. (1933) What is national socialism? In L. Trotsky, *The Struggle Against Fascism in Germany.* Harmondsworth: Pelicano.

Trotter, W. (1919) *Instincts of the Herd in Peace and War* (2ª ed.). London: Emest Benn.

Turkle, S. (1992) *Psychoanalytic Politics: Jacques Lacan and Freud's French Revolution* (2ª ed). London: Free Association Books.

Bibliografia

Turner, J.C. (1975) Social comparison and social identity: some prospects for intergroup behaviour. *European Journal of Social Psychology*, 5: 5-34.

Turner, J.C., Hogg, M.A., Oakes, P.J., Reicher, S.D. e Wetherell. M. (1987) *Rediscovering the Social Group*. Oxford: Blackwell.

Vaillant, G. E. (1971) Theoretical hierarchy of adaptive ego mechanisms: a 30-year follow-up of 30 men selected for psychological health. *Archives of General Psychiatry*, 24: 107-118.

Vallee, J. (1979) *Messengers of Deception: UFO Contacts and Cults*. Berkeley, CA: And / Or Press.

Vallee, J. ([1988]1990) *Dimensions: A Casebook of Alien Contact*. London: Sphere Books.

Van Ginneken, J. (1984) The killing of the father: the background of Freud's group psychology. *Political Psychology*, 5 (3): 391-414.

Varela, C. R. (1995) Ethogenic theory and psychoanalysis: the unconscious as a social construction and a failed explanatory concept. *Journal for the Theory of Social Behavior*, 25 (4): 363-385.

Verhoeven, P. (1990) *Total Recall*. New York: Tristar Films.

Vidal, J. (1994) Take a few pigs along to the Pie in the Sky cafe and watch payment go bob-bob-bobbin along. *The Guardian*, 12 de março: 25.

Vincent-Buffault, A. (1991) *The History of Tears: Sensibility and Sentimentality in France*. London: Macmillan.

Wangh, M. (1972) Some unconscious factors in the psychogenesis of recent student uprisings. *Psychoanalytic Quarterly*, 41: 207-223.

Ward, H. (1996) Myers-Briggs and the concern with techniques. In K. Leech (ed.) *Myers-Briggs: Some Critical Reflections*. Manchester: Blackfriars Publications.

Wehr, C. (1988) *Jung and Feminism: Liberating Archetypes*. London: Routledge and Kegan Paul.

Westphal, M. (1990) Paranoia and piety: reflections on the Schreber case. In J. H. Smith e S. A. Handelman (eds.) *Psychoanalysis and Religion*. Baltimore, MD: Johns Hopkins University Press.

Wetherell, M. e Edley, N. (1997) Gender practices: steps in the analysis of men and masculinities. In K. Henwood, C. Griffin e A. Phoenix (eds.) *Standpoints and Differences: Essays in the Practice of Feminist Psychology*. London: Sage.

Whyte, L. L. ([1960]1962) *The Unconscious before Freud*. London: Tavistock.

Wiernikowska, M. (1992) Tipis and totem poles. *Gazeta Wyborcza*. Reprinted in *The Guardian*, 24 de novembro: 12.

Wilder, D. (1981) Perceiving persons as a group: categorization and intergroup relations. In D. L. Hamilton (ed.) *Cognitive Processes in Stereotyping and Intergroup Behavior*. Hillsdale, NJ: Erlbaum.

Williams, J. (1993) Smooth dudes and shaven ravers. *Health and Efficiency* (supplement), 94 (4): 8-13.

Winnicott, D. W. (1947) Hate in the countertransference. In D. W. Winnicott (1958) *Collected Papers: Through Paediatrics to Psycho-Analysis*. London: Tavistock.

Winnicott, D. W. (1953) Transitional objects and transitional phenomena. In D. W. Winnicott *(1974) Playing and Reality*. Harmondsworth: Penguin.

Winnicott, D. W. (1957) *The Child and the Family: First Relationships*. London: Tavistock.

Winnicott, D. W. (1965) *The Family and Individual Development*. London: Tavistock.

Winnicott, D. W. (1967) Mirror-role of mother and family in child development. In D. W. Winnicott (1974) *Playing and Reality*. Harmondsworth: Penguin.

Winnicott, D. W. (1969) The use of an object and relating through identifications. In D. W. Winnicott *(1974) Playing and Reality*. Harmondsworth: Penguin.

Wolfenstein, E. V. (1990) Group phantasies and 'the individual': a critical analysis of psychoanalytic group psychology. *Free Associations*, 20: 150-180.

Wolfenstein, E. V. (1993) *Psychoanalytic-Marxism: Groundwork*. London: Free Association Books.

Young, R. M. (1989) Post-modernism and the subject: pessimism of the will. *Free Associations*, 16: 81-96.

Young, R. M. (1994) *Mental Space*. London: Process Press.

Zajonc, R. B. (1989) Styles of explanation in social psychology. *European Journal of Social Psychology*, 19: 345-368.

Zipes, J. (1992) Spreading myths about fairy tales: a critical commentary on Robert Bly's Iron John. *New German Critique*, 55: 3-19.

Zizek, S. (1989) *The Sublime Object of Ideology*. London: Verso.

Zizek, S. (1990) Eastern Europe's republics of Gilead. *New Left Review*, 183: 50-62.

Zizek, S. (1991) *For They Know Not What They Do: Enjoyment as a Political Factor*. London: Verso.

Zizek, S. (1994) *The Metastases of Enjoyment: Six Essays on Woman and Causality*. London: Verso.

Zizek, S. (1996) *The Indivisible Remainder: An Essay on Schelling and Related Matters*. London: Verso.

ÍNDICE ANALÍTICO

abjeção, 341-3
Abulfia, 113
ação deferida, 290, 295, 321-2, 384
    complexo discursivo de, 321-2
Achilles' Heel, 231
'Ações obsessivas e práticas religiosas'
    (Freud), 106
acting out, complexo discursivo de,
    203-6
Adler, Alfred, 38, 144
Adler, Friedrich, 73
Adler, Victor, 73
Adorno, Theodor, 48, 173, 178, 222,
    223, 249, 251-3, 254
Aeroporto 75, 82
Aeroporto 77, 83
Aeroporto, 82
Aetherius Society, 160
afasias, 28, 29, 42, 298-9
agressão contra si mesmo, 164
    inata, 134, 136-7
'Aimée', caso, 307
Albert, Príncipe, 275
Alexander, J. C., 234
Alien, 343
alienação, 41, 149, 171, 189
alienígena, 135
    abdução por, 153-63
    guerra com, 169-71
Alone again naturally (Pareles), 359
Alt, J., 256
Althusser, Louis, 41, 287, 325-8, 332,

334, 335-7, 345, 347, 348, 354-6,
    390
ambivalência, 103
Amendola, S., 165
American Journal of Psychology, 26
American Psychoanalytic Association
    (APA), 21
animismo (fase de desenvolvimen-
    to), 100
ansiedade, 126, 127, 130
    castração, 244-6, 258
    complexo discursivo de, 99, 117-20
    em instituições, 63, 79, 80-1, 87,
    89, 139, 146, 147
    infantil, 119
    separação, 172, 195
    sobre o real, 259, 265, 266
Anthony, A., 230
anti-semitismo, 35, 173
antropologia estrutural, 293-4
    uso de Freud, 10, 70-1, 101-2
    uso de Fromm, 190 uso de Jung,
    234 uso de Reich, 219
Arcebispo de York, 115
Archard, D., 42, 292
armas nucleares, 140-1, 151
Armistead, N., 83
arquétipos, 109, 144, 191
Arquivos-X, 153, 166, 168
Asimov, I., 315
assassínio e ambivalência, 137
    nas hordas primevas, 136

ataque-fuga (estados de postulado básico), 79, 92

Austin, J. L., 221

Australian Psychological Society, 199

autoritarismo, 183, 212, 213-7, 222
e características anais, 183, 192
e masculinidade, 215

autotrepanação, 279-80

Bachofen, Johann, 191

Back from Eternity, 82

Bakan, D., 34, 112-3

Ballard, J. G., 249

Banyard, G., 166

Barbour, L., 90

Barford, D., 274

Barickman, R. B., 90

Barrett, M., 259, 337

Barthes, R., 262

Basterfield, K., 156

Baudrillard, Jean, 175, 250, 251, 252, 260, 261-4, 266-71, 273-4, 276, 278-81, 283, 364, 390

Baumann, Z., 180

banda libidinal, 363-6, 382-3
complexo discursivo, 347-51

beijar, 18

Bell, D., 79

Benedikt, M., 309

Benhabib, S., 248

Benjamin, J., 253, 254, 305

Benjamin, Walter, 171, 172, 189, 253, 254, 255

Bentley, M., 43

Benvenuto, B., 365

Berger, P. L., 20

Berman, M., 50, 197

Bernheim, Hippolyte, 30, 41

Bettelheim, B., 34, 64, 65, 145, 152, 157, 170, 180

Bhaskar, R., 23

Bialystok Indians, 265

Billig, M., 64, 68, 73, 84, 85, 97, 113, 134, 250

Binswanger, Ludwig, 315

Bion, Wilfred, 57, 58, 75-84, 89, 91, 94, 151, 164, 283

Bird, J., 290

bissexualidade, constitucional, 28, 32, 43, 209

Black, M., 116

Bléandonu, G., 76

Bly, Robert, 215, 228, 229-47, 254

Boadella, D., 216, 217

Bocock, R., 20

Boring, E. G., 197

Boswell, J., 18

Bowlby, John, 119, 120, 143

Branca de Neve e os Sete Anões (Disney), 255

Breton, André, 46, 306

Brewer, M., 85

Brinton, M., 237

British Confederation of Psychotherapists, 143

British Journal of Social Psychology, 85

British Naturism, 266, 267, 272, 277

British Psycho-Analytical Society, 75, 143

British Psychological Society (BPS), 180, 198-9

British Telecom advertising campaign, 372-3

Brock, A., 250

Broderick, D., 291

Brookesmith, P., 156, 166

Brookman, J., 90

Índice Analítico

Brosnan, J., 346
Brücke, Ernst, 28
Bruins, J. J., 85
Brule, T., 228
Buck-Morss, S., 186
Budismo, 131
Bühler, C., 328
Bukatman, S., 291
Bulhan, H. A., 20
Bullard, T., 159
burguesia, 98, 186-8, 212, 219
Burman, E., 86, 90, 127, 210, 228, 363, 388
Burnell, P., 116
Burston, D., 189
Butler, J., 345

Cabala, 12-5, 172, 189
Cadigan, Pat, 312
Campo Freudiano, 360, 389
capitalismo tardio, 288, 308, 362
capitalismo, 19, 40, 46, 48, 50, 51, 52, 53, 129, 172, 174, 175, 178, 183, 187, 189, 190, 192, 193, 196, 213, 219, 250, 253, 260, 283, 296, 288, 308, 309, 327, 332, 337, 345, 346, 347, 348, 350, 354, 356, 357, 362 *ver também* capitalismo tardio
características anais, 183, 192
Carter, C., 166
Carter, M., 228
casamento, e miséria sexual, 219
castração, 238, 244 complexo discursivo de, 156-8
Cathie, S., 235
Catolicismo ,17, 35, 130, 132
Central Council for British Naturism (CCBN), 266, 272, 266
CD Roms interativo, 387

Chaplin, J., 237
Charcot, Jean Martin, 29, 30, 31, 41
Chasseguet-Smirgel, Janine, 138, 216, 18, 256-9
Che vuoi, 369-72 complexo discursivo de, 385-8
Chodorow, N. J., 194
Chomsky, Noam, 221
Chora, 339-41, 344
Christian Aid, 116
ciência (estágio de desenvolvimento), 87
cinema catástrofe, 81-2
cisão, 38, 57, 146, 149, 152, 153, 165, 187, 287
civilização, 179-84 comparada com cultura, 180 e racionalidade, 33-7 e sublimação, 37 estágios de desevolvimento, 100-1
Civilization e seus descontentes (Freud), 66, 171, 179-85, 186-8
Cixous, H., 380
clãs, 58
classe média, 220, 228, 282
classe, 40, 186-7 distinção new age/ naturismo, 264
distinção novo homem/novo rapaz, 215, 228 e simbólica Althusseriana, 332, 337-9 guerra, 147-8
classe trabalhadora, 98, 187, 220, 229, 282
clonagem, 278-9
Cocks, G., 251
Cocoon, 270
Colman, A., 74
Coltart, N. E. C., 282
Comodidade e identidade, 55, 264 fetichismo, 273-4

Zizek sobre Marx, 356
complexo de Édipo, 39, 44, 69, 72, 75, 105, 108, 138, 190, 244, 253
complexo-psi, 19-20, 23-4, 177-212
complexos discursivos,12-3
ação acatada, 321-2
acting out, 203-6
ansiedade, 126-7
banda libidinal, 382-3
castração, 244-6
Che vuoi, 285-6
desamparo, 154-6
distorção, 241-4 ego, 200-1
estágios de desenvolvimento, 207-8
fetichismo, 55
id, 201-3
identificação projetiva, 160-1
identificação, 127-8
imaginário, 349
intelectualização, 374-5
narcisismo, 278-3
o real, 322-3
perversidade polimorfa, 209-10
romance familiar,157-9
sedução, 268-9
semiótico, 268-9
separação, 239-40
significados enigmáticos, 384-5
simbólico, 320-1, 348-9
sócio-simbólico, 350-1
testes de realidade, 163-7
transferência, 377-8
trauma, 375-7
working through, 204-5
Comunhão (Strieber), 154, 155-6
comunicação distorcida, 221-2 v. pulsão, 238
comunidade, LETS ênfase sobre, 329
comunismo, 216, 217

Concorde, O: *Aeroporto 79*, 83
condensação, 300
Condição Pós-moderna, A (Lyotard), 260
Condor, S., 83
Conferência de Harrogate, 206
conhecimento construção social acadêmica,86-9 escritos de Bion, 58, 75-80
Connolly, C., 266, 273, 276
construcionismo social, 86-9, 197
Context of Social Psychology: A Critical Assessment, The (Israel e Tajfel), 82
continência (por grupos), 58, 75, 77
contratransferência, 33
Copérnico, 294
Cornell, D., 248
Cornet, Bruce, 159, 166
Cosmic Voice, 163
Counfer-Clock World (Dick), 322
Coward, R., 286, 375
Crash (Ballard), 249
credenciamento, 199, 200, 206, 210
Creed, B., 343
crianças *ver* filhos e crianças
Cristandade, 17, 34-5, 105, 107-9, 112, 116-8, 147
e espiritualidade, 106-7
relações objeto na, 120-1
Crowd, The: A Study of fhe Popular Mind (Le Bon), 61, 66
culpa, 184-6
cultura consumista, 175, 255, 264, 265
cultura(s) comparada com civilização, 179
conceitos chaves revistos, 26-31
crises e heróis, 81-3

Índice Analítico

do narcisismo, 47, 138, 142, 250, 251, 252-60
  e individualidade, 171-2, 173-4
  evolução da, 97-102
  inquietação inerente à, 180-1
  rompimento com naturalidade, 239
  cultural
  fragmentação, 260-4
  imperialismo, 20-2
  progresso, 37-9
  narcisismo, 260
Curso Geral de Lingüística (Saussure), 42
Curt, B., 87
Cushman, P., 372
cyberpunk, 308-14, 324

Dadaísta, 45
Daily Express, 122
Dalal, E., 235
Dalí, Salvador, 46, 306
Däniken, E. von, 157
Danziger, K., 67, 101
  Dark Past, The (Maté), 15
Darwin, Charles, 39, 294
Das Buch von Es (Groddeck), 41
Davies, B., 198
'De onde vêm as idéias corretas?' (Mao), 325
Debord, G., 261
defesa civil, 151-2
Deleuze, D., 361
demanda, Lacaniana, 387
dependência (estado básico de assunção), 79, 91-3
desamparo
  complexo discursivo de, 153-6
  de crianças, 153-6

Descartes, R., 46
desejo desenvolvimento em grupo psicológico, 63-5
  dialética do, 387-90
  efeitos da repressão, 104, 106, 138-9
  escritos lacanianos, 290, 297, 300, 302, 310, 317-8, 337
  estágios do, 102-3, 154, 159, 169-70
  mediado pela *new age*, 279-80
  objetos divinos de, 115-22
desenvolvimento do caráter, 184, 190
desenvolvimento
  em grupo psicológico, 63-5
  estágios de, 102-3, 154, 159, 169-70
dessubliminação repressiva, 194-5
Destino de Poseidon, O, 82
Dews, P., 186, 237, 290, 303, 326, 364, 366
diacrônico e sincrônico, 295-6
Dialetica da Ilustração (Adorno e Horkheimer), 178, 186-7
dialética hegeliana, 188, 251, 303-6
dialética, Hegelianao, 188, 250, 304-5
Dick, Philip K., 315-6, 321, 322, 323, 324
diferença, 319
diferença, 319
discurso da terapêutica moderna, 372-80
discurso terapêutico, 362-74
  efeitos sobre a prática, 372-4
discurso, 23-4
  construção e desconstrução através de, 345-6
  o grupo psicanalítico no, 94-5
  'viragem lingüística', 86, 360, 363
Disney, Walt, 255, 376
distorção, complexo discursivo de, 241,2

Dobson, R. V. G., 346, 349, 351, 352, 353, 354
Doi, T., 22
Doise, W., 85
Donzelot, J., 19
dualismo, 232-6
Dvorchak, R. J., 213
Dyer, C., 90

Easthope, A., 139, 229
Economia Libidinal (Lyotard), 364
Edição Standard (Freud), 29, 43, 56, 143, 302
Edley, N., 228, 248
ego-ideal, 69-71, 138, 254, 255, 256, 308
ego-psicologia, 36, 48, 191, 201, 227, 250, 259, 302, 360
Einstein, Alfred, 144
Eiser, J. R., 87
Elias, N., 49
Ellemers, N., 85
Elliot, A., 26
Ellis, J., 286
e-mail, 383-4
empirismo, 28, 56
Encounters, 168
endereço eletrônico ('e-mail'), 383-4
energia (Reich), 215-21, 236-9
enfermarias, uso de menos K, 79
Engels, Friedrich, 40, 41, 50, 191
Eriksen, Erik, 144
Eros e civilização (Marcuse), 193-5, 212
Eros, 37, 68, 141, 142, 143
Esboço de Psicanálise, Um (Freud), 29
Escola de Frankfurt, 171-5, 178, 179, 180, 181, 182, 183, 184, 186, 188,

214, 221, 237, 249, 251, 252, 253, 261, 284, 285
escrita automática, 306
espaço, ruptura, 50
espelho
de Baudrillard, 261-4
de cultura do consumo, 255-6
espiritualidade
e Cristianismo, 107-8
e materialismo, 129-31
essencialismo, 32, 186, 205, 233, 235
Estado
como família, 140
conspiração, 169
escritos da Escola de Frankfurt, 186
e tecnologias nucleares, 140, 151, 182
e violência, 134, 135
metáfora de guarnição, 185
estados de postulados básicos, 79-80, 91-2
estágios de desenvolvimento, 101-2, 181, 190
complexo discursivo de, 199
Estés, C. P., 235
Estranhos para nós mesmos (Kristeva), 343
estruturalismo, 42-3, 46, 290, 293, 300, 328, 334, 338, 360
ética protestante, 192
etologia, 144, 328
European Journal of Social Psychology, 85
Evans, C., 160, 163
Evans, G., 85
evolução, 39-4, 328
da cultura humana, 99-102
de estrutura do grupo, 70-1, 99-100

Índice Analítico

exército
estrutura grupal, 58
homofobia no, 138-9
ver também psicologia militar
existencialismo, 46, 191
Explanation of Social Psychology, The
(Harré e Secord), 82
exploração sexual em instituições
acadêmicas, 90-1
Eysenck, H. J., 197

Fairbairn, R. D., 283
falsa inconsciência, 41, 98, 174, 198
Faludi, S,. 247
família,
como protótipo do grupo, 68
e fascismo, 253-5
escritos de Fromm, 189
escritos de Reich, 214-5
escritos de Winnicott, 118-20
formação nuclear, 33-2
patologia de Bly, 245
fantasia
de ameaças, 138
de verdade, 370-4
e sexualidade, 28, 43, 114-5, 218,
340
fantasia kleiniana, 146, 148-58,
167
grupo, 79, 80-1, 93
na ficção científica, 249, 261, 262,
265
religiosa, 109-10
Farr, R. M., 85, 87
fascismo, 216, 220, 237, 251
e família, 253-4
fase do espelho, 289, 301-8, 320
fatores econômicos, 16, 49, 172, 308
Fear of Freedom, The (Fromm), 191-2

Fee, D., 230
Feilding, Amanda, 280
feminismo, 44, 215, 227, 228, 230,
233, 235, 247, 327, 338, 342
fenomenologia, 42, 46, 172, 210, 233,
285-7, 289, 290, 301
fetichismo, 55
complexo discursivo de, 273-8
ficção científica, 291, 309-24
guerra, 167-9
filhos e crianças
abuso sexual de, 30, 31, 38, 156,
270, 380
desamparados, 154-57, 329
em anúncio de caridade, 127, 128
escritos de Klein, 135, 145, 148,
169
estágios de desenvolvimento, 72,
100-1, 190
fase-espelho, 289, 302-8
início na linguagem, 291, 292,
333, 341, 356
sentindo o grupo, 61-2
sexualidade, 31, 38, 43, 150, 190,
268
ver também relacionamento pai /
filho; mãe / filho
filmes de terror, 343
Final Analysis, 379
Finlay, M., 283, 308
Finnigan, M., 90
Fiore, Q., 261
Five Came Back, 82
Flanagan, J., 90
Flechsig, Dr, 111
Fliess, Wilhelm, 28, 29, 32, 114
Flipper, 270
Fools (Cadigan), 312
Forna, M., 275

Forrester, J., 28, 42, 108, 292
Foucault, M., 23, 24, 43, 46, 47, 48, 50, 81, 130, 150, 217
Fox, N., 130
Francisco José, Imperador, 73
Free Association, 26
Freedman, C., 315
Freeman, J., 63
Freud, Anna, 75, 191, 226, 259, 374
Freud, Sigmund, 9, 10, 14, 15, 16, 21, 22, 24, 26, 27-50, 53, 55, 56, 58, 62-76, 80, 81, 98-109, 111-5, 119, 126, 127, 130, 132-8, 141-5, 147, 148, 150, 154, 157, 160, 163, 171, 172, 178-85, 188-91, 193-5, 197, 200, 201, 204, 205, 207, 209, 214, 216-9, 221, 226, 233, 234, 239, 241, 244, 250, 254, 256, 259, 268, 273, 278, 285, 290-2, 294-7, 299-303, 306, 320, 328-30, 334-6, 356, 359, 361-2, 364, 366-9, 374-8, 381
    discurso psicanalítico, 15-24
    divergência de Reich com, 217-8
    e a Escola de Frankfurt, 171-5
    e a teoria da relação de objetos, 57-8
    em civilização/cultura, 21-2, 24-6, 147, 179-84, 193, 217, 226
    escritos de Zizek, 356, 362
    interação com conceitos culturais, 24-31
    interpretação de Lacan, 42, 285, 290, 296-7, 300, 320
    interpretação de Laplanche, 361, 366, 367
    interpretações de Althusser, 334-5
    no grupo psicológico, 63, 64, 67-75, 80, 94, 97, 99-102, 147, 326-7
    sobre o sujeito, 300-1
    sobre religião, 24, 34-5, 56, 94, 97, 100-15, 118, 132

sobre violência, 133, 135, 136-41, 142-3
Fromm, Erich, 41, 130, 142, 173, 174, 178, 179, 181, 183, 188-98, 200, 203, 204, 207, 210, 211, 212, 214, 217, 251, 253, 390
Fromm-Reichmann, F., 189
Frosh, S., 26, 32, 51, 57, 260, 283, 380
Fukuyama, F., 250
Fundação Naturista, 276
'Future of an Illusion, The' (Freud), 107
Future of Psychological Sciences, The (BPS), 199, 201, 205-6, 208

'Game Boys', 384
Game Players of Titan, The (Dick), 321
Gane, M., 262, 263
Gauld, A. O., 86
Gay, P., 28, 107, 112
Geller, Uri, 159
Gellner, E., 20, 284
gênero
    construção social de, 248
    de alienígenas abdutores, 155, 156
    desequilíbrio em BPS, 210
    diferenciação e fusão, 241
    distinto pela diferença biológica, 31-2
    e caminhos de entendimento, 248
    e experiência edípica, 241
    e grupo psicológico, 58
    e o simbólico, 341
    e olhar fixo, 332
    e sistemas econômicos, 40
    fantasia de transformação, 111
    fixado no corpo, 17-8
    opressão, 219
Gergen, K. J., 86

Índice Analítico

Gibbs, G., 347
Gibson, William, 310-1, 312-3, 324
Giddens, A., 178, 267
Gill, M., 29
Gilligan, C., 248
Gilman, S. L., 28
Gittins, D., 62
Glaser, D., 321
Goddard, Lord, 133
Goffman, E., 86
golfinhos, 269-71
Gordo-López, A. J., 291, 292
Gosling, P., 346, 349, 354
Greenberg, J., 37, 57, 190
Grimm, Wilhelm, 231
Grinberg, L., 77, 78
Groddeck, Georg, 42
Gronemeyer, Marianne, 116, 127, 129, 130
Grosskurth, P., 150
Grosz, E., 344
Group Psychotherapy: Theory and Practice (Klapman), 55
Grünbaum, A., 34
Grünberg, Carl, 216
Grunberger, B., 216, 218, 258
grupos de afinidade, 140-41
grupos de trabalho, 62, 64, 89-91
Guardian on Saturday, 116
Guardian, The, 115, 133, 347, 356, 373
Guattari, F., 237, 361
Guerra do Golfo, 140
Guerra suja argentina, 169
guerra, 133-170
Gwyther, M., 90

Habermas, Jürgen, 11, 47, 172, 174, 181, 214, 215, 221-8, 236-9, 242-4, 246-8, 250, 251, 284, 390

Hacking, I., 377
Haeberlin, H. K., 67
Haggart, C., 237
Halliwell, L., 168
Haraway, D., 310
Harder, James, 166
Harper, D. J., 116
Harré, R., 17, 18, 82, 83, 86, 198, 211
Harris, B., 250
Hartmann, H., 36, 48, 191, 218
Harvey, D., 50
Hawkes, T., 293
Hayter, T., 129
Health and Efficiency, 266, 267, 272, 276
Hearn, F., 256
Hebdige, D., 315
Heelas, P., 17
Hegel, Georg, 42, 46, 284, 303
Heidegger, Martin, 173
Heimann, P., 33
hermenêuticas, 223-4, 225
Hewstone, M., 85, 87
Hill, Barney, 161
Hill, Betty, 159, 161
Hillman, James, 230, 234
Hinchcliffe, M., 230
Hinshelwood, R. D., 149
hipnotismo, 29, 42
    grupo, 66, 70
Hirst, P., 102
histeria, 28, 29
Hobart, M., 102
Hobson, R., 359
Hoeg, Peter, 285
Holden, William, 15
Holewa, L., 213
Hollway, W., 248
homem selvagem, 229-31

Homem Unidimensional (Marcuse), 221

Homer, S., 294, 334

homofobia, 138-9

homossexualidade
e a Igreja, 17
repressão da, e paranóia, 111, 137-9
vista como perversão, 216, 257

Honneth, Axel, 47, 284

Höpfl, H., 115

Hopkins, Budd, 157

hordas primevas, 71, 102-8

Horder, J., 230

Horkheimer, Max, 48, 172, 173, 178, 186, 188, 222-3, 249, 251, 253

Horney, Karen, 44, 191, 195

Hough, P., 155

Howarth, Ian, 199, 201, 210

Howitt, D., 210

Huges, Bart, 279

Hughes-Hallett, Lucy, 344

humanismo, 172, 181, 189, 192, 212, 260
burguesia, 56

Hurme, H., 230

Hurtak, Jim, 159

'Id bits', 172

id, 32, 36, 55, 119, 177, 199, 200-7, 367
complexo discursivo de, 200-4

idealização, 70

identidade
e comodidade, 51-2, 274, 278
em psicologia social, 83-95

identificação projetiva, 146, 147, 160-3, 309

complexo discursivo, 156-7

identificação, 69, 332
complexo discursivo de, 122-5

ideologia, 44, 47, 98, 140, 174, 187, 198, 213-21
e interpelação, 332-7, 338
e narcisismo, 256-8

Igreja cristã, grupo estrutura, 64

ilusão, 98, 107, 109-11, 118, 120

Ilusão (Chasseguet-SmirgeI), 218

Illusion of the Future, The (Pfister), 107

Iluminismo, 47, 48, 99, 101, 173-4, 177-9, 181-212, 213, 222-5, 227, 248, 249-83, 361, 362, 364, 385, 389

Imaginário, 331
complexo discursivo de, 347
e ideologia, 335

imperialismo, cultural, 20-2

impulso, 23, 28, 65
canalizado, 141, 142-5
e experiência, 305
escritos de Reich, 220, 221
v. comunicação distorcida, 181
veja também impulso de morte; instintos

incerteza, 52-3

incesto, 257-8, 379

inconsciência, 41
e linguagem, 31, 41, 292-3, 300, 303, 382
e significados enigmáticos, 356-7
escritos de Althusser, 335-6
escritos de Baudrillard, 263
escritos de Freud, 30-1, 41, 53, 218-9, 309
escritos de Klein, 146, 150
escritos de Lacan 41, 286, 292-3, 296, 300, 303

Índice Analítico

433

escritos de Zizek, 357
inconsciente coletivo, 10, 35, 66-7, 79, 81, 94, 102, 158, 241, 268
Independence Day, 153, 168
individuação
   e neurose, 99-100
   sob capitalismo, 187-8, 192
individuais
   como instituições, 211-2
   como criações em grupos, 75, 77, 78
   como sujeitos, 335-6
   em psicologia social, 16, 63-4
individualidade
   e autoridade 213, 214
   e cultura, 211-2, 213-4
   e unicidade, 183
infância
   caracterização naturista da, 281
   tropo em LETS, 327
Inferno na Torre, O, 82
Ingleby, D., 19, 196
inquietação política, 83
Instincts and their Vicissitudes (Freud), 136
Instincts of the Herd in Peace and War (Trotter), 70
instinto de horda, 70-3, 231
instintos, 64-7
   e violência, 136, 143-4
   ver também impulsos
instituições
   indivíduos como, 210-11
   conflito industrial, 149
   e comunicação distorcida, 226
   mecanismos de defesa, 226-7
   processos acadêmicos em grupo, 89-92

psicológico *ver* complexo-psi
   uso de menos K, 78
Instituto de Pesquisa Social (antes da Escola de Frankfurt), 172-3, 179, 188, 191
intelectualização, complexo discursivo de, 373-4
International Psychoanalytic Association (IPA), 21, 22, 35, 199
interpelação ('saudação'), 328, 332, 336, 371
Interpretação dos Sonhos, A (Freud), 301, 367
introjeção, 146
Invasores, Os, 168-9
Irigaray, L., 380
Irmãs Papin, 307
Iron John (Bly), 215, 228, 229-32, 234, 235, 236, 238-41, 247
'Iron John' (Irmãos Grimm), 231
Isbister, J. N., 35, 112
Israel, J., 82, 84

Jackson, R., 45
Jacoby, R., 53, 191, 192, 195, 216, 250
Jacques, Elliott, 147-8, 149
Jakobson, Roman, 293, 298-300
Jameson, F., 308, 334
Jay, M., 186, 189, 214
Jiménez-Domínguez, B., 206
Jornada nas Estrelas, série de televisão, 379
jouissance, 342
Journal for the Psychoanalysis of Culture and Society, 26
Jovanovic, G., 230
Judaísmo, Judeus, 34, 112-4, 173, 189
Juggernaut, 82

434 Cultura Psicanalítica

Jukes, N., 347, 352
Jung, Carl, 10, 24, 35, 38, 66, 101, 102, 108, 109, 112, 144, 159, 234-7, 241, 250

K link, 77
Kakar, S., 22
Kant, Immanuel, 41
karaoke, 382-4
Keat, R., 217, 227
Kellaway, L., 349
Kellner, O., 261, 279, 281
Kennedy, M., 116
Kennedy, R., 365
Kernberg, Otto, 48, 256, 257, 259, 344
Kerrigan, W., 90
Kershaw, A., 229
Klapman, J. W., 55
Kindred Spirit, 269
King George's Fund for Sailors, anúncio, Fig. 1, 123, 126, 128, 129
King, George, 159
Kirsch, B., 90
Klein, Melanie, 35, 57, 58, 59, 75, 112, 134, 135, 145-7, 150-1, 153-4, 160-1, 164, 167, 170, 227, 283, 309, 330, 390
Knight, C., 237
Knott, C., 267
Kohlberg, 221
Kojève, Alexandre, 290, 303
Kovel, J., 130, 131, 134, 140-1, 169, 259
Kozulin, A., 21
Krakatoa East of Java, 82
Kreeger, L., 148
Kristeva, Julia, 287, 326, 327, 332, 337-45, 347, 350-1, 354-6, 390

Kroker, A., 262
Kvale, S., 86

Lacan Jacques, 10, 11, 42, 44, 46, 237, 284, 285-308, 320, 322, 325-32, 335-7, 339, 344, 356, 360-2, 364-5, 382, 390
comparado com Lyotard, 360-6
fase do espelho, 289-95
interpretação de Althusser, 287, 325-8
sobre o sujeito, 287, 290, 300-9
uso da lingüística estrutural, 285-98
Lamarck, Jean, 39
Landauer, K., 189
Langer, M., 169
Lanza, J., 382
Laplanche, Jean, 285, 288, 361-3, 366-9, 372, 384, 390
Laqueur, T., 17
Lara, M. P., 284
Lasch, Christopher, 48, 146, 250, 251, 256, 258, 259, 281, 390
Lawrence, O. H., 234
Le Bon, Gustave, 61, 65-8, 72-4
Lechte, J., 345
Lei (do pai), 328, 335, 340, 341, 351
Lemaire, A., 286
Letourneau, M., 157
LETS *ver* Local Exchange Trading Systems
Levante da Comuna de Paris, 65, 71
Levidow, L., 140, 270
Levin, C., 261
Lévi-Strauss, C., 294
Lewin, Kurt, 173, 206
libido, 32, 68, 142, 190, 214, 216, 390
escritos de Reich, 216, 217-8

Índice Analítico

Lichfield, J., 231
Lichtman, R., 224, 227
língua e palavra, 294-5
linguagem, 22-5, 28, 214
  cyberpunk, 308-10, 313
  e a inconsciência, 20, 29, 293-4, 309, 320, 352
  e comunicação distorcida, 181, 183-7, 213
  entrada na, 294, 300, 309, 319-20, 321, 324-5
  lingüística estruturalista, 293-302
  retorno à, em psicologia social, 61
lingüística, estrutural, 287-93
Lion and the Cobra, The (O'Connor), 378
Littérature, 306
Local Exchange Trading Systems (LETS), 327, 346-54, 357
Lock, A., 17
Lomas, P., 359, 372
Lorenz, Konrad, 143, 328
Lorenzer, A., 221
Lueger, Karl, 34, 369
Lukács, G., 174, 188
Luria, A. R., 197
Lyotard, Jean-François, 47, 260, 288, 308, 360, 361, 362, 363-8, 372

Macauley, W. R., 291
Macey, D., 46, 290, 293, 303, 306, 330
Madonna, 359
mães
  como monstro, 342
  romanticização de, 191
magnetismo, 41, 66
Maguire, M., 44
Mahler, Margaret, 57

Makulowich, J. S., 309, 383
Malinowski, S., 219
Mandei, E., 308
Manifesto Comunista, 50
Mannis, Robert, 247
Mao Tse Tung, 325
Maoísmo, 326, 328
Marcuse, Herbert, 46, 143, 173-4, 178-9, 181, 184, 191-8, 200, 203-4, 207, 210-2, 214, 221, 251, 258, 390
Marsh, P., 83
Martian Time-Slip (Dick), 315
Martin, H., 90
Marx, Karl, 41, 50, 51, 131, 132, 173, 188, 214, 216, 250, 356
Marxism, 40, 41, 47, 130, 172, 174, 186, 187, 188, 218, 262, 326, 334, 357
masculinidade, 164, 213-48
Masson, J., 31, 108, 268
Maté, R., 15
materialidade
  de Freud, 28, 38, 108
  e espiritualidade, 129-32
matriarcal, 40, 190, 191, 216, 217, 219
McDougall, William, 65, 67
McIntosh, M., 259
McLuhan, M., 261
Mead, G. H., 86
mecanismos de defesa, 200, 218
  em instituições, 226
Meissner, W. W., 110, 118, 121
Mellen, Joseph, 279
memória
  como ação adotada, 290, 295, 321-2, 384, 390
  cyberpunk, 314-5

em *Total Recall,* 318-24

em 'We can remember it for you wholesale', 316-8

Men's Action Network, 230, 247

Mental Health Foundation, anúncio, Fig. 3, 122, 125

mente coletiva, 66-7, 101

menos K, 78-9, 83

e construcionismo social, 86-9

Menzies-Lyth, I., 79, 126, 127

Mesmer, Anton, 41

metáfora da guarnição (Freud), 184-5, 216, 276, 278

metáfora e metonímia, 298-300

Meteoro, 83

1984 (Orwell), 139

Michel-Annan, B., 384

Miller, Alice, 43, 234

Miller, Jacques-Alain, 289, 326, 328, 360

Miller, L., 56

Millett, K., 44

Milne, T., 82

Milwauke Massacre (Dvorchak e Holewa), 213

minorias étnicas, recrutamento para BPS, 210

Miss Smilla's Feeling for Snow (Höeg), 285

misticismo, 97, 98, 102

Mitchell, J., 44, 49, 146, 180, 307

Mitchell, S., 37, 57, 190

mito

e masculinismo, 213-48

e religião, 97, 98-104

Mitscherlich, Alexander, 234

modernidade, 46-7, 250, 252, 259

modernismo, 282-3

Moebius, H., 384

Moghaddam, F. M., 198

Moi, T., 380

Moore, S., 228

Morgan, Lewis, 191

morte, 135

como 'vingança do cristal', 263

e ambivalência, 137

e desamparo, 154

instinto kleiniano de morte, 135, 136

morte pulsão (Tanatos), 37, 119, 135, 136, 141, 193

tabus em torno da, 104

tensão-redução pela, 193

Moscovici, S., 20, 74, 84-5, 87

'Mother' (The Police), 378

movimento dos homens, 230, 237

movimento new age, 252, 261-4, 265-7, 268-9, 274-5, 279

Mowbray, R., 199

mulheres, 97, 103

e a semiótica, 332

e assédio sexual, 90-1

em grupos, 72-3

misoginia psicanalítica, 380

recurso LETS para, 346-7

relação dos homens com, 238-40, 241, 242-3, 247

sexualidade, 32, 44-5

multidão, 65-6, 74-6

Mulvey, L., 305

Murray, H., 63, 77, 151

música ambiente, 382

'Myer-Briggs e a preocupação com técnicas' (Ward), 97

Nachträglichkeit ver ação adotada

narcisismo, 47-8

Índice Analítico

complexo discursivo de, 278-81
cultura(s) do, 28, 146, 174, 249, 250, 251-5
em Reich, 217
escritos de Freud, 36, 37, 48-9, 137-8, 140
escritos de Lacan, 284, 285, 331
na new age, 264-76
natureza
new age e imagens naturistas da, 252, 264-76
noção de Bly, 229
ruptura com a cultura, 265
v. tecnologia, 252
naturismo, 252, 264, 266-7, 272-3, 276-8, 281-2, 283
Nazismo, 173, 174, 180, 188-9, 191-2, 250
necessidade, Lacaniana, 305
Neuromancer (Gibson), 310, 313
neurose, 109
e impotência, 217
e individuação, 107
ver também obsessão
Nexus: New Times, 165
Nico, 274
Nietzsche, Friedrich, 41, 234, 251
níveis de representação, 29-30, 272, 328, 365
Noon, Jeff, 312, 313
Northfield Military Hospital, 77
Nouvelle Philosophie, 326
Novas Conferências Introdutórias em Psicanálise (Freud), 15
No princípio era o amor: Psicanálise e fé (Kristeva), 344
novos homens, novos rapazes, 232
Now Wait for Last Year (Dick), 323

objetificação, 261
objetos transicionais, 119
obscenidade, 270
obsessão, 106
O'Connor, N., 44
O'Connor, Sinead, 378
O'Hagen, S., 229
olhar fixo, 140, 229, 280, 305
Ollman, B., 216
Origem da família, da propriedade privada e do Estado, A (Engels), 40
Ortodoxia, 17
Orwell, George, 139
Ostrander, S., 165
Outro, e *Che vuoi,* 371-2, 385-6
Óvnis, discursos sobre, 169
Owen, Robert, 346
Owusu-Bempah, D., 210
Oxaal, L., 114
Oxfam, 116

Packard, V., 168
Pajaczkowska, C., 340
Paludi, M. A, 90
Para além do princípio do prazer (Freud), 142, 147, 184, 193
paradigmático e sintagmático, 293
paranóia, 111, 136, 137-41, 160, 169, 216
paranóia nuclear, 140
paranóia societal, 139-40
psicologia social, 18-9, 61, 63-4
crises, 81, 82
e identidade, 83-95
pareamento (estado de postulado básico), 79, 92
exemplo de caso, 92
Pareles, J., 359

Parker, I., 23, 24, 25, 53, 81, 84, 86, 88, 292

Partido Comunista, 216, 220, 325, 326, 335

Partido Verde, 222, 346

patriarcado, 40, 44, 190, 216, 219, 228, 230, 246

'Pensamentos para tempos de guerra e morte' (Freud), 136

pensar religioso (estágio de desenvolvimento), 100-1, 121, 181

perversão, 216, 257, 258, 270

perversidade polimorfa, 32, 43, 181, 194, 199, 207, 209-10, 329

complexo discursivo de, 209-10

Pettit, P., 293

Pfister, Oscar, 107

Phillips, A., 119

Philp, H. L., 108

Piaget, Jean, 20, 197, 221, 223

piercing no corpo, 275-6

Pines, M., 77

Piper, S., 266, 267, 272, 277

Plant, S., 46

Police, The, 378

Politizando a luta sexual da juventude (Reich), 220

Pollock, Friedrich, 172, 173

Pontalis, J.-B., 368

Politizando a luta sexual da juventude, 220

políticos, 325-6

voltar-se contra, 335, 337, 341, 342

pós-estruturalismo, 42, 46, 88, 178, 186, 210, 261, 286, 294

positivismo, 180, 197

médico, 28

pós-modernismo, 45, 47, 48, 50, 384

pós-modernidade, 250

e cyberpunk, 308-15

e fragmentação cultural, 260-4

e new age, 264, 271-2, 276-7, 280, 282

e psicanálise, 282-4

pós-moderno

caráter de Lacan, 284, 286, 291

condição, 177, 308-9, 310

espaço, 287, 291-6, 308-9

tecnologias discursivas, 314-20

Poster, M., 253

práxis, 175, 249, 288, 390

preconceito, 214

Pribram, K., 29

Primeira Guerra Mundial, 37-8, 134, 135, 141, 142, 150

Prince of Tides, The, 379

princípio de realidade, 34, 37, 46, 196, 207

princípio do desempenho, 195

princípio do prazer, 34

e ego, 37

processo primário, 34

programas naturais, 374-5

projeção, 104, 105, 138, 146

Projeto para uma psicologia científica (Freud), 29, 34

Prynn, J., 90

psicologia de grupo, 61-95

conflito industrial, 147

Psicologia de grupos e análise do Ego (Freud), 64, 67, 71

Psicologia de Massa do Fascismo, A (Reich), 220

psicologia militar, 76-7, 139

ver também arma

psicologia, regulação da, 199-211

psicose, 109-10, 130, 283-4

Psychologist, The, 199

Índice Analítico

racionalidade, 33, 225
  civilização e, 33-35
  no comportamento de massa, 74
  indicação de Habermas, 251
  v. Eros, 141-2
racismo, 235
Radley, A., 116
Randles, J., 155, 166
real, o, 291
  em cyberpunk' 313-4
  no trabalho de 'Dick', 322-4
  complexo discursivo do, 347-8
  núcleo traumático de, 370
realidade virtual, 287, 315
Reconstructing Social Psychology
  (Armistead), 83
Red Pepper, 354
regras e regulamentação, 355-6
Rei Leão, O (Oisney), 376, 379
Reich, Wilhelm, 41, 173, 174, 181,
  194, 214-21, 228, 236-7, 239, 242-
  3, 246, 247, 250, 251, 253, 390
Reicher, S., 65, 74, 81
rejeição, 84
relação mãe / filho
  através do *chora*, 339-40
  e dialética do desejo, 305
  e experiência de grupo, 58
  e significados enigmáticos, 368
  em *Iron John*, 238-46
  ênfase sobre, 372
  escritos de Winnicott, 118-20,
  135, 164
  identificação, 69, 127
  na fase do espelho, 289, 301-2
relação pai / filho
  em hordas primevas, 11, 102-4
  e o complexo de Édipo, 105, 244,
  253-4

identificação, 69
pais ausentes ou fracos, 245-7,
  253, 254-5, 267-8
pais autoritários, 253
problemática de Schreber, 111
relacionamentos edípicos, 127, 145,
  184, 190, 255
relatos de catástrofe, 377
religião, 34, 70, 97, 98, 100, 106-21,
  344
Renascença, 217
representação, níveis de, 29-30, 272,
  308, 365
repressão, 34, 41, 268, 354
  penetrando no ego, 186
  escritos de Freud, 14, 46, 104,
  106, 138, 184, 194, 268
  escritos de Habermas, 244
  escritos de Lacan, 295, 297, 300
  escritos de Laplanche, 367, 368
  escritos de Reich, 216
  excedente, 184
Revolução de Outubro, 73
Revolução Francesa, 47
Ribera, A., 166
Richards, B., 133, 143, 151-2, 259,
  283
Richter, Jean Paul, 41
Rickert, J., 195
Rieff, P., 20
Riley, D., 19, 135
Rilcy, P., 303
Roberts, A., 166
Rogers, Carl, 304
Roiser, M., 173, 191
Roma, antiga, 18
romance familiar, complexo discur-
  sivo de, 153, 157-9
romantismo, 28, 44-5, 232-4

Rorty, R., 361
Rose, J., 135, 305, 307
Rose, N., 19, 196
Rosemont, F., 46
Rosser, E., 83
Roudinesco, E., 22, 286, 289, 306
Rowan, J., 230, 235, 241
Rowthorn, B., 346, 352
Royal National Lifeboat Institution, anúncio, Fig. 2, 124
Rucker, Rudy, 311
Rules of Disorder, The (Marsh, Rosser e Harré), 83
Rushkoff, D., 310
Russell, J., 90
Rustin, M., 26
Ryan, J., 44
Ryle, A, 377

Sabbatai Zevi, 113
Samuels, A, 26, 35, 53, 109, 235
Sands of the Kalahari, 82
Sartre, J.-P., 46, 304
Saussure, Ferdinand de, 42, 289-90, 293-7
Schachter, S., 18
Schatzman, M., 111
Schnabel, J., 166, 167
Schreber, Judge, 111-2, 137
Schroeder, L., 165
Schwarzenegger, Arnold, 318
Schwarzkopf, Norman, 247
Science Fiction & Fantasy, 316
Scott, A, 359, 380
Searle, John, 221
Secord, P. F., 82, 86
sedução, 31-2, 43
através de significados enigmáticos, 368-9

complexo discursivo de, 268
e jogos de sinais, 261
Segal, H., 145
Segal, N., 179
Segunda Guerra Mundial, 21, 76, 134, 135, 150, 151, 174, 250, 253, 308
Sekoff, J., 81
self
agressão contra o, 184
como software, 292
construção do, 16-7
duplo, 236-7
e comodidade, 51-2, 274, 278
e discurso psicanalítico, 177, 387-8
e incerteza, 50-1
escritos de Bly, 228, 230, 233
escritos de Freud, 20, 119, 218, 278
escritos de Lacan, 286-8, 292, 308
junguiano, 234
não existente de Zizek, 362
tecnologias discursivas pós-modernas do, 380-7
winnicottiano, 118-9, 121, 127
semiologia, 293
semiótica, 332-7
complexo discursivo de, 347-8
sentido (Habermas), 221-7
separação, 239, 240, 255-6, 301, 334, 335, 340
complexo discursivo de, 238-9
Sex-Pol, 220
sexualidade, 31-2, 43, 49
como desempenho, 193
da mulher, 32, 44-5
de abduções alienígenas, 155, 159, 160

Índice Analítico

e autoritarismo masculino, 227
e narcisismo, 258
e significados enigmáticos, 368-9
escritos de Reich, 216-7, 218, 219, 228, 231
infantil, 32, 38, 207, 218, 268
Seyfang, G. J., 346, 348, 350, 351-3
Shakespeare, William, 41
Sharaf, M., 216
Shatner, W.,
Shaw, W., 160
Shotter, J., 86, 88
Sieveking, P., 280
significados enigmáticos, 366-9
complexo discursivo de, 373-4
significados
do desejo, 290-1
enigmáticos, 366-8
e significado, 292-3
e transferência, 377-8
signos, escritos de Baudrillard, 261-4, 269, 270
simbólico, o
complexos discursivos de, 309-10, 320-21
e *Che vuoi*, 371-2, 385-6
e ideologia, 287, 288, 315
entrada para, 271, 286, 320, 321
e o inconsciente, 270-1, 293, 311, 320-1, 367
e semiótica, 338-9
estruturado pelo núcleo traumático do real, 322
rejeição do, 305-7, 338, 341
simbolismo, 105, 167, 367
Simon, B., 85
Singer, S., 18
sistemas de crenças, 58, 97-8
situação ideal de fala, 225, 246

Situacionismo, 46, 261
Smith, J., 90
Snow Crash (Stephenson), 311
Sobre a Concepção de Afasias: Um estudo crítico (Freud), 28
sociedade
escritos da Teoria Crítica, 186-8
Reich e, 220
Sociedade Psicanalítica, 143
Sociedade Socialista para Consulta em Sexualidade e Pesquisa Sexológica, 220
sócio-simbólico, complexo discursivo de, 347
Software (Rucker), 291
sonhos, 142, 249-50, 279, 300, 301
Soupault, Philippe, 306
Squire, C., 310
Stack-Sullivan, Harry, 57, 191, 195
Stalin, Joseph, 40, 220
Stalinismo, 327
Stanton, M., 88
Stephenson, Neal, 311, 314
Stern, D. N., 56, 372
Stevens, W. C., 143, 144, 155
Stigler, J. W., 17
Stockholder, F., 255
Strachey, J., 29
Streisand, Barbra, 375
Strieber, W., 155-6, 158, 159-61, 162, 165-7
Studien Über Autorität und Familie (Fromm), 191
Stürgkh, Count, 73
Sturm und Drang, 45
subjetividade
cabeluda, 227-46
cyberpunk, 308
e objetividade, 110, 120, 129-30

feminista pós-lacaniana, 380
posicionada por discurso, 12, 134
representações de pós-moderno, 284-5
sublimação, 37, 144-5, 184
Sublime Object of Ideology, The (Zizek), 289
substituição, 300-1
sujeito
escritos de Althusser, 328
escritos de Baudrillard, 278-9, 284
escritos de Freud, 288-9
escritos de Lacan, 286, 288-97
escritos de Lyotard, 309-11, 363
escritos de Zizek, 369-70
Sulloway, E. J., 40, 112, 142
superego, 35, 36, 55, 115, 138, 145, 185-6, 200, 253, 255, 370
Surrealismo, 45, 46, 48, 290, 301
Sutin, L., 315
Szasz, T., 34

tabus, 103-4
Tajfel, Henry, 82, 84-5, 87
Tan, S.-L., 198
Tanatos *ver* impulso de morte
Target, G., 266, 273
Tatham, P., 235
tecnologia telefônica, 385
tecnologia, 167
da informação, 308-9
distinta da cultura, 175
e subjetividade pós-moderna, 252, 260, 308-10, 324, 380-6
v. tecnologia, 176
Tel Quel, 326
telefones móveis, 386
televisão confessional, 375
tempo, disrupção do, 50

teologia da libertação, 116
Teoria Crítica, 47, 172, 174, 175, 178-9, 186-7, 249, 250, 261
teoria da relação de objetos, 33, 51, 55-7, 190, 223, 227, 261, 282, 284, 372
e cultura cristã, 120-1
tradição de Tavistock, 75
winnicottiana, 118-21
teoria da relação de objetos, 33, 51, 55-7, 190, 223, 227, 261, 282, 284, 372
e cultura cristã, 120-1
tradição de Tavistock, 75
winnicottiana, 118-21
teoria das representações sociais, 74, 85
teoria lamarckiana, 71, 102, 108
Terremoto, 82
'Teses sobre Filosofia da História', (Benjamin), 171
teste de realidade, complexo discursivo de, 163-7
Thatcher, Margaret, 83
Thatcherismo, 237
Times, The, 122
Timms, E., 179
Tinbergen, N., 328
tipicalidade, 367
Torá, 113, 114
Total Recall (Verhoeven), 315, 316, 318-20
Totem e Tabu (Freud), 101, 108, 127
totens, 103
Toussaint-Samat, M., 18
tecnologia da informação,
Tradição de Tavistock, 75-6, 151
tradição independente,
transferência, 33, 52, 258

Índice Analítico 443

complexo discursivo de, 347-9
transitivismo, 328
trauma, 305, 319, 321, 361
complexo discursivo de, 347-9
Três Ensaios sobre a Teoria da Sexualidade (Freud), 32, 136
Trist, E., 63, 77, 151
Trotskismo, 190, 237
Trotsky, Leon, 220
Trotter, Wilfred, 65
Turkle, S., 326
Turner, J. C., 61, 85, 197

Ubik (Dick), 315
Última Viagem, A, 82
United Kingdom Council for Psychotherapy (UKCP), 199

Vaillant, C. E., 227
Vallee, Jacques, 157, 158, 159-60, 162, 165
Van Ginneken, J., 73
Varela, C. R., 197
Verhoeven, P., 315, 316, 318
Vidal, J., 347, 348, 350
Villas-Boas, Antônio, 155
Vincent-Buffault, A., 18
'vingança do cristal', 263
violência, 133-70
von Franz, Marie-Louise, 236
Vôo da Fênix, O, 82
Vorilhon, Claude, 157, 160, 163
Vurt (Noon), 311
Vygotsky, Lev, 21

'Walkmans', 384

Ward, Heather, 97
'*We can remember it for you wholesale*' (Dick), 316-8
Wehr, C., 235
Weil, Felix, 172
Westphal, M., 109, 111
Wetherell, M., 228, 248
Whyte, L. L., 41
Wiernikowska, M., 265
Wilder, D., 85
Wilke, H. A. M., 85
Williams, J., 276
Willig, C., 173, 191
Wilson, G. C., 197
Winnicott, Donald, 57, 58, 118-21, 126, 127, 130, 135, 164, 332, 390
Wolfenstein, E. V., 53, 80
Women Who Run With the Wolves (Estés), 235
Woolley, P., 102
working through, complexo discursivo de, 203-4
Wundt, Wilhelm, 67, 101, 103

Young, R. M., 26, 283

Zajonc, R. B., 87
Zeitschrift für Sozialforschung, 173
Zipes, J., 231
Zizek, Slavoj, 288, 289, 327, 356-7, 361-3, 369-72, 386, 390
Zohar, 113

Impressão e acabamento
GRÁFICA E EDITORA SANTUÁRIO
Em Sistema CTcP
Rua Pe. Claro Monteiro, 342
Fone 012 3104-2000 / Fax 012 3104-2036
12570-000 Aparecida-SP